49, rue Etienne-Marcel - 75001 Paris

ISBN 2-7118-2050-5, 1986, première édition
ISBN 2-7118-2714-3
Nouvelle édition revue et mise à jour

Caroline Mathieu, conservateur au musée d'Orsay

Musée d'Orsay Guide

Réunion
des Musées
Nationaux

Liste des dons et legs les plus importants consentis au Musée d'Orsay

1881 Don Juliette Courbet : Courbet, *Un enterrement à Ornans*

1890 Don par souscription à l'initiative de Monet : Manet, *L'Olympia*

Don de Mme Pommery : Millet, *Les glaneuses*

1896 Legs Caillebotte : Manet, *Le balcon* Renoir, *Le Moulin de la Galette* Monet, Cézanne, Pissarro, Sisley, etc.

1906 Donation Etienne Moreau-Nélaton : Daumier, *La République* Fantin-Latour, *Hommage à Delacroix* Manet, *Le déjeuner sur l'herbe* Monet, *Les coquelicots, Le pont d'Argenteuil*, etc.

1909 Donation Chauchard : Millet, *L'Angélus* Daubigny, Rousseau, Dupré, Meissonier

1911 Legs Camondo : Degas, *Répétition d'un ballet, L'absinthe, Les repasseuses* Manet, *Lola de Valence, Le fifre* Monet, Cathédrale de Rouen Sisley, *Inondation à Port-Marly* Cézanne, *La maison du pendu*, etc.

1916 Donation Auguste Rodin : Rodin, *Balzac, La porte de l'Enfer*

1920 Don par souscription publique : Courbet, *L'atelier*

1927 Legs John Quinn : Seurat, *Le cirque*

1929 Legs Jacques Doucet : Douanier Rousseau, *La charmeuse de serpents*

1937 Legs Personnaz : Cassatt, Guillaumin, Pissarro, Toulouse-Lautrec, etc.

1949-1954 Donation Gachet : Van Gogh, *Autoportrait L'église d'Auvers*, etc. Cézanne, Guillaumin, etc.

1956 Don M. et Mme Jean-Victor Pellerin : Cézanne, *La femme à la cafetière*

1961 Donation Mollard : Boudin, Pissarro, Sisley, etc.

1964 Don des héritiers de Jean-Victor Pellerin : Cézanne, *Achille Emperaire*

1973 Donation Max et Rosy Kaganovitch : Derain, Gauguin, Monet, Van Gogh, Vlaminck, etc.

1976 Don (usufruit) Mme Ginette Signac : 5 tableaux néo-impressionnistes Paul Signac, Théo van Rysselberghe, Henri-Edmond Cross, *L'air du soir*

1980 Don M. et Mme David Weill : Daumier, *Bustes des parlementaires* Mackintosh, *Chambre à coucher*

1981 Don Mlle Solange Granet Mme Bernard Granet et ses enfants : Archives de Gustave Eiffel

Don Famille Ruprich-Robert : Victor-Marie-Charles Ruprich-Robert, Dessins d'architecture

1982 Donation Arï et Suzanne Redon : Odilon Redon, 66 peintures, 462 pastels et dessins

1983 Legs Mlle Henriette Boutaric : Paul Sérusier, 5 peintures

Don Fondation Kodak-Pathé : Collection d'environ 1 200 photographies et daguerréotypes français et étrangers

1984 Don M. du Pasquier : Jean-Louis Ernest Meissonier, *Le voyageur* (cire)

1985 Don M. Daniel Wildenstein : Pierre Bonnard, *La partie de croquet*

Acquisition, grâce à la générosité de M. Philippe Meyer : Paul Sérusier, *Le talisman*

1986, 1987 Dons de M. Jean Bourgogne : Emile Gallé, mobilier, verrerie, faïence ; fonds documentaire

1987 Don des quatre enfants de Charles Terrasse : Pierre Bonnard, environ 250 photographies, prises entre 1895 et 1912

Acquisition, grâce au mécénat du Crédit Lyonnais : Henry van de Velde *Ecritoire et fauteuil*

1988 Don (usufruit) M. Clément Rouart : Edgar Degas, *Portrait de Manet*, lavis

1989 Don (usufruit) M. Charles Cachin : Paul Signac, *Femme à l'ombrelle*

1990 Acquisition, grâce à la générosité de M. Philippe Meyer : Edgar Degas, *Le ballet* (gouache)

1991 Don Mme Jacqueline Georges Besson : Albert André 4 peintures

Legs Mlle Yolande Osbert : Alphonse Osbert, Fonds d'atelier

1992 Don M. Paul Mellon par l'intermédiaire de la Foundation for French Museums : Edgar Degas, *Etude pour la danse espagnole* (sculpture)

Nombreux dons de la Société des Amis du Musée d'Orsay, qui ont enrichi les collections de peintures et dessins (Hans Thoma, *Siesta* ; Fonds Fèvre-Degas ; Albert Bartholomé, *Dans la serre*) ; de sculptures (Albert Bartholomé, *Masque de Hayashi Tadamasa*) ; d'objets d'art (William Morris, *Panneau de revêtement en carreaux de céramique*) ; de dessins d'architecture (Fonds Jean-Camille Formigé) ; de photographies (Eugène Atget, *Nu de dos*, Edouard Baldus, Man Ray *(Marcel Proust sur son lit de mort)*, etc.

« La gare est superbe et a l'air d'un palais des Beaux-Arts, et le Palais des Beaux-Arts ressemblant à une gare, je propose à Laloux (l'architecte d'Orsay) de faire l'échange s'il en est temps encore », écrivait le peintre Detaille en 1900, avant l'inauguration des deux bâtiments, destinés l'un à amener et loger les visiteurs de l'Exposition universelle (la gare était enveloppée par l'hôtel), l'autre à leur présenter les chefs-d'œuvre d'un siècle qui se terminait ainsi en fanfare.

Quatre-vingt-six ans après, ce vœu ironique sera exaucé : le palais-gare est le terminus des cinquante prodigieuses années de création artistique qui ont précédé sa construction. En effet le musée d'Orsay montre des œuvres de la seconde moitié du XIXe siècle : en principe, de 1848 à 1914. En réalité à chaque extrémité de la chronologie, la frontière est plus floue : ainsi comment ne pas montrer la photographie antérieure, puisqu'elle « naît » en 1839, ou Daumier dans son ensemble, y compris des années 1830. En revanche, à la fin du circuit, la peinture s'arrête avant les autres techniques, autour de 1905, quand commence le musée national d'Art moderne — exception faite de certains artistes actifs au-delà de ces années, comme Bonnard, Degas, Maillol, Monet, Rodin ou Vuillard. En bref, les choix ont été faits en fonction de générations : sont présents ici les architectes, peintres, sculpteurs, photographes, créateurs d'art décoratif ou industriel nés autour de 1820, et avant 1870.

Le parcours du musée est chronologique, en grandes séquences et par techniques. Nous avons voulu évoquer pour une même époque, toutes les formes de créations — y compris la musique, la littérature — mais sans jamais les mêler par des « reconstitutions d'atmosphères » qui associeraient, par exemple dans une même salle, un canapé Napoléon III, la maquette d'une façade d'Haussmann, un tableau d'histoire en vogue au Salon, avec un fond musical de Meyerbeer ; ou montreraient dans la salle à manger 1900 de Charpentier, les articles d'Octave Mirbeau posés sur un guéridon Thonet près d'un vase de Gallé sous un tableau de Gauguin !

Non, bien sûr... Les œuvres sont proposées au visiteur par familles stylistiques et, si possible, par artiste : salles Daumier, Courbet, Degas, Manet, Puvis, Monet, Renoir, Cézanne, Van Gogh, Gauguin, Seurat, Bonnard, etc. ; place Carpeaux, terrasse Rodin, « tour » Guimard. La juxtaposition pourra se faire dans la mémoire, après les visites. Dans un seul cas, le lieu même a imposé son style : la salle de bal de l'ancien hôtel au tapageur décor 1900-rococo, mêle sculptures et peintures, choisies avant tout pour leur brio technique, leur effet et leur adaptation au décor.

Tout ce qui éclaire le contexte des œuvres exposées est montré en annexe du circuit principal. Les événements contemporains, les mouvements d'idées, leurs moyens de diffusion sont évoqués dans des salles à part (« ouverture sur l'histoire », « naissance du cinématographe »), des galeries (« passage de la presse »), des expositions-dossiers temporaires autour d'un thème à caractère pluridisciplinaire, ou par des films, des conférences. Mais un visiteur pressé ou sélectif pourra suivre son propre itinéraire. Celui que seul l'art sous le Second Empire passionne, demeurera au rez-de-chaussée ; l'exclusif de l'impressionnisme ira directement à gauche après Courbet puis gagnera la galerie des hauteurs. Celui qui veut redécouvrir l'art longtemps laissé au purgatoire des peintres du Salon — officiels ou « pompiers » — ira dans une salle du rez-de-chaussée consacrée aux jeunes académiques (dont Cabanel et Bouguereau), montera, par la salle de bal, dans la première salle à coupole du niveau médian où il trouvera la peinture naturaliste à thèmes populistes et les scènes historiques, chères au Salon de la IIIe République comme à l'imagerie de nos dictionnaires. Enfin, celui qu'émeut seule la « tradition moderne », après Manet, montera directement se délecter de Cézanne, Seurat, Van Gogh, Gauguin et des Nabis. Avant de porter ses pas autour de Rodin dans les trois salles du 1er étage, à gauche et à droite des tours consacrées à l'Art Nouveau international, et terminera le parcours par Vuillard et Bonnard ou les débuts du cinématographe.

L'essentiel des collections vient à l'origine de ce qui était, à l'époque que couvre Orsay, le musée des artistes vivants, transféré en 1939 du Luxembourg au musée d'Art moderne. Après la mort des artistes, leurs œuvres entraient peu à peu au Louvre. Jusque vers les années 1920, l'Etat ayant eu en matière d'achat une politique toujours liée à une Ecole des Beaux-Arts hostile à l'art indépendant — de Courbet à Manet, aux impressionnistes et à leur suite —, ce sont des donateurs qui ont fait entrer peu à peu en force ceux-ci dans les collections publiques : on verra dans le tableau présenté page 4 que le musée doit à leur perspicacité et à leur générosité l'essentiel de ses chefs-d'œuvre. Puis à partir des années vingt, ce qui ornait les cimaises de l'ancien Luxembourg, fut peu à peu relégué en réserve ou envoyé en province. L'ouverture du musée du Jeu de Paume en 1947 conclut en apothéose la victoire des impressionnistes, alors que le musée d'Art moderne s'enrichissait de contemporains ; entre les deux, rien ne permettait de montrer convenablement la génération intermédiaire entre Monet et Picasso : celle de Seurat et des néo-impressionnistes, de Gauguin et l'école de Pont-Aven et des Nabis. Quant aux personnalités inclassables comme Puvis, Moreau, à tous les artistes de « l'entre-deux », — mi-académiques, mi-modernistes, de Couture à Cottet, de Carolus-Duran à Carrière, de Dalou à Bernard, ou de Winslow Homer à Pelizza da Volpedo — ils n'étaient plus ou pas montrés, pour ne pas parler des anciennes gloires officielles.

Des dons et des achats ont récemment renforcé le modernisme fin de siècle français et international, tant en peinture qu'en arts décoratifs, mais nous avons tout au long du parcours ouvert largement les tendances d'un demi-siècle de création exceptionnellement brillant, qui mène du Louvre au musée national d'Art moderne. Sans faire une démonstration manichéenne entre les bons et les mauvais, nous proposons pourtant des points forts, des priorités, des choix, mais en offrant le moyen de comparer et de juger.

Souhaitons que ce guide où Caroline Mathieu, conservateur au musée d'Orsay, vous conduit d'un domaine à l'autre avec la même passion enjouée, aide à trouver des repères dans les circuits du musée, à découvrir plus aisément ses richesses pour le plaisir des yeux, de l'esprit, de la mémoire. Et vous donne l'envie d'y revenir, longuement, souvent !

Françoise Cachin,
Directeur du musée d'Orsay

La gare d'Orsay est née d'un besoin, commun à toutes les grandes compagnies de chemin de fer, de rapprocher leur gare terminus du centre de la ville. La Compagnie des Chemins de fer d'Orléans était particulièrement défavorisée par la situation très excentrée de la gare d'Austerlitz. Elle réussit en 1897, à la veille de l'Exposition universelle de 1900, à acquérir de l'Etat un terrain placé au cœur de la ville, sur le quai d'Orsay, occupé par les ruines du Palais d'Orsay – la Cour des comptes – incendié lors de la Commune en 1871.

Cette gare, exclusivement destinée au service des voyageurs, devait revêtir un aspect particulièrement confortable et luxueux, en accord, du reste, avec la beauté du site et l'élégance du quartier. Une consultation restreinte fut donc organisée entre trois architectes de renom, Emile Bénard, Lucien Magne et Victor Laloux. C'est ce dernier, Grand Prix de Rome en 1878 et professeur d'architecture à l'Ecole des Beaux Arts, qui remporta le concours. Tout l'aspect industriel de la construction a été volontairement masqué à l'extérieur sous une pompeuse façade en pierre de style éclectique, et à l'intérieur par un second plafond garni de caissons de staff. Le pignon métallique du grand hall des machines est lui-même caché par la façade de l'hôtel terminus accolé à la gare et qui déploie ses salons et ses 370 chambres sur la rue de Bellechasse et la rue de Lille. Cet ultime triomphe de l'architecture académique, dont pierre et stuc viennent cacher les structures métalliques d'une hardiesse souvent stupéfiante, est aussi celui du Petit et surtout du Grand Palais ; quoi d'étonnant, puisque ces deux palais, construits pour l'Exposition universelle, sont les exacts contemporains de la gare d'Orsay?

Tout le décor a été conçu dans ses moindres détails par l'architecte, et le choix des artistes qui y ont collaboré, peintres et sculpteurs officiels pour la plupart, lui est, selon toute vraisemblance, redevable. Il s'agit de Jean Hugues, Laurent-Honoré Marqueste, Jean-Antoine Injalbert (statues de villes de la façade), Fernand Cormon (peintures dans la salle de départ) ; Pierre Fritel, Adrien Moreau-Neyret, Gabriel Ferrier et Benjamin-Constant (salons de l'hôtel). Bâti en moins de deux ans, l'édifice fut inauguré le 14 juillet 1900.

Les progrès de la mécanisation rendirent très vite difficile l'exploitation de la gare ; le trafic grandes lignes fut définitivement interrompu en 1939. Le monument de

Victor Laloux
1850-1937

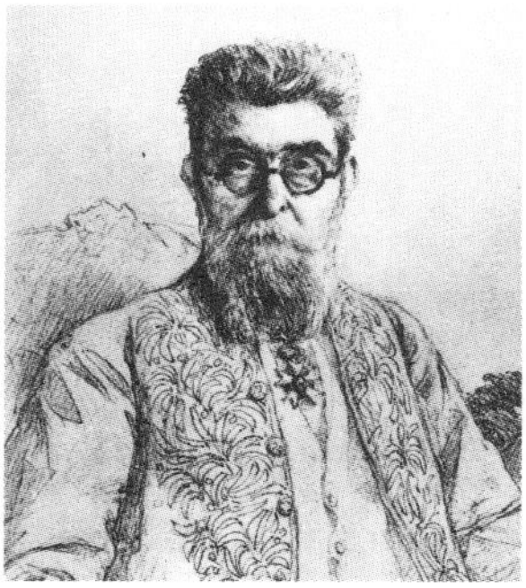

La grande horloge
de l'allée centrale

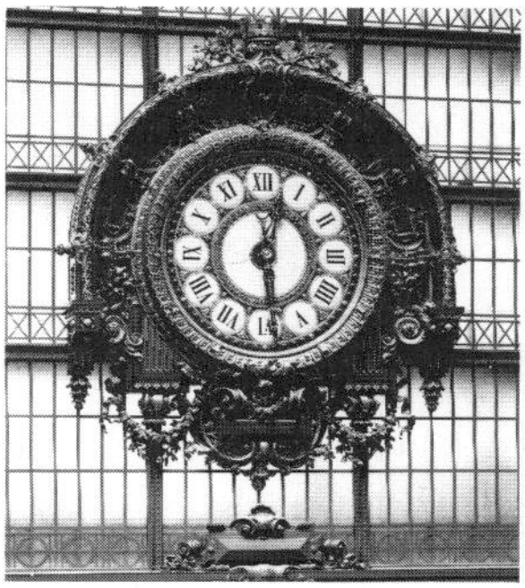

Mercure,
dieu des voyageurs,
couronne les deux
pignons métalliques
de la gare

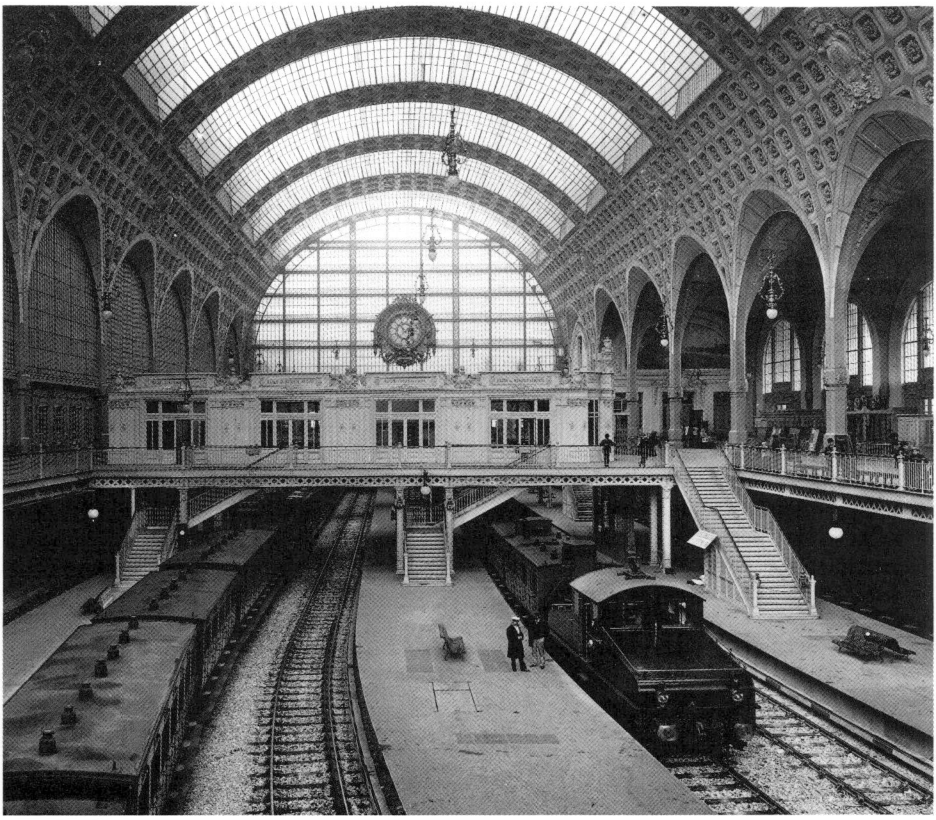

Laloux, abandonné par la SNCF, accueillit alors les événements et activités les plus variés (centre d'accueil pour les prisonniers rapatriés en 1945, lieu de tournage du *Procès* d'Orson Welles en 1962, etc.).

Dès 1973, sous le gouvernement de Georges Pompidou, répondant aux vœux de la Direction des Musées de France, était envisagé l'implantation dans la gare d'Orsay d'un musée où tous les arts de la seconde moitié du XIXe siècle seraient confrontés. Menacée de démolition — on aurait construit à sa place un gigantesque hôtel —, la gare, longtemps jugée comme l'un des monstres du mauvais goût « fin de siècle », bénéficiant du renouveau d'intérêt pour le XIXe siècle, chance historique dont les Halles de Baltard, détruites en 1973, n'avaient pu profiter. Le projet était définitivement pris en compte et soutenu par M. Giscard d'Estaing et un Etablissement public était créé en 1978 pour mener à bien l'opération, dont M. Mitterrand confirmait l'importance en 1981.

En 1979, un premier concours désigne l'équipe ACT Architecture (Renaud Bardon, Pierre Colboc, Jean-Paul Philippon), tandis qu'une seconde consultation pour l'architecture intérieure et l'aménagement muséographique apporte la collaboration, en 1980, de l'architecte italienne Gae Aulenti. Une nouvelle architecture s'installe dans la nef, dégageant largement la voûte et fournissant, de part et d'autre d'un cours axial (dans le sens des anciennes voies ferrées), des salles de musée, surmontées de terrasses. Salles et terrasses communiquent elles-mêmes avec des pièces ménagées sur deux niveaux dans la série des vestibules qui longent la nef et donnent sur la Seine. Au sommet du bâtiment, dans les combles de la gare et de l'hôtel, de spacieuses galeries jouissent de l'éclairage naturel zénithal. Les salles de réception s'intègrent dans le circuit, le restaurant de l'hôtel devenant celui du musée. Partout, les piliers et poutres de fonte de Laloux, ses décors de stuc sont respectés, restaurés, dégagés ; les structures nouvelles laissent partout sensible la présence de l'édifice premier.

Unifiée par les matériaux et la couleur des revêtements (pierre de Bourgogne, peinture claire des cloisons, métaux brun foncé ou bleu, etc.), l'architecture intérieure ménage une succession de salles chaque fois conçues en fonction de la présentation des œuvres et donnant lieu à de multiples solutions architecturales.

1er étage, vue prise des terrasses	1er étage, vue prise de l'une des salles à coupoles	Vue prise de l'une des salles du rez-de-chaussée
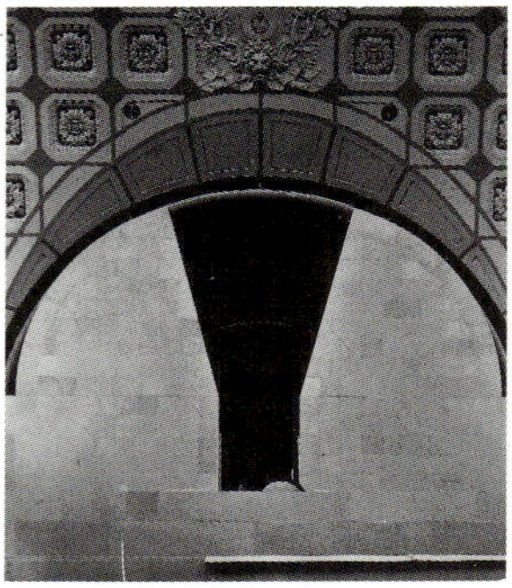	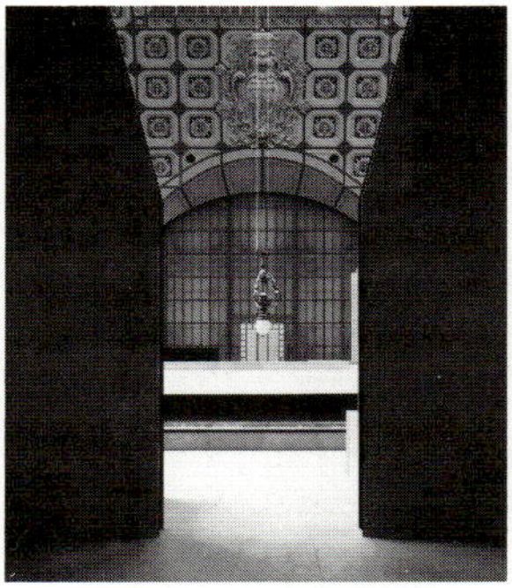	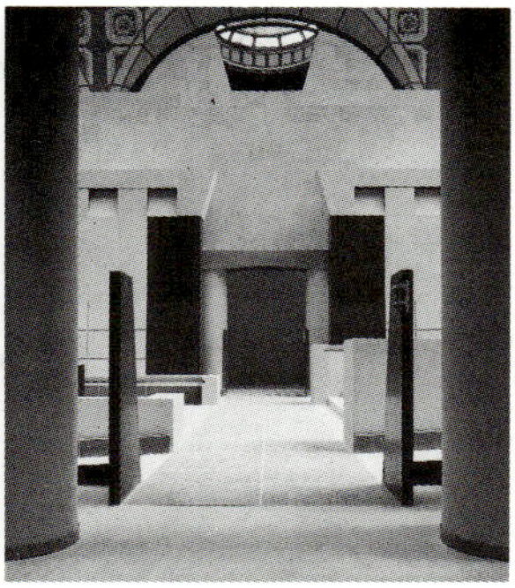

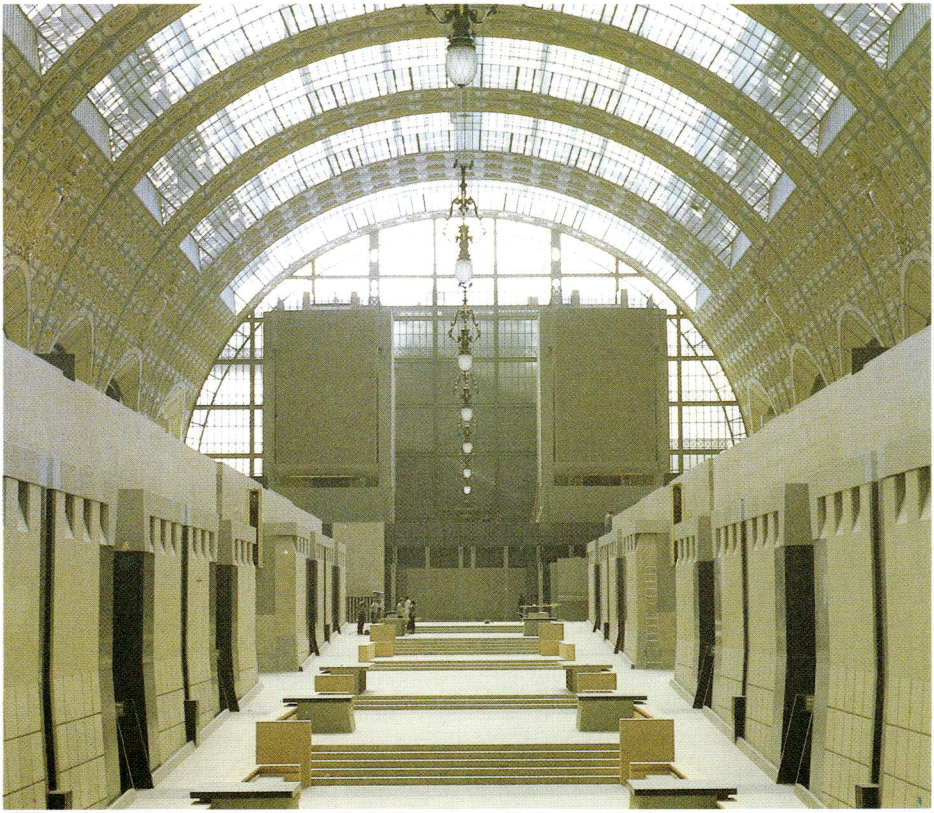

Transformation de la gare en musée, 1984-1985

Renseignements pratiques

Autour des œuvres qui y sont présentées, le musée d'Orsay est également un lieu de spectacle, de réflexion et de formation :

- un programme de *concerts*, consacré au répertoire de la période 1848-1914, est proposé dans l'auditorium et le restaurant ;
- l'auditorium accueille également des *projections de films*, en particulier un festival annuel consacré au cinéma des origines ;
- régulièrement, des *conférences* et *débats* développent les thèmes traités par les expositions temporaires, et des cours d'histoire culturelle sont proposés aux adhérents ;
- un ensemble d'*activités éducatives* a été conçu, en particulier, pour les 5-15 ans, dans les salles de l'Espace des jeunes visiteurs ;
- des dispositifs documentaires peuvent être consultés : passage des dates, salle de consultation.

Mesures des œuvres

Quelles que soient les techniques (peinture, sculpture, objets d'art, mobilier), les dimensions sont exprimées en cm, et la première dimension donnée est toujours la hauteur.

A - Peinture

Hauteur puis largeur ; les dimensions sont toujours celles de la toile seule, sans le cadre.

B - Sculpture

Les dimensions des sculptures sont uniquement exprimées par la hauteur et la largeur.

C - Objets d'art

Les objets d'art sont un cas à part ; bien sûr, la hauteur est mentionnée, mais aussi, dans le cas d'objets circulaires, le diamètre. Il arrive même que l'on dissocie deux parties d'un même objet ; c'est le cas, par exemple, d'une coupe avec son bassin. On exprime la hauteur et le diamètre de chacun des éléments.

D - Mobilier

Le volume est exprimé dans ses hauteur, largeur et profondeur.

Musée d'Orsay
62, rue de Lille
75343 Paris Cedex 07
Tél. 40 49 48 14

Entrée principale :
1, rue de Bellechasse
Entrée des expositions temporaires :
Place Henry-de-Montherlant

Heures d'ouverture :
Le mardi, mercredi, vendredi et samedi de 10 h à 18 h
Le jeudi de 10 h à 21 h 45
Tous les dimanches et, durant l'été seulement, les jours ouvrables du 20-06 au 20-09, de 9 h à 18 h
Fermé le lundi

Vente des billets jusqu'à 17 h 15 (21 h 15 le jeudi)

Sont à votre disposition

A l'espace d'accueil :
Téléphones
Boîtes aux lettres
Bureau de change
Librairie du M'O de 9 h 30 à 18 h 30, 21 h 30 le jeudi
Location d'audioguides, heures d'ouverture du musée, sauf nocturne

Au niveau médian :
Restaurant, accès avec le billet du musée, heures d'ouverture du musée

Au niveau supérieur :
Café des hauteurs, heures d'ouverture du musée

Accès extérieur sur le parvis :
Boutique du M'O, de 9 h 30 à 18 h 30, 21 h 30 le jeudi

Après les caisses et sur le parcours :
ascenseurs réservés aux handicapés

A	B	C	D
Peinture : 1 hauteur 2 largeur	Sculpture : 1 hauteur 2 largeur	Objets d'art : 1 hauteur 2 diamètre	Mobilier : 1 hauteur 2 largeur 3 profondeur
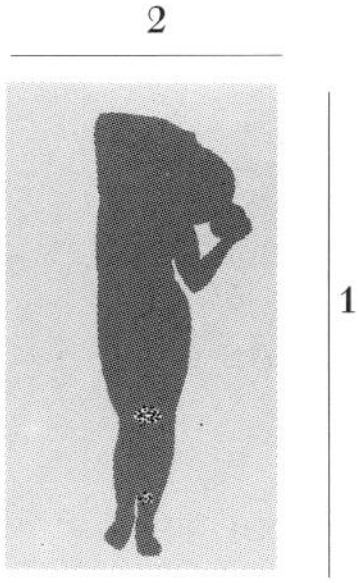	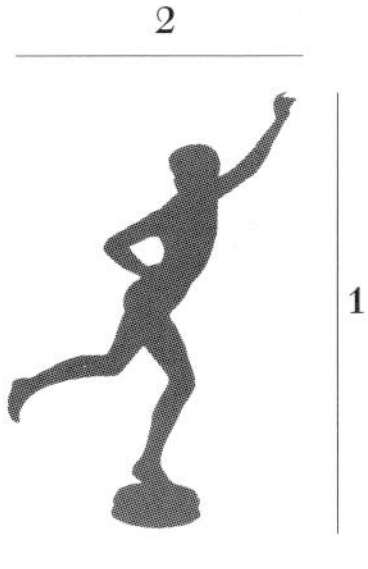	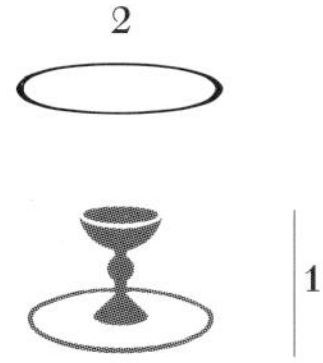	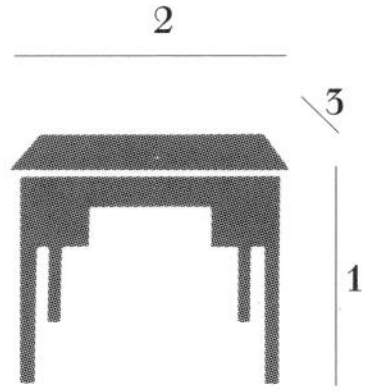

Les expositions-dossiers du M'O

L'une des originalités du musée d'Orsay tient à l'intégration dans le circuit normal de la visite, de petites expositions allant du simple accrochage à des présentations complexes pour :

– assurer la présence d'œuvres d'arts graphiques (dessins, gravures, affiches, photographies) qui, en raison de leur fragilité, ne peuvent supporter un accrochage permanent ;

– rendre compte des manifestations de la création et de la vie culturelle de la seconde moitié du XIXe siècle autres que la peinture et la sculpture : presse, édition, musique, danse, etc. ;

– compléter la vision d'une œuvre ou d'un groupe d'œuvres du musée en formant autour d'elle un véritable « dossier », par exemple sur son acquisition ou sa restauration, grâce à des textes explicatifs, des reproductions, des montages, etc. ;

– organiser quelques petites expositions satellites autour d'une grande exposition ou d'un thème de manifestations.

Ces expositions sont accessibles avec le billet d'entrée et réparties au long des différents étages du musée ; elles sont signalées par des bannières de couleur.

Les expositions-dossiers constituent véritablement une autre approche du musée, une façon d'en compléter ou d'en renouveler la visite.

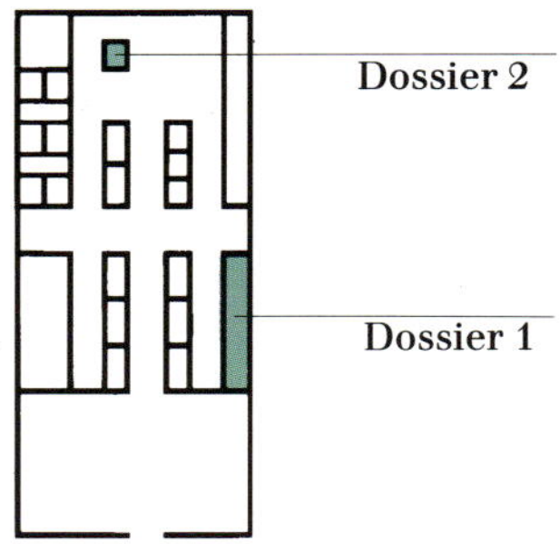

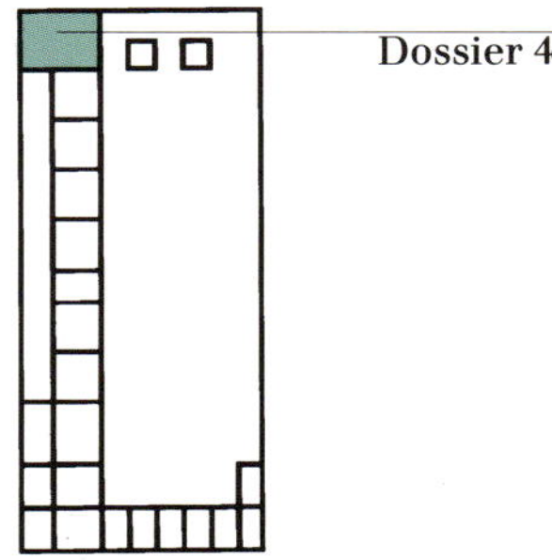

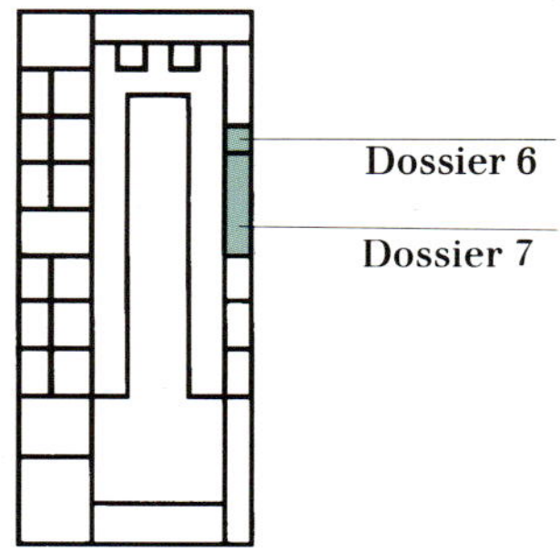

Rez-de-chaussée première partie de la visite	Dossier 1 Cet espace assez grand et pourvu d'un audiovisuel, montre des expositions à caractère général, liées aux mouvements culturels – y compris musicaux, littéraires, etc., – des années 1848-1870.	Dossier 2 Situé dans le secteur réservé à l'Opéra, son histoire et son quartier, les expositions de cet espace auront toujours un lien avec ce sujet.
Niveau supérieur deuxième partie de la visite	Dossier 4 Trois étages du pavillon amont, consacré à l'architecture, sont réservés aux expositions ou à la présentation d'œuvres provenant des collections du musée.	
Niveau médian dernière partie de la visite	Dossiers 6 et 7 Ces espaces peuvent ou non être réunis, et comportent un audiovisuel ; sont destinés aux expositions à caractère pluridisciplinaire, comme le dossier 1, mais concernent la période suivante, c'est-à-dire 1870-1914.	On peut aussi choisir de présenter, dans le dossier 6, les nouvelles acquisitions du musée.

Les expositions-dossiers du M'O

Photographie
et Arts graphiques

Photographie et Arts graphiques (dessins, pastels, gravures, etc.) sont présentés par roulement dans les salles d'expositions-dossiers 3 et 5 du musée.
Art majeur du XIXe siècle, que même peintres (tel Degas) ou écrivains (ainsi Zola ou Lewis Caroll) ont pratiqué, la photographie est présentée par une collection d'environ 15 000 œuvres, qui fait apparaître la richesse et la diversité de la création photographique, tant en France qu'à l'étranger, depuis l'invention du daguerréotype (1839) jusqu'à la fin de la Première Guerre mondiale, moment qui voit disparaître les principaux courants sécessionnistes et apparaître la photographie expérimentale.

De très généreux donateurs ont manifesté leur intérêt devant la création de ce nouveau secteur (dons de la fondation Kodak-Pathé, l'ASDA, Mme de Robien, M. de Bry, Mme Marie-Thérèse et M. André Jammes, Mme Andrée Gaveau, M. Le Prévost d'Iray, M. Roger Thérond, galerie Texbraun).

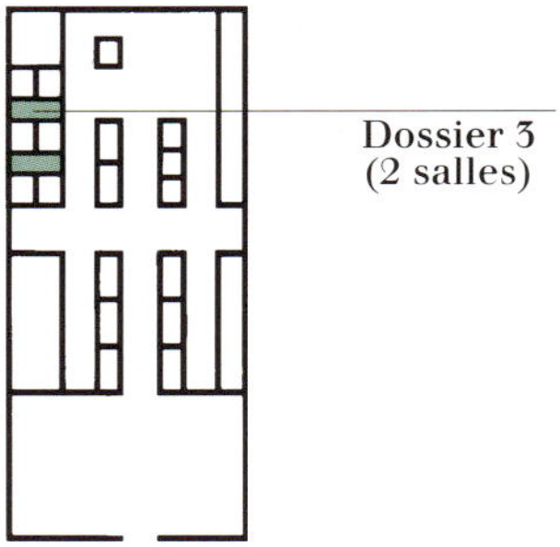

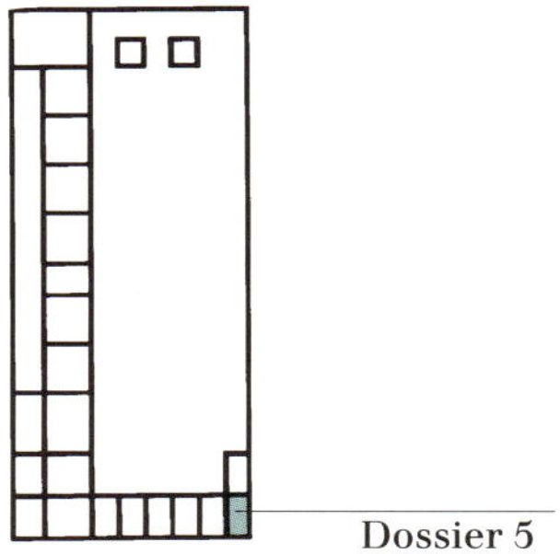

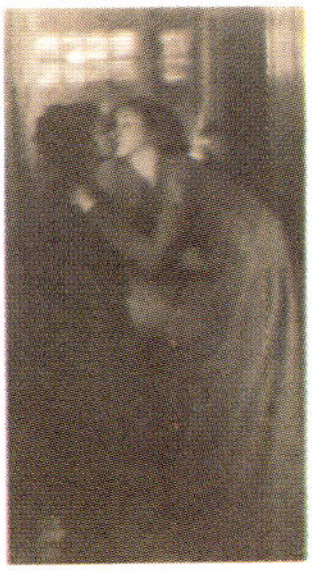

Clarence White
1871-1925
The Kiss (Le baiser)
1904
Tirage platine
24/12 cm
Don de la société CDF Chimie-Terpolymères, 1985

Rez-de-chaussée
première
partie de la visite

Dossier 3

« L'Age d'or » de la photographie, c'est-à-dire les années 1850 en France (Félix Nadar, Gustave Legray, Edouard Baldus), et à l'étranger (Lewis Carroll, Julia Margaret Cameron), et l'une des premières techniques photographiques : le daguerréotype. En alternance avec la photographie, dessins ou pastels de la période 1848-1870 ; expositions de gravures réalisées avec le concours de la Bibliothèque nationale.

Niveau supérieur
deuxième
partie de la visite

Dossier 5

La photographie au tournant du siècle : les pictorialistes (P.H. Emerson, Alfred Stieglitz, Edward Steichen, Clarence White, Eugène Atget, et Pierre Bonnard, Edgar Degas). Gravures et dessins de la fin du XIXe siècle et du début du XXe siècle.

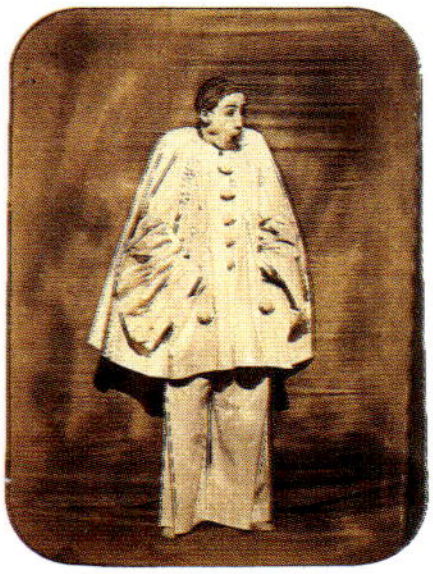

Félix Tournachon,
dit Nadar
1825-1910
et Adrien
Tournachon
1825-1903
Le mime Debureau en Pierrot
1855
Tirage papier salé à partir d'un négatif verre au collodion.
30/24 cm

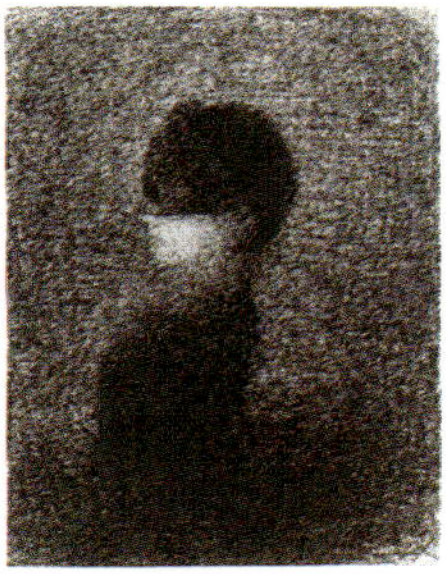

Georges Seurat
1859-1891
La voilette
Vers 1883
Crayon conté
sur papier Ingres
30/23 cm

Rez-de-chaussée première partie de la visite

1
Sculpture 1850-1870
Carpeaux

2
Ingres et l'Ingrisme,
Delacroix,
Chassériau,
Peinture d'Histoire
et portrait 1850-1880

3
Daumier, Collection
Chauchard 1 et 2
Millet, Rousseau,
Corot,
Réalisme, Courbet

4
Puvis de Chavannes,
Gustave Moreau,
Degas avant 1870

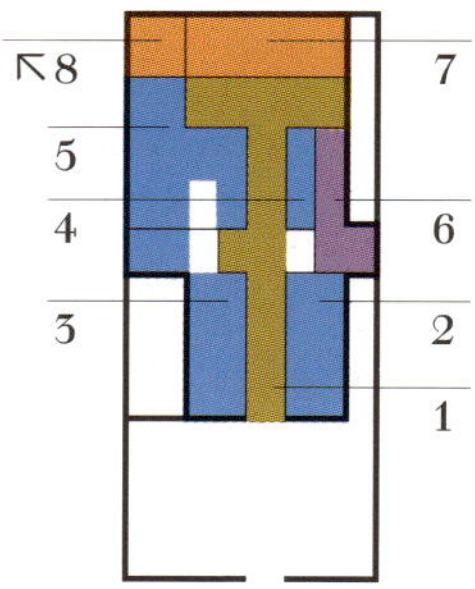

5
Manet avant 1870,
Monet, Bazille,
Renoir avant 1870,
Fantin-Latour,
Paysage de
plein air,
Collection
Personnaz,
Collection
Eduardo Mollard,
Réalisme,
Orientalisme

6
Arts décoratifs
1850-1880

7
Salle de l'Opéra

8
Pavillon amont :
Architecture
1850-1900,
Viollet-le-Duc,
Pugin, Morris,
Webb,
Mackmurdo,
Jeckyll,
Godwin, Dresser,
Sullivan

Niveau supérieur deuxième partie de la visite

9
Impressionnisme :
Collection
Moreau-Nélaton
Whistler, Morisot,
Caillebotte ; Degas,
Manet après 1870
Monet, Renoir,
Pissarro et Sisley
avant 1880
Monet après 1880
Pissarro après 1880
Cézanne

10
Pastels : Degas
Café des hauteurs
Salle
de consultation

11
Van Gogh
Collection Gachet
Redon, Pastels
Douanier Rousseau
Ecole
de Pont-Aven :
Gauguin, Bernard,
Sérusier
Néo-
impressionnisme :
Seurat, Signac,
Cross, Luce
Toulouse-Lautrec
Peintures de
petits formats :
Bonnard, Denis,
Vuillard, Vallotton

12
Passage de la Presse

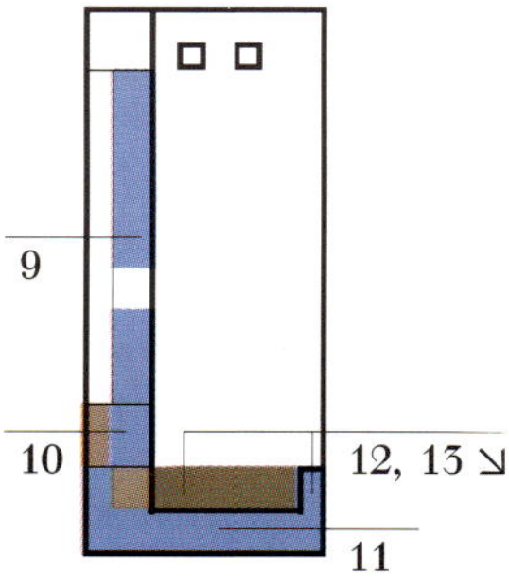

13
Collection Max et Rosy Kaganovitch (4e étage)

Niveau médian dernière partie de la visite

14
Arts et décors
de la IIIe République,
Monuments publics

15
Sculpture :
Fremiet, Gérôme,
Rodin, Rosso,
Bartholomé,
Bourdelle, Maillol,
Joseph Bernard

16
La peinture du salon
1880-1900,
Ecoles Etrangères
Symbolisme

17
Art Nouveau :
France, Belgique,
Hollande, Allemagne,
Scandinavie,
Odilon Redon,
Ecole de Nancy,
Gallé, Carabin,
Charpentier, Dampt

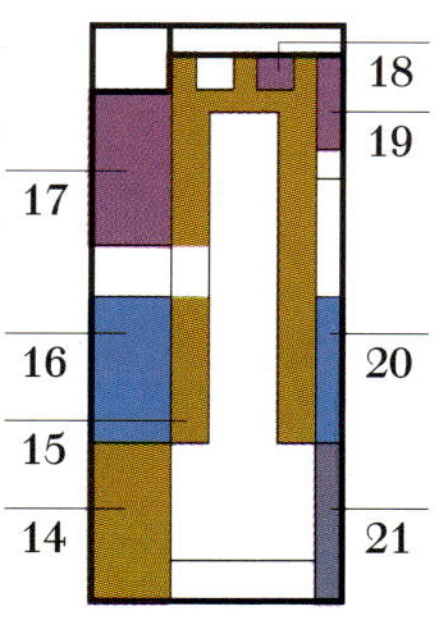

III

18
Art Nouveau international, mobilier d'architectes et mobilier industriel

19
Vienne, Glasgow, Chicago

20
Les Nabis : Bonnard, Denis, Vallotton, Vuillard, Roussel

21
Naissance du cinématographe et du phonographe

Le Musée d'Orsay consacre plusieurs espaces à l'évocation de l'Histoire. Il a paru en effet bon de rappeler au visiteur les grandes références chronologiques de la période historique qui a fait naître l'ensemble des œuvres qu'il découvrira au fil de sa visite. Ces références sont destinées aussi à satisfaire la curiosité de quiconque souhaite savoir ce qui se passait dans le monde politique et culturel au moment où Baudelaire écrivait *Les Fleurs du Mal*, au moment où Manet peignait *Le déjeuner sur l'herbe*, au moment où Charpentier triomphait avec *Louise*, au moment où Maillol sculptait *Méditerranée*. En outre, l'Histoire, par la mise en évidence de certains rapprochements, de certaines proximités rendues invisibles par le choix d'une présentation stylistique, peut aussi conduire à la réflexion sur les conditions matérielles de la production artistique, sur le statut de l'artiste dans la société et sur celui de toute œuvre d'art dans une société donnée.

Informer et suggérer, sans édicter, tels sont les principes qui ont présidé à la mise en œuvre des présentations historiques, dont la première est l'ouverture sur l'Histoire. Situé à l'entrée du musée, dans les locaux de l'accueil, cet espace est un lieu audiovisuel dans lequel seront projetés en permanence des films historiques. Il est entouré d'une vaste vitrine circulaire, qui retrace à l'aide d'objets historiques (drapeau de la garde nationale de 1848, livret ouvrier...), d'objets techniques (machines à coudre, téléphone, machine à écrire...), d'images, de photographies (portraits des grands hommes de la période), d'affiches (affiches de 1848, Sedan, affiches de la Commune, ordre de mobilisation générale), de journaux (l'affaire Dreyfus dans la presse), de peintures (Clairin, *l'Incendie des Tuileries*...) et de sculptures (*l'Alsace et la Lorraine* de Dubois, de bustes des présidents de la République), l'histoire de 1848 à 1914. La perspective en est avant tout française et chronologique. Ce lieu de référence, qui peut sembler trop rapide, doit être perçu comme une vraie double introduction, à la visite du musée d'une part, et à la visite du passage des dates d'autre part.

1848

1914

Rez-de-chaussée première partie de la visite

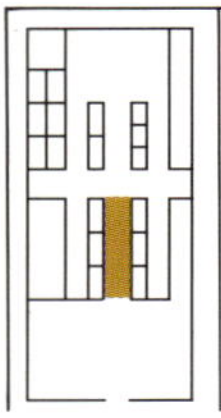

Au long de l'allée centrale consacrée à la sculpture de la période 1850-1870, on tente de rendre compte des multiples courants qui l'animent : romantisme, retour à un classicisme sévère ou à l'agilité nerveuse et élégante de la Renaissance, éclectisme en lequel se mêlent les influences et se diversifient les matériaux. Et au-dessus de tout, dominant ce quart de siècle de son talent puissant et dynamique, se développe l'œuvre de Carpeaux.

Le romantisme apparaît, en sculpture, dans les années trente et son but ne réside pas en la pureté des formes, mais en la recherche de l'expression. Pour la trouver, il ne faut pas hésiter à déformer proportions ou modelé, à faire appel à une composition animée, à l'aide de forts contrastes. Le meilleur exemple en est donné par François Rude dont vous avez pu voir, dans l'entrée du musée, *Le génie de la Patrie*, détail moulé sur le relief de l'arc de triomphe de l'Etoile (1836). Mais le héros romantique existe en Napoléon, dont la destinée et la légende sont une source d'inspiration importante pour les peintres et pour les sculpteurs. Le *Napoléon s'éveillant à l'immortalité*, commandé par un fervent bonapartiste, ancien commandant des grenadiers de l'île d'Elbe, Noisot, évoque une vision d'outre-tombe : l'Empereur sortant de son linceul, s'éveille à sa gloire (le bronze se trouve à Fixin-lès-Dijon).

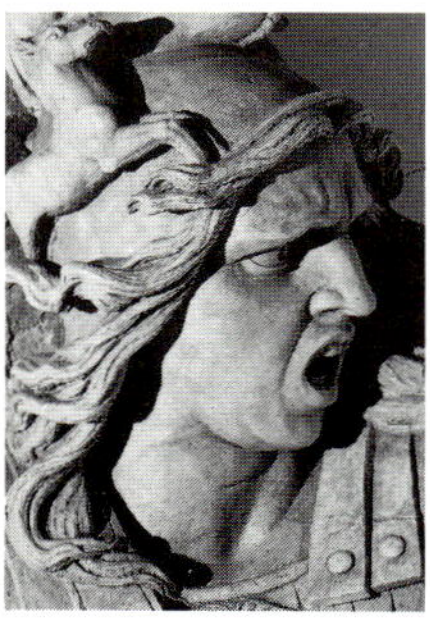

Le génie de la Patrie
L'esprit du romantisme s'incarne dans ce visage aux traits exagérés, à l'expression outrée, qui semble si bien illustrer le caractère d'Hernani, personnage célèbre du théâtre de Victor Hugo : « Je suis une force qui va. »

Même chez James Pradier dont l'œuvre est essentiellement classique, on perçoit une nuance romantique : si la *Sapho* reste conforme aux canons traditionnels par le vêtement et le visage, le sujet et l'attitude mélancolique témoignent d'un esprit différent.

Parallèlement au romantisme, et issu de la tradition classique, se dessine un retour à une sévérité quasi archéologique. Ce mouvement est illustré par Pierre-Jules Cavelier et son groupe *Cornélie, mère des Gracques*, et par Eugène Guillaume qui persiste jusqu'au bout dans son culte de l'antiquité. *Le cénotaphe des Gracques* se révèle très fidèle à un type de monument funéraire répandu sous la République et le début de l'Empire romain, périodes où prend naissance le mythe du Romain viril et pur. *Le faucheur*, bronze de 1855, fait preuve lui aussi d'une réussite formelle parfaite, mais froide et inanimée.

Eugène Guillaume
1822-1905
Cénotaphe des Gracques
1848-1853
Bronze
85 / 90 cm

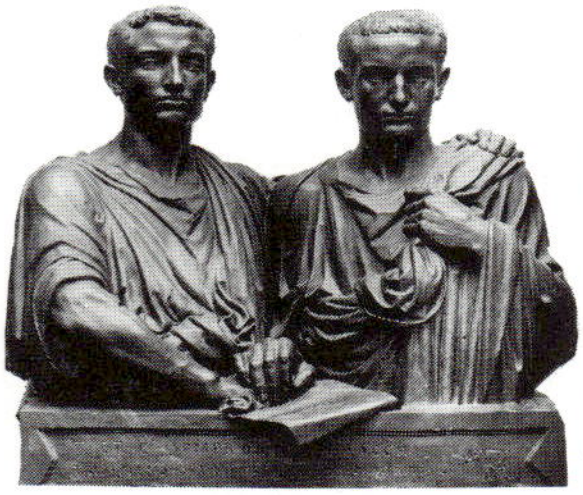

Pierre-Jules Cavelier
1814-1894
Cornélie mère des Gracques
1861
Marbre
171 / 121 cm

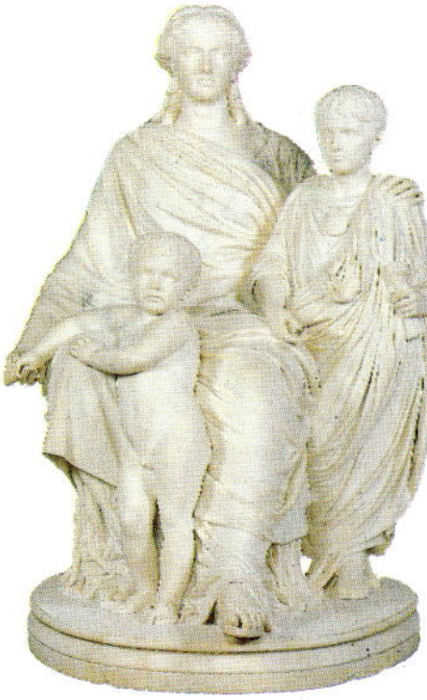

James Pradier
1790-1852
Sapho
1852
Marbre
118 / 70 cm

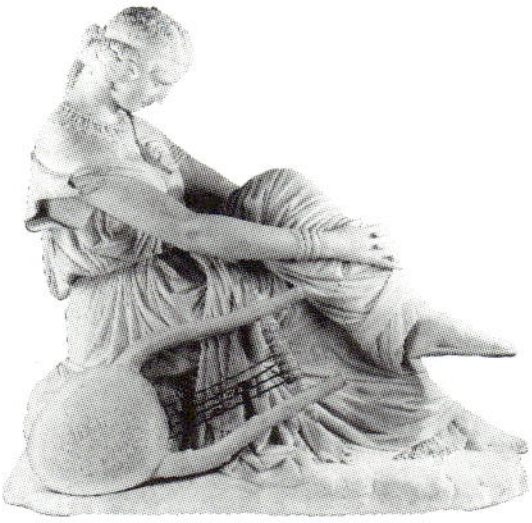

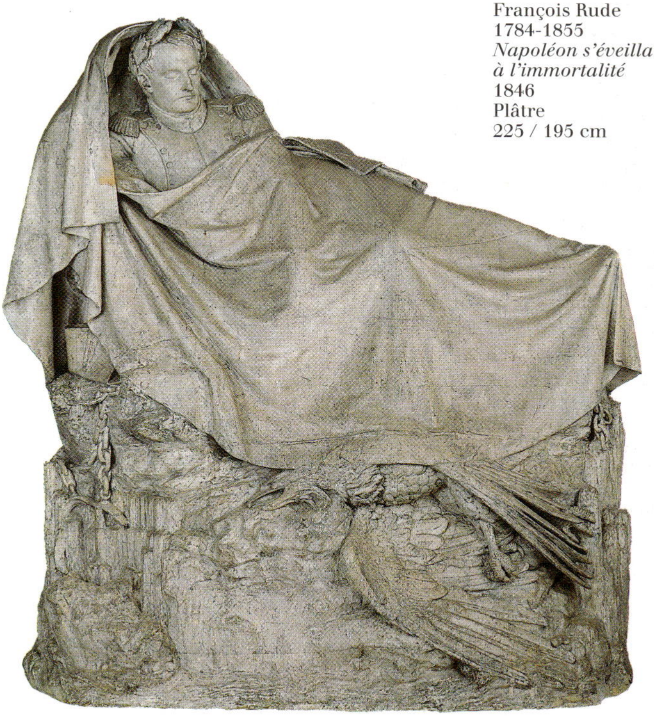

François Rude
1784-1855
Napoléon s'éveillant à l'immortalité
1846
Plâtre
225 / 195 cm

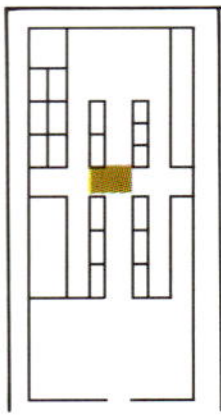

Carpeaux

« Quand j'eus reconnu mon propre aspect sur les quatre visages, je me mordis les mains de douleur, et mes enfants, croyant que c'était de faim, se levèrent tout à coup disant : Oh! père! il nous sera moins douloureux si tu manges de nous... »

Le thème tragique d'Ugolin, l'un des héros damnés de *La Divine Comédie* de Dante (chant XXXIII de *L'Enfer*), a souvent inspiré les artistes romantiques ou symbolistes, de Delacroix à Rodin. Il s'agit d'un sujet terrible, retraçant l'histoire du comte Ugolin della Gherardesca, tyran de Pise au XIIIe siècle, enfermé par son ennemi, l'archevêque Ubaldini, avec ses enfants et petits-enfants, condamné à mourir de faim, hélas après avoir consommé leur chair.

Ce groupe a été exécuté par Jean-Baptiste Carpeaux alors pensionnaire à la Villa Médicis, siège de l'Académie de France à Rome. *Ugolin* ne correspondait pas aux normes de l'Académie : le sujet n'était ni mythologique ni biblique, l'œuvre comportait plusieurs figures et n'était pas réalisable en une année. Mais l'intérêt suscité par le thème et les premières études de l'artiste, en 1858, lui permirent d'obtenir une dérogation. Les recherches de Carpeaux, qui pensa d'abord à un bas-relief, révèlent l'influence de Michel-Ange, dont il admira et étudia tout particulièrement *Le jugement dernier*. Mais Dante et Michel-Ange étaient liés depuis longtemps dans la sensibilité de l'artiste : « Une statue pensée par le chantre de *La Divine comédie* et créé par le père de Moïse, ce serait un chef-d'œuvre de l'esprit humain », écrivait-il en 1854, l'année où il obtenait le prix de Rome, après dix ans d'études à l'école des Beaux-Arts dans l'atelier de Rude puis de Duret.

C'est en 1860, lors d'un voyage à Paris, que Carpeaux modèle l'esquisse en terre cuite, présentée en vitrine, sur laquelle apparaît un quatrième enfant. En novembre 1861, le plâtre (Paris, Musée du Petit Palais) est terminé, et remporte, lors de son exposition à Rome, un grand succès ; mais à Paris, le groupe suscite un rapport défavorable de l'Institut. Cependant, le bronze, exposé ici, fut commandé par l'Etat en 1862, et placé dans les jardins des Tuileries.

Jean-Baptiste
Carpeaux
1827-1875
Ugolin
1860
Terre cuite
56 / 41,5 cm

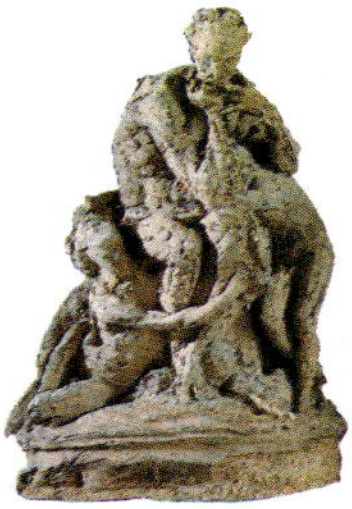

Jean-Baptiste
Carpeaux
1827-1875

Ugolin
1862
Bronze
194 / 148 cm

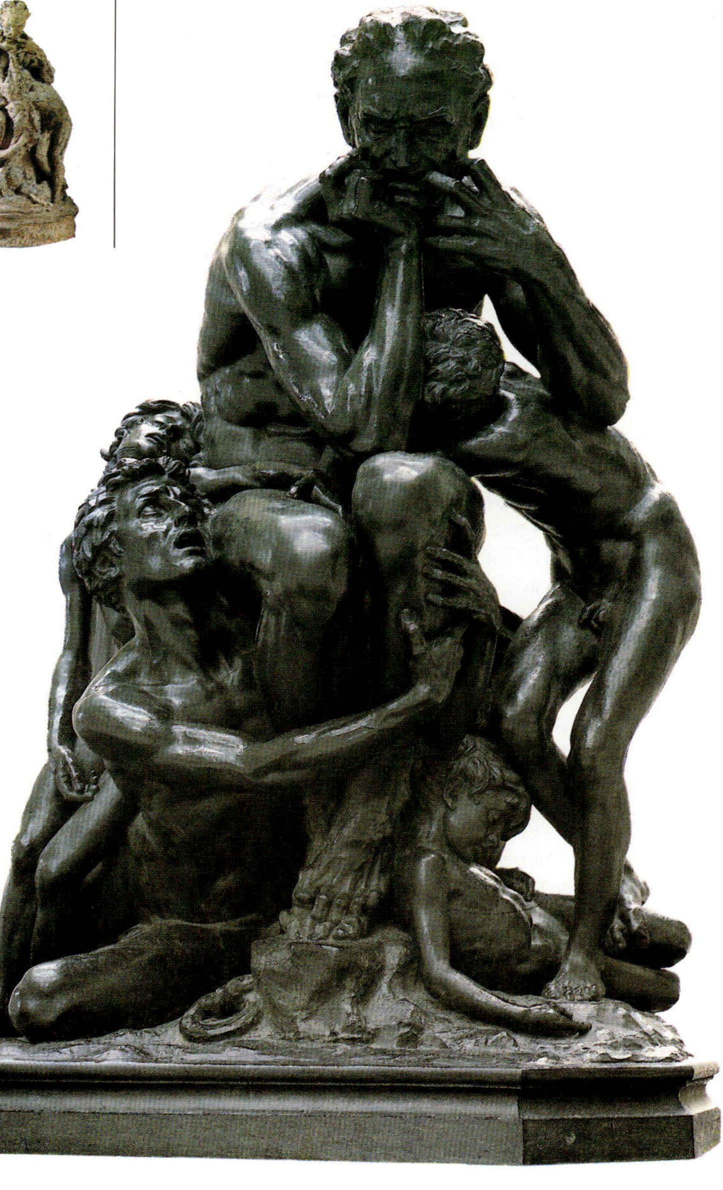

A la recherche de légitimité, de racines, le Second Empire tente de créer son décor en faisant appel aux styles du passé, à l'histoire. Parmi les différentes tendances composant cet éclectisme, se détache un groupe d'artistes constitué de Falguière, Dubois, Mercié et Moulin, particulièrement attirés par l'art élégant de la Renaissance, ce qui leur valut le surnom de Florentins. A ce groupe l'on peut joindre Ernest Christophe dont *la Comédie humaine*, « statue allégorique dans le goût de la Renaissance », inspira à Baudelaire le chant XX des *Fleurs du Mal* : *le Masque* (ce marbre est exposé à gauche, avant de pénétrer dans la seconde partie de l'allée centrale).
Carrier-Belleuse, lui aussi très inspiré par la Renaissance et le XVIIIe siècle, se tourne parfois vers l'antiquité, comme en témoigne son groupe *Hébé* (marbre de 1869) ; il en est de même pour *Vainqueur au combat de coqs* de Falguière et *Trouvaille à Pompéi* de Moulin, dont le traitement précis et harmonieux révèle l'attrait des bronzes hellénistiques découverts à Pompéi ainsi que l'importance du *Mercure* de Jean de Bologne (1529-1608), par la recherche savante du rythme des corps et de l'équilibre. Mercié sacrifie aussi au culte de la sculpture toscane (voir le *David*, bronze de 1872, dans la première partie de l'allée centrale).

Le Second Empire découvre la polychromie à travers les sculptures grecques ou romaines portant des traces de peinture, par les envois des architectes et des sculpteurs élèves de l'Académie de France à Rome, grâce aux publications telles celles de l'architecte Hittorf. L'un des principaux artisans de la remise en valeur de la polychromie est Charles Cordier, attiré par l'ethnographie, séduit par les possibilités offertes par les carrières d'onyx algériennes et gagné à la mode de l'Orient qui sévit en Europe. *Le Nègre du Soudan* cherche à représenter un type individualisé, dans le costume le plus véridique. Ce goût du faste correspond bien à la mentalité de la société du Second Empire, et se trouve consacré dans l'Opéra de Charles Garnier, triomphe de l'architecture et de la sculpture polychromes.

Alexandre Falguière
1831-1900
Vainqueur au combat de coqs
1864
Bronze
174/100 cm

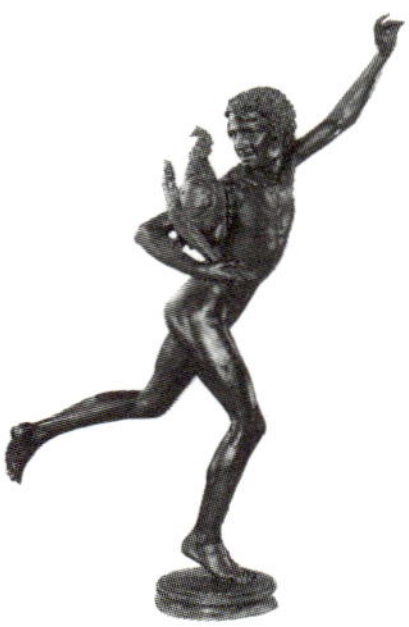

Hippolyte Moulin
1832-1884
Trouvaille à Pompéi
1863
Bronze
187/64 cm

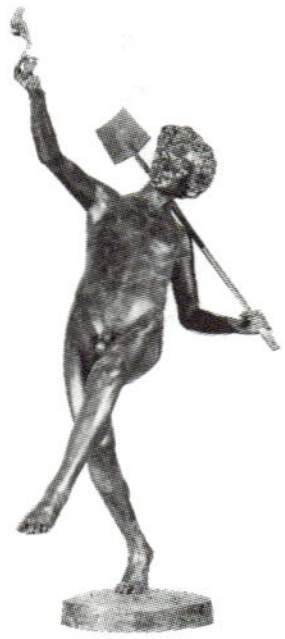

Ernest Christophe
1827-1892
La Comédie humaine ou *le Masque*
1859-1876
Marbre
245/67 cm

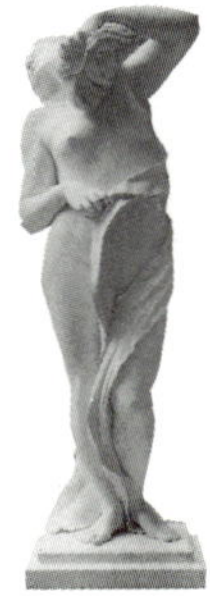

Antonin Mercié
1845-1916
David
1872
Bronze
184/76 cm

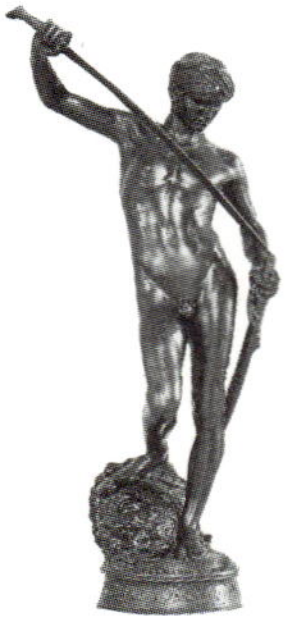

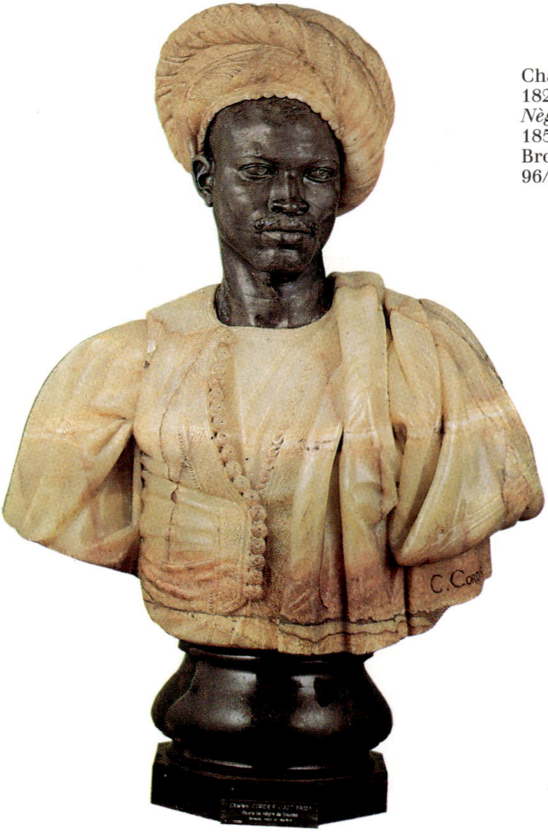

Charles Cordier
1827-1905
Nègre du Soudan
1857
Bronze et onyx
96/66 cm

La carrière de Carpeaux, brève et fulgurante, déployée en une quinzaine d'années à dater de son prix de Rome, est liée non seulement à la famille impériale et à la société de son temps, mais aussi au décor des plus importants monuments publics du Second Empire.

A gauche de l'allée centrale sont présentés esquisses en terre cuite ou plâtre, bustes et groupes en marbre, figurant avec vie et grand sens psychologique Napoléon III et la famille impériale ; on évoque aussi un aspect moins connu de la personnalité de Carpeaux : le peintre. Introduit à la cour des Tuileries par la princesse Mathilde (cousine de l'Empereur), devenu professeur de dessin du prince impérial, Carpeaux reçoit commande d'une statue en pied du prince avec son chien. *Le prince impérial et son chien Nero*, dont le marbre date de 1865, a été précédé d'esquisses nombreuses qui témoignent des dons de Carpeaux : sens de l'observation, rendu frémissant et nerveux de la vie ; le groupe connaît un grand succès et de nombreuses éditions et réductions en toutes matières en diffusent l'image. Ce sens psychologique, cette finesse dans la découverte d'une personnalité s'observent encore dans les bustes d'amis ou de contemporains (exposés à droite de l'allée centrale) ; ainsi *Eugénie Fiocre*, plâtre de 1869, met en valeur l'élégance de la jeune femme, première danseuse à l'Opéra, et renoue avec la tradition du XVIIIe siècle par le souci de la présence et de l'effet décoratif.

Durant le Second Empire, la ville se transforme en un vaste chantier : « Paris haché à coups de sabre, les veines ouvertes, nourrissant cent mille terrassiers et maçons » (Zola), et les commandes ne manquent pas. Ainsi, Carpeaux se voit confier la décoration de la façade donnant sur la Seine du pavillon de Flore (1863-1866), pour le nouveau Louvre reconstruit par Lefuel. Le pavillon est couronné d'un groupe allégorique : *France impériale protégeant l'agriculture et les sciences*, dont la composition rappelle les créations de Michel-Ange dans la Chapelle des Médicis à Florence ; au-dessous, témoignant de la découverte par le sculpteur des beautés charnelles de Rubens et des Flamands, une ronde gaie et animée d'enfants glorifie le *Triomphe de Flore*, première apparition de cette recherche du mouvement propre à Carpeaux. Mais la célébrité scandaleuse, sulfureuse, vient à Carpeaux avec la *Danse*, commandée au sculpteur en 1863 par l'architecte Charles Garnier pour son nouvel Opéra.

Jean-Baptiste Carpeaux
1827-1875
Les quatre parties du monde soutenant la sphère céleste
1867-1872
Plâtre
280 / 177 cm

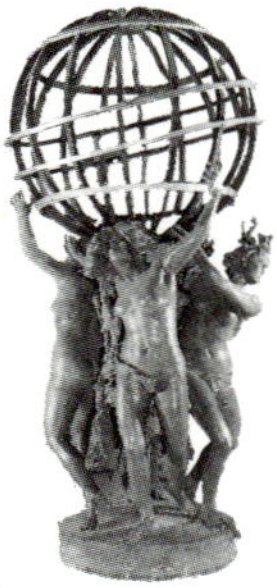

Jean-Baptiste Carpeaux
1827-1875
Alexandre Dumas fils
1824-1895
1873
Plâtre
81 / 60,3 cm

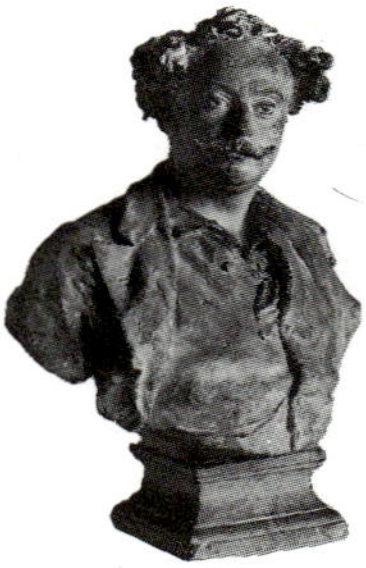

Jean-Baptiste Carpeaux
1827-1875
Eugénie Fiocre
1869
Plâtre
83 / 51 cm

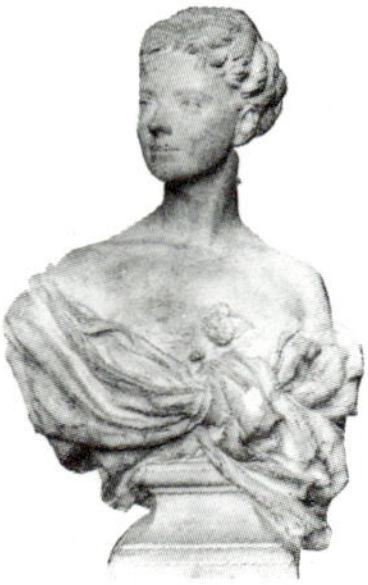

Jean-Baptiste Carpeaux
1827-1875
Le prince impérial et son chien Nero
1865
Plâtre
43,8 / 16,1 cm

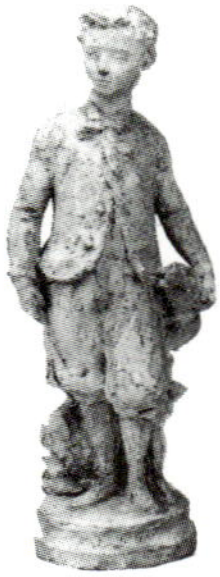

Jean-Baptiste Carpeaux
1827-1875
La France impériale protégeant l'agriculture et les sciences
1866
Plâtre
260 / 423 cm

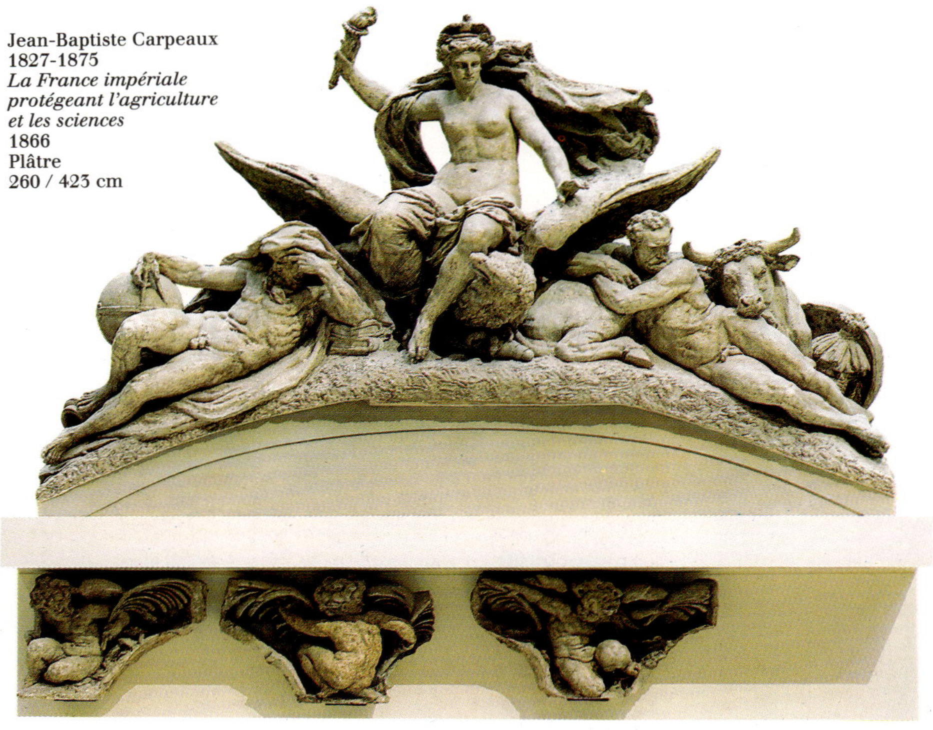

Cependant, ce n'est qu'après trois ans de recherches que Carpeaux trouve son thème d'une ronde de cinq figures autour d'un génie masculin bondissant et qui fait « décoller » le relief. Dévoilée en 1869, l'œuvre provoque un scandale, est qualifiée d'« ignoble saturnale », d'« insulte à la morale publique », et l'on commande un autre groupe au sculpteur Gumery (musée d'Angers). Erodé par l'atmosphère parisienne, le groupe entre au Louvre en 1964 et une copie par Belmondo le remplace à l'Opéra. Ce même schéma circulaire se retrouve dans l'une des dernières grandes réalisations de Carpeaux, la fontaine des *Quatre parties du monde*, pour les jardins de l'Observatoire ; le sujet choisi présente les quatre points cardinaux (les chevaux sortant de l'eau, que l'on peut voir en couronnement du bassin, sont l'œuvre de Fremiet) ; refusant le statisme habituel de ce genre de représentation, Carpeaux choisit de figurer « les quatre points cardinaux tournant comme pour suivre la rotation du globe. De sorte que j'ai une face, un trois-quarts, un profil, un dos ». Le sculpteur songe même à patiner les figures en des tons accordés à la coloration des races, mais n'obtient pas satisfaction.

Jean-Baptiste Carpeaux
1827-1875
La Danse
1869
Pierre
420 / 298 cm

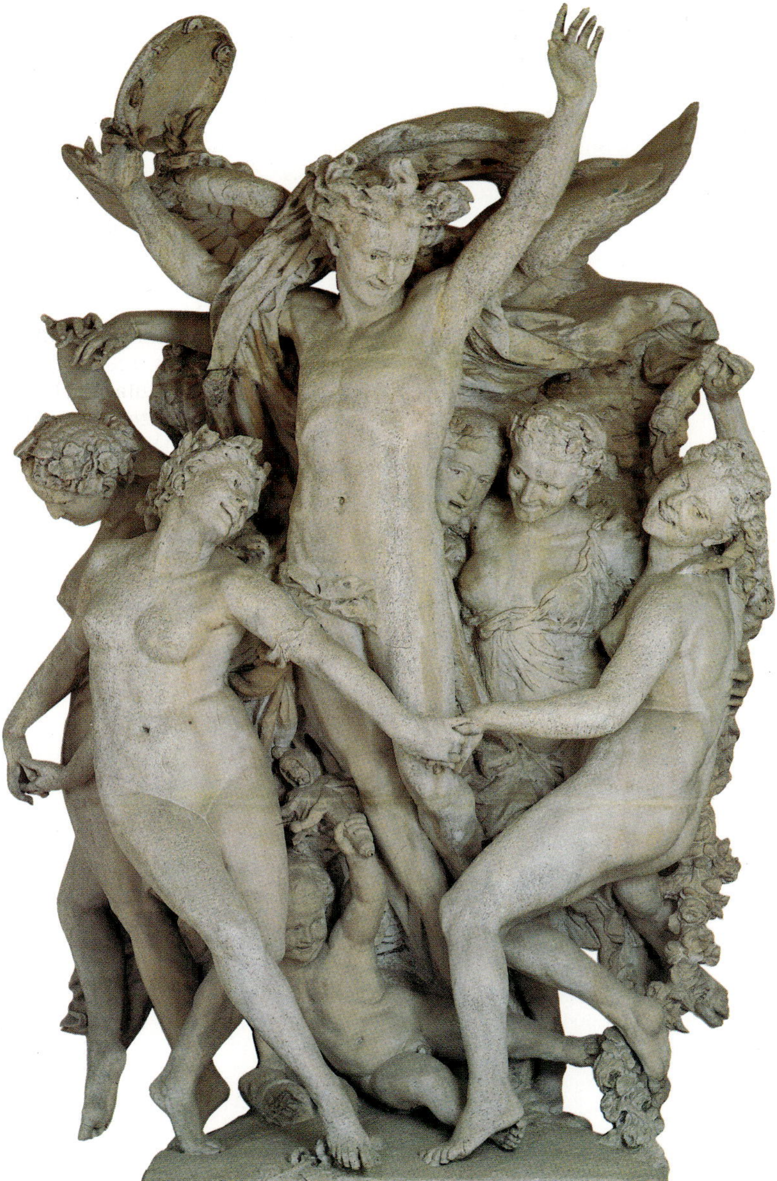

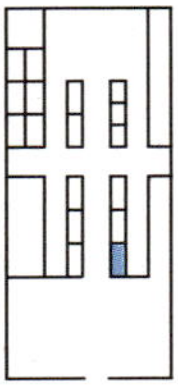

Ingres et l'Ingrisme

Ingres et Delacroix, qui incarnent le conflit des classiques et des romantiques, restent au long des années 1850 deux personnalités dominantes de la peinture. L'œuvre de ces peintres, nés à la fin du XVIIIe siècle, est seulement évoqué au musée d'Orsay à l'aide de compositions tardives ainsi que par les toiles des artistes qu'ils influencèrent directement ou qui se montrèrent leurs héritiers par l'emprunt de sujet, de style, de forme ou de couleur. Mais l'essentiel de la peinture d'Ingres et de Delacroix appartient à la première moitié du XIXe siècle et reste présenté au musée du Louvre.

Ingres porte à son apogée l'arabesque des contours, le goût des lignes ondulantes et des déformations ; ainsi en est-il pour *Vénus à Paphos*, 1852-1853, chez laquelle la ligne souple du dos, l'attache de la nuque et celle de la poitrine sont autant de courbes qui se répondent. Le paysage en fut peint par Alexandre Desgoffe, élève et collaborateur d'Ingres. *La source*, commencée à Florence en 1820 et achevée à Paris en 1856, déploie harmonieusement la courbe sinueuse de son corps, rehaussée par ce déhanchement propre aux nus d'Ingres.

L'influence d'Ingres se fait sentir au sein de son atelier, et tout particulièrement sur deux de ses élèves : Amaury Duval et Hippolyte Flandrin. Portraitiste de talent, Amaury Duval fait preuve d'élégance et d'étrangeté dans le coloris (*Mme de Loynes*, 1862), tandis que les portraits de Flandrin (*Prince Napoléon*, 1860) mettent en évidence des qualités de sobriété, de rigueur, d'équilibre.

Signalons aussi l'apparition du groupe des néo-grecs, attirés par l'antiquité et l'art d'Ingres, représenté par Jean-Léon Gérôme. De ce dernier, *Un combat de coqs*, 1846, montre le goût du fini, des colorations claires et de la peinture lisse.

Ingres est resté un génie solitaire, un génie de la forme, de la ligne et du dessin ; cependant de très grands peintres ont reconnu lui devoir une impulsion créatrice ; c'est le cas de Gustave Moreau, de Puvis de Chavannes et de Degas, que nous avons donc choisi de présenter dans sa continuité (partie droite de l'allée centrale).

Jean-Auguste-
Dominique Ingres
1780-1867
La source
1820-1856
Huile sur toile
163 / 80 cm

La toile fut achevée avec l'aide de Paul Balze et Alexandre Desgoffe.

Le tableau, présenté à un petit groupe d'amateurs choisis dans l'atelier du peintre, reçut un accueil enthousiaste, inspira écrivains et poètes et son succès ne se démentit jamais puisque *La source* fut copiée et interprétée sans relâche jusqu'à Seurat, Picasso, Magritte.

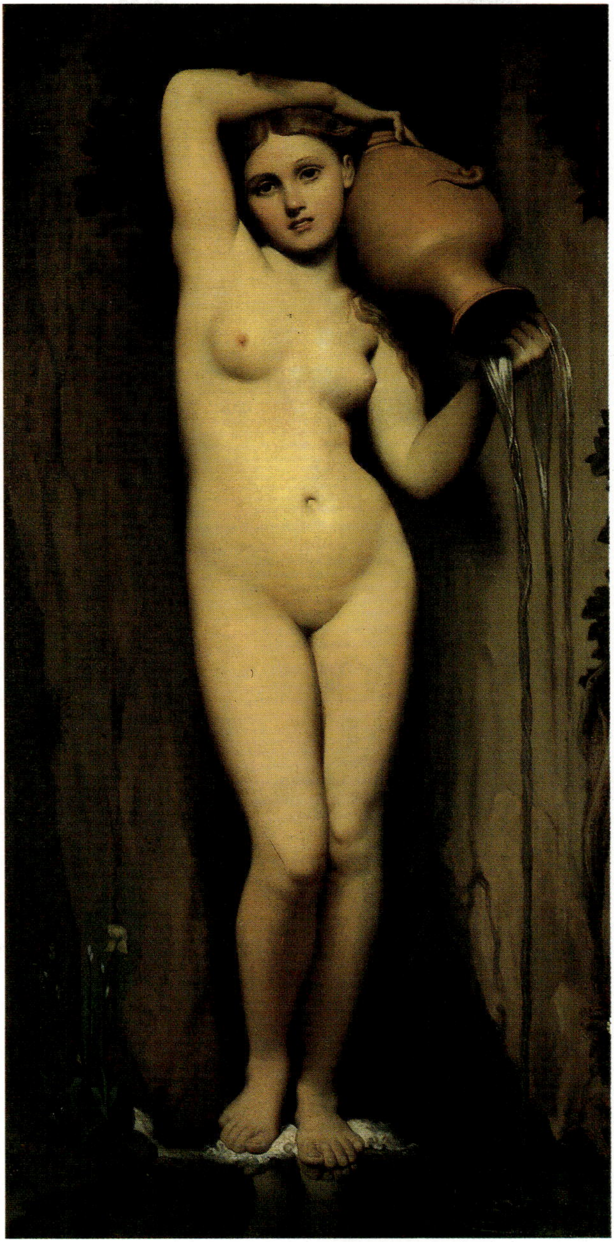

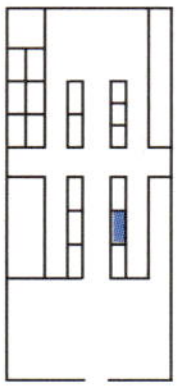

Delacroix, Chassériau, Barye

« Jamais couleurs plus belles, plus intenses ne pénétrèrent jusqu'à l'âme par le canal des yeux », note Baudelaire dans son *Salon de 1855*. Ce commentaire, destiné à *La chasse aux lions* du musée de Bordeaux dont toute la partie supérieure fut détruite lors de l'incendie de 1870, s'applique parfaitement bien à la grande esquisse présentée ici et qui restitue, avec quelques variantes, la composition de Bordeaux. La fougue, la touche rapide et violente, les accords colorés de jaunes, d'orangés, de bruns et de rouges mis en valeur par quelques taches de bleus et de verts font de *La chasse aux lions* un tableau novateur et puissant. Cette liberté de la touche, cette primauté de la couleur se retrouvent dans les deux autres compositions de Delacroix exposées ici (*Chevaux arabes se battant dans une écurie*, 1860 ; *Passage d'un gué au Maroc*, 1858).

Ami intime de Delacroix, Paul Huet prolonge sa manière de paysagiste romantique tard dans le siècle, avec emportement, comme en témoigne *Le gouffre*, 1861.

Théodore Chassériau, élève d'Ingres, admirateur de Delacroix, créa un œuvre original en conciliant « les deux écoles rivales du dessin et de la couleur » ; le *Tépidarium*, dont le sujet a été inspiré à Chassériau par l'une des salles de Thermes mis à jour à Pompéi, allie le goût de la ligne à celui des couleurs, exalte la langueur orientale d'Ingres comme celle de Delacroix.

En sculpture, le romantique par excellence, c'est Augustin Préault avec sa superbe devise : « Je ne suis pas pour le fini, je suis pour l'infini » ; son *Ophélie* est une œuvre presque plus littéraire (sujet shakespearien) que sculpturale, qui privilégie l'éphémère, l'émotion, la mort, et refuse de délimiter les formes. Romantique lui aussi, Barye, dont le lion altier domine l'entrée du musée, trouve des accents d'un puissant classicisme pour sculpter les mâles allégories destinées au nouveau Louvre (*Force, Guerre, Ordre, Paix*, plâtres, 1854).

Eugène Delacroix
1798-1863
La chasse aux lions
Esquisse de 1854
Huile sur toile
86 / 115 cm

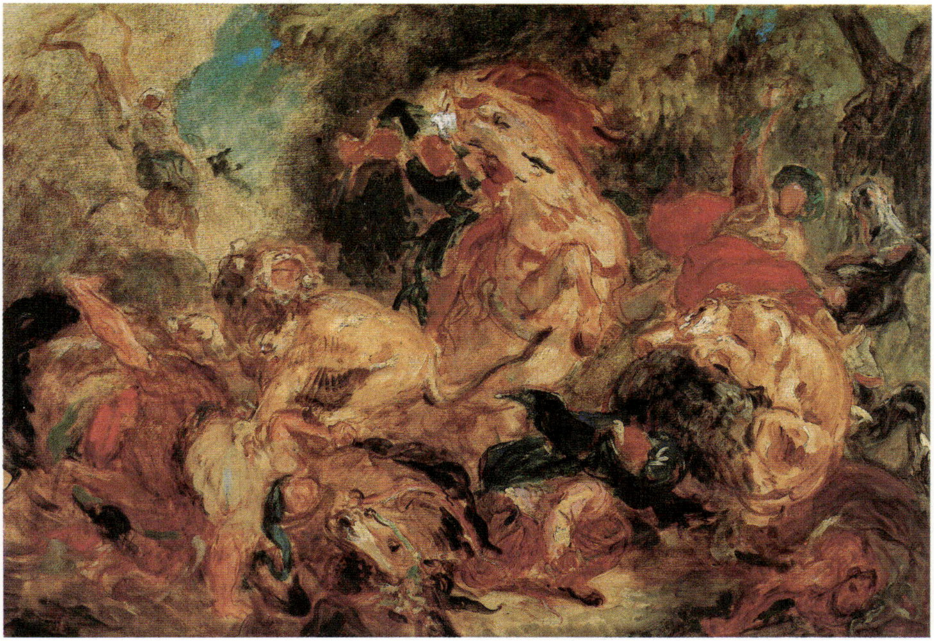

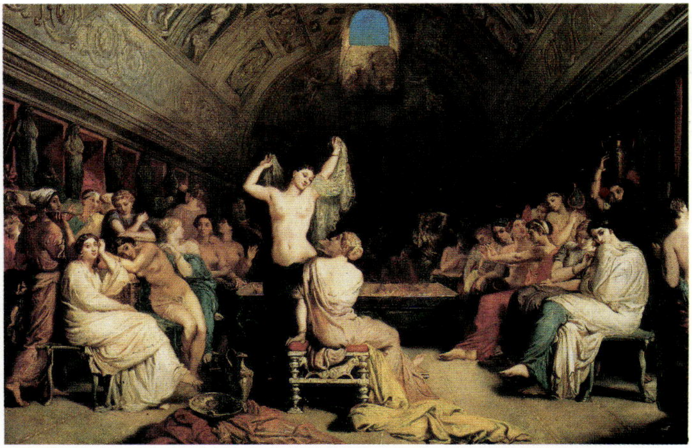

Théodore Chassériau
1819-1856
Le tépidarium
1853
Huile sur toile
171 / 258 cm

Le grand prix de Rome, couronnement de l'enseignement de l'Ecole des Beaux-Arts — suivi après un séjour à la Villa Médicis, de l'entrée à l'Académie des Beaux-Arts et de la nomination comme professeur à l'Ecole — est toujours garant d'une brillante carrière. Commandes officielles, portraits d'apparat, expositions aux Salons, tout est accordé à ces peintres qui produisent une œuvre savante et idéalisée. C'est le cas de Cabanel, Bouguereau, Delaunay, Baudry, ou Henner.

Alexandre Cabanel atteint une grande célébrité par ses tableaux d'histoire à la composition recherchée, à la facture précise, et aux détails exacts (*Mort de Francesca de Rimini et Paolo Malatesta*, 1870) et encore plus par ses nus mythologiques idéalisés. Ainsi la *Naissance de Vénus*, exposé au Salon de 1863, connut un très vif succès et fut acheté par Napoléon III, tandis que *Le déjeuner sur l'herbe* de Manet, jugé obscène, en avait été exclu ; le déhanchement et la ligne sinueuse de Vénus dénotent l'influence d'Ingres. Zola, cependant, la décrit ainsi : « La déesse, noyée dans un fleuve de lait, a l'air d'une délicieuse lorette, non pas en chair et en os — cela serait indécent — mais en une sorte de pâte d'amande rose et blanche ». Cabanel fut aussi un portraitiste de talent, rendant avec acidité le caractère de la *Comtesse Keller*, 1873.

Le Second Empire consacre le talent des portraitistes mondains, ainsi celui du peintre allemand Franz Xaver Winterhalter, qui reste le portraitiste officiel de la cour. *Mme Rimsky-Korsakov* témoigne de la virtuosité de l'artiste, qui a su traduire la sensualité de son modèle.

Paul Baudry s'inspire du Titien dans *La Fortune et le jeune enfant*, présenté au Salon de 1857. Son œuvre majeure demeure le décor du grand foyer de l'Opéra, peint pour son ami Charles Garnier, dont on voit ici le vibrant portrait.

C'est encore l'influence de la Renaissance italienne qui inspire Jean-Jacques Henner dans *La chaste Suzanne*, 1864, à la chair robuste rendue par une matière riche.

Lassé de l'omniprésence de l'Italie, Henri Regnault, peintre doué, mort précocement dans un combat de la guerre de 1870, fait appel à Vélasquez et Goya, et se complait dans la fougue romantique (*Le général Prim*, 1869) ou l'évocation des somptueuses cruautés orientales (*Exécution sans jugement sous les rois Maures de Grenade*, 1870).

Jean-Baptiste
dit Auguste Clésinger
1814-1883

*Femme piquée
par un serpent*
1847
Marbre
56,5 / 180 cm

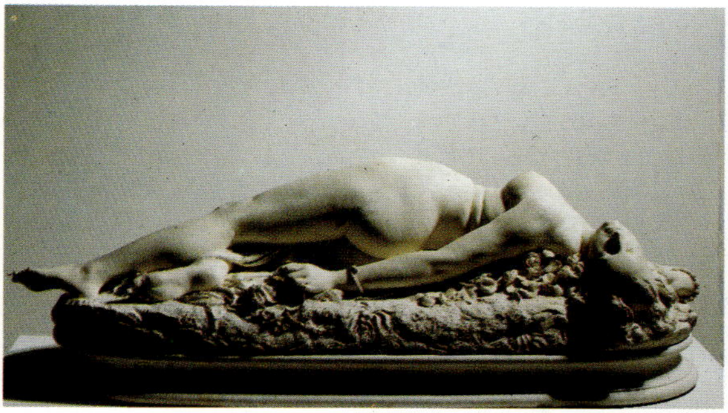

Franz-Xaver
Winterhalter
1806-1873
Mme Rimsky-Korsakov
1864
Huile sur toile
117 / 90 cm

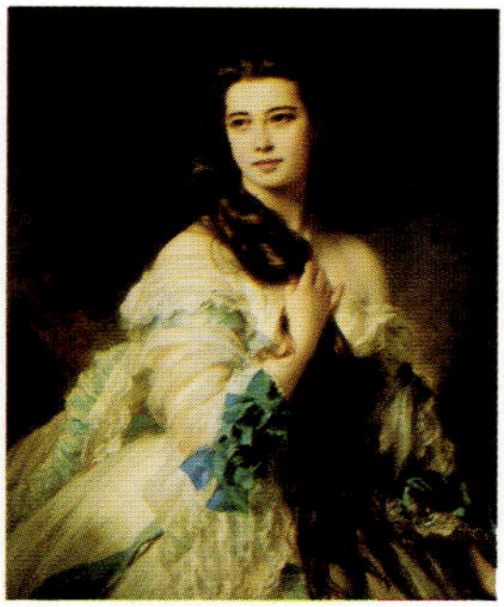

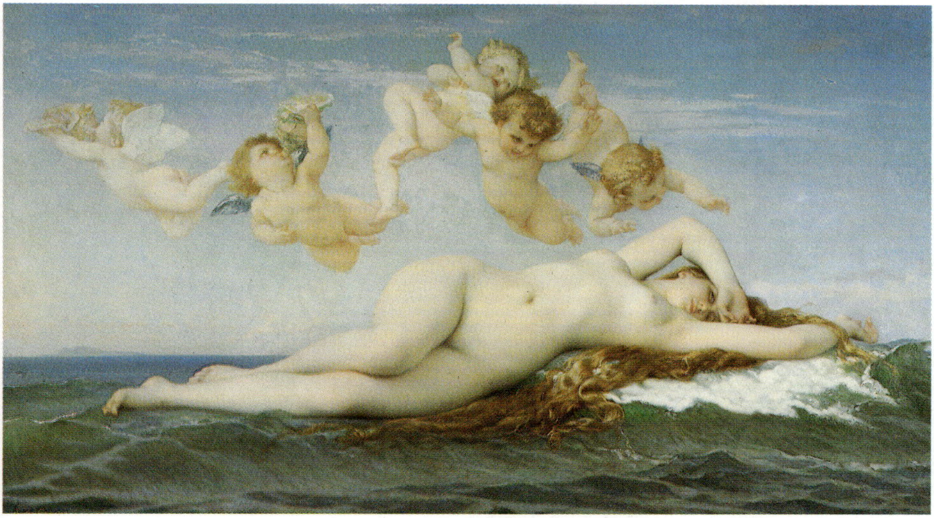

Alexandre Cabanel
1823-1889

La naissance de Vénus
1863
Huile sur toile
130 / 225 cm

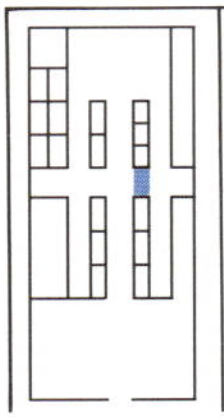

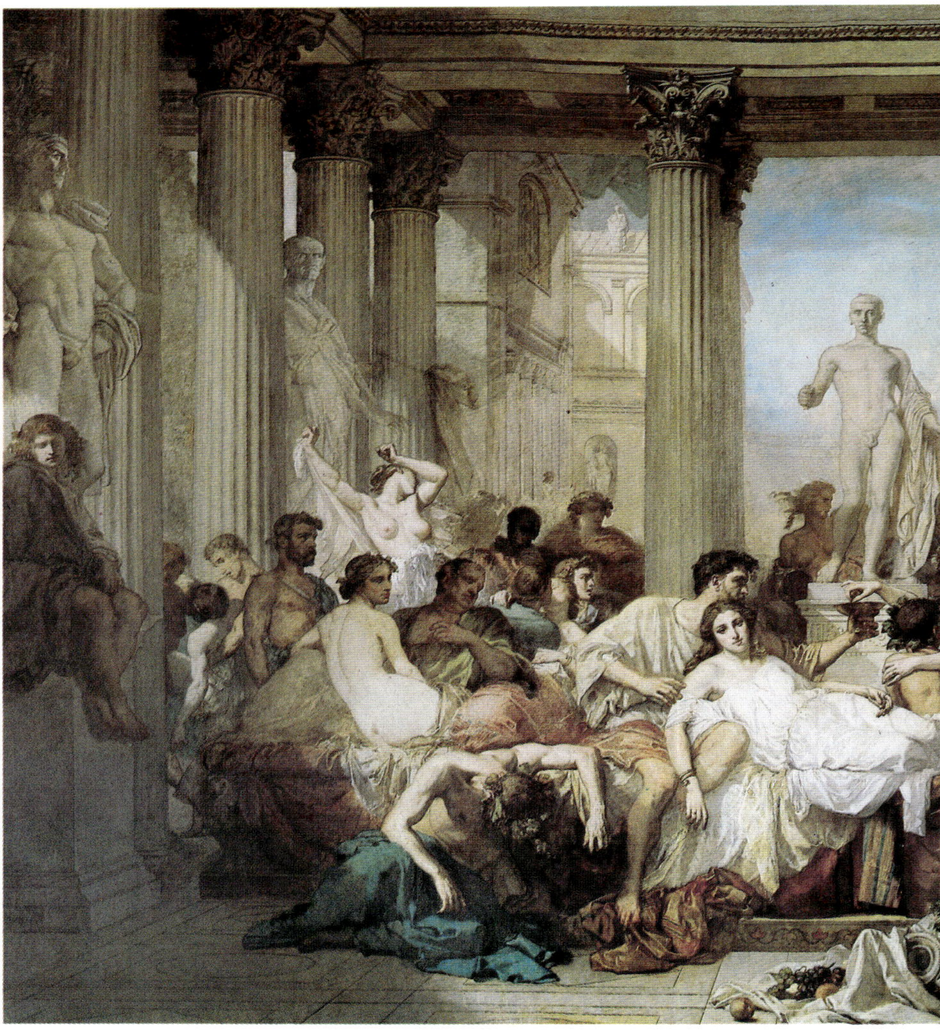

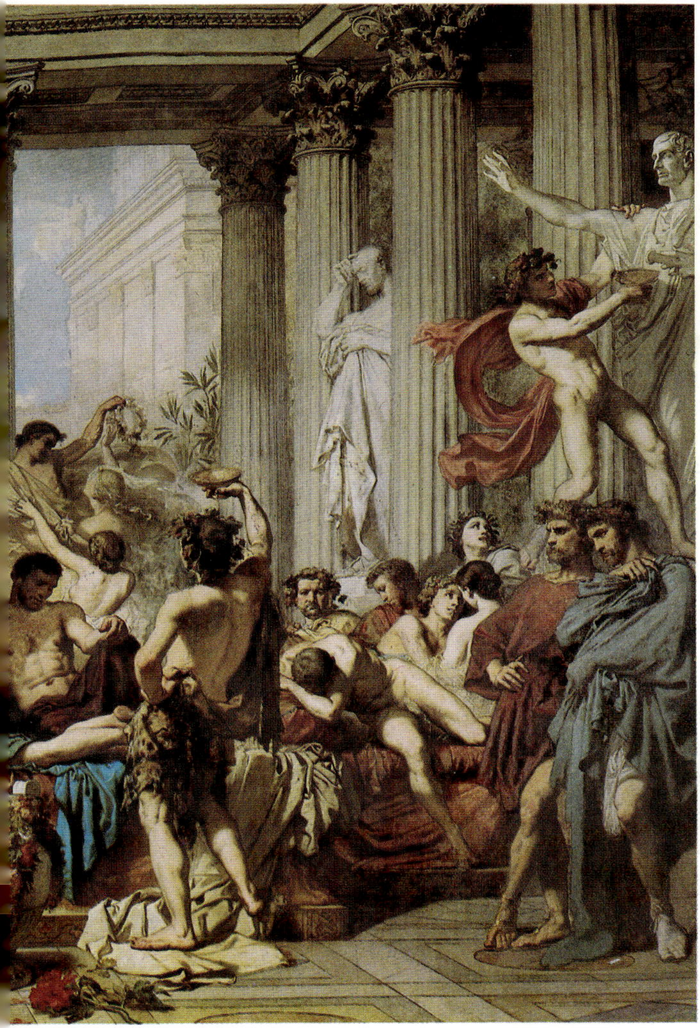

Thomas Couture
1815-1879
Les Romains
de la décadence
1847
Huile sur toile
466 / 775 cm

« Plus cruel que la guerre, le vice s'est abattu sur Rome et venge l'univers vaincu. » (Juvénal, sixième satire)

Véritable initiateur de l'éclectisme, dont l'atelier fut très fréquenté (par Manet entre autres), Couture pratique une peinture ambitieuse, faite de brio et de virtuosité. *Les Romains de la décadence*, tableau présenté au Salon de 1847, fait surtout appel aux exemples de Véronèse et Tiepolo.

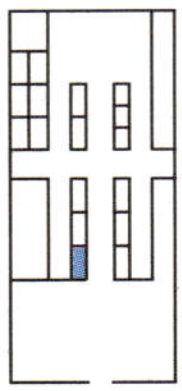

Daumier

Lien entre le romantisme et le réalisme, génie multiforme puisqu'il se montre grand peintre, sculpteur au talent expressif et aigu, mais aussi dessinateur et lithographe, Honoré Daumier occupe une place à part dans sa génération.

Les sculptures de Daumier servirent souvent de point de départ à ses peintures ou à ses dessins ; c'est le cas de ces *Parlementaires (Les célébrités du Juste Milieu)*, série de trente-six bustes en terre crue enluminés à l'huile. Ce sont d'après ces bustes, exécutés à partir de 1831, que furent dessinés les portraits-charges publiés dans *La Caricature*. Daumier révèle par la déformation et la synthèse plastique la vérité profonde des êtres, qui apparaissent comme des types universels ; la polychromie, de plus, accuse les traits, révèle de façon impitoyable les défauts ou les tics physiques. Des éditions en bronze de ces bustes furent réalisées de 1927 à 1953 en séries plus ou moins nombreuses selon les bustes choisis (série complète au musée des Beaux-Arts de Marseille). *Les émigrants*, relief en plâtre de 1848, montre la façon ample, large, puissante, de Daumier qui procède par masses, par forme ; la force et le mouvement dont ce groupe est animé donnent à ce thème, aimé de l'artiste, une valeur intemporelle. Enfin, le *Ratapoil*, bronze de 1850, devenu le symbole du demi-solde, ce soldat de Napoléon Ier mis en retraite par la Restauration, revanchard qui prépara activement l'arrivée de Napoléon III, fait ressortir le talent baroque et expressionniste de Daumier.

C'est plus tard, vers quarante ans, que Daumier commence sa carrière de peintre, en participant au concours organisé par l'éphémère seconde République, en 1848*.

L'artiste manifeste en peinture sa même puissance baroque, ainsi dans *Les voleurs et l'âne*, 1858, par la convulsion, l'enchevêtrement des formes, un rythme fougueux et coloré ; l'éclairage artificiel du théâtre lui permet d'user de violents contrastes lumineux qui accentuent les traits et les déformations des visages et aident à caractériser les personnages : *Crispin et Scapin*. Sujet et traitement sont tout à fait nouveaux et ne vont pas laisser indifférents de nombreux peintres, tels Degas ou Toulouse-Lautrec.

* Ce premier tableau, *La République nourrit ses enfants et les instruit*, fait partie de la collection Moreau-Nélaton, présentée dans la première salle de la galerie des impressionnistes ; se rapporter au commentaire consacré à cette collection.

Honoré Daumier - 1808-1879 - *Les célébrités du Juste Milieu* ou *Les Parlementaires* - 1831
Terre crue enluminée à l'huile

François-Pierre-Guillaume Guizot
Ministre de l'Intérieur
22 / 17 cm

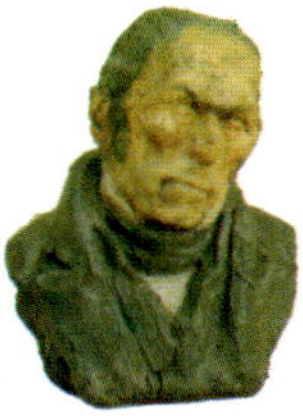

Antoine Odier
Banquier et député
15 / 11 cm

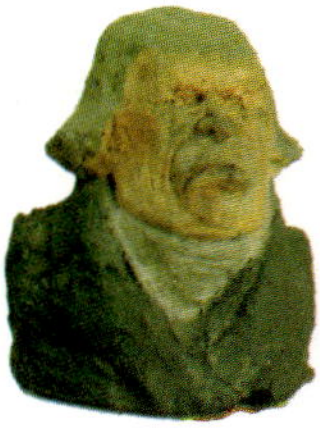

Baron Joseph de Podenas
Homme politique
21 / 20 cm

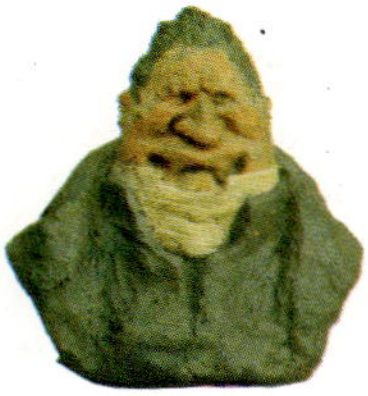

Joachim-Antoine-Joseph Gaudry
Magistrat
17 / 13 cm

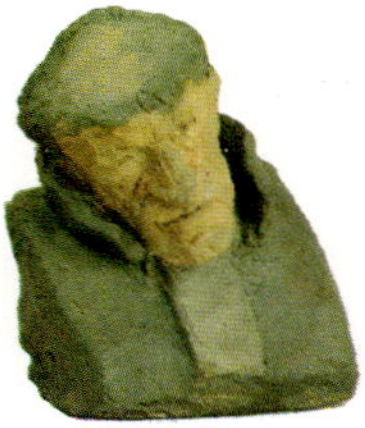

Comte François-Dominique Reynaud de Montlosier
19 / 15 cm

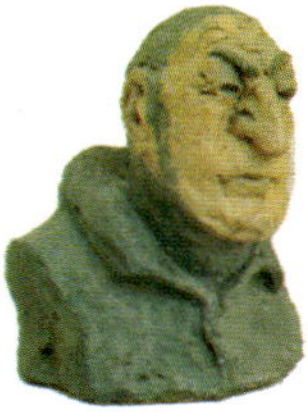

Jean-Claude Fulchiron
Poète et député
17 / 12 cm

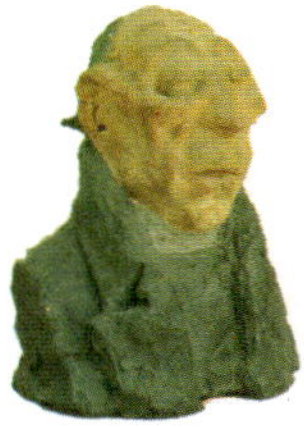

Jean-Auguste Chevandier de Valdrome
Député
19 / 14 cm

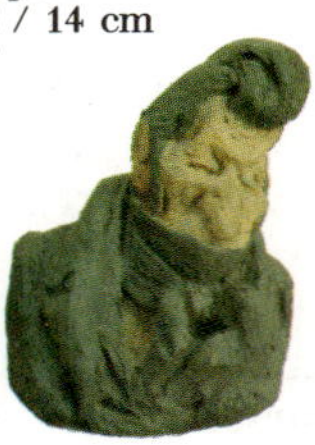

Jean Vatout
Député
20 / 16 cm

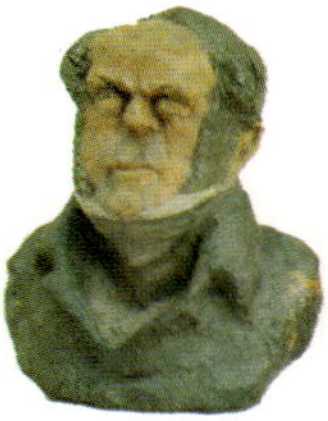

Félix Barthe
Magistrat
17 / 15 cm

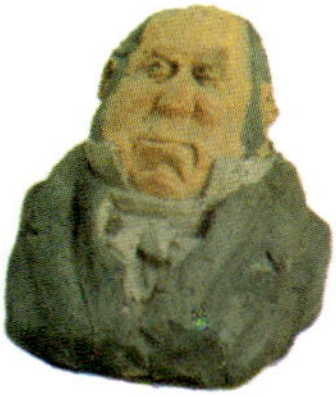

Comte Auguste-Hilarion de Kératry
Député
12 / 12 cm

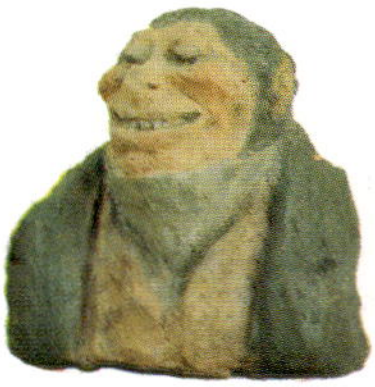

Alexandre-Simon Pataille
Magistrat et député
11 / 13 cm

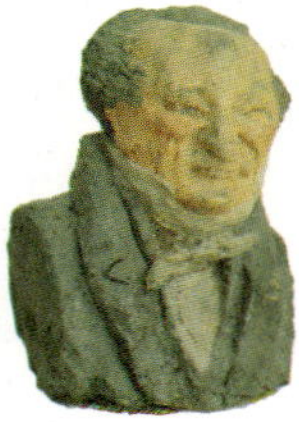

Charles Philippon
Journaliste
16 / 13 cm

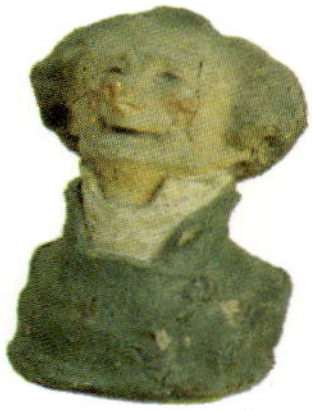

Charles-Léonard Gallois
Publiciste républicain et historien
21 / 13 cm

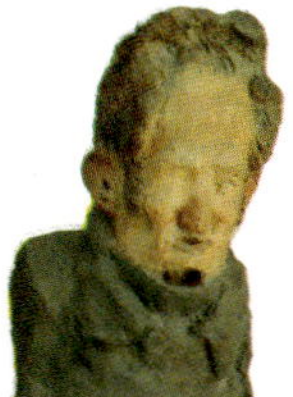

Laurent Cunin dit Cunin-Gridaine
Homme politique
15 / 13 cm

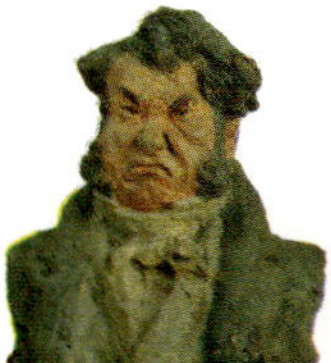

Pierre-Paul Royer Collard
Député
13 / 12 cm

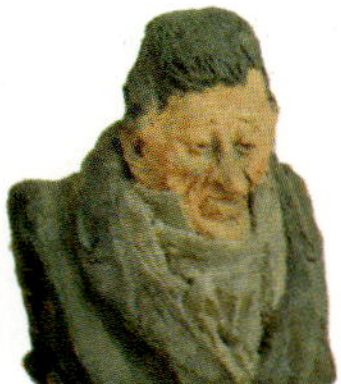

Comte Horace-François Sébastiani
Général et homme politique
12 / 11 cm

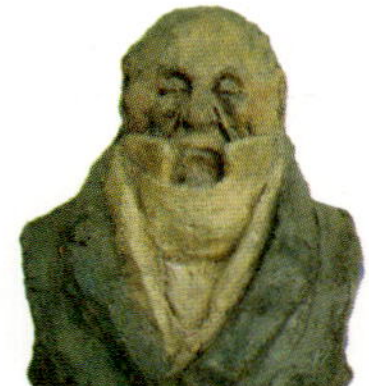

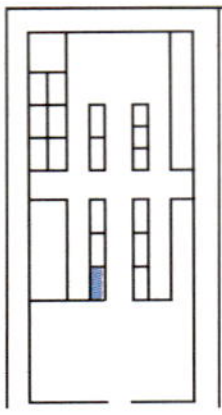

La blanchisseuse est l'une des dernières expressions d'une série de peintures consacrée à ce thème et qui était chère à Daumier ; on y remarque toujours son désir de traduire le mouvement et la troisième dimension, qu'il suggère parfaitement ici en plaçant son personnage, rendu à l'aide de couleurs sourdes et fines, devant un décor presque effacé, enveloppé dans une brume légère. Observation et rêve sont ici intimement mêlés. *Don Quichotte et la mule morte*, 1867, est aussi un élément d'une série. Ce tableau aux formes extrêmement simplifiées fut peint pour orner la maison de Charles Daubigny à Auvers.

Daumier termine sa vie aveugle et misérable, incompris de ses contemporains mais admiré de tous les artistes de l'époque, ainsi Delacroix qui lui écrit, vers 1846 : « ... Il n'y a pas d'homme que j'estime et que j'admire plus que vous... »

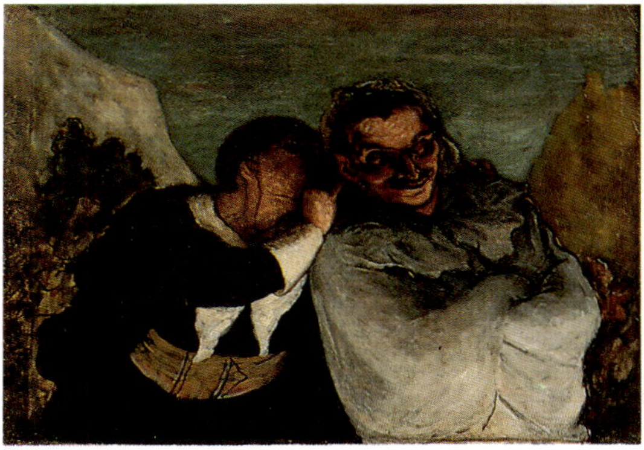

Honoré Daumier
1808-1879
Crispin et Scapin
Vers 1864
Huile sur toile
60,5 / 82 cm

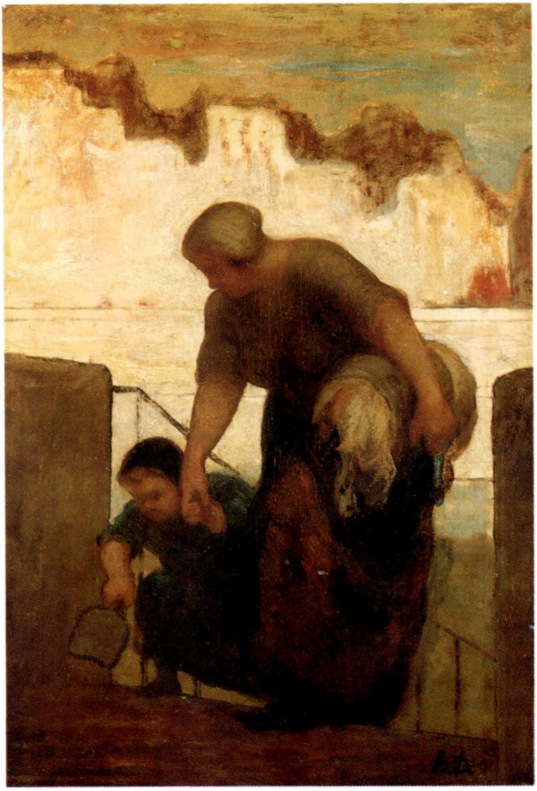

Honoré Daumier
1804-1879
La blanchisseuse
Vers 1863
Huile sur bois
49 / 33,5 cm

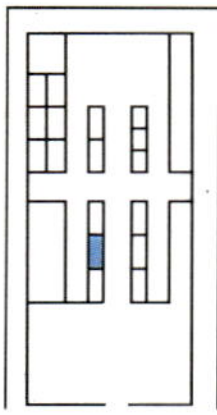

Collection Chauchard 1 — Corot, Diaz, Dupré, Millet, Rousseau

Alfred Chauchard (1822-1909) fut l'un des fondateurs des grands magasins du Louvre ; à partir de 1885, il constitua une collection d'œuvres d'art privilégiant la peinture française du XIXe siècle et tout spécialement Millet et les paysagistes du groupe de Barbizon (Rousseau, Dupré, Diaz, Corot, Daubigny...). La collection, léguée par Chauchard au musée du Louvre, y entra en 1909.

La place importante prise par le paysan dans l'art correspond à l'exode d'une grande partie des populations rurales vers les cités en pleine expansion industrielle, et à la nostalgie qui en résulte. Il est significatif que la première grande acquisition d'Alfred Chauchard, en 1890, ait été *L'Angélus* de Millet, qu'il disputa aux amateurs américains. Les peintures de Millet révèlent les paysans dans leur nature ; ainsi en est-il de *L'Angélus*, avec ses deux silhouettes statiques, rendues monumentales par une présentation simple, un dessin vigoureux et synthétique, plantées en une terre profonde et qui paraît monter vers l'horizon comme une mer. La touche est dense, les tons sourds. C'est une image forte et l'on connaît son extraordinaire popularité, qui lui a nui.

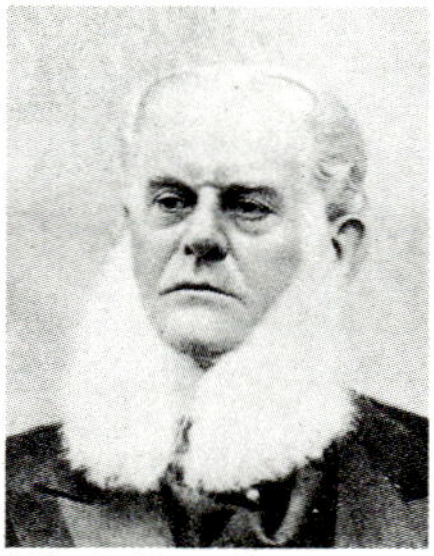

Alfred Chauchard
1822-1909

Depuis 1849, Millet avait rejoint le groupe des peintres de Barbizon, village situé à la lisière de la forêt de Fontainebleau. Le groupe introduisit définitivement le paysage comme un thème majeur, ainsi que l'habitude de peindre sur le motif ; ce qui faisait alors le fond des tableaux devint le sujet principal de ces peintres attirés par la forêt, la mare, le sous-bois, l'arbre, la clairière. Ces motifs sont particulièrement bien illustrés par Théodore Rousseau, l'homme le plus important de ce groupe ; passionné par l'étude des effets fugitifs de la lumière, Rousseau a su traduire la pesanteur d'un soleil d'été à midi (*Une avenue, forêt de l'Isle-Adam*), comme l'« obscure clarté » d'un moment d'orage (*La mare, ciel orageux,* vers 1860-1865). Jules Dupré déploya sa manière romantique et sombre, tandis que Narcisse Diaz de la Peña, lié d'amitié avec Rousseau dès 1837, s'attacha à rendre les jeux de lumière dans les feuillages (*Les hauteurs du Jean de Paris,* 1862).

Liés au romantisme et à la première moitié du XIXe siècle, l'œuvre des peintres de Barbizon et celui de Corot restent exposés au musée du Louvre.

Narcisse Diaz de la Peña 1807-1876	*Les hauteurs* *du Jean de Paris* 1867 Huile sur toile 84 / 106 cm	Théodore Rousseau 1812-1867	*Une avenue,* *forêt de l'Isle-Adam* 1849 Huile sur toile 101 / 82 cm

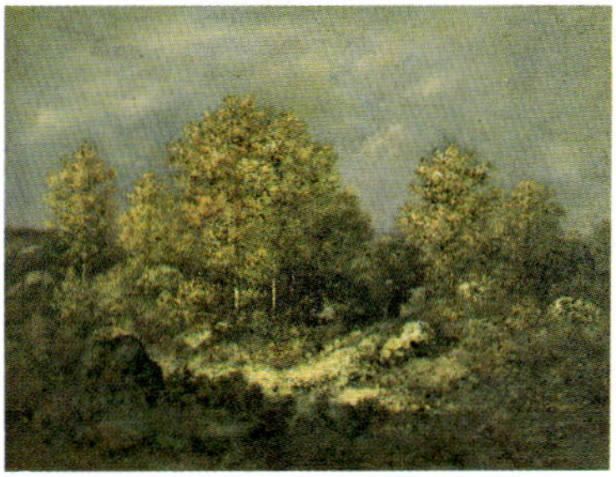

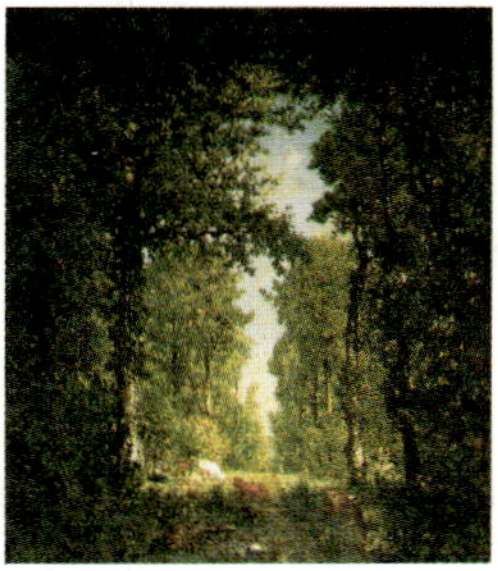

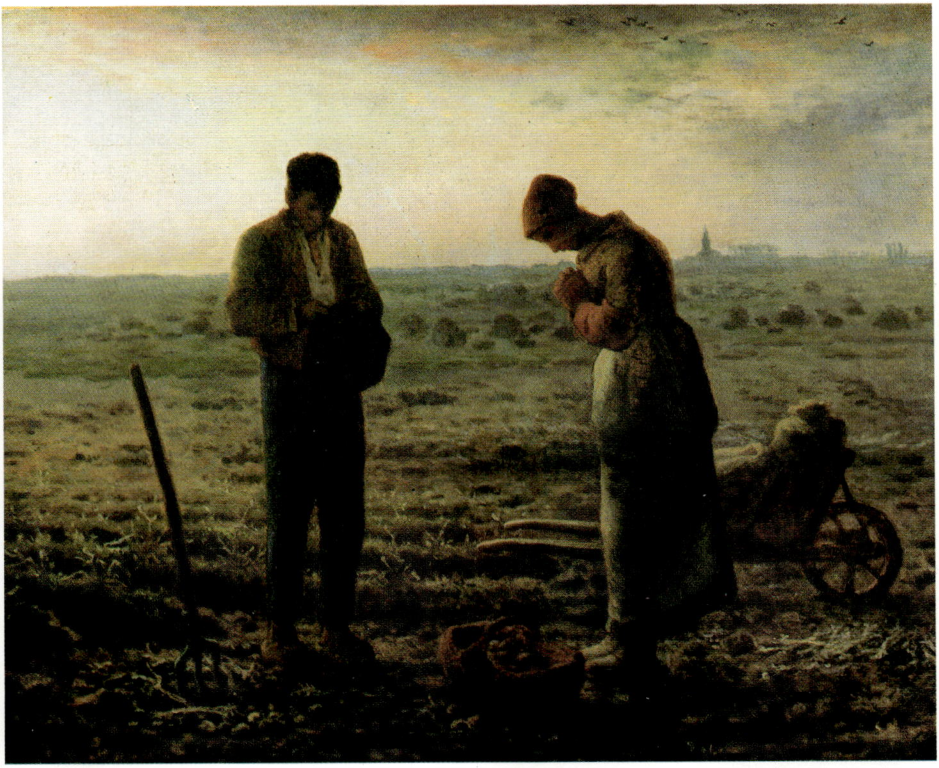

Jean-François Millet
1814-1875

L'Angélus
1858-1859
Huile sur toile
55 / 66 cm

Diffusé par la reproduction sur toutes sortes d'objets, copié, caricaturé, *L'Angélus* fut vite connu jusque dans les campagnes les plus isolées.

Millet, né à Gruchy près de Cherbourg, commence sa carrière comme portraitiste de la bourgeoisie normande. Il privilégie une structure rigoureuse soutenue par l'emploi de couleurs pleines (*Mme Lecourtois*, vers 1841 ; *Mme Canoville*, 1845) ; le musée Thomas-Henry de Cherbourg possède une très complète et belle série de ces portraits. Œuvre de jeunesse de Millet, les *Baigneuses*, 1848, démontrent la maîtrise du peintre dans le rendu du corps humain, puissamment cerné, et qui lui permet de donner poids et densité aux paysans de ses tableaux. Il en est ainsi pour *Des glaneuses*, 1857, dont la lourdeur sculpturale voulue est rendue à l'aide d'une synthèse simplifiée des formes ; ces personnages, qui semblent sortis d'un bas-relief, accomplissent des gestes comme rituels, avec lenteur et noblesse. Les étoffes lourdes et usées, sont rendues par des tons assourdis mais avec des roses et des bleus demeurés vifs.

Après 1860, Millet se tourne de plus en plus vers le paysage, représentant des villages et des collines du Cotentin, sa région natale. *L'église de Gréville*, 1871-1874, avec sa perspective impressionnante et son atmosphère chargée d'âme ne va pas manquer de toucher un peintre comme Van Gogh. Au cours de ses dernières années, Millet exécute des paysages empreints d'un lyrisme violent ; *Le printemps* , l'une des toiles de la suite des *Quatre saisons* laissée inachevée, révèle l'influence de Ruysdaël et de Constable avec sa variété de verts tendres, l'arc-en-ciel, le goût pour les sombres et brusques éclats de la nature. Durant ces années, Millet produit de grands pastels illustrant ses dons exceptionnels de dessinateur.

Le groupe de Barbizon est encore représenté ici par Rousseau (*Le vieux dormoir du Bas-Bréau*, commencé durant l'hiver 1836-1837, repris tout au long de la vie du peintre), par Charles Daubigny et Camille Corot. Daubigny, attiré vers le plein air, fit de nombreux séjours à Barbizon à partir de 1843 ; à bord de son bateau-atelier, *Le Botin*, il navigua sur la Seine et l'Oise et fut l'un des premiers à tenter de traduire l'éphémère, la mobilité du moment à l'aide de tons clairs et d'une touche rapide (*Château-Gaillard*, 1877).

Jean-François
Millet
1814-1875
Le printemps
1868-1873
Huile sur toile
86 / 111 cm

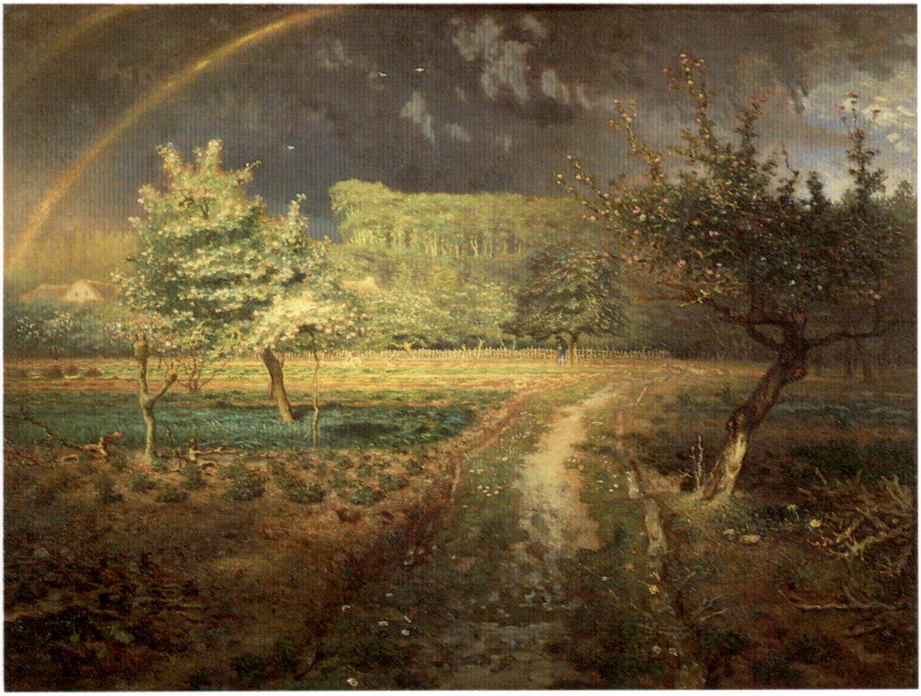

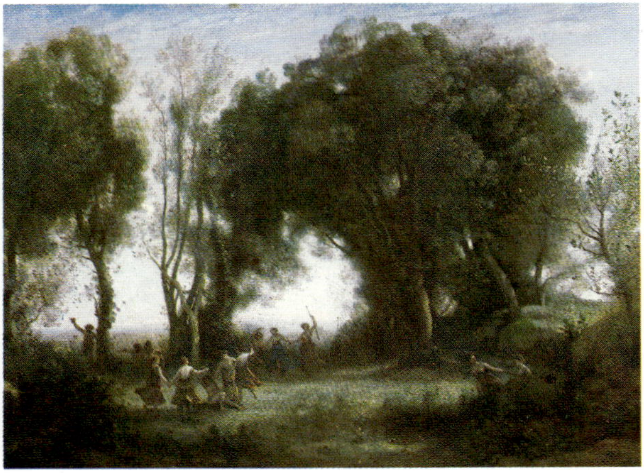

Jean-Baptiste-Camille
Corot
1796-1875
La danse des nymphes
vers 1860-1865
Huile sur toile
98 / 131 cm

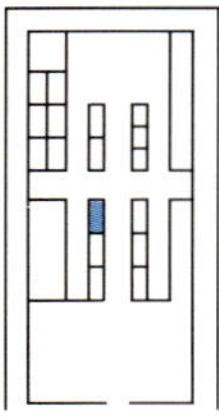

Exécutée durant l'hiver 1872-1873, *La neige,* toile impressionnante par son dépouillement, sa manière vigoureuse, le jeu des blancs et des noirs, le grand ciel bas et rougeoyant, révèle les contacts de l'artiste avec les impressionnistes.

Corot, né au XVIIIe siècle, épanouit sa seconde manière, lyrique, vaporeuse, durant les années 1850, travaillant aux alentours de Paris, influencé par la lumière de l'Ile-de-France, nacrée, grise, douce et diffuse. Il peint alors des paysages peuplés de nymphes : *La danse des nymphes.* Corot privilégie aussi les figures isolées, souvent en costume de fantaisie, teintées de mélancolie ou de mystère (*L'atelier de Corot, Jeune femme à la mandoline,* vers 1865-1870 ; *Homme en armure assis,* vers 1868-1870).

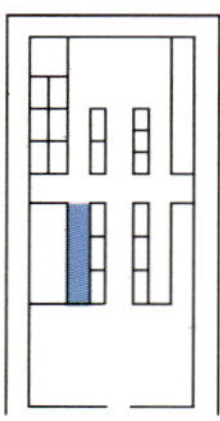

Collection Chauchard 2

Decamps, Meissonier, Ziem
Corot, Daubigny

Une véhémente *Chasse au tigre*, 1854, de Delacroix, rappelle la survivance du romantisme sous le Second Empire. Artiste très aimé dont les tableaux faisaient grand bruit et grand prix, Meissonier rend dans le goût des Hollandais du XVIIe siècle, avec attention et habileté, l'atmosphère calme et délicate des *Amateurs de peinture*, 1860, ou du *Liseur blanc,* 1857. Il sait aussi traduire avec précision la vive lumière (*Antibes, La promenade à cheval,* 1869) ou le caractère dramatique d'un épisode d'histoire (*Campagne de France, 1814*). Il se montre très convaincant dans l'imitation du réel, avec cette étonnante cire polychrome du *Voyageur,* allant jusqu'à vêtir sa statuette d'étoffe, à fabriquer un mors de métal et des rênes de cuir pour le cheval dont l'armature est un véritable petit squelette. Félix Ziem, spécialisé dans les vues de Venise, utilise une peinture chargée d'empâtements, aux couleurs étincelantes et théâtrales (*Venise, vue du palais des Doges,* vers 1880-1890).

Charles-François Daubigny
1817-1878
La neige
1873
Huile sur bois
90 / 120 cm

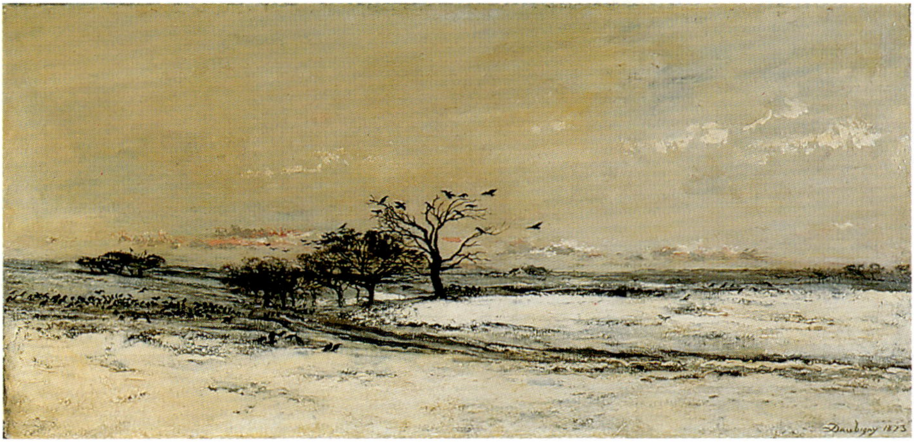

Ernest Meissonier
1815-1891
Campagne de France, 1814
1864
Huile sur bois
57,5 / 76,5 cm

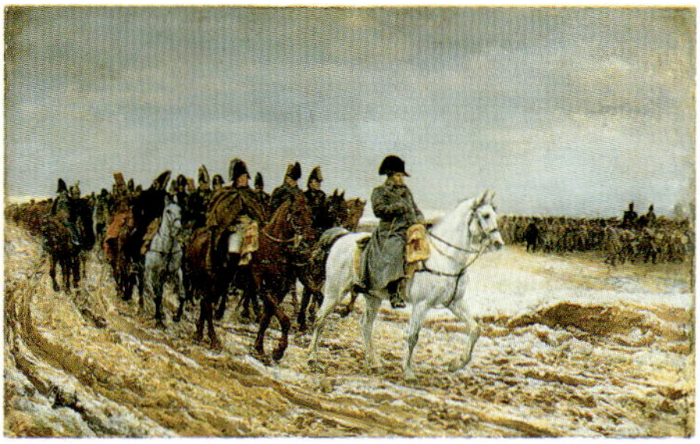

Ernest Meissonier
1815-1891
Voyageur dans le vent
Cire grise et rouge, tissu et cuir
47 / 60 / 39,5 cm

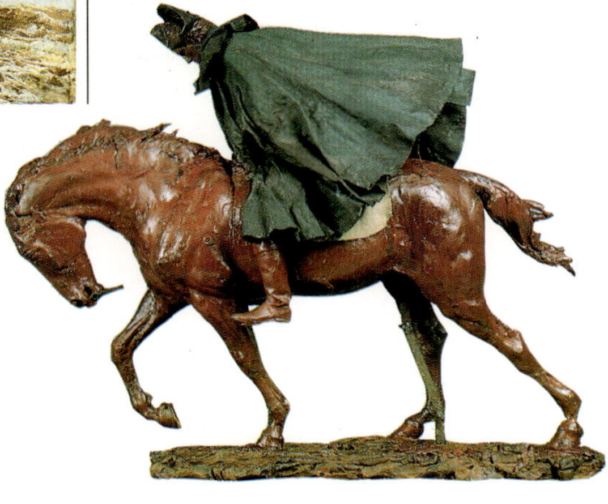

Observateurs de la vie quotidienne, des coutumes régionales, des changements et des difficultés engendrés par l'évolution vers une société industrielle, des peintres comme Antigna, Tassaert, Pils ou Jules Breton affirment, à côté de Daumier, Millet ou Courbet, l'émergence d'une peinture réaliste. Et ces artistes n'hésitent pas — c'est le cas d'Antigna, de Pils, de Breton — à consacrer à des sujets contemporains, populaires, des toiles de grands formats avec des figures grandeur nature, espérant ainsi voir élever cet art moderne et franc au rang de la peinture d'histoire.

Peint dans les premiers moments du réalisme, *L'éclair*, 1848, d'Alexandre Antigna, s'il développe encore une atmosphère de drame romantique avec ses personnages terrifiés par les éclats de la nature, fait preuve d'un sens moderne de l'observation et présente déjà des personnages grandeur nature dans une scène de genre populaire. Ce sens du drame se retrouve chez Octave Tassaert qui reçoit de l'Etat la commande d'un tableau : *Une famille malheureuse*, 1849 ; au-delà de son côté mélodramatique, il est révélateur d'une amère réalité, celle de la misère qui touche alors les classes les plus pauvres. Evariste Luminais, dans une gamme de gris et de bruns, transmet avec calme et sans emphase la difficulté de vivre de sa *Famille de pêcheurs,* 1865.

Isidore Pils, avec *La mort d'une sœur de charité,* fait franchir au réalisme une étape : la reconnaissance d'une nouvelle catégorie de peinture, la scène de genre religieuse. Critiques et amateurs reconnaissent à cette œuvre noblesse et dignité, louant le talent de l'artiste qui traduit avec finesse toutes les expressions de l'émotion dans un tableau au coloris sobre, dont l'atmosphère retenue a pu faire évoquer l'œuvre de Philippe de Champaigne.

Tout d'abord tenté par des sujets réalistes de la même veine que ceux d'Antigna, Jules Breton se consacre

Isidore Pils
1823-1875
La mort d'une sœur de charité
1850
Huile sur toile
241 / 305 cm

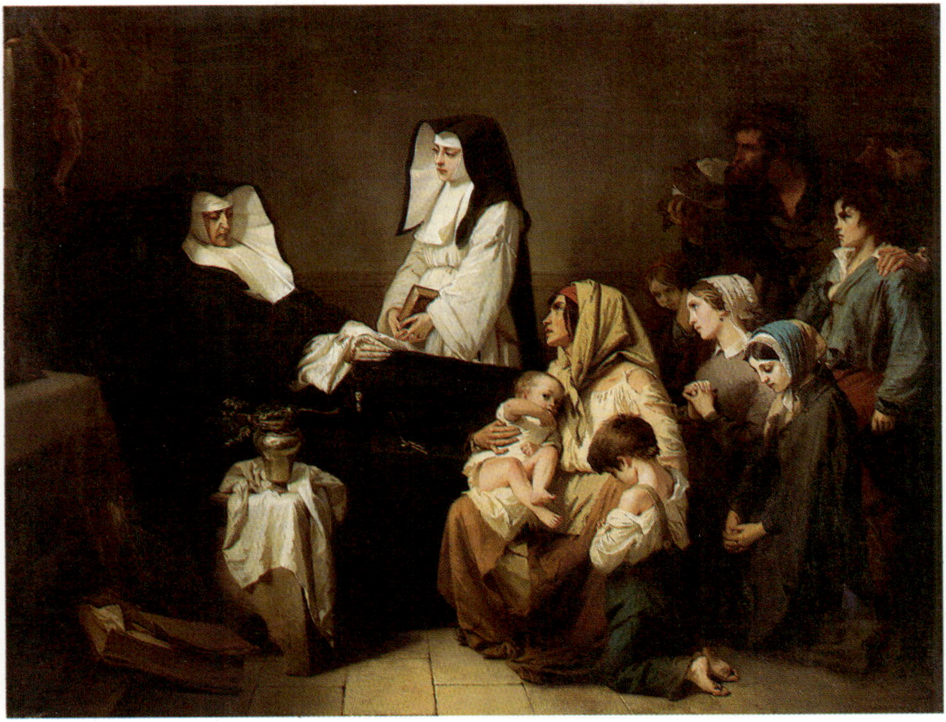

rapidement, dès 1853, au paysage et encore plus aux scènes de la vie des champs, genre qui lui valut un succès immédiat. *Le rappel des glaneuses* consacre l'artiste qui reçoit une médaille de 1re classe au Salon de 1859 et entre immédiatement dans les collections nationales ; cette toile est la plus célèbre de toute la série consacrée par Breton aux travaux de la moisson. Les glaneuses sont empreintes d'une certaine noblesse d'allure et l'écrivain et critique Maxime Du Camp affirme son admiration pour « les belles cariatides rustiques » peintes par l'artiste.

Constant Troyon, d'abord attiré par Barbizon, a la révélation de la peinture animalière après un voyage aux Pays-Bas en 1847 ; c'est l'art de Paulus Potter qui l'impressionne surtout. Dès lors, Troyon se consacre à la représentation de troupeaux, renouvelant parfois son inspiration. Le grand succès obtenu par cette peinture s'explique par le savoir-faire et l'ambition d'artistes tels que Rosa Bonheur, l'un des plus célèbres. *Labourage nivernais ; le sombrage,* commandé par l'Etat en 1848, reste aux yeux du public un chef-d'œuvre du réalisme, toujours comparé à une page de George Sand. Peintre et sculpteur, directrice de l'Ecole impériale de dessin, très protégée par la cour, Rosa Bonheur acquiert vite une réputation internationale.

Ernest Hébert est un artiste à part ; prix de Rome en 1839, il séjourne à diverses reprises en Italie, se détourne rapidement de la peinture d'histoire pour s'attacher à la représentation de la vie populaire. Son premier grand succès, *La mal'aria*, 1851, entre dans la veine réaliste du moment, témoignant de la détresse de paysans affaiblis par la maladie qui hante les marais Pontins. Daubigny, avec *La moisson*, 1851, et son horizon largement ouvert sur un ciel clair fait de couleurs pures simplement juxtaposées, annonce déjà la vision instantanée des impressionnistes.

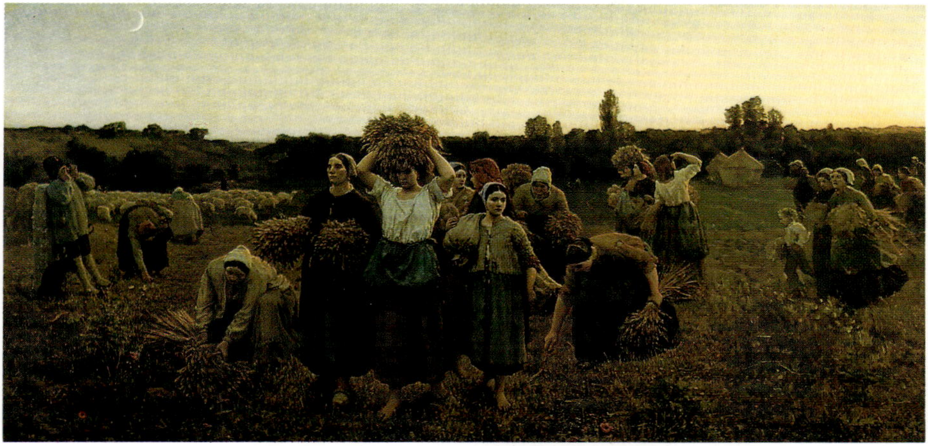

Jules Breton
1827-1906

Le rappel des glaneuses
1859
Huile sur toile
90 / 176 cm

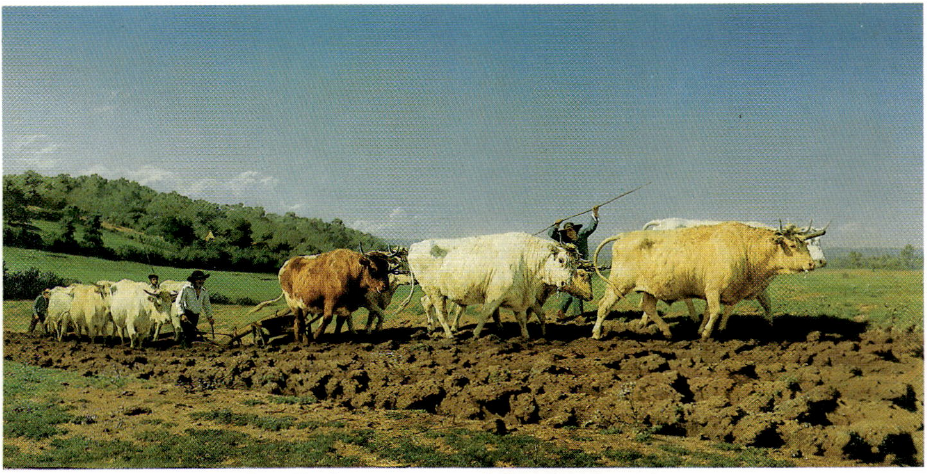

Rosa Bonheur
1822-1899

Labourage nivernais ;
le sombrage
1849
Huile sur toile
134 / 260 cm

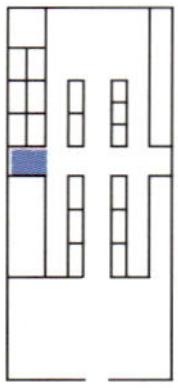

Courbet

« Est-il possible de peindre des gens aussi affreux ? » « C'est à vous dégoûter d'être enterré à Ornans. » Ainsi la critique saluait-elle le scandale du Salon de 1850, *Un enterrement à Ornans*, manifeste de ce réalisme détesté au nom duquel on vilipendait la peinture de Courbet comme celle de Millet. Le réalisme, ici, réside dans la vérité de la représentation, celle du lieu, celle des personnages qui sont tous identifiés, présents dans leur réalité, c'est-à-dire, pour beaucoup, assez laids et communs. La nouveauté réside aussi dans le format important de cette toile qui élève au rang de la peinture d'histoire un épisode familier ; le thème de la mort, des funérailles, du cimetière était déjà cher au romantisme. Tableau monumental et sculptural, dont les figures massives de femmes éplorées ne sont pas sans évoquer les grands tombeaux bourguignons à pleurants de la fin du Moyen Age. *Un enterrement* privilégie l'austérité et le silence, faisant découvrir la beauté des coloris de Courbet : les noirs se distinguent tous les uns des autres, rehaussés par des éclats blancs, les accents forts des robes rouges et des bas bleu canard. Delacroix, d'ailleurs, s'il déplore la vulgarité des personnages, reconnaît : « ... il y a de superbes détails : les prêtres, les enfants de chœur, le vase d'eau bénite, les femmes éplorées. »

Dans le désir de le présenter à l'Exposition universelle de 1855, Courbet conçoit *L'Atelier*, dans lequel il cherche à symboliser à l'aide de personnages réels ses amitiés et ses haines, ses idéaux et ses rejets, manifestant à la fois ses sentiments d'homme et ses goûts de peintre. La toile fut refusée par le jury du Salon, ainsi qu'*Un enterrement*, que Courbet voulait présenter avec elle et le peintre fit donc construire un baraquement appelé Pavillon du réalisme, dans lequel il présenta une quarantaine d'œuvres. *L'Atelier* fait ressortir toutes les qualités de Courbet : portraitiste et paysagiste, peintre animalier et de nature morte, sensibilité dans le rendu du corps féminin (genres qu'il illustra tout au long de sa vie). Mais ce qui est propre aux peintures de Courbet, et tout particulièrement sensible dans *L'Atelier*, c'est un caractère de mystère et de poésie, accentué par un éclairage dont on ne saisit pas la source ; tantôt teinté de clarté diffuse, tantôt rendu artificiellement sombre, *L'Atelier* donne le sentiment d'un monde de rêve.

Gustave Courbet
1819-1877

La falaise d'Etretat après l'orage
1869
Huile sur toile
133 / 162 cm

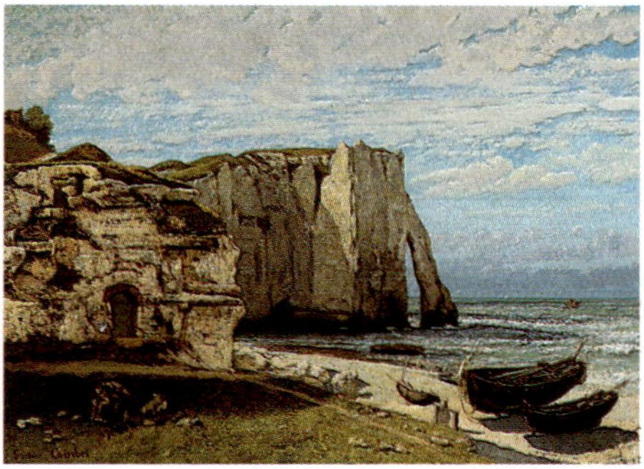

Gustave Courbet
1819-1877
La remise de chevreuils au ruisseau de Plaisir-Fontaine
1866
Huile sur toile
174 / 209 cm

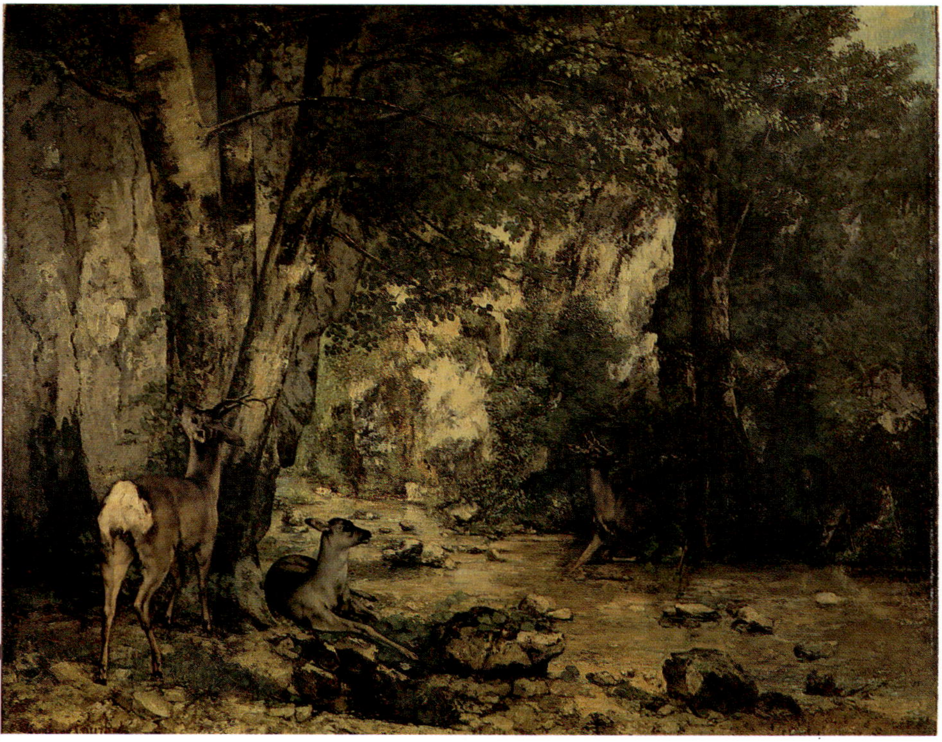

A côté de ces grands tableaux, Courbet s'était conquis un public d'amateurs par ses portraits et ses paysages ; ainsi, le succès de peintures telles que *La remise de chevreuils au ruisseau de Plaisir-Fontaine,* 1866, ou *Le combat de cerfs,* 1861, conduisit l'artiste à reprendre bien souvent ce type de sujets. *La falaise d'Etretat après l'orage,* paysage pur, sans présence humaine ni anecdote, à l'atmosphère limpide et claire, laisse bien comprendre l'admiration des impressionnistes pour la lumière et la franchise de Courbet. Toujours à Etretat, où Courbet s'installe en 1869, il peint *La mer orageuse*, tourmentée, inquiétante ; Guy de Maupassant raconte sa visite à Courbet : « Dans une grande pièce nue, un gros homme graisseux et sale collait avec un couteau de cuisine, des plaques de couleur blanche sur une grande toile nue. De temps en temps il allait appuyer son visage à la vitre et regardait la tempête. La mer venait si près qu'elle semblait battre la maison enveloppée d'écume et de bruit. L'eau salée frappait les carreaux comme une grêle et ruisselait sur les murs. Sur la cheminée une bouteille de cidre à côté d'un verre à moitié plein. De temps en temps Courbet allait en boire quelques gouttes, puis il revenait à son œuvre. Or, cette œuvre devint la « Vague » et fit quelque bruit dans le monde. » Enfin, *La source*, à la chair lumineuse et si présente, n'a pas seulement la réalité d'une scène vécue, et nous attire dans l'imaginaire et la légende.

Gustave Courbet
1819-1877
La source
1868
Huile sur toile
128 / 97 cm

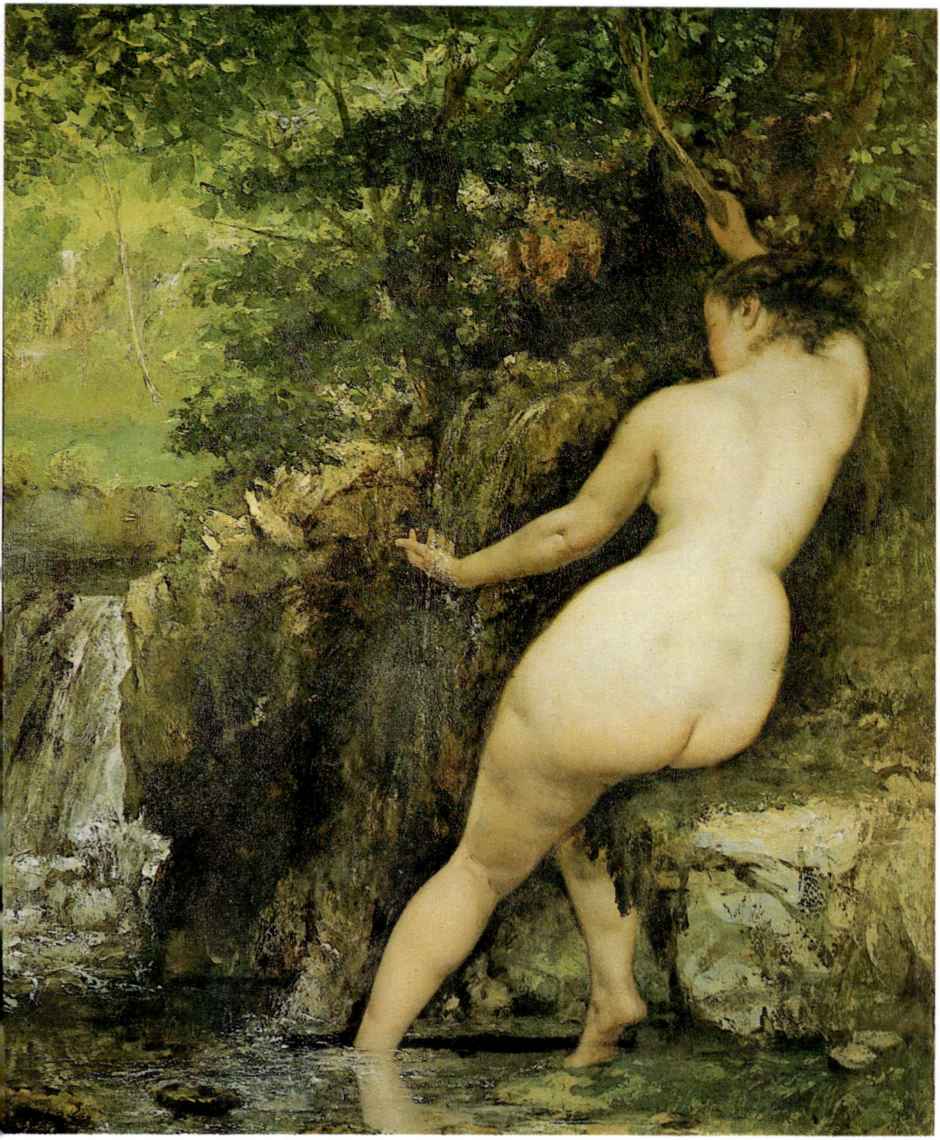

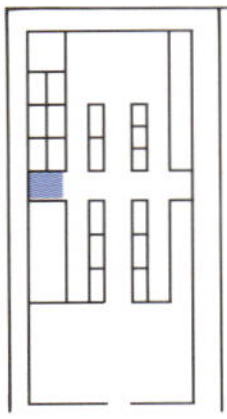

Gustave Courbet
1819-1877

Un enterrement à Ornans
1849-1850

Huile sur toile
315 / 668 cm

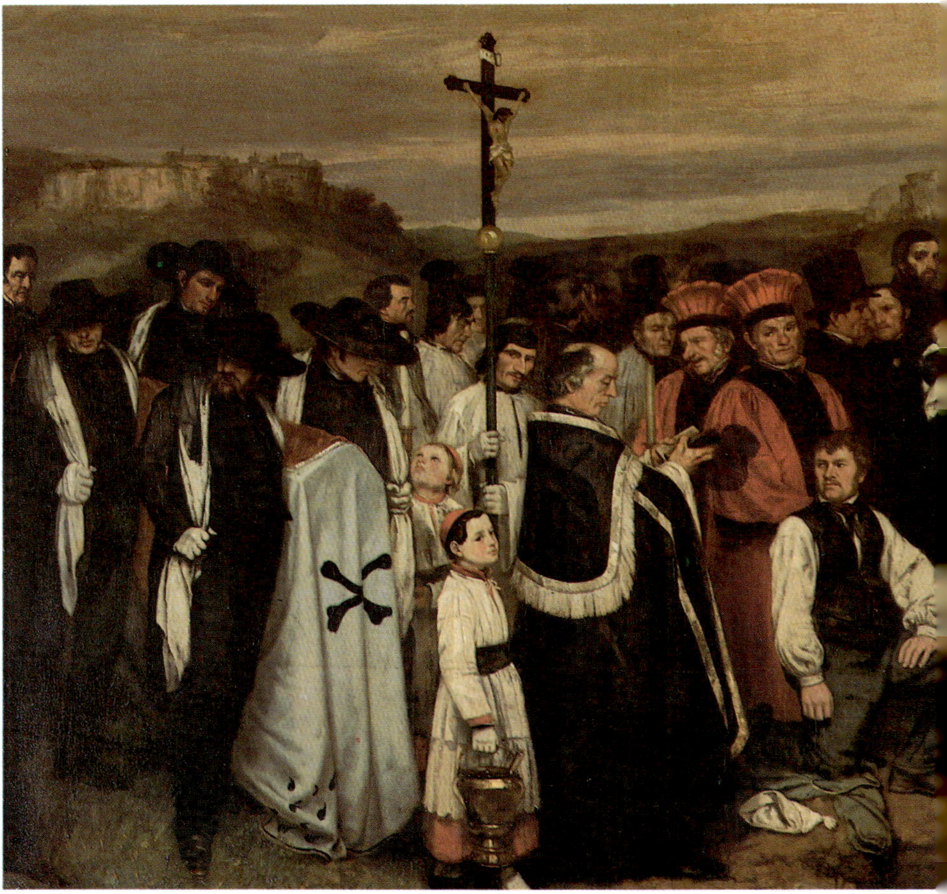

Flattés de figurer dans le tableau de Courbet, les Ornanais vinrent à tour de rôle poser pour le peintre. Celui-ci était bien étroitement installé, dans le grenier de la maison héritée de son grand-père, Jean-Antoine Oudot, représenté à l'extrême gauche du tableau.

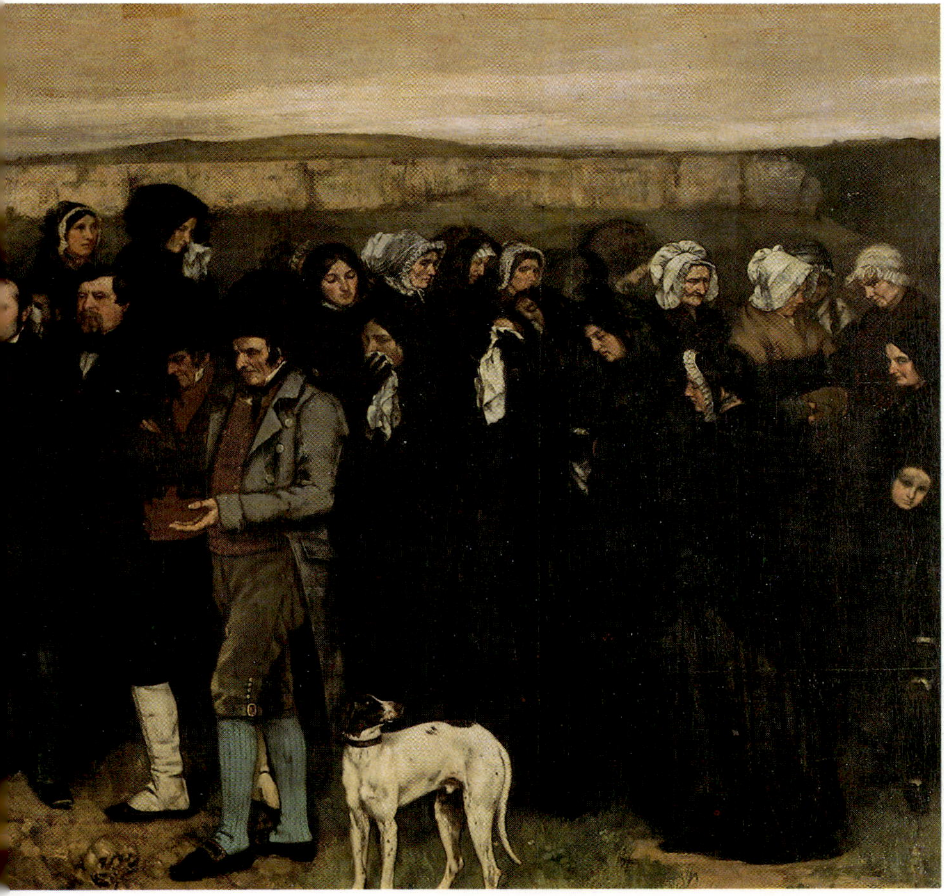

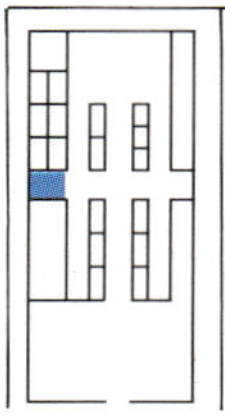

Gustave Courbet
1819-1877

L'atelier du peintre. Allégorie réelle déterminant une phase de sept années de ma vie artistique et morale

1855
Huile sur toile
359 / 598 cm

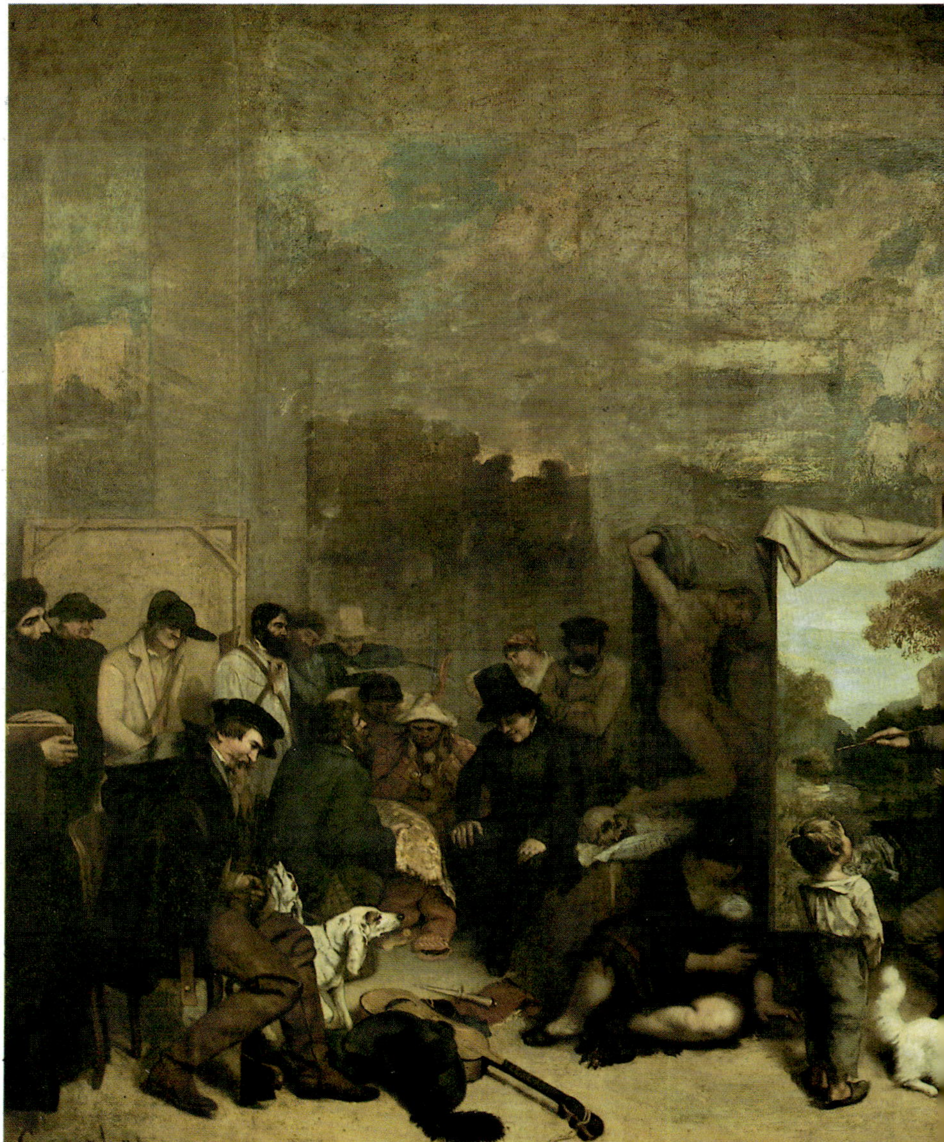

Gustave Courbet

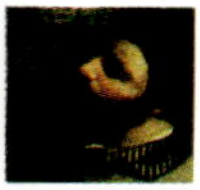

Alfred Bruyas
Collectionneur
et mécène
de Montpellier,
ami de Courbet

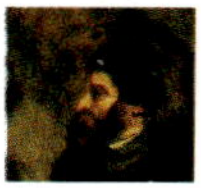

Pierre Joseph Proudhon
Philosophe socialiste

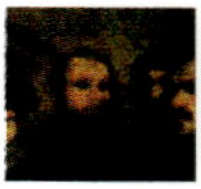

Champfleury
Ecrivain, historien d'art
et journaliste

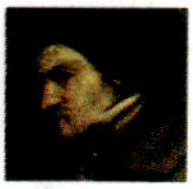

Charles
Baudelaire

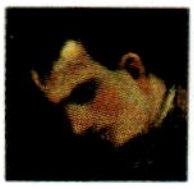

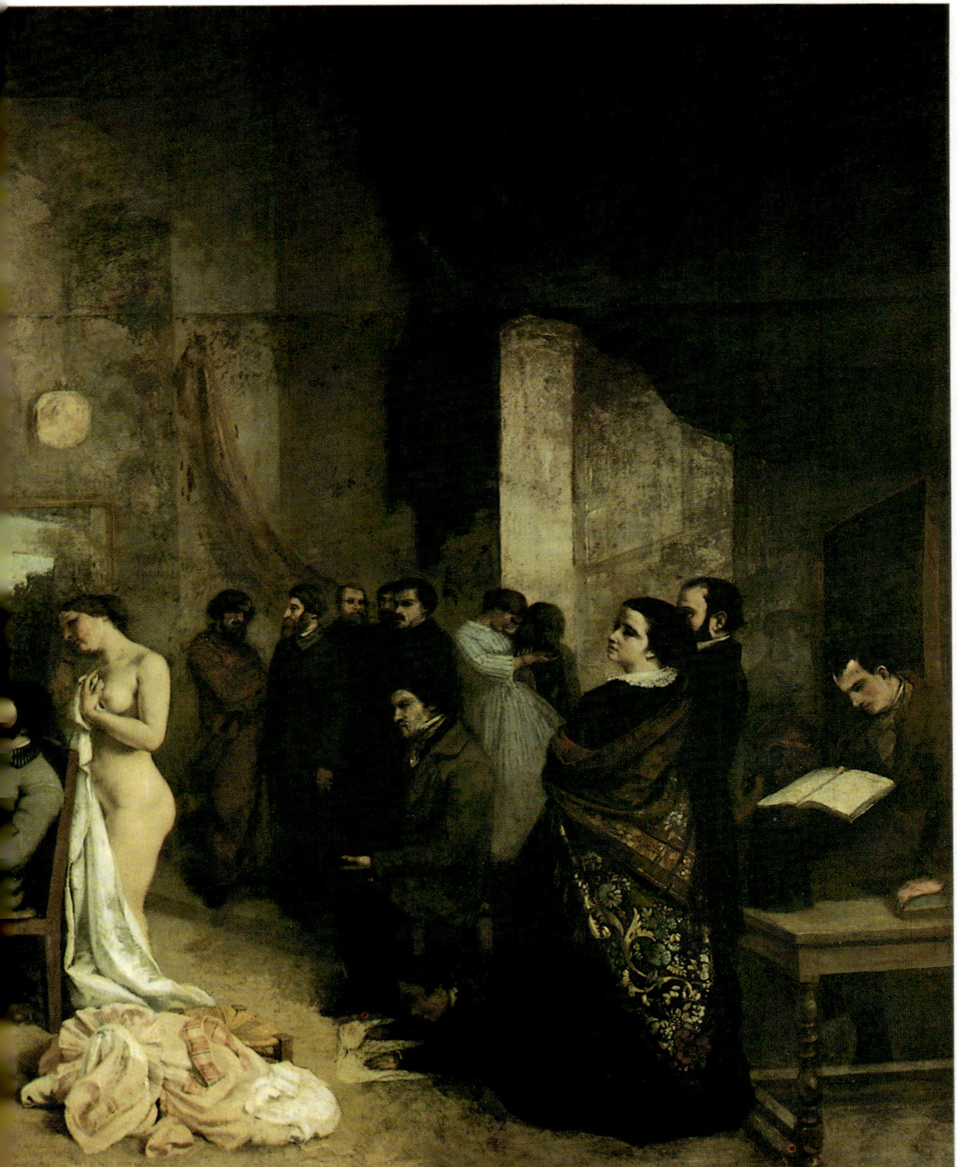

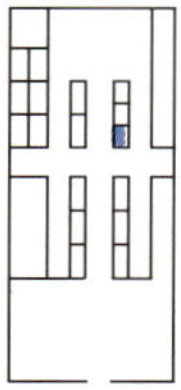

Puvis de Chavannes

C'est une véritable fascination qu'exerça, dès sa création en 1881, *Le pauvre pêcheur* ; critiques, poètes et hommes de lettres, même partagés, ne purent s'empêcher d'écrire à son sujet, l'entraînant vers le symbolisme ou le classicisme. Mais cette œuvre retint surtout, et de façon définitive, l'attention d'artistes tels Gauguin, Seurat, Signac, Redon, Carrière, Maillol, Maurice Denis et même Picasso. L'émotion retenue qui émane de cette toile est rendue à l'aide d'une composition où règne le vide, au moyen de couleurs restreintes, par l'absence de mouvement, d'ombre et de modelé, par un paysage intemporel. Ce sens du monumental et de la composition dépouillée se retrouve chez les *Jeunes filles au bord de la mer*, dont les coloris modulés et l'harmonie calme des lignes suggèrent une atmosphère de paix, de joie mélancolique et intérieure, et qui laisse toute latitude aux interprétations symbolistes. Même dans un thème familier comme celui de *La toilette*, 1883, Puvis de Chavannes laisse une impression d'éternité rêveuse. On y retrouve l'utilisation d'une peinture claire et mate, à l'instar des grands décors dont Puvis couvre les murs (musées : Amiens, Marseille, Lyon ou Rouen ; hôtels de ville de Poitiers et de Paris, Sorbonne, Panthéon...).

Le ballon, 1870, et *Le pigeon*, 1871, tous deux réalisés en un camaïeu de bruns, avec ces grandes figures féminines en deuil, symbolisent de façon émouvante la résistance des Parisiens. C'est d'ailleurs en effectuant une garde sur les remparts, durant le siège de Paris, que Puvis a l'idée du *Ballon* ; il lui adjoint un pendant, figurant un pigeon voyageur échappant à l'agression d'un faucon planant au-dessus de l'île de la Cité enfouie sous la neige.

Dans l'entrée du musée est présentée l'une des plus grandes toiles de Puvis, *L'été*, 1873, thème cher au peintre, qu'il reprend dans la décoration de l'hôtel de ville de Paris. On retrouve dans cette œuvre l'atmosphère calme et poétique, l'ampleur monumentale et décorative, qui caractérisent sa peinture.

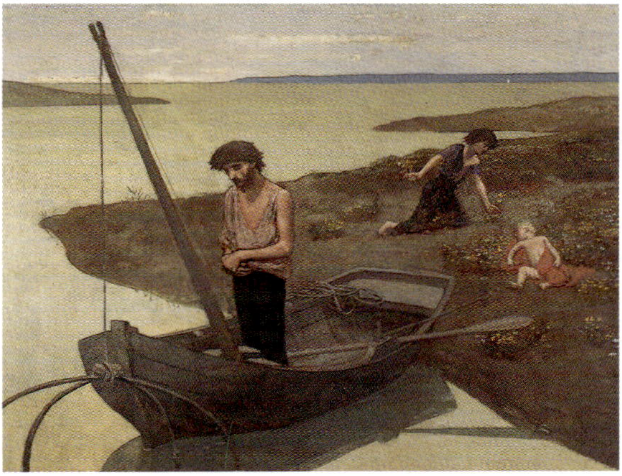

Pierre Puvis
de Chavannes
1824-1898
Le pauvre pêcheur
1881
Huile sur toile
155 / 192,5 cm

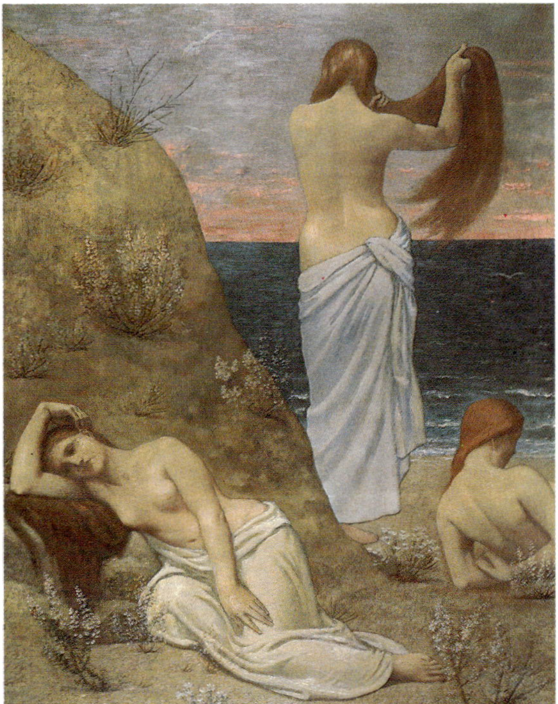

Pierre Puvis
de Chavannes
1824-1898
*Jeunes filles
au bord de la mer*
1879
Huile sur toile
205 / 154 cm

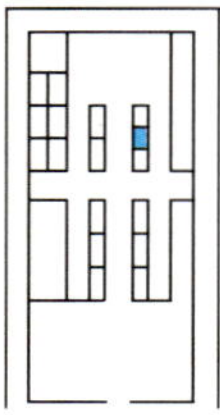

Gustave Moreau

Romantique attardé, inspiré par Delacroix et Chassériau, attiré par l'étrange et le précieux, Gustave Moreau se fit remarquer lors du Salon de 1865 avec *Jason et Médée* et plus encore par le très célèbre *Jeune fille thrace portant la tête d'Orphée*, tableau présenté au Salon de 1866 et immédiatement acquis par l'Etat. Ces toiles font ressortir la richesse raffinée des coloris, la grâce languide des héros de Moreau, ainsi que ses dons de miniaturiste et la singularité de ses accessoires ; ainsi la colonne figurée dans *Jason*, tout incrustée de perles et de camées, et les colibris multicolores qui en égaient le fond.

Le mythe d'Orphée, qui va se révéler l'un des thèmes symbolistes favoris puisqu'il illustre la pérennité de l'artiste à travers ses créations ou sa pensée, trouve ici l'une de ses premières, et originale, interprétations.

Moreau, professeur à l'Ecole des Beaux-Arts, attira par la liberté de son enseignement les jeunes Fauves tels Matisse ou Marquet, ou un artiste indépendant comme Georges Rouault, qui fut l'un de ses plus fidèles élèves. L'artiste légua à l'Etat en 1898 son atelier, installé 14, rue de La Rochefoucauld avec toutes les œuvres qu'il renfermait. Ce musée, qui a conservé son ancien accrochage, présente des milliers d'œuvres de toutes techniques et de tout format, et prête par roulement quelques œuvres au musée d'Orsay.

Gustave Moreau
1826-1898
Orphée
1866
Huile sur bois
154 / 99,5 cm

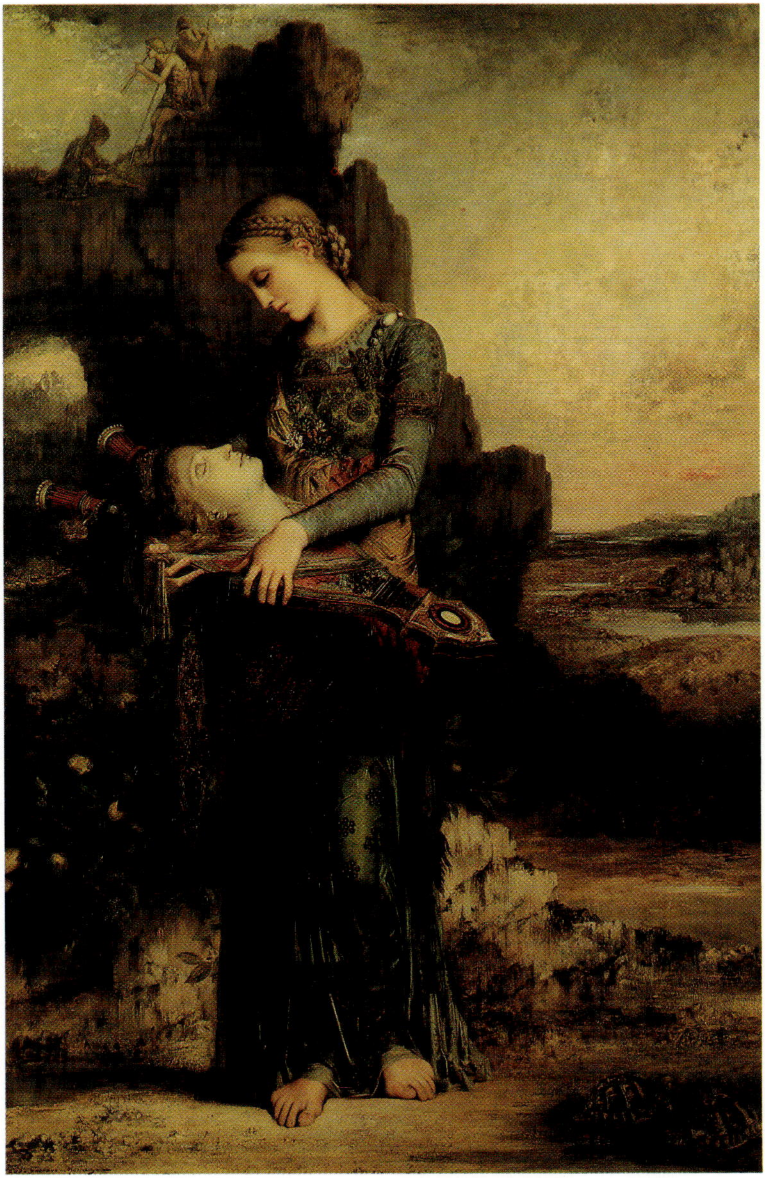

Degas, avant 1870

Dès ses débuts, Degas se montre un peintre à part, totalement original, chez lequel les influences des maîtres anciens (les Italiens de la Renaissance) et modernes (Ingres), servirent de point de départ à un art personnel et moderne. Après des études dans l'atelier de Lamothe, disciple de Flandrin, Degas séjourne en Italie, où réside une partie de sa famille, de 1856 à 1859 ; il se lie d'amitié avec les artistes français qui s'y trouvent, tel Gustave Moreau. Ses œuvres de jeunesse sont surtout des portraits, ainsi celui de son grand-père *Hilaire De Gas*, 1857, installé à Naples et âgé alors de 87 ans ; rigueur de construction, dessin parfait, maîtrise psychologique, science d'une lumière dominée et utilisée de façon à renforcer les caractères essentiels de son modèle, sont déjà présents dans cette toile. Le portrait plus tardif de *Thérèse De Gas* (1863), sœur aimée de l'artiste, à travers une image timide et sérieuse, est l'occasion d'un magnifique morceau de peinture avec la robe grise et le grand châle noir, le nœud rose qui retient le chapeau.

Précédé de nombreuses études ou esquisses, surprenant par son format, *La famille Bellelli* a été commencé par Degas lors d'un séjour à Florence chez sa tante la baronne Bellelli. Ce tableau monumental de portraits dans un intérieur, à la composition simple mais enrichie à l'aide de perspectives ouvertes par une porte ou un miroir, aux couleurs sobres mais raffinées (jeu des blancs et des noirs), est aussi la peinture d'un drame familial qui se joue entre Laure Bellelli et son mari, et dans lequel on reconnaît le goût de Degas pour l'étude psychologique. Malgré toutes les influences décelées dans cette œuvre (celle de Holbein ou de Van Dyck par exemple), *La famille Bellelli* ne peut être comparé à rien qui ait existé ou qui existe alors.

Inachevé, mystérieux, *Sémiramis construisant Babylone* (1861) témoigne de l'originalité de Degas peintre d'histoire. Ce tableau reflète l'admiration de l'artiste pour la peinture italienne du Quattrocento, et l'on a pu le rapprocher des peintures murales de Piero della Francesca à Arezzo. Le hiératisme des personnages, la composition en frise, l'atmosphère à la fois sereine et héroïque, l'architecture de légende, tout évoque un monde d'imaginaire et de poésie, un temps comme suspendu.

Dès la fin des années 1860, Degas se tourne vers les thèmes de sa maturité, l'Opéra et les courses (*Le défilé,* dit aussi *Chevaux de course devant les tribunes*, vers 1866-1868).

Edgar Degas
1834-1917

Sémiramis construisant Babylone
1861
Huile sur toile
151 / 258 cm

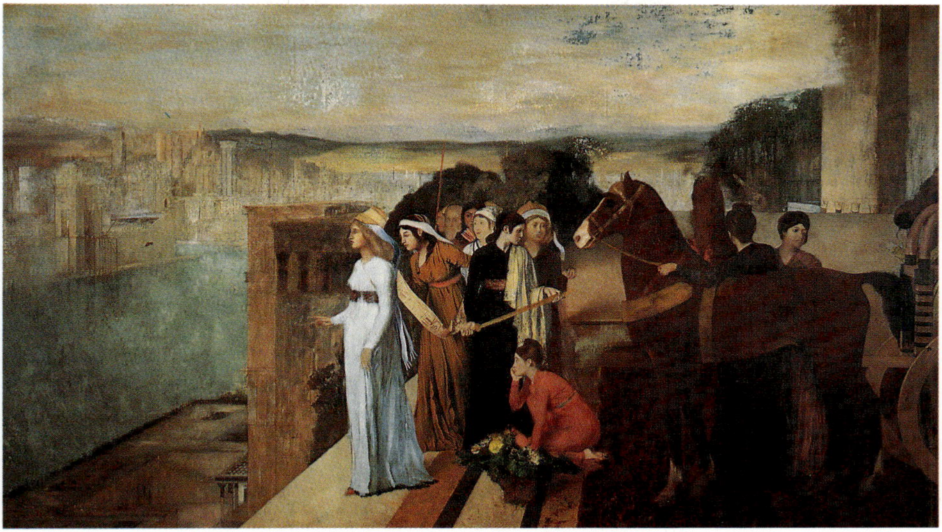

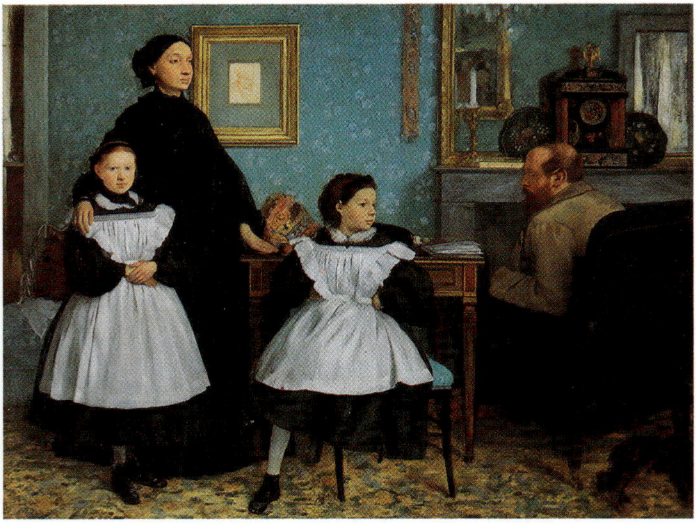

Edgar Degas
1834-1917
La famille Bellelli
Vers 1858-1860
Huile sur toile
200 / 250 cm

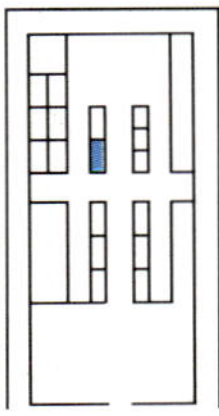

Manet, avant 1870

« Celui-là sera le peintre, le vrai peintre, qui saura nous faire voir combien nous sommes grands et poétiques dans nos cravates et nos bottines vernies », écrit Baudelaire qui espère l'avènement d'une peinture qui exprime le « merveilleux » moderne ; il a trouvé comme un écho dans l'œuvre d'Edouard Manet qui va révéler les contrastes, l'humour, la poésie et la beauté de son époque.

Jugé vulgaire par la critique, le *Portrait de M. et Mme Manet*, 1860, nous conserve l'image d'un type social, celui de la grande bourgeoisie austère du Second Empire, ainsi qu'un portrait psychologique frappant des parents de l'artiste, au-delà du réalisme de leurs expressions. Cette œuvre, qui doit à l'art de Courbet, est déjà révélatrice de quelques-uns des traits propres à la peinture de Manet : fermeté de l'exécution, touche large et franche, manière originale de traiter l'espace en simplifiant les plans. C'est avec *Le déjeuner sur l'herbe** qu'éclate le premier scandale, mais le scandale fut encore plus grand en 1865, lors de la présentation au Salon d'*Olympia*. Ce nu est jugé « immoral » et laid ; en effet, Manet part de l'idéal, un modèle inspiré de la *Vénus d'Urbin* du Titien, pour aller vers le réel, livrant une image individualisée ; il ne s'agit pas ici d'une Vénus ou d'une odalisque, mais d'une prostituée richement entretenue. L'influence de Goya est aussi perceptible dans la brutalité de ce nu, rendu par de fortes oppositions de lumières et de couleurs, tableau charnière entre la tradition classique et l'art moderne. Emile Zola avait été le grand défenseur d'*Olympia* et de la peinture de Manet, dont il rendait compte avec enthousiasme dans la presse, et c'est en remerciement que ce dernier en fit le portrait dans un environnement rappelant ses goûts et ses activités : estampes japonaises, *Olympia*, et la brochure qu'il avait consacrée à Manet.

La peinture espagnole était riche d'enseignement pour Manet ; celle de Vélasquez, dont on voit la trace sur *Le fifre* (refusé au Salon de 1866) qui présente une figure découpée sur un fond uni, récusant la perspective traditionnelle. *Le balcon*, présenté au Salon de 1869, reprend un thème cher à Goya ; Manet y a représenté, au premier plan, Berthe Morisot, peintre aussi, qui allait épouser son frère et participer aux expositions impressionnistes. On y retrouve, comme souvent chez les personnages de Manet, une fixité étrange, qui suggère un rêve intérieur inaccessible au spectateur. Cette atmosphère, jointe au vert agressif du balcon opposé au raffinement des mousselines blanches, dérouta la critique.

* Ce tableau fait partie de la collection Moreau-Nélaton ; se rapporter au commentaire consacré à cette collection.

Edouard Manet
1832-1883
Emile Zola
1868
Huile sur toile
146,3 / 114 cm

Edouard Manet
1832-1883
Le balcon
Vers 1868-1869
Huile sur toile
170 / 124,5 cm

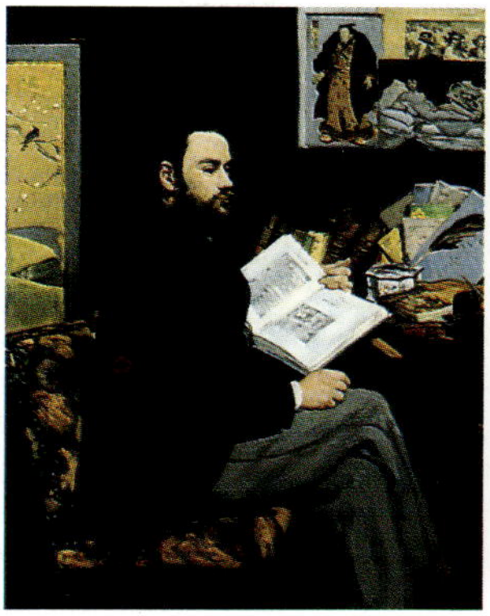

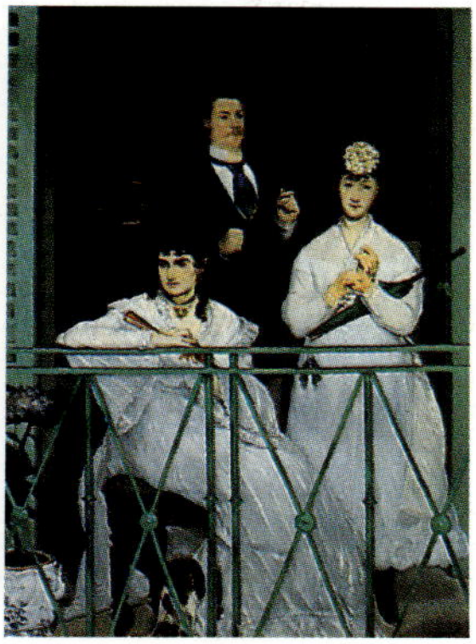

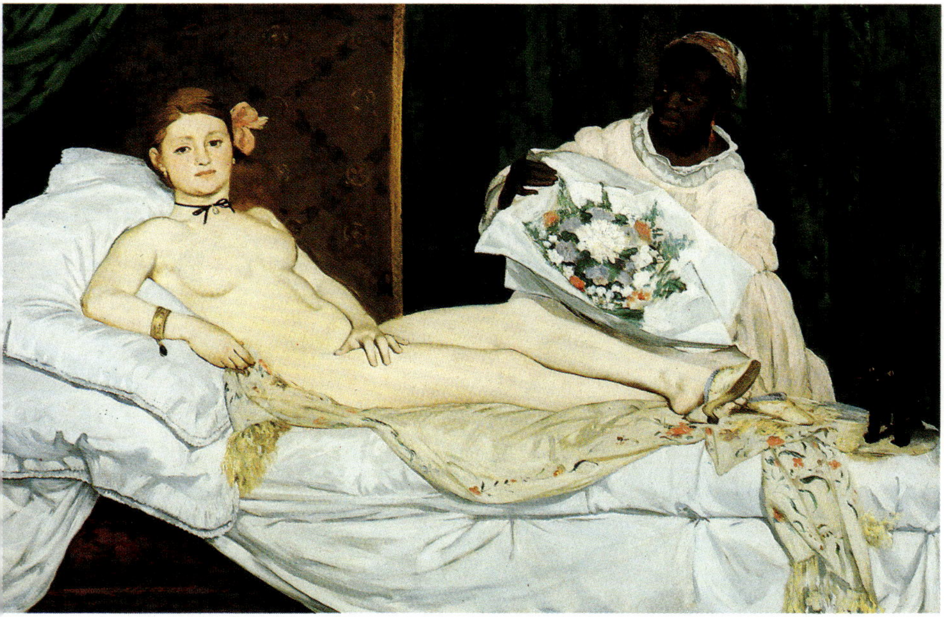

Edouard Manet
1832-1883
Olympia
1863
Huile sur toile
130,5 / 190 cm

Olympia, grâce à l'initiative de Monet qui ouvrit une souscription publique, entra dans les collections nationales en 1890.

Renoir, Monet, Bazille, avant 1870

Au début des années 1860 à Paris, l'atelier privé du peintre académique Gleyre devint un lieu de rencontre pour de jeunes artistes désireux de parfaire leurs connaissances du dessin et de la peinture. Renoir d'abord en 1861, puis Frédéric Bazille, originaire de Montpellier, Claude Monet et Alfred Sisley s'y inscrivent ; l'amitié naquit rapidement entre ces jeunes gens attirés par le réalisme.

A l'évidence, leurs œuvres les plus anciennes se situent dans un courant « moderne » réaliste, où se mêlent les influences de Courbet, Daubigny et Corot, ainsi que celle de Delacroix, dont ils admiraient la fougue et la couleur. Enfin, l'exemple de Manet, dont ils découvrirent la peinture en 1863, fut un précieux encouragement à poursuivre leurs recherches. Bazille fit ensuite la connaissance de Cézanne avec qui il sympathisa et qui lui présenta Pissarro et Guillaumin ; tous ces artistes liés par la recherche d'une nouvelle peinture, formèrent bientôt un groupe.

Les œuvres de jeunesse de Monet, présentées dans la galerie, sont peintes dans une veine réaliste d'harmonie sombre (*Trophée de chasse,* 1862) ; on y remarque l'une de ses plus éblouissantes figures, *Mme Gaudibert*, 1868, ambitieux portrait en pied de la femme de l'un des premiers amateurs de l'artiste.

Symbole de l'amitié qui les unissait, *Frédéric Bazille peignant à son chevalet*, 1867, par Renoir, nous restitue un portrait familier de Bazille, rendu dans une harmonie de gris et de beige qui rappelle l'art de Manet. Ces liens sont encore évoqués dans le *Portrait de Renoir* par Bazille, datant de la même année et que Renoir conserva toute sa vie.

En 1863, Monet et Bazille travaillent ensemble à Chailly, village situé à la lisière de la forêt de Fontainebleau, peignant dans la tradition du groupe de Barbizon. Monet se blesse et Bazille figure, en un petit tableau au coloris fin où se décèle l'influence de Manet, son ami immobilisé (*L'ambulance improvisée*, 1865). L'une des recherches de Bazille portait sur l'introduction de figures en pleine lumière ; l'artiste avait été frappé par *La rencontre*, le fameux tableau de Courbet conservé par le collectionneur montpelliérain Bruyas, et par la franchise de sa lumière. La *Réunion de famille*, accepté au Salon de 1868, montre combien Bazille est sensible à cet

Pierre-Auguste Renoir
1841-1919
Frédéric Bazille
1867
Huile sur toile
105 / 73,5 cm

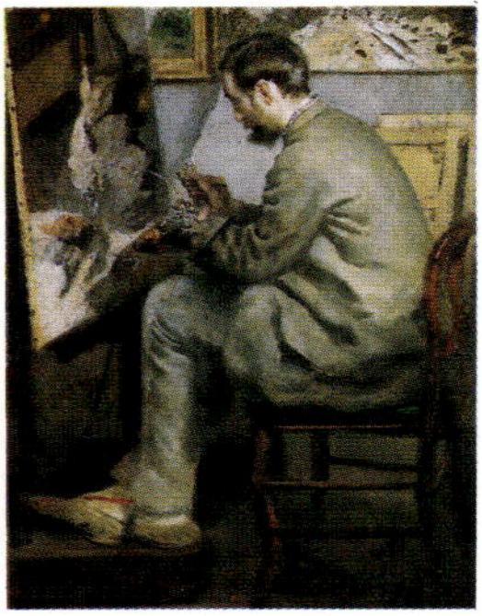

Claude Monet
1840-1926
La Pie
1869
Huile sur toile
89 / 130 cm

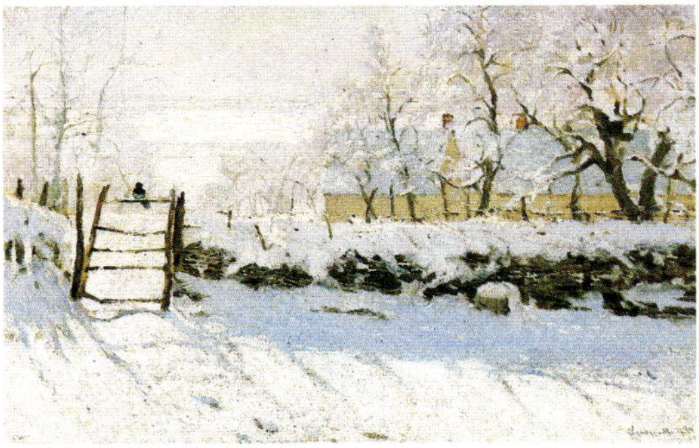

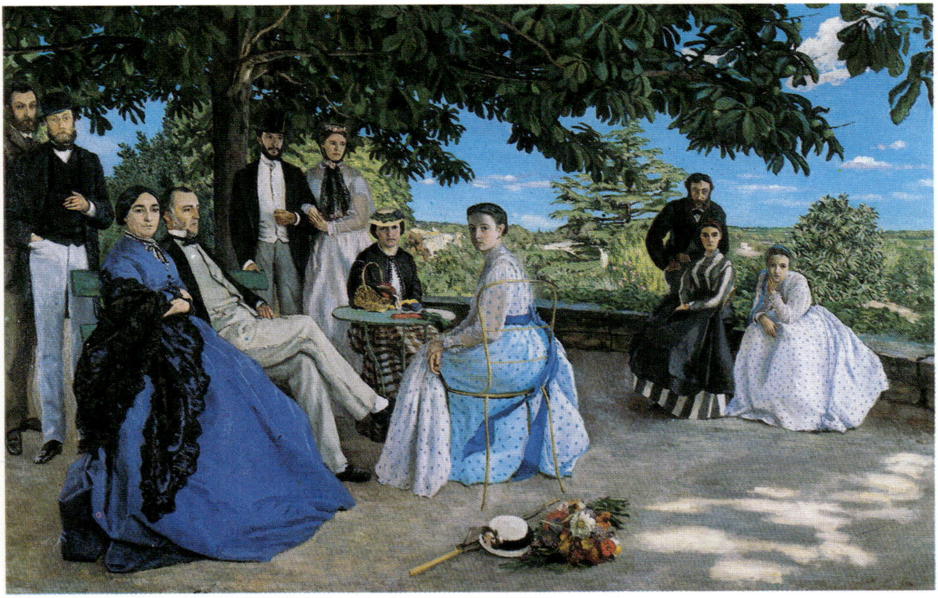

Frédéric Bazille
1841-1870
Réunion de famille
1867
Huile sur toile
152 / 230 cm

éclairage méridional dur, qui tranche les plans, accentue les contrastes et la solidité des formes. L'originalité de la mise en page et les coloris laissent percevoir l'importance de Manet, mais aussi les liens unissant Bazille à Monet, dans le rendu de la lumière passant à travers les feuillages et transformant les tons des vêtements et du sol. Hélas Bazille meurt en 1870, à vingt-neuf ans, dans les combats de Beaune-la-Rolande... Monet, qui avait bénéficié des conseils de Boudin et de Jongkind et paraissait la personnalité la plus formée de tout le groupe (ses débuts avaient été remarqués par la critique lors du Salon de 1865), commença aussi un *Déjeuner sur l'herbe*. Cette grande composition (environ 4,60 m sur plus de 6 m) avait été conçue comme un hommage et un défi à Edouard Manet, et devait être présentée au Salon de 1866. La totalité de cette toile nous est connue grâce à une étude conservée au musée Pouchkine de Moscou, car Monet n'acheva pas *Le déjeuner*, qu'il laissa, plus tard, en gage à un créancier d'Argenteuil ; lorsqu'il la racheta en 1884, l'œuvre s'avéra détériorée par l'humidité de la cave dans laquelle elle avait été entreposée, et Monet en découpa trois fragments, dont deux nous sont parvenus. Le fragment gauche fait partie des collections nationales depuis 1957, grâce à la générosité de M. Georges Wildenstein, tandis que le fragment central est entré au musée d'Orsay en mars 1987. On remarque dans cette œuvre de jeunesse, qui oriente l'art de Monet vers la description de la vie contemporaine, l'autorité, la fermeté, la maîtrise dans le rendu des figures, le goût des contrastes lumineux, dans une atmosphère encore recherchée. Monet fit poser Bazille dans la forêt de Fontainebleau, travaillant à partir d'études réduites peintes en plein air ; il y introduisit aussi Courbet, affectant ainsi son admiration pour le métier honnête et la lumière de l'artiste. Autre tableau révélateur des recherches de Monet : *Femmes au jardin* ; peint en plein air, ce tableau qui tente de préserver dans une œuvre finie la spontanéité et la liberté de l'esquisse et intègre avec aisance des figures très découpées, aux ombres accusées, dans un jardin présenté comme un décor, fut refusé par le jury du Salon de 1867. Seul Zola défendit l'œuvre : « (...) on lui a refusé

Claude Monet
1840-1926
Le déjeuner sur l'herbe

Partie gauche
de la composition
1865-1866
Huile sur toile
418 / 150 cm

Partie centrale
de la composition
1865-1866
Huile sur toile
248 / 217 cm

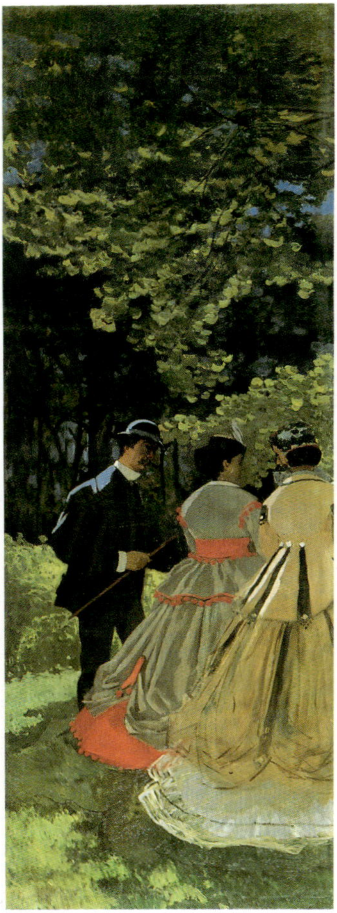

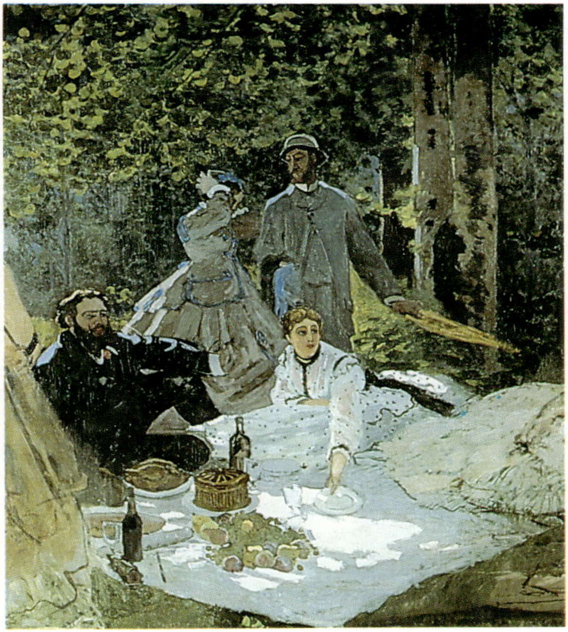

un tableau de figures, des femmes en toilettes claires d'été, cueillant des fleurs dans les allées d'un jardin ; le soleil tombait droit sur les jupes d'une blancheur éclatante ; l'ombre tiède d'un arbre découpait sur les allées, sur les robes ensoleillées, une grande nappe grise. Rien de plus étrange comme effet. Il faut aimer singulièrement son temps pour oser un pareil tour de force, des étoffes coupées en deux par l'ombre et le soleil, les dames bien mises dans un parterre que le râteau du jardinier a soigneusement peigné. »
Monet n'eut, d'ailleurs, pas plus de chance au Salon de 1869 ; le jury y refusa l'un de ses tableaux les plus importants : *La pie*. Il émane de ce paysage ambitieux par son format, étincelant de lumière, étonnant par le raffinement et la diversité de la gamme des blancs, une atmosphère étrange ; vide de présence humaine, toute l'importance en est centrée autour de l'oiseau noir perché sur la barrière.

C'est avec Boudin, à Honfleur, en 1858, que Monet avait découvert la peinture sur le motif ; *L'hôtel des Roches-Noires à Trouville*, reflète, à la veille de la guerre de 1870, les mondanités balnéaires de la grande bourgeoisie du Second Empire. Ce tableau témoigne déjà de l'originalité de Monet, dont la touche allusive et rapide fait frissonner les drapeaux, anime le ciel parcouru de nuages.

Installé à Marseille en 1854, puis à Paris à partir de 1862, Paul Guigou reste fidèle à la forte lumière provençale qui confère à ses personnages (*La lavandière*) ou à ses paysages (*Route de la Gineste*, 1859), stabilité et permanence.

Claude Monet
1840-1926
Hôtel des Roches-Noires à Trouville
1870
Huile sur toile
81,1 / 58,3 cm

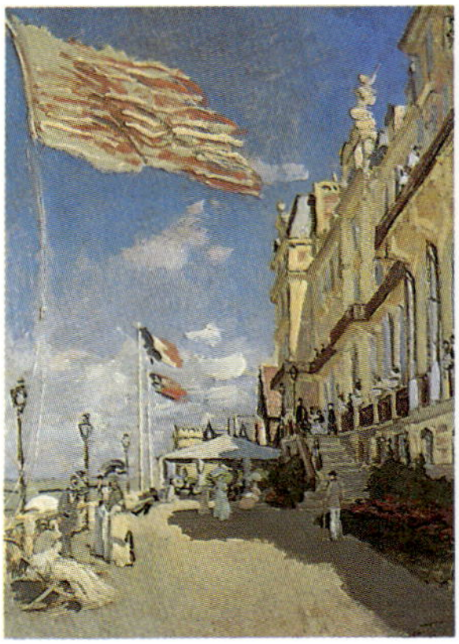

Paul Guigou
1834-1871
La lavandière
1860
Huile sur toile
81 / 59 cm

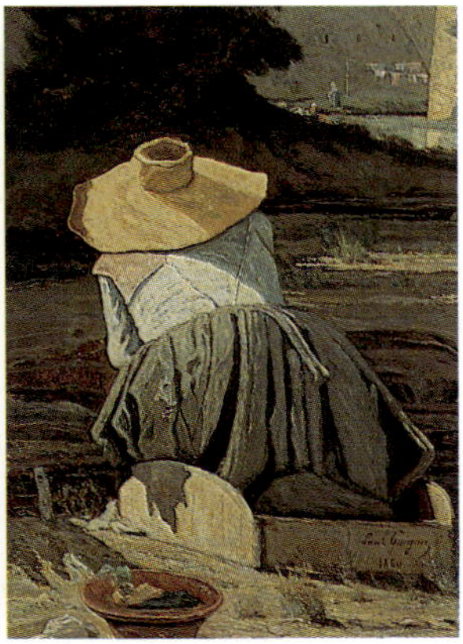

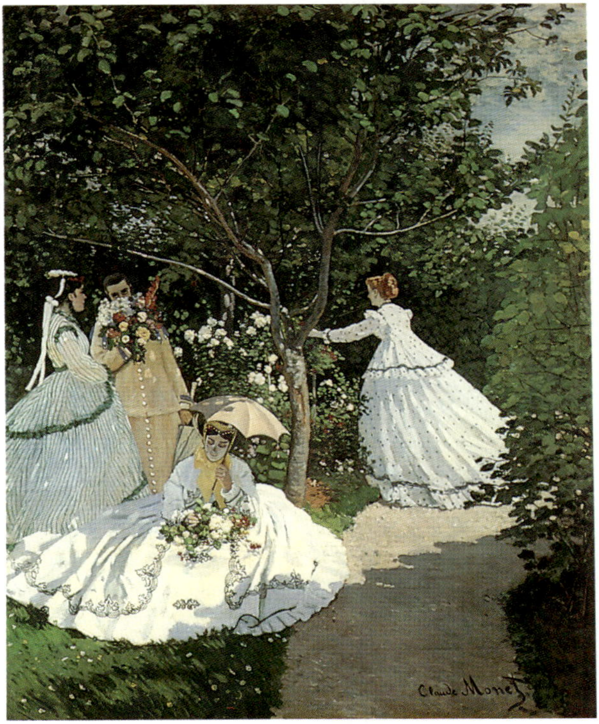

Claude Monet
1840-1926

Femmes au jardin
1867
Huile sur toile
255 / 205 cm

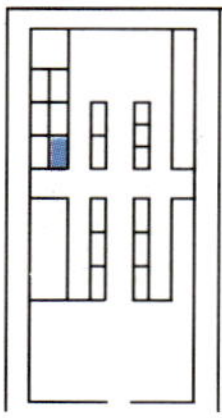

Fantin-Latour

Etroitement lié avec les impressionnistes qu'il admirait et dont il partageait le refus de la peinture officielle, Fantin-Latour reste cependant une personnalité à part. Sa première grande composition, *Hommage à Delacroix**, révèle déjà son goût pour la recherche psychologique, le dessin précis, les harmonies sombres.

L'amitié de Fantin avec Manet et les futurs impressionnistes s'affirme dans *Un atelier aux Batignolles*, 1870, qui est, en fait, un hommage à Manet figuré dans son atelier, entouré de ses amis, le critique Zacharie Astruc, Renoir, Zola, le grand Bazille, Monet. Le sujet du tableau fut reçu presque sans hostilité et le talent de Fantin reconnu par l'octroi d'une médaille au Salon. On retrouve encore dans ce tableau, comme dans *Un coin de table*, 1872, le désir de l'artiste de saisir les « correspondances », les liaisons spirituelles qui unissent les êtres. *Un coin de table* présente une mise en page originale refusant la perspective traditionnelle, entièrement organisée autour de Verlaine et de Rimbaud qui s'isolent volontairement du groupe formé d'écrivains honorables mais tout à fait oubliés aujourd'hui. Les portraits de ses proches (*Charlotte Dubourg*, 1882, sa belle-sœur) présentent eux aussi des personnages comme enveloppés d'une sorte de musique silencieuse, de grisaille intérieure. Les natures mortes témoignent, comme ses portraits, d'une observation précise de la réalité ; fleurs, fruits et objets sont cernés dans une lumière claire et subtile (*Fleurs et fruits*, 1865). Tout à fait à l'opposé, Fantin s'abandonna à la composition poétique, créant un monde irréel et doux (*La nuit*, 1897) qui lui fut surtout inspiré par sa passion pour la musique de Schumann, de Wagner ou de Berlioz, et qu'il développa en d'importantes séries de lithographies.

En marge de ces artistes liés au réalisme et porteurs de nouveauté, se développe un réalisme officiel, bourgeois, représenté par Alfred Stevens, James Tissot et Carolus-Duran. Stevens, né à Bruxelles, devint le peintre de la vie parisienne du Second Empire, rôle qu'il partagea avec James Tissot, portraitiste d'une société élégante et mondaine (*Jeune femme en veste rouge*, 1864). L'influence de Courbet se fait sentir dans *Le convalescent*, 1860, de Carolus-Duran tandis que *La dame au gant*, 1869, témoigne de l'admiration ressentie par l'artiste pour les coloris et la facture de Vélasquez et de Van Dyck ; ce tableau valut un tel succès à son auteur qu'il fut assailli de demandes et sombra dans la facilité.

* Cette œuvre fait partie de la collection Moreau-Nélaton, présentée dans la première salle de la galerie des impressionnistes ; se rapporter au commentaire consacré à cette collection.

Henri Fantin-Latour
1836-1904
Un atelier
aux Batignolles
1870
Huile sur toile
204 / 273,5 cm

Tableau présenté
à l'entrée
de la salle
Fantin-Latour

Otto Scholderer
Peintre

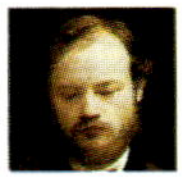

Renoir

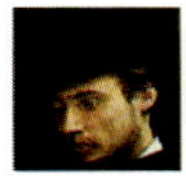

Emile Zola

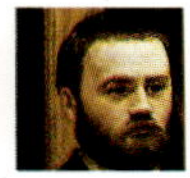

Bazille

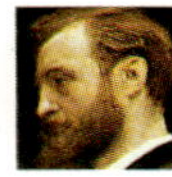

Monet

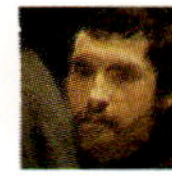

Manet

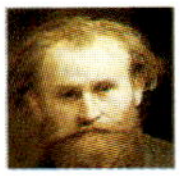

Zacharie Astruc
Littérateur,
peinture et sculpteur

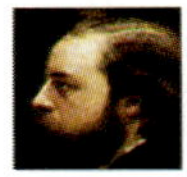

Edmond Maître
Amateur d'art

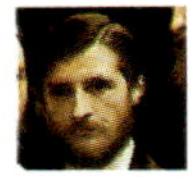

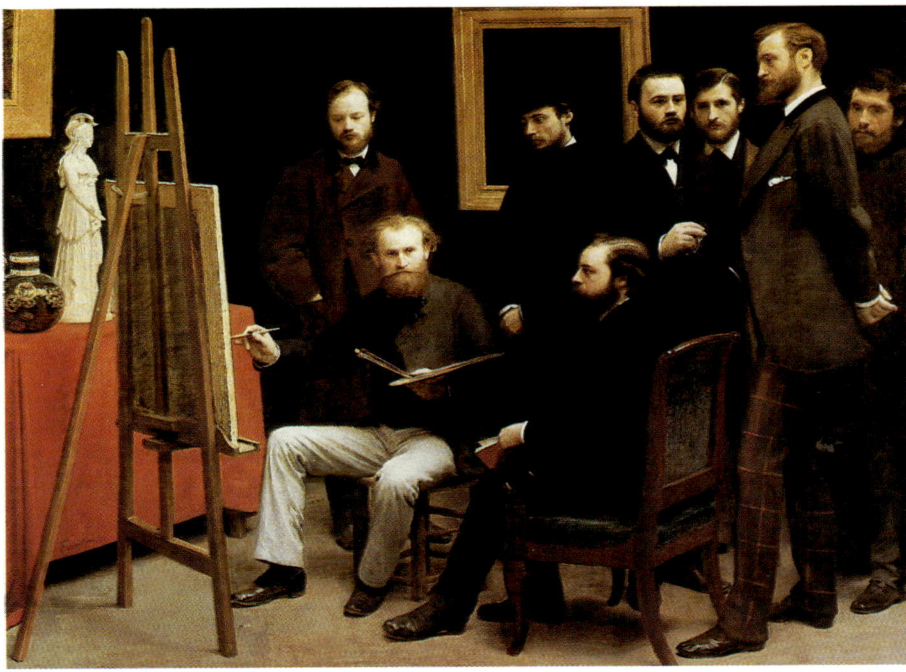

Paysage de plein air

Boudin, Jongkind, Lépine, Maris

Durant les années 1850-1860, deux peintres, Boudin et Jongkind, donnèrent la primauté à l'observation directe de la nature à la suite des Anglais (Constable, Bonington, Turner), de Corot et des peintres de Barbizon qui avaient déjà insisté sur la nécessité de prendre sur le vif, sur le motif, les manifestations fugitives de l'atmosphère.

C'est la côte normande, avec ses ciels brouillés et changeants, sa lumière sans cesse transformée, qui attire ces peintres, souvent qualifiés de « préimpressionnistes ». Boudin, né à Honfleur, se montre fasciné par le ciel et les nuages ; il rencontre Monet puis Baudelaire et Courbet en 1859 ; ce dernier le pousse à faire des marines : « Il n'y a que vous qui connaissiez le ciel », lui dit-il. *Le port de Camaret*, 1872, ou les *Voiliers,* donnent la place principale à ces « beaux et grands ciels tout tourmentés de nuages, chiffonnés de couleurs, profonds, entraînants », dont Boudin parle avec tendresse. C'est vers 1862 qu'il aborde un thème particulier, celui des plages de Deauville et Trouville, mises à la mode par une foule élégante et superficielle (*La plage de Trouville*, 1865 ; *Baigneurs sur la plage de Trouville*, 1869) ; ce sujet lui laissait toute liberté de s'exprimer à l'aide d'une peinture claire, s'attachant à rendre les vibrations lumineuses.

Stanislas Lépine, né à Caen, travaille seul, à l'écart des grands courants, et aime à traduire, par des jeux de tons gris délicats, la lumière et l'atmosphère de sa région en de petits tableaux dont la figure humaine est totalement exclue (*Le port de Caen*, 1859 ; *Le marché aux pommes,* 1889).

Jongking, Néerlandais nourri de la tradition des paysagistes hollandais du XVIIe siècle (*En Hollande, les barques près du moulin,* 1868), peint avec Boudin, Bazille et Monet aux environs de Honfleur.

Plus tardivement, un groupe d'artistes néerlandais renouvelle la conception hollandaise du paysage et forme l'école de La Haye ; Jacob Maris laisse dominer sa composition par un ciel élevé (*Ville hollandaise au bord de la mer*, 1883), tandis qu'Anton Mauve, dans une harmonie gris pâle, traduit la présence du vent, de la mer agitée, du ciel tourmenté. Mesdag, épris de marines, peint sur le motif des mers tempétueuses ou cherche à traduire l'atmosphère d'un moment (*Soleil couchant*).

Hendrik Willem
Mesdag
1831-1915

Soleil couchant
Huile sur toile
140 / 180 cm

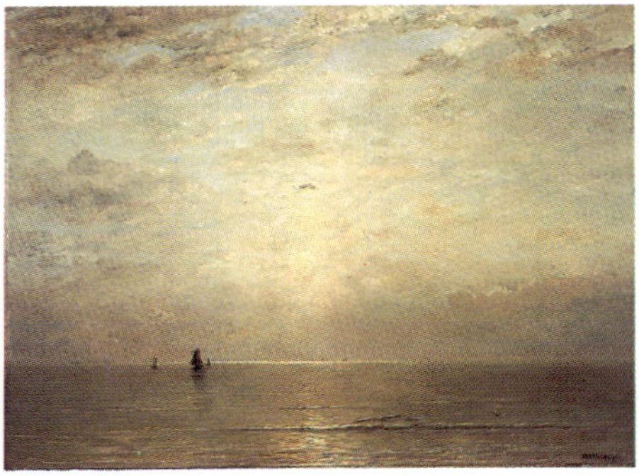

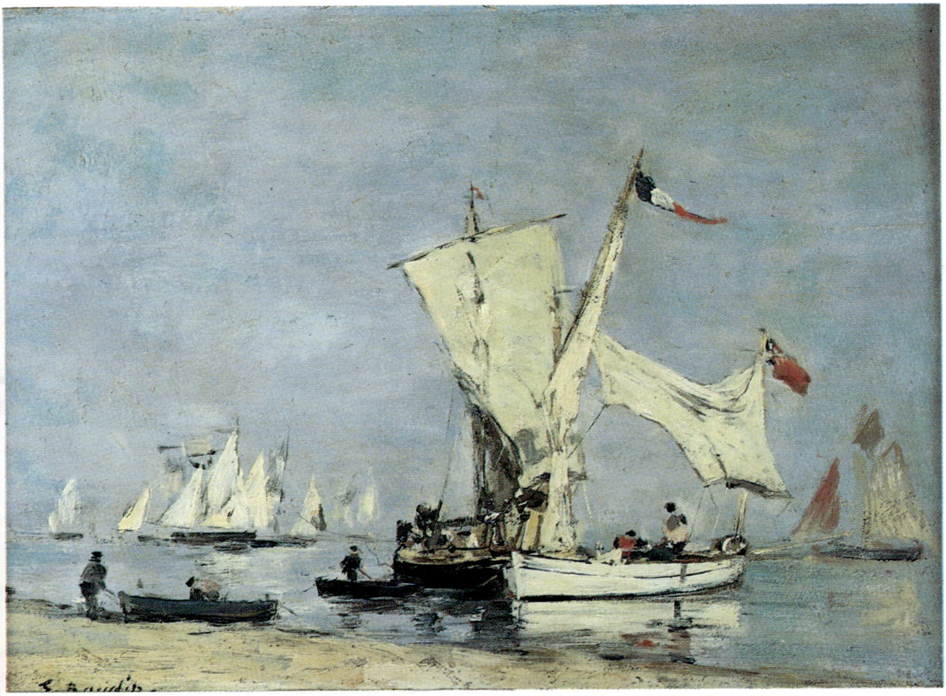

Eugène Boudin
1824-1898

Voiliers
Vers 1885-1890
Huile sur bois
24,5 / 33,5 cm

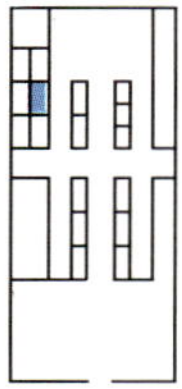

Collection Personnaz

Guillaumin, Monet, Pissarro, Sisley

Antonin Personnaz (1854-1936), originaire de Bayonne comme le peintre Léon Bonnat, doit à celui-ci son introduction dans les milieux artistiques parisiens. Il se lie avec Pissarro, Degas, Guillaumin et constitue, dès 1880, une collection riche en œuvres impressionnistes. Après la guerre de 1914-1918, il se retire à Bayonne où il participe à l'administration du musée Bonnat et veille sur les œuvres d'art laissées à la ville par son ami. Personnaz lègue sa collection de peintures, pastels, aquarelles et dessins aux musées nationaux (hormis une quarantaine d'œuvres qui se trouvent au musée Bonnat) ; elle est exposée au Louvre dès 1937.

L'un des artistes les mieux représentés est certainement Pissarro, dont on peut suivre l'évolution de 1870 à 1902. Attiré par la terre et les paysages de campagne, fixé à Louveciennes puis Pontoise où Cézanne le retrouve, Pissarro se montre remarquable par des œuvres empreintes de fermeté dans l'exécution et la composition, et par une riche gamme colorée à base de bruns, de verts et de rouges (*Paysage d'hiver à Louveciennes*, vers 1870). De 1884 à 1903, Pissarro s'installe à Eragny-sur-Epte ; d'esprit curieux et toujours à la recherche de techniques nouvelles, il adopte le pointillisme de Seurat et Signac, dans les années 1885-1886 (*Femme dans un clos*, 1887), mais s'en détourne rapidement pour retrouver une manière souple et lumineuse et se consacrer à la représentation de rues de Paris, Rouen ou Dieppe (*Dieppe, bassin Duquesne*, 1902).

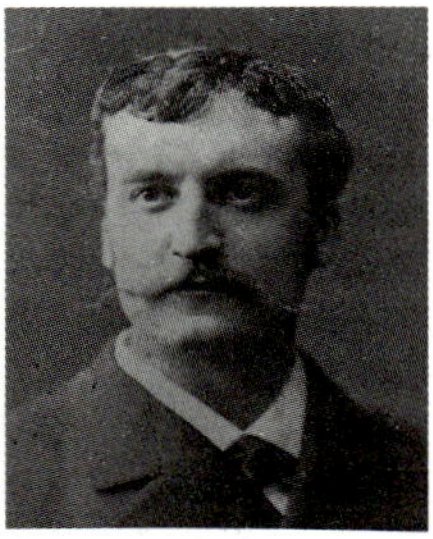

Antonin Personnaz
1854-1936

Lié avec Cézanne et Pissarro, Armand Guillaumin exécute quelques paysages urbains raffinés, aux tons clairs (*Le port de Charenton*, 1878 ; *La place Valhubert*, vers 1875). A partir de 1885, ses coloris deviennent de plus en plus vifs sous l'influence de Signac.

Mary Cassatt, peintre américain installé en France, rencontre Degas qui la conseille et avec qui elle se lie d'amitié ; la figure humaine et les gestes de la vie quotidienne rendus avec vérité (*Jeune fille au jardin*), constituent ses sujets de prédilection. La collection d'Antonin Personnaz compte aussi quelques-unes des œuvres les plus célèbres de Toulouse-Lautrec : *Jane Avril dansant*, ou *Le lit* qui, pour des raisons de sécurité dues à la technique du peintre, sont présentées dans la salle moins éclairée consacrée à Lautrec.

Mary Cassatt
1844-1926
Jeune fille
au jardin
Vers 1880-1882
Huile sur toile
92 / 63 cm

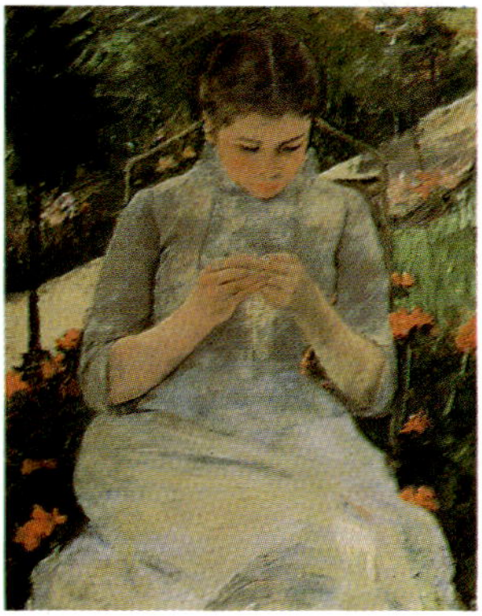

C. Pissarro
1830-1903
Femme dans un clos,
soleil de printemps
dans le pré à Eragny
1887
Huile sur toile
54,5 / 65 cm

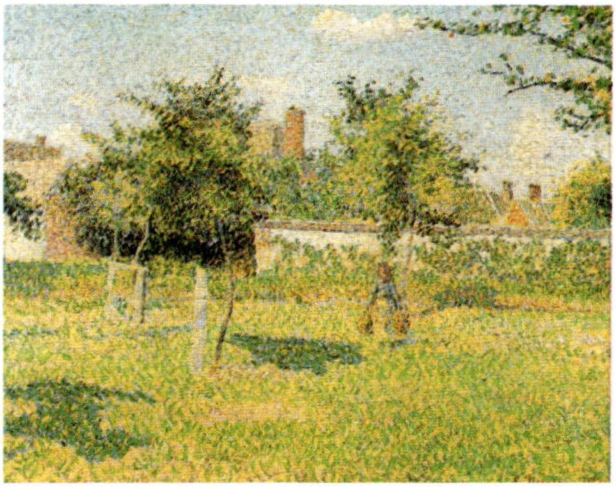

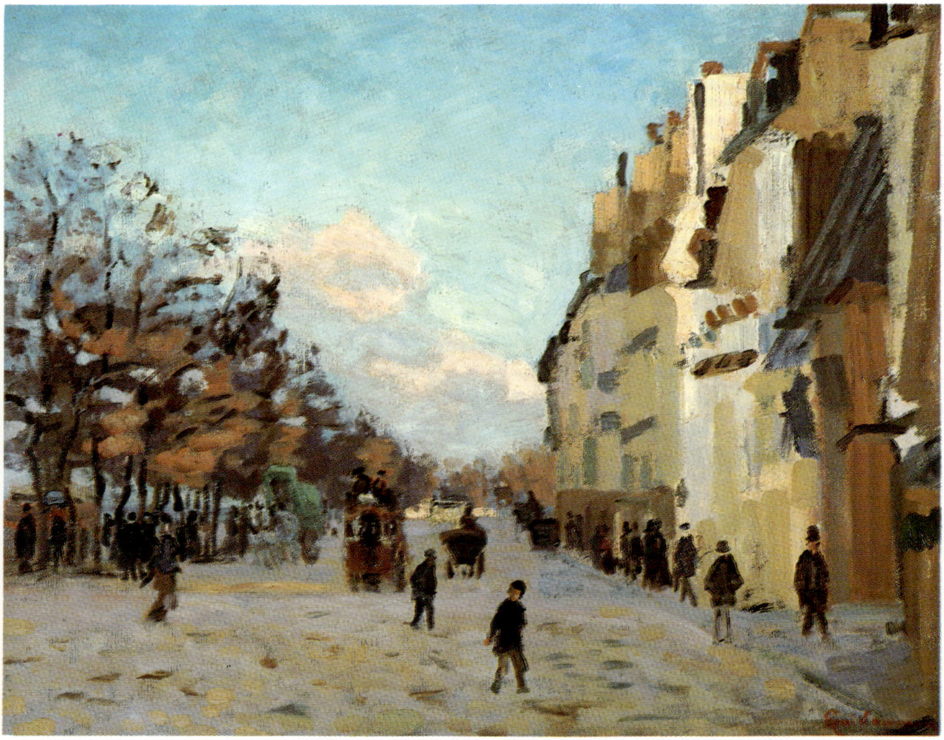

Armand Guillaumin
1841-1927

Quai de la gare,
effet de neige
Huile sur toile
50,5 / 61,2 cm

Collection Eduardo Mollard

Donnée par le docteur Eduardo Mollard, Argentin installé en France, cette collection présente un important ensemble de paysages illustrant l'évolution de ce thème développé par Corot et l'école de Barbizon (Rousseau, Diaz), les précurseurs de l'impressionnisme (Boudin, Jongkind et Lépine), et porté à son apogée par les œuvres des impressionnistes, représentés ici par Sisley et surtout Pissarro. Selon la volonté du docteur Mollard, la donation est présentée groupée en une salle portant son nom.

Jongkind se montre souvent attiré par le paysage urbain, ainsi *La Seine et Notre-Dame de Paris* ou *Rue de l'Abbé de l'Epée*, 1872, toiles éclairées d'une lumière vibrante suggérée par la touche fragmentée. Eugène Boudin, malgré quelques voyages (*Port de Bordeaux*, 1874 ; *Venise, quai des Esclavons*, 1895) reste lié à la côte normande dont il est originaire. Séduit par les ciels mouillés, la mer verte ou laiteuse, la foule gaie et élégante, Boudin restitue dans *La plage de Trouville*, 1864, le côté éphémère d'une journée d'été et de vent.

Pissarro présente lors de la première exposition impressionniste de 1874 : *Gelée blanche*, toile qui provoque un scandale. « Ça des sillons, ça de la gelée ?... Mais ce sont des grattures de palette posées uniformément sur une toile sale. Ça n'a ni queue ni tête, ni haut ni bas, ni devant ni derrière. » La pauvreté du sujet dérouta la critique ; Pissarro, en effet, ne s'est pas attaché au pittoresque ou à l'anecdote mais seulement à un rendu très fin des reflets de la lumière sur le sol et dans le ciel. S'intéressant à toutes les techniques nouvelles, Pissarro fit connaissance de Seurat et Signac et s'essaya à la peinture pointilliste vers la fin de l'année 1885 (*Femme au fichu vert*, 1893).

Alfred Sisley, Britannique installé en France, resta toujours attiré par les paysages d'Ile-de-France ; fixé à Moret-sur-Loing à partir de 1880, il exécute essentiellement des vues de ce village. *Le pont de Moret*, 1893, illustre bien la peinture de Sisley qui rend à l'aide d'une composition monumentale un site familier et discret.

Johan-Barthold Jongkind 1819-1891	*Gelée blanche* 1873 Huile sur toile 65 / 93 cm	Camille Pissarro 1830-1903	*La Seine et Notre-Dame-de-Paris* 1864 Huile sur toile 42 / 56,5 cm

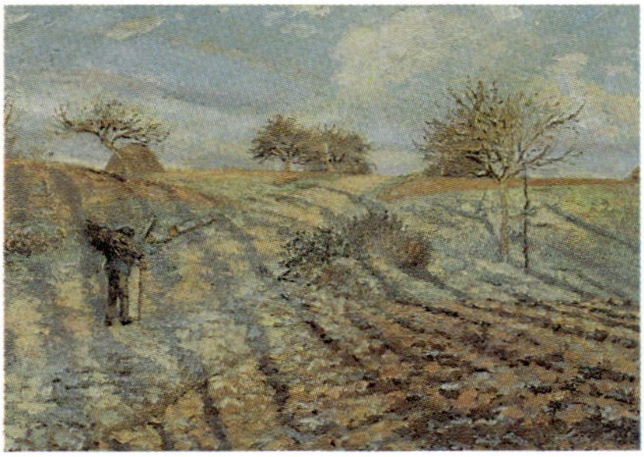

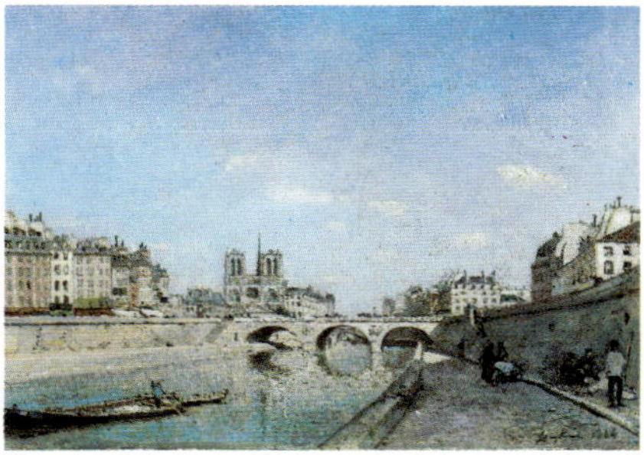

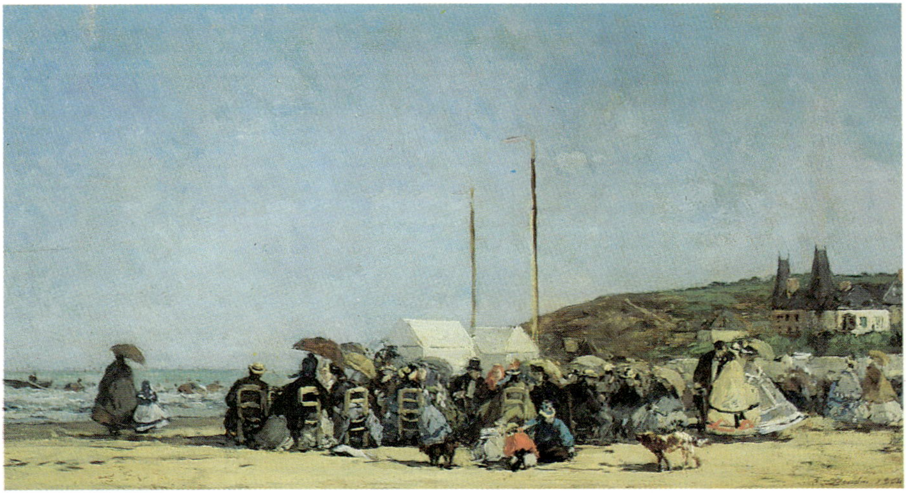

Eugène Boudin
1824-1898

La plage de Trouville
1864
Huile sur bois
26 / 48 cm

Associé au mouvement réaliste, mais sans y prendre vraiment part, François Bonvin se montre le chroniqueur discret d'une vie quotidienne calme (*Servante tirant l'eau*, 1861), rendue à l'aide d'une harmonie sobre, influencée par les peintres hollandais du XVIIe siècle qu'il aimait à copier au Louvre. Ses natures mortes peuplées d'animaux (*Nature morte au canard*, *Nature morte au lièvre*, 1863) ou témoins de la tranquillité d'un atelier (*Nature morte à la palette*, 1863) montrent plus de hardiesse dans le coloris, font apparaître la subtilité d'une touche sûre et d'une lumière mesurée. A l'inverse, Antoine Vollon, l'un des plus célèbres peintres de natures mortes de la seconde moitié du XIXe siècle, restitue dans une veine totalement réaliste, avec cruauté, l'agonie des *Poissons de mer*, 1870.

Théodule Ribot subit l'influence du XVIIe siècle espagnol, de Ribera tout particulièrement, illustrant des thèmes religieux, tel *Saint Sébastien*, 1865, en accentuant le caractère dramatique par de puissants contrastes d'ombre et de lumière, une matière riche et des noirs dont il sait user de façon savante. Il se montre également un peintre intimiste, lui aussi influencé par l'art hollandais du XVIIe siècle (*Le sermon*, vers 1890).

Hispanisant, disciple de Courbet, ami de Fantin-Latour, Alphonse Legros se montre attiré par un réalisme mystique ; l'*Amende honorable*, 1867, affirme l'intérêt que porte l'artiste à la peinture de Zurbarán.

Admirateur de Delacroix, ami de Diaz dont la virtuosité l'impressionne, Adolphe Monticelli, formé à Marseille, s'attache à créer un monde enchanté, mystérieux, traité à l'aide de touches grasses et superposées (*Don Quichotte et Sancho Pança*, vers 1865). Il fait preuve aussi d'un œil réaliste dans sa peinture de portraits (*Mme Teissier*, 1872), ou dans le rendu de natures mortes aux couleurs vives (*Nature morte au pichet blanc*). Monticelli, personnalité complexe, prolonge le romantisme par ses thèmes ; cependant, sa hardiesse de tons et son goût pour une manière empâtée ne vont pas laisser Van Gogh indifférent ; celui-ci développe dans sa première période hollandaise des peintures sombres, dans une pâte épaisse, figurant les paysans du Borinage belge (*Paysanne près de l'âtre*).

Adolphe Monticelli
1824-1886

Nature morte au pichet blanc
Vers 1878-1880
Huile sur toile
49 / 63 cm

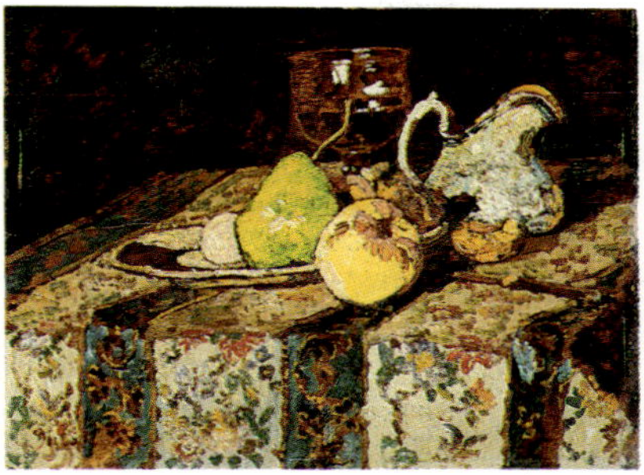

Vincent Van Gogh
1853-1890

Paysanne près de l'âtre
1885
Huile sur toile
29 / 40 cm

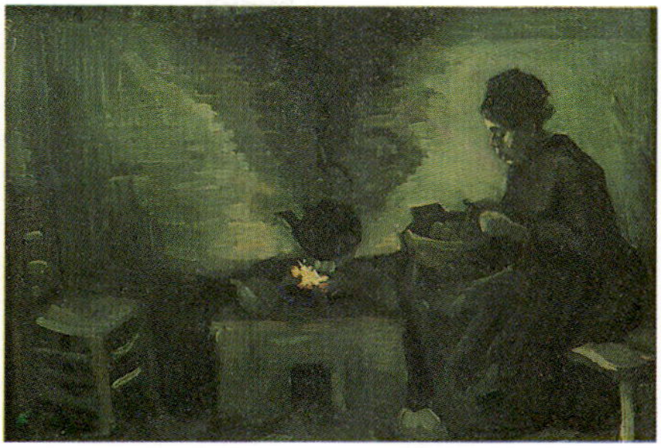

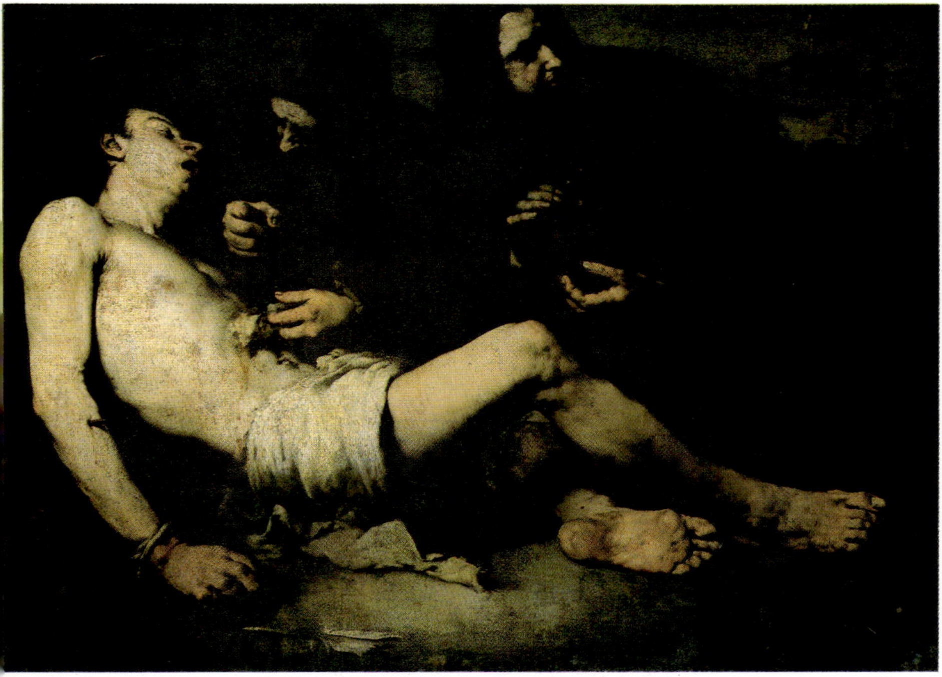

Théodule Ribot
1823-1891

Saint Sébastien, martyr
1865
Huile sur toile
97 / 130 cm

L'Orient a toujours fait rêver : mais c'est surtout au XIXe siècle, grâce à Bonaparte et à la campagne d'Egypte, que s'ouvrent les portes mystérieuses de ces pays... Après les irréelles visions d'odalisques lascives (Ingres), la génération romantique exprime avec passion la découverte de paysages et de types nouveaux, de couleurs éclatantes et différentes. Puis, tandis que certains, tel Gérôme, présentent un orientalisme d'un réalisme minutieux, nourri de souvenirs de voyages, Fromentin, et plus tard Guillaumet ou Belly, séduits par la beauté des sites et l'exaltation des couleurs, en révéleront le charme et parfois le caractère inquiétant. Fromentin voyage en Algérie, publie deux récits inspirés de ses souvenirs et rapporte le plus souvent des scènes de fantaisie et de pittoresques reconstitutions, mais il lui arrive d'être touché par la solitude du désert (*Au pays de la soif*). Guillaumet, au métier mince et aux couleurs âcres, accumule des images dont la grandeur étonne et séduit ses contemporains (*Prière du soir dans le Sahara*, 1863). Passionné par l'Algérie, où il séjourne une dizaine de fois, il préserve la sincérité des effets pittoresques (*Les tisseuses, fileuses à Bou-Saada*) ; Guillaumet sait aussi traduire la violence naturelle, la fatalité de ce pays de sécheresse et de soleil (*Le désert*, 1867). Belly, d'abord attiré par les paysagistes de Barbizon, part pour l'Orient en 1840, visitant le Liban, la Palestine et l'Egypte où il séjourne par la suite à deux reprises. Dans son tableau des *Pèlerins allant à la Mecque*, 1861, l'effet audacieux produit par la caravane s'avançant vers le spectateur ne fut pas apprécié de tous, mais le tableau valut à son auteur un grand succès au Salon de 1861, et l'œuvre fut considérée comme « une des peintures les plus remarquables de notre école contemporaine et certainement la plus vraie et la plus saisissante qu'ait inspiré l'Orient ». Tournemine rend par un coloris brillant et vif des sujets exotiques ou des visions imaginaires inspirées de récits de voyage, tel *Eléphants d'Afrique*.

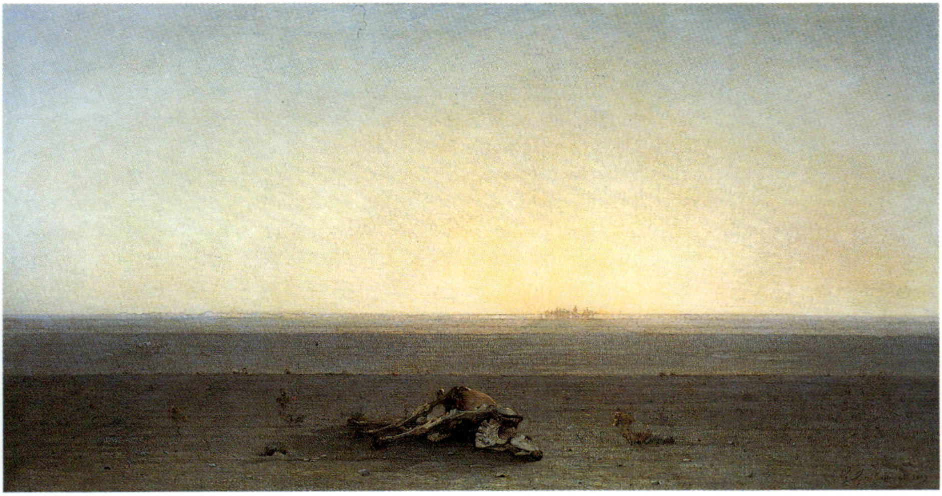

Gustave Guillaumet
1840-1887

Le désert
1867
Huile sur toile
110 / 200 cm

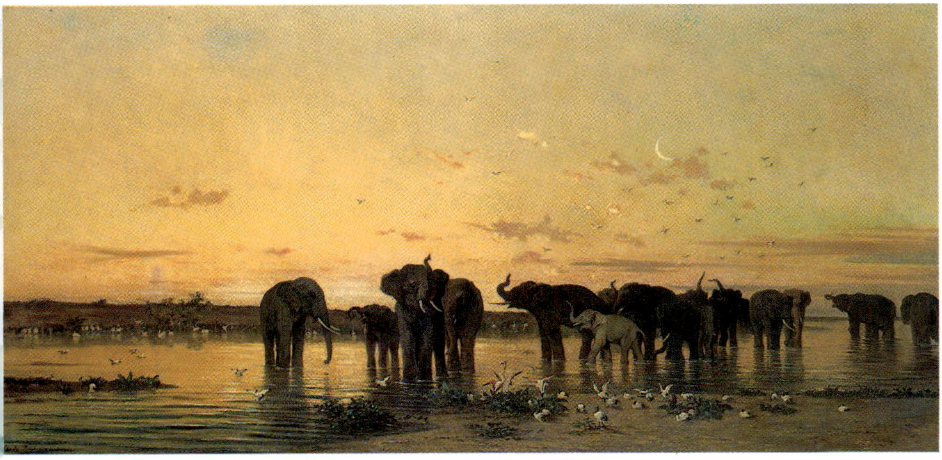

Charles de Tournemine
1812-1872

Eléphants d'Afrique
1867
Huile sur toile
88 / 178 cm

Les arts appliqués à l'industrie sont dominés par l'éclectisme ; ce constant appel aux styles du passé était déjà l'une des tendances de l'époque Louis-Philippe, mais il est conforté durant la seconde partie du siècle par la création de musées et de grandes collections privées d'art ancien, les travaux et recueils d'archéologues, d'historiens, ou d'érudits, les désirs d'une clientèle nouvelle, la bourgeoisie, peu sûre de son jugement, à la recherche de légitimité et de racines. Cet engouement pour les styles les plus divers est également favorisé par les voyages d'exploration, la colonisation, et par les Expositions universelles dans lesquelles les arts occidentaux se trouvent confrontés aux arts de l'Orient méditerranéen et de l'Asie.

Les nouvelles firmes industrielles s'entourent d'artistes reconnus dans le désir d'allier le Beau et l'Utile, l'Art et l'Industrie ; architectes, décorateurs, sculpteurs, peintres, dessinateurs, fournissent des modèles pour des pièces uniques aussi bien que pour des objets de série. Ainsi l'art industriel et commercial contribue-t-il à imposer et diffuser partout l'éclectisme. *La toilette de la duchesse de Parme*, petite-fille du roi Charles X, est l'un des premiers exemples de cet éclectisme foisonnant. Commandé en 1845, achevé en 1851 et envoyé à l'Exposition universelle de Londres, ce mobilier d'argent, bronze et fer, orné d'émaux, de nielles et de pierres précieuses, est dû à la collaboration de l'orfèvre Froment-Meurice, de l'architecte Duban, des sculpteurs Feuchère et Geoffroy-Dechaume et de l'ornemaniste Liénard ; l'ensemble présente un étonnant mélange d'influences venues de l'Islam, du Moyen Age, de la Renaissance et du baroque.

Le Moyen Age, et particulièrement le style gothique, reste la principale source d'inspiration dans le domaine de l'orfèvrerie et du mobilier religieux, spécialité en laquelle s'affirme la maison Poussielgue-Rusand. Avec le concours d'architectes restaurateurs tels Viollet-le-Duc, Duthoit, Sauvageot, Corroyer (*Ostensoir*), la firme publie un catalogue de vente présentant un vaste choix d'objets constitués d'éléments de série, fabriqués en matières plus ou moins riches et combinés différemment selon la commande.

La maison Christofle, premier fabricant d'orfèvrerie civile, connaît un développement sans précédent grâce à l'utilisation de l'argenture galvanique qui permet d'assurer une production courante en métal argenté tout en maintenant la tradition de l'argenterie de luxe. Certaines pièces

Maison Poussielgue-Rusand d'après un dessin d'Edouard-Jules Corroyer (1835-1904) *Ostensoir* Vers 1865 Argent doré et pierres dures 70 cm	Maison Barbedienne d'après un modèle de Ferdinand Levillain (1837-1905) Coupe *Méduse* Vers 1873 Bronze patiné, ivoire, ébène 18,2 / 55,5 Ø 38,5 cm	Christofle et Cie, firme dirigée par Henri Bouilhet (1838-1907) et Paul Christofle (1830-1910) *Vase de l'éducation d'Achille* 1867 Argent partiellement doré 75 cm
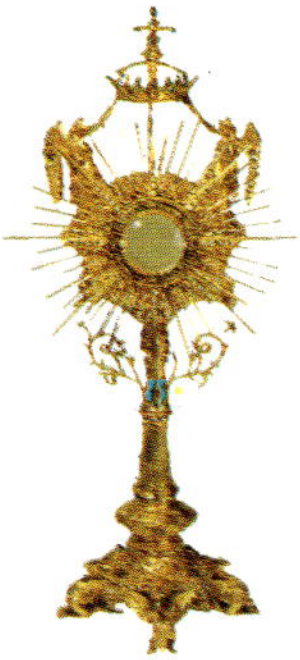	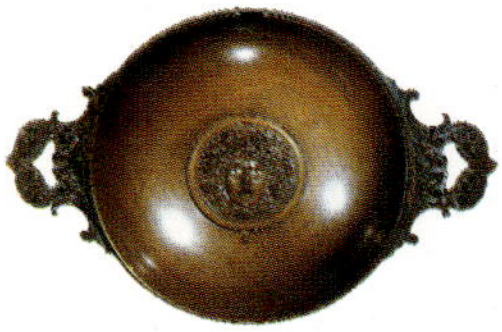	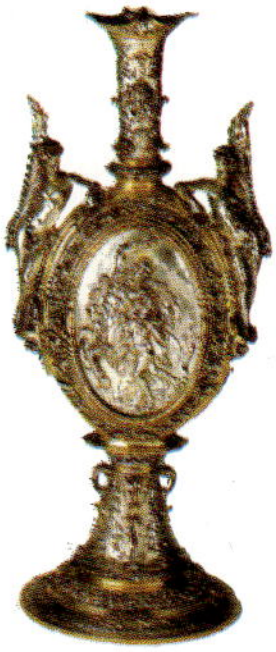

François Désiré
Froment-Meurice
1802-1855
Coffret
Vers 1847-1849
Argent doré,
émail peint, émeraudes
et grenats
42,6 / 35,8 /27,5 cm

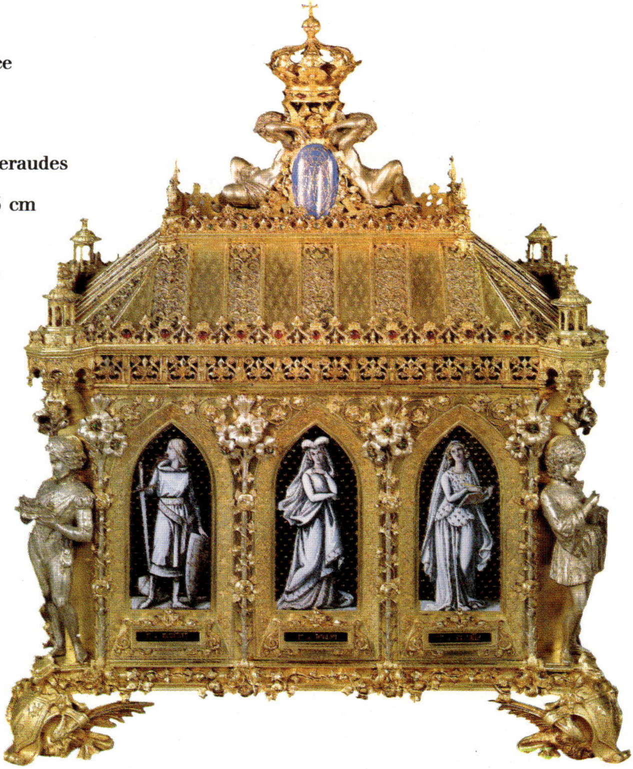

exceptionnelles sont réalisées à l'occasion des Expositions universelles, tel le *Vase de l'éducation d'Achille*, mêlant des réminiscences de maniérisme à des motifs naturalistes d'un esprit nouveau, fruit d'une collaboration entre le sculpteur Mathurin Moreau et l'ornemaniste Auguste Madroux.

Ferdinand Barbedienne dirige la principale fabrique de bronzes d'art et recueille médailles et distinctions honorifiques lors des expositions internationales ; son directeur artistique, Constant Sévin, s'inspire surtout de la Renaissance et de l'art hellénistique (coupes en bronze patiné, doré ou argenté, à décor de fruits, d'insectes, d'enfants). Dans un style néo-grec plus austère, moins orné, Ferdinand Levillain, sculpteur et médailleur, invente pour Barbedienne la coupe *Méduse* dont le décor met en valeur la tête aux yeux incrustés et les anses ornées, témoignant d'une originale interprétation de modèles antiques. Qualifiés de même, à l'époque, de néo-grecs ou néo-byzantins, les meubles conçus par l'ébéniste Diehl, avec l'aide des décorateurs Brandely et des sculpteurs Fremiet et Guillemin, sont les créations les plus originales de l'ébénisterie parisienne à l'Exposition de 1867 ; le sujet du grand *Médaillier* est emprunté à l'histoire nationale, au passé mérovingien, et donne à Fremiet l'occasion d'y traiter ses thèmes de prédilection, animaux et soldats.

Soucieux lui aussi de promouvoir une alliance des Beaux-Arts et de l'Industrie, Jules Desfossé fait appel aux peintres, ainsi Thomas Couture ou Edouard Muller, afin de composer ses papiers peints les plus remarquables. Le *Jardin d'Armide*, 1854, partie centrale d'un décor dû à Muller, se révèle l'un des chefs-d'œuvre de ce courant naturaliste qui s'exprime dans tous les arts décoratifs et que l'on retrouve à travers les diverses tendances de l'éclectisme.

En réaction contre les effets déshumanisants de la mécanisation, refusant de collaborer avec les industriels, un groupe d'artistes cherche à retrouver l'idéal de l'artiste-artisan humaniste de la Renaissance. Charles-Jean Avisseau redécouvre les procédés techniques de Bernard Palissy et suscite un renouveau de la céramique artistique. Contrairement aux procédés de division du travail, Avisseau modèle, peint, cuit et vend lui-même les pièces sorties de son atelier. Claudius Popelin renoue de la même façon avec la tradition des émailleurs limousins du XVIe siècle ; ses émaux peints témoignent bien de cet esprit érudit, enthousiasmé par le passé national, qui habite alors artistes et amateurs.

Philippe Joseph Brocard
connu de 1865 à 1896
Bouteille
1867
Verre teinté, décor émaillé
et peint
41,5 / 20,5 cm

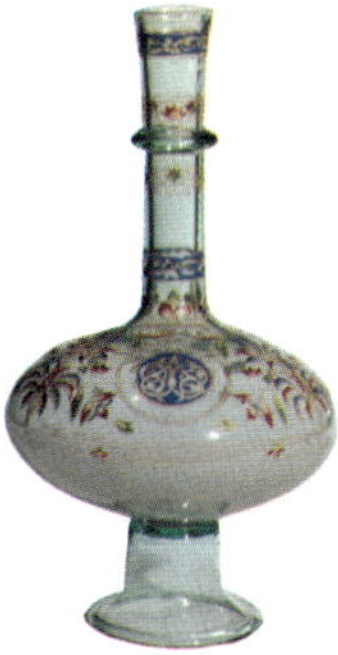

Charles-Jean Avisseau
1796-1861
et Guillaume de Rochebrune
1824-1900
Coupe et bassin
1855
Faïence fine à décor
polychrome
modelé et rapporté
Coupe : 34,5 ∅ 26,5 cm
Bassin : 8 ∅ 51,5 cm

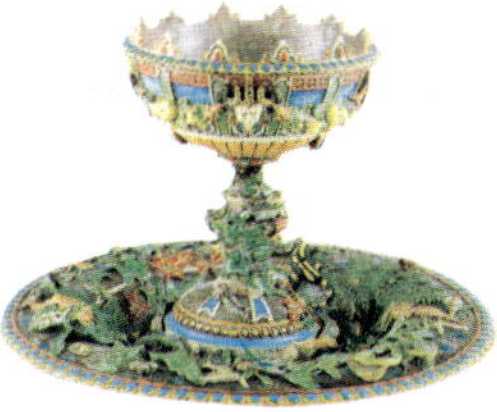

Théodore Deck
1823-1891
Coupe monumentale
Vers 1870
Faïence
58,5 ∅ 40,2 cm

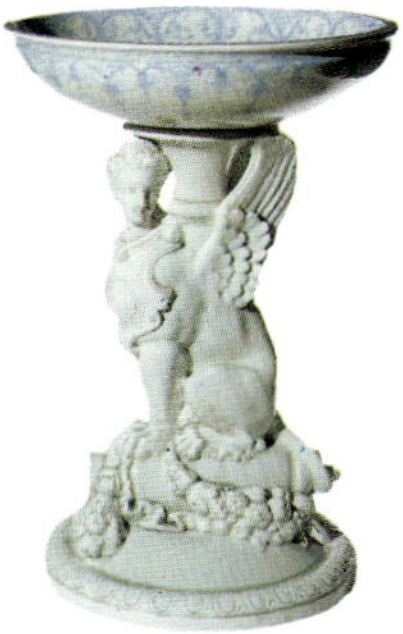

Charles-Guillaume Diehl
1881-vers 1885
E. Brandely,
Emmanuel Fremiet
1824-1910
Médaillier
1867
Cèdre, noyer, ébène
et ivoire, bronze
et cuivre argentés
238 / 151 / 60 cm

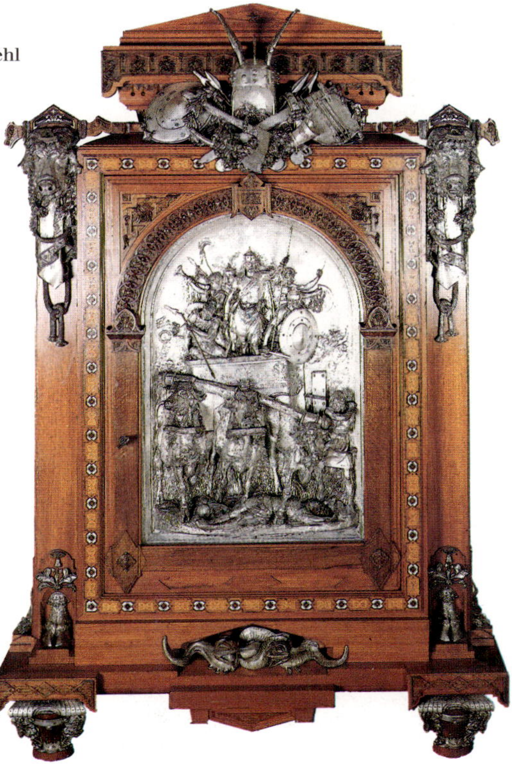

L'Orient, source de rêve et d'évasion, insuffle aussi une vie nouvelle dans les domaines de la verrerie artisanale et de la faïence. Brocard et Deck découvrent dans les formes et les procédés décoratifs de l'Islam de nouvelles possibilités d'expression. Dans le désir de rivaliser avec les anciennes lampes de mosquées syriennes et égyptiennes, Joseph Brocard remet à l'honneur le verre soufflé et émaillé. Plus éclectique, Théodore Deck parvient à imiter parfaitement les émaux brillants des faïences d'Iznik aussi bien que ceux des céramiques de Chine, sans pour autant abandonner le répertoire décoratif du XVIe siècle (*Coupe monumentale*).

Mais c'est le Japon qui va bientôt dominer la scène des arts, et il faut souligner le rôle de l'Exposition universelle de 1867 au sein de laquelle la section consacrée aux arts du Japon fut une véritable révélation pour le public occidental. De cette époque datent les premiers essais d'émaux cloisonnés édités par les maisons Barbedienne et Christofle. Nommé, dès 1865, chef de l'atelier de dessin et de composition de Christofle, Emile Reiber développe au sein de la firme une fabrication originale et nouvelle, essentiellement inspirée du Japon : le bronze polychrome, renouvelant ainsi les décors de la table et du mobilier (*Jardinière,* modèle créé en 1878). L'exemple le plus remarquable de cette introduction du japonisme dans les arts décoratifs est donné par le service de table en faïence fine, de plus de 200 pièces, commandé au peintre-graveur Félix Bracquemond par Eugène Rousseau, artiste et commerçant, auteur lui-même de verreries de semblable inspiration. Bracquemond choisit des motifs tirés d'albums d'estampes japonaises et de livres illustrés, et qui semblent comme jetés au hasard sur le fond blanc de la faïence. Cette mode orientale ne s'étend que lentement au mobilier ; le *cabinet* de Duvinage (vers 1877-1878), avec son décor de marqueterie d'ivoire et bois précieux, cloisonné et rehaussé d'appliques en formes de fleurs et d'insectes ou l'armoire dessinée par Edouard Lièvre, incorporant un portrait de guerrier japonais peint par Edouard Detaille, offrent une très libre transposition d'éléments empruntés à un Orient de fantaisie.

Eugène Rousseau
1827-1890
Vase (Modèle « à larmes »)
Modèle créé vers 1875-1878
Verre teinté, applications, décor gravé, peint, émaillé et doré
25,8 / 23 cm

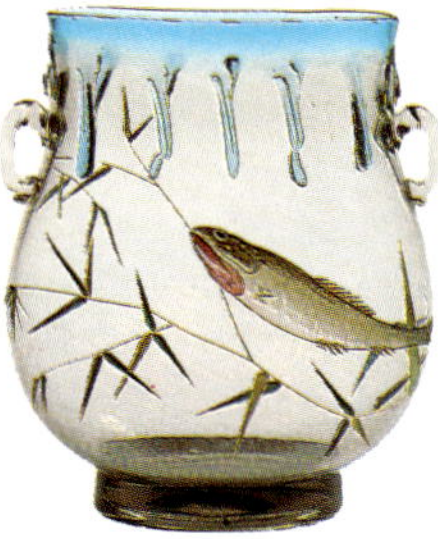

Félix Bracquemond
1833-1914
Eugène Rousseau
1827-1890
Manufacture de Creil et Montereau
Plat à poisson
Modèle créé en 1866, édité de 1866 à 1875
Faïence fine, décor imprimé et peint sous couverte
69,4 / 27 cm

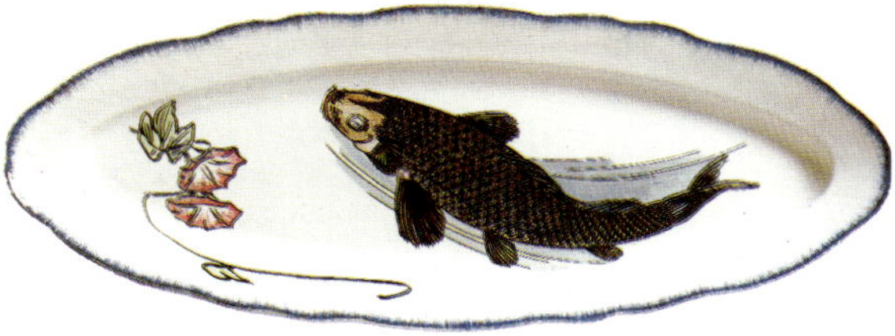

Edouard Lièvre
1829-1886
Edouard Detaille
1848-1912
Maison de l'Escalier de Cristal, éditeur
Meuble à deux corps : armoire sur table d'applique
1877
Palissandre de Rio, ébène des Indes, bronze doré, fer gravé, verre
210 / 110 / 57 cm

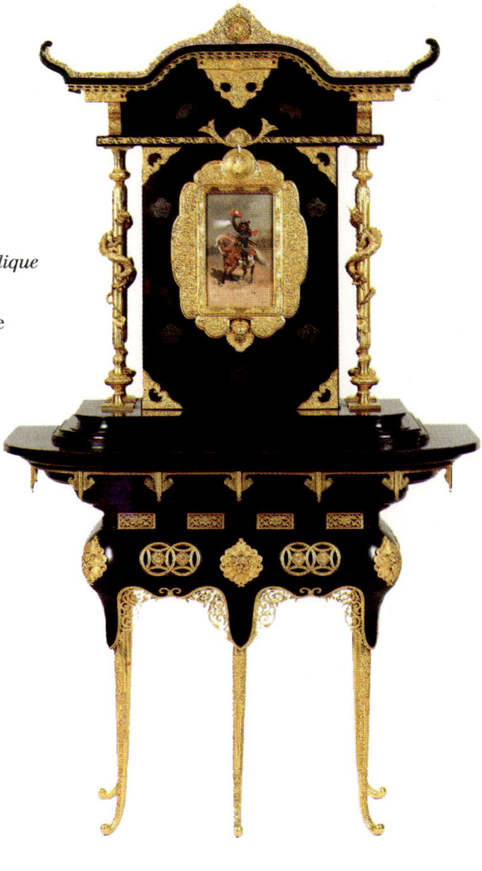

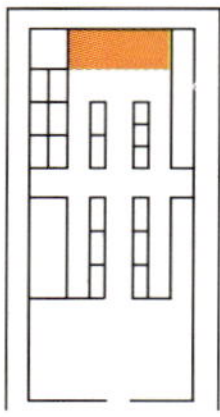

Salle de l'Opéra

Période de fastes et de fêtes, le Second Empire connaît à Paris, sous l'égide du préfet Haussmann, un considérable développement humain. L'un des plus grands chantiers parisiens, puisqu'il dure quinze ans, y voit travailler toute une génération d'artistes et va influencer durablement l'architecture occidentale, est celui de la construction du Nouvel Opéra, décrétée d'utilité publique par Napoléon III en 1860. La salle existante, rue Le Peletier, trop exiguë, avait toujours été considérée comme provisoire mais aucun des projets présentés jusqu'alors pour son remplacement n'avait été retenu. Le concours, lancé en décembre 1860, voit la victoire d'un jeune architecte encore inconnu, Charles Garnier. La première pierre de l'Opéra est posée en 1862, et en 1867 les façades en sont achevées, mais la guerre de 1870 arrête les travaux et l'Opéra est inauguré le 5 janvier 1875.

La salle consacrée à l'Opéra tente de rendre compte de tous les visages de ce monument, et l'on a essayé d'y traiter les problèmes d'urbanisme, d'architecture et de décoration, d'évoquer aussi opéras et spectacles. A cet effet, l'aménagement de l'espace a été confié à Richard Peduzzi.

La maquette au 100e du quartier de l'Opéra arrêtée en l'état de 1914, souligne quelques-uns des problèmes auxquels est confronté Garnier, et principalement la difficulté de l'insertion du Nouvel Opéra dans un ensemble haussmannien. Comment lutter avec les maisons trop hautes qui l'entourent, les espaces trop étroits pour dégager le monument ? Il faut se contenter de façades grises, serrées et régulières, d'avenues rectilignes, alors que l'architecte de l'Opéra ne rêve que jardins, portiques, maisons basses, rues étroites et contournées. Mais Garnier, qui crée le monument type du Second Empire et du Paris d'Haussmann, s'il doit s'accommoder de l'urbanisme, refuse ce qui caractérise l'architecture de cette période ; il privilégie la courbe au détriment de la ligne droite, l'exubérance ornementale contre l'austérité, le pittoresque en place de la régularité, fait résonner une polychromie de marbres et de porphyres verts et roses, luire les bronzes, scintiller le cuivre de la coupole, en opposition à la grisaille sobre des immeubles haussmanniens.

La maquette du quartier de l'Opéra exposée dans la salle a été réalisée par Rémy Munier, assisté d'Eric de Leusse. La maquette de la coupe longitudinale a été réalisée à Rome par l'Atelier sous la direction de Richard Peduzzi.

Délimitée au nord par la rue de Provence, à l'est par la rue de Choiseul, au sud par la rue Saint-Augustin, à l'ouest par la rue Caumartin, cette maquette fait ressortir la complexité des liaisons entre le centre administratif

Vue aérienne
du quartier
de l'Opéra

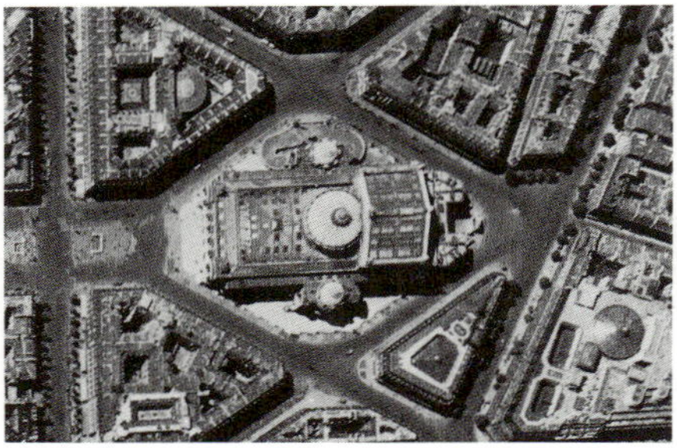

Jean-Baptiste
Carpeaux
1827-1875
Charles Garnier
(1825-1898)
1869
Bronze
76 / 54,5 cm

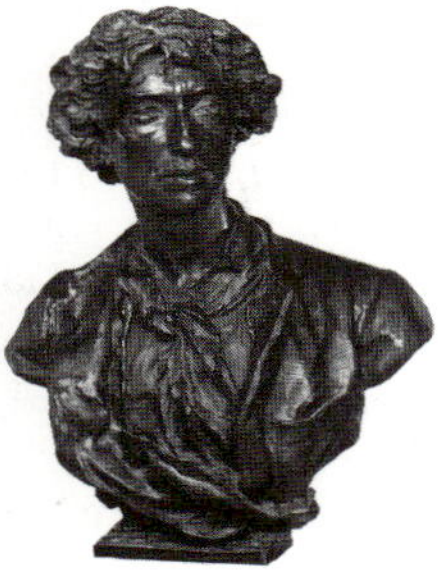

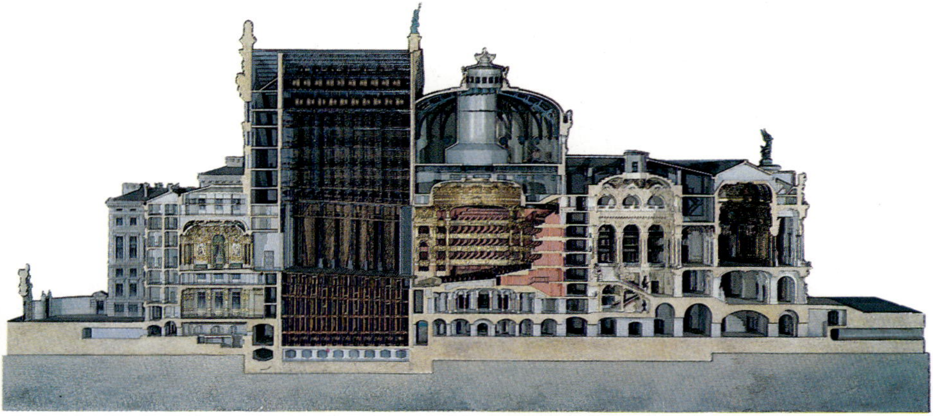

Coupe longitudinale
de l'Opéra
Plâtre

Réalisée par l'Atelier,
Rome, sous la direction
de Richard Peduzzi

(le nouveau Louvre), l'Opéra, les grands magasins, les sièges principaux de banques et la gare Saint-Lazare.

La grande coupe longitudinale de l'Opéra souligne la rigoureuse distribution des services ; Garnier désire que le passant sache tout de suite devant quel bâtiment il se trouve et puisse, sans être architecte, « indiquer le foyer, la salle, la scène, l'administration, dont les formes et le caractère restent loyalement accusés et non plus dissimulés sous le même toit qui recouvre tout ». La maquette fait aussi apparaître l'importance du décor peint et sculpté, dont tous les éléments ont été supervisés par Garnier, et celle de la polychromie de la façade.

Viollet-le-Duc, candidat malheureux au concours de 1860, critique le parti choisi par Garnier : la salle est ici traitée de façon simple et calme, pour ne pas distraire le public de l'écoute musicale, et toute l'attention de Garnier se porte sur l'escalier et le foyer. C'est que les spectateurs sont ici les acteurs, et que l'architecte les a mis en scène : arrivé latéralement par le pavillon qui lui est réservé, l'abonné traverse le vestibule circulaire, pièce basse et peu décorée, puis découvre soudainement toute la hauteur du grand escalier, pénètre enfin dans la salle...

Un grand nombre d'œuvres conservées au musée d'Orsay permettent d'évoquer l'Opéra : esquisses de Carpeaux pour la *Danse*, ainsi que le groupe original en pierre, remplacé par une copie sur la façade principale, maquettes de sculptures et d'éléments décoratifs déposées par l'agence d'architecture de l'Opéra, maquette de la scène réalisée pour l'Exposition universelle de 1900 (déposée par le musée de l'Opéra), et présentation, par roulement, de maquettes de décor provenant du musée de l'Opéra.

Albert-Ernest Carrier-Belleuse 1824-1887 *Torchère* (esquisse pour la rampe du grand escalier) Vers 1872 Plâtre 53,1 / 26,2 cm	Eugène Lequesne 1815-1887 *Renommée retenant Pégase* (esquisse pour le pignon de la salle) 1866-1867 Plâtre 62,8 / 44 cm	Jean-Baptiste Carpeaux 1827-1875 *La danse* (modèle original haut-relief) 1867-1868 Plâtre 232 / 148 cm
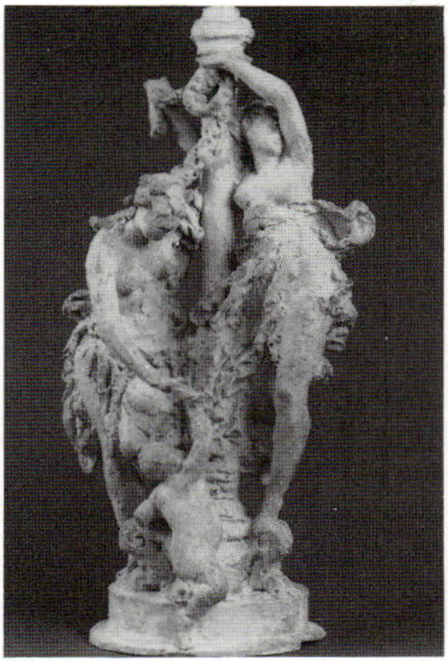	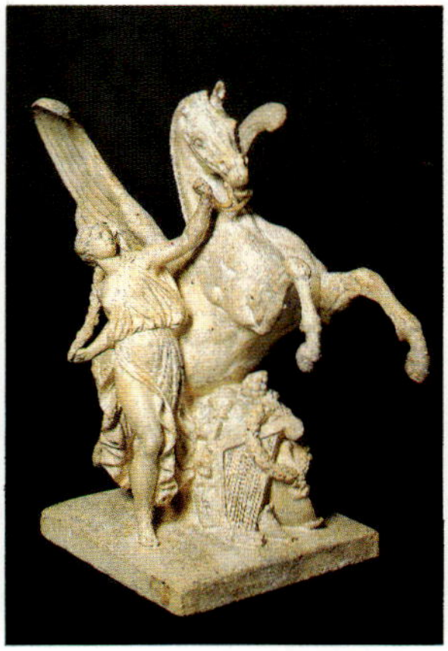	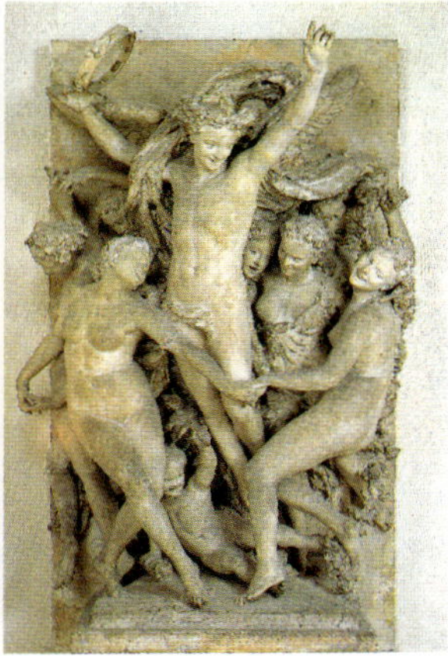

Maquette de la scène de l'Opéra réalisée pour l'Exposition universelle de 1900 à Paris

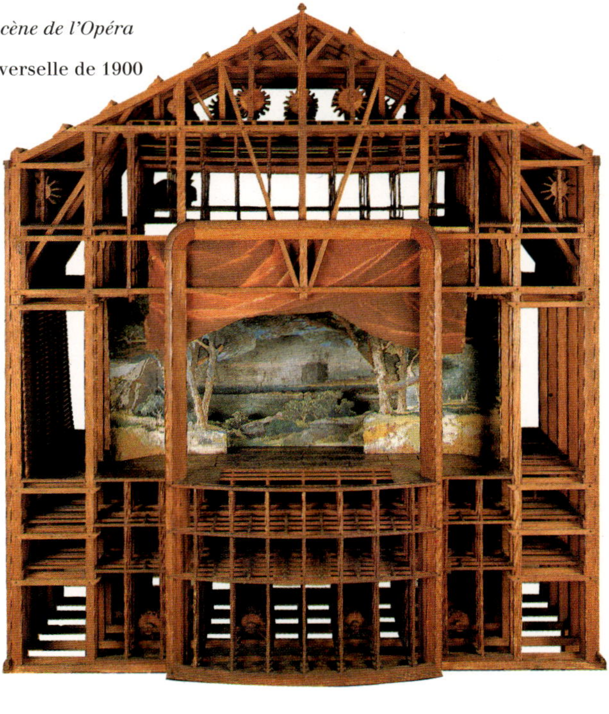

L'architecture de la seconde moitié du XIXe siècle bénéficie d'un espace particulier, l'un des pavillons à horloge de l'ancienne gare d'Orsay. La verticalité du pavillon amont, l'ampleur du lieu, le respect de la structure métallique, totalement dégagée, et autour de laquelle s'ordonnent les plateaux d'exposition, en font un lieu privilégié pour la présentation de l'architecture, en rapport avec les arts décoratifs ou la sculpture, dont on a déjà pu saisir dans la salle de l'Opéra, les liens étroits. Il était tout à fait impossible de rendre compte de tous les problèmes d'architecture et d'urbanisme en France et à l'étranger. Evoquer les grandes transformations menées par Napoléon III et le préfet Haussmann, qui ont donné à Paris son visage de capitale moderne — et nous vivons toujours sur les acquis haussmanniens —, se révélait difficile... Comment présenter le remodelage de la ville, avec l'annexion des communes suburbaines et la création du Paris des vingt arrondissements en 1860, les trois réseaux de voies nouvelles qui vont désenclaver les quartiers et les lier entre eux ; comment figurer le développement des nouveaux quartiers, l'aménagement des parcs, les travaux de voirie et d'hygiène ? La maquette du quartier de l'Opéra a permis d'aborder certains des problèmes liés à l'haussmannisation : disposition des rues, typologie des immeubles, traitement des façades, tandis que la mezzanine est réservée à une explication des transformations de la capitale. Le grand tableau de Victor Navlet, lui, présente un Paris encore campagnard en 1855, saisi d'un ballon captif depuis le sud, avant les transformations d'Haussmann, et montre bien ce qu'étaient alors les actuels XIIIe, XIVe, Ve et VIe arrondissements. En dehors du centre, une série de communes indépendantes s'étend, et au-delà des barrières d'octroi de Ledoux, Paris est encore constellé d'arbres et de chemins creux ; des maisons champêtres cernent des constructions isolées comme la Salpêtrière, quelques usines vers Javel, les premiers embarcadères, font leur apparition.

Charles Garnier
1825-1898
Jean-Charles-Auguste
Coulon
1804-1861
Maison à loyer,
2e classe,
détails de la façade

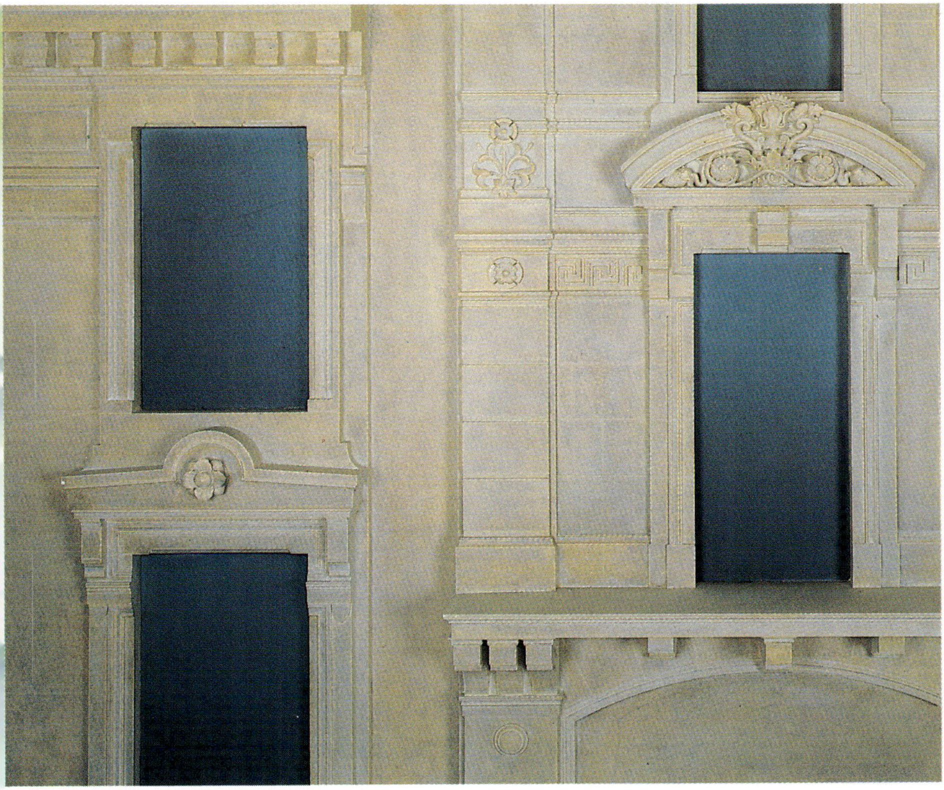

Pour suggérer la fièvre architecturale du Second Empire, et surtout les solutions personnelles apportées par les architectes à la décoration d'immeubles dont toutes les données sont strictement réglementées (on a pu parler, à propos de l'immeuble haussmannien, d'une « architecture de géomètre et d'arpenteur »), on a choisi « d'arracher » des morceaux de l'architecture du dehors, celle que l'on peut voir au cours de promenades à Paris ou dans toute grande ville de province. Les motifs ont été sélectionnés dans les nombreuses publications qui avaient été, alors, consacrées aux constructions récentes. Plans, élévations, coupes, détails ont diffusé des modèles que l'on a cherché à confronter sous forme de reliefs polychromes dressés sur une tour, inventée par Richard Peduzzi, retraçant l'histoire de l'architecture et de l'ornement décoratif de cette époque.

En dehors de la variété du vocabulaire décoratif — cariatides, trumeaux, chaînes, pilastres vont venir décorer et animer l'architecture — les reliefs permettent d'évoquer les écoles ; rationaliste comme Henri Labrouste (1801-1875) (Bibliothèque Sainte-Geneviève, 1843-1856) ou Anatole de Baudot (1834-1915) (Lycée Lakanal), classique avec le Palais de justice, 1868, de Duc (1802-1879) ou la maison pompéienne (1856-1858) construite pour le prince Napoléon par Alfred Normand (1822-1909).

Diversité des nouveaux programmes, usage des nouveaux matériaux, briques, céramiques ou mosaïques, sont illustrés sur la tour : écoles ou lycées (Aillant-sur-Tholon ou Sceaux) ; hôpitaux (Berck-sur-Mer) ; marchés (Halles centrales ou marché des Martyrs de Paris) ; gares (projet de Formigé) ; église (Nœux-les-Mines ; cathédrale de Marseille), usines (usine Menier à Noisiel ; cheminées d'usines). La brique connaît son plus grand succès à l'Exposition universelle de 1889 (Palais des Beaux-Arts par Formigé) et va venir se mêler à la pierre.

Louis Clémentin
Bruyerre
1831-1887
Décor d'un vestibule

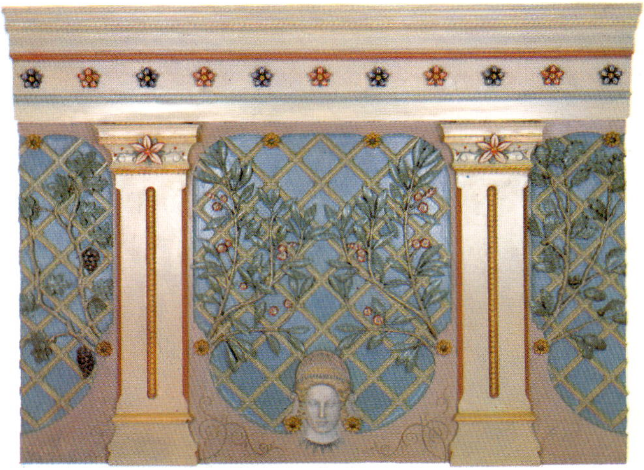

Victor Marie Charles
Ruprich-Robert
1820-1887
Hôtel privé,
2ᵉ classe,
décoration d'un
trumeau
entre deux fenêtres

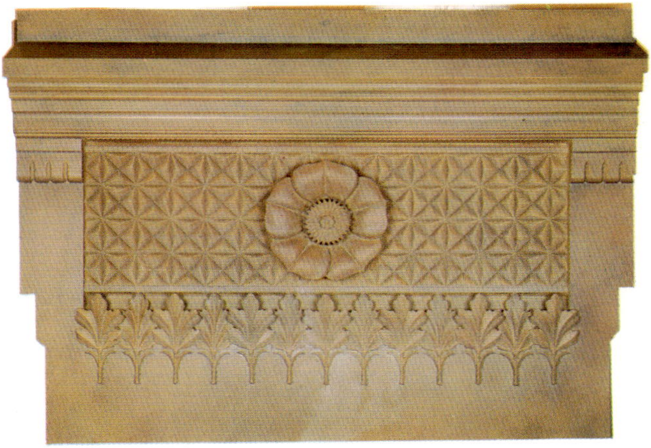

Jules Amoudru
Maison à loyer,
2ᵉ classe,
détails de la façade

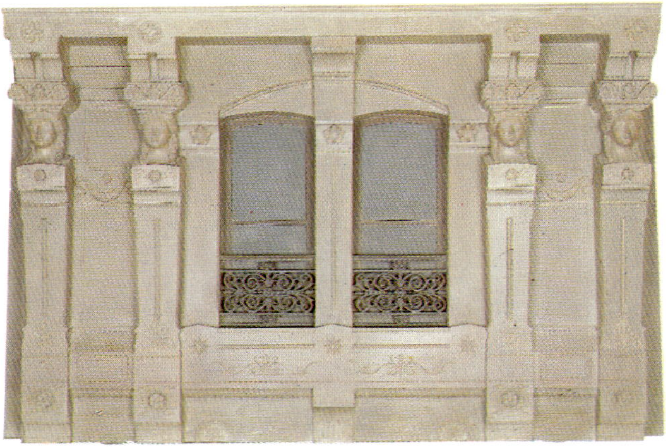

Le nom de Viollet-le-Duc n'évoque, pour beaucoup, que l'œuvre du restaurateur, et l'on continue souvent, et à tort, sans connaissance de ses œuvres, à l'accuser d'avoir défiguré les bâtiments anciens, alors que sa première démarche consistait à en comprendre la construction et l'équilibre, l'originalité, et l'intérêt historique.
Il n'est que de penser à la magistrale restauration, presque une création, du château de Pierrefonds, pour saisir non seulement la parfaite connaissance qu'a Viollet-le-Duc de l'architecture médiévale, mais aussi sa formidable imagination formelle ! L'architecte a construit également, et modestement, des églises de campagne, des manoirs et des maisons, des immeubles, en lesquels il adapte de façon parfaite décor et fonction. D'ailleurs Viollet-le-Duc s'est opposé avec violence à l'Ecole des Beaux-Arts et à l'architecture des grands prix de Rome, qui ne semble pas faite pour être habitée, reste prétexte à des variations d'école. S'il démontre avec force que le style gothique est celui qui convient aux bâtiments du XIXe siècle, il n'y recherche pas l'anecdote ou le pittoresque non plus qu'un sentimentalisme parfois lié à l'étude du passé, mais son étude tend à poser les fondements d'une architecture raisonnée, pensée ; c'est cette quête d'une modernité rationaliste qu'exprime l'un de ses livres les plus étonnants : *Entretiens sur l'architecture*, 1863. Cet ouvrage, qui affirme le désir d'une architecture en laquelle forme et fond sont solidaires, le refus d'un décor superflu, le respect des matériaux et de leurs possibilités, est considéré comme l'un des livres fondateurs de l'architecture moderne, et les tenants de l'Art Nouveau, Guimard comme Sullivan, viendront y puiser.

Viollet-le-Duc participe, puis dépasse et enrichit les réflexions développées par Labrouste et Hittorff sur la polychromie architecturale ; il va élaborer toute une théorie sur le décor peint, qui prend naissance à partir de 1840, lorsqu'il restaure, avec Duban et Lassus, le décor de la Sainte-Chapelle. Pour lui, la couleur n'est pas seulement une mise en valeur des structures, des formes, mais elle peut, de même que la lumière, modeler l'espace. Le décor des chapelles du chœur de Notre-Dame (vers 1866-1867) reste, malgré son bien mauvais état, ce qui illustre le mieux la réflexion de Viollet-le-Duc sur la polychromie monumentale ; et l'on propose ici de retrouver grâce aux planches du livre consacré par Viollet-le-Duc aux *Peintures murales des chapelles de Notre-Dame de Paris*, transposées en des reliefs peints, l'éclat neuf des

Peintures murales
des chapelles de Notre-Dame
Chapelle Saint-Vincent-de-Paul,
pilier de l'autel

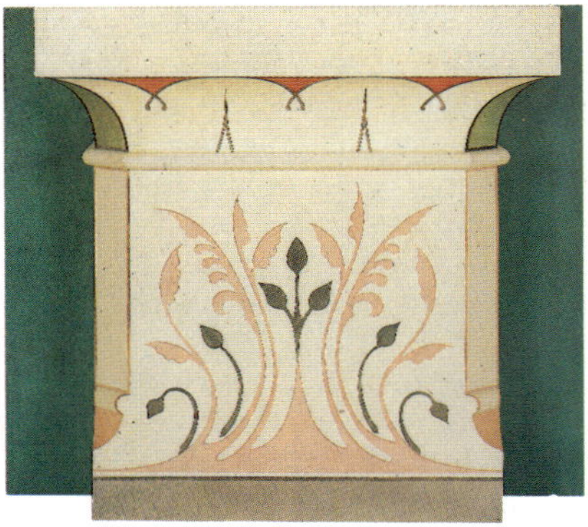

Peintures murales
des chapelles de Notre-Dame
Chapelle Saint-Germain

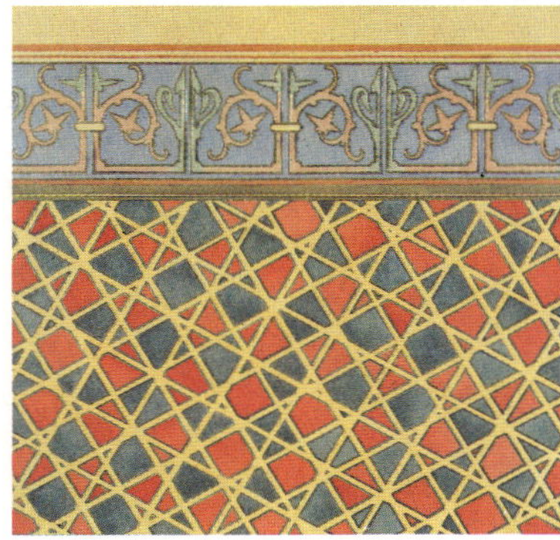

Peintures murales
des chapelles de Notre-Dame
Chapelle Saint-Guillaume

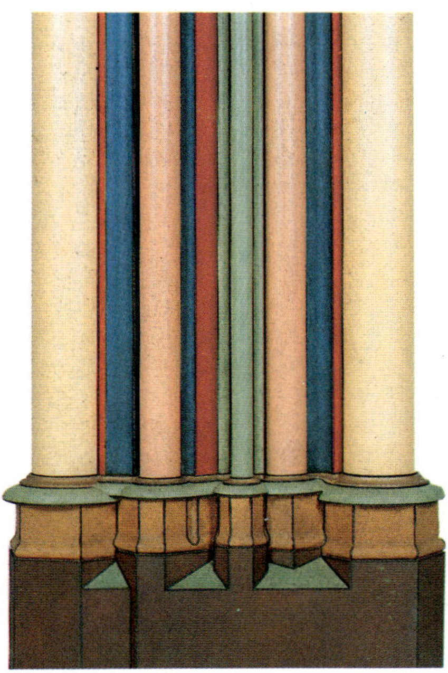

Peintures murales
des chapelles de Notre-Dame
Chapelle Sainte-Geneviève

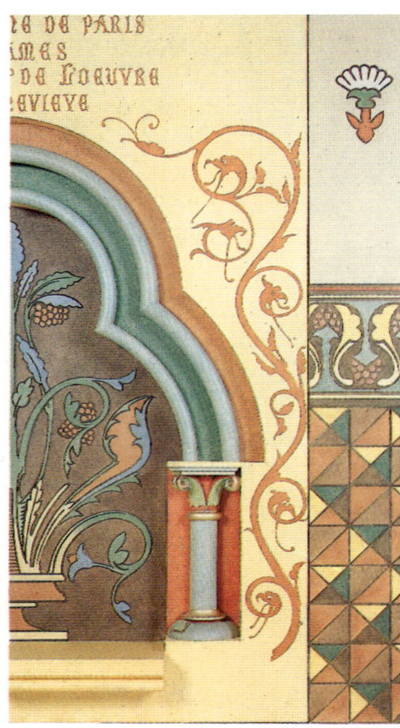

couleurs choisies par l'architecte. Celui-ci recherche un accord coloré fondé sur l'harmonique des couleurs, au moyen de teintes mates, posées en aplats, redessinées par des filets noirs pour éviter que les tons ne se pénètrent ; les surfaces colorées sont rompues par des motifs très variés, fleurettes, rinceaux, rubans ou chevrons... Cette ornementation colorée met en valeur les formes architecturales, tels piliers, colonnettes, niches, etc.

De Viollet-le-Duc et William Morris à l'Art Nouveau, l'une des grandes préoccupations de la seconde moitié du XIXe siècle consiste à penser globalement l'architecture, c'est-à-dire à considérer architecture et aménagement intérieur comme indissolublement liés, à porter la même attention au plan, à l'élévation, aux revêtements muraux, aux moindres détails du mobilier. D'ailleurs, Viollet-le-Duc ne considère-t-il pas que le grand art est l'art décoratif ? L'architecte développe ses théories, non seulement dans les *Entretiens*, mais aussi dans ses nombreux ouvrages didactiques destinés à la jeunesse. Publié chez Hetzel en 1873, *Histoire d'une maison* met en scène un jeune garçon de seize ans qui, aidé des conseils d'un cousin architecte, peut dessiner les plans et diriger presque dans ses moindres détails, la construction d'une maison. L'architecte propose des modèles de toiles peintes qui sont bon marché, « solides à l'œil », avec les tons « chauds et veloutés de tapisseries » ; « c'est qu'en effet le gros grain de la toile reproduit assez le point de la tapisserie et que la détrempe prend les tons mats de la laine. » Viollet-le-Duc renoue ici avec une technique médiévale, dont il vante le procédé et l'originalité : « On est assuré de ne pas voir sa tenture chez tout le monde. »

Les reliefs de plâtre présentés dans le pavillon amont ont été réalisés à Rome par Enzo Bellardelli ; peintures des reliefs et toiles peintes exécutées dans les ateliers de Nanterre-Amandiers, sous la direction de Richard Peduzzi.

Dans la lignée de Viollet-le-Duc, ne s'arrêtant pas non plus à la copie stérile des exemples du passé, Ruprich-Robert élabore un vocabulaire ornemental directement inspiré de la nature, proposant de multiples compositions, frises, panneaux, chapiteaux ou rosaces florales destinés à orner maisons et immeubles. Architectes, peintres, sculpteurs, ornemanistes, artistes industriels puisent dans la *Flore Ornementale*, dont les exemples s'inscrivent sur les façades des maisons comme dans les œuvres de Grasset ou Mucha.

Toile peinte pour
Histoire d'une maison
Tenture de la salle de billard

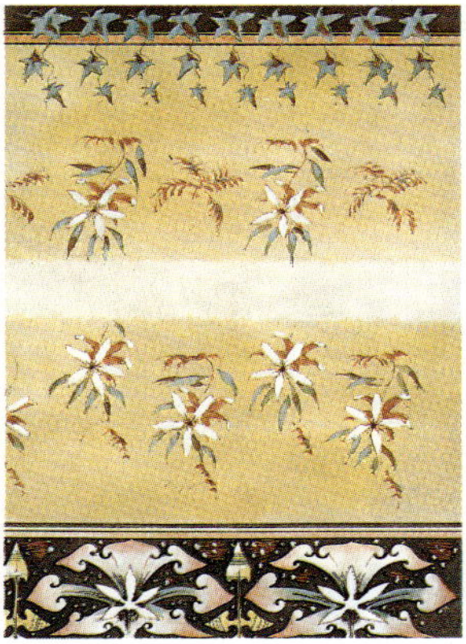

Toile peinte pour
Histoire d'une maison
Tenture du salon

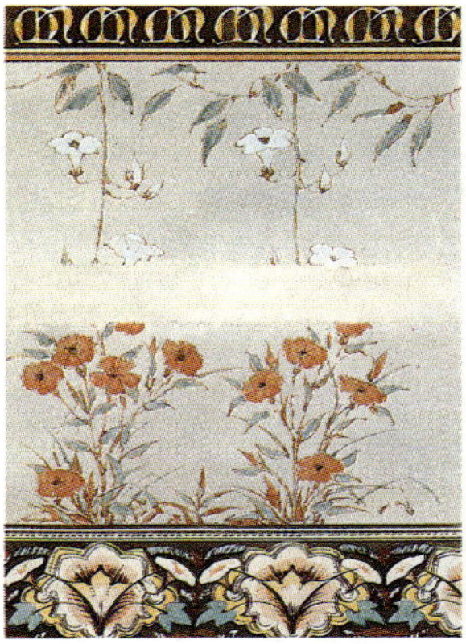

Toile peinte pour
Histoire d'une maison
Tenture de la salle à manger

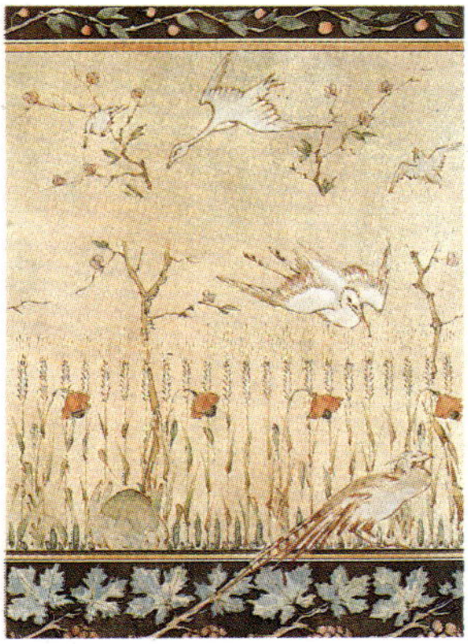

Victor-Marie-Charles
Ruprich-Robert
1820-1887
Rosace florale,
fleurs de pomme
de terre
et de tulipier
de Virginie
Plâtre
∅ 53 cm

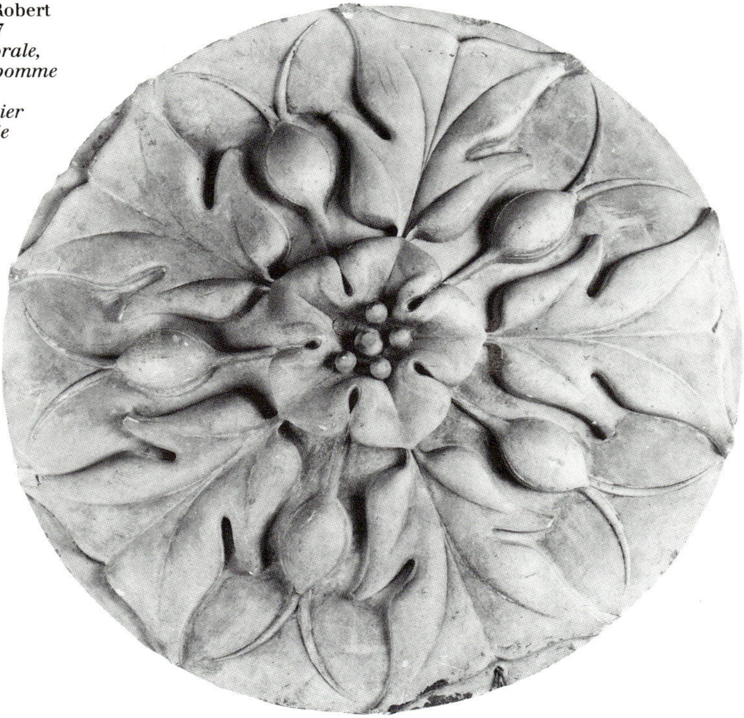

Pugin, Morris, Webb, Mackmurdo, Jeckyll, Godwin, Sullivan

En Grande-Bretagne, l'industrialisation, qui a fait son apparition dès la seconde moitié du XVIIIe siècle, conduit à une réaction contre les effets déshumanisants du travail à la chaîne. Réaction théorique, menée par John Ruskin, qui récuse le travail industriel et rêve d'un Moyen Age retrouvé ; réaction conciliante, pragmatique, d'Henry Cole, organisateur de la première Exposition universelle, à Londres, en 1851, instigateur de réformes tendant à une alliance entre art et industrie.

Le véritable initiateur de ce mouvement est l'architecte A.W. Pugin, qui conçoit une architecture qui serait le résultat d'une union étroite entre l'art, l'artisanat et la technique. Promoteur du retour au gothique, il se dirige peu à peu vers un art rationnel, dans une démarche similaire à celle de Viollet-le-Duc. Pugin dessine un mobilier aux formes simples, très construit, laissant apparaître le mode d'assemblage par tenons, mortaises et chevilles. Le rôle des architectes est primordial dans l'esthétique du mouvement *Arts and Crafts* : Pugin, Webb, Burges, Mackmurdo, Godwin, Gimson, Voysey, tous sont à la recherche d'un art total, considèrent que ce qui est nécessaire à la vie quotidienne doit être beau, et qu'il faut s'attacher à tout examiner avec une même attention : papiers peints, textiles imprimés ou tissés, meubles peints ou en bois naturel, céramiques (faïences et grès plutôt que la porcelaine), ustensiles pratiques en cuivre, verre...

William Morris qui crée, en 1861, la firme Morris and C°, est le seul qui soit parvenu à concilier la revalorisation du travail artisanal et la diffusion industrielle. D'abord peintre, très lié aux préraphaélites comme Rossetti et Burne-Jones (qui collabore à certaines de ses réalisations), Morris travaille en parfaite entente avec l'architecte Philip Webb ; ce dernier a construit pour Morris, qui l'a entièrement aménagée, la Maison Rouge, en 1859. Le *Buffet* conçu par Webb et Morris révèle leur attrait pour les meubles d'inspiration médiévale, de forme assez lourde, en bois massif et au riche décor polychrome. Morris crée, pour le comte de Carlisle, une décoration intérieure, pour laquelle Burne-Jones peint une frise consacrée à l'histoire de Psyché qui s'incrivait dans un décor floral naturaliste. Ce sont ces mêmes motifs de plantes et de fleurs, multipliés dans l'impression de tissus et de papiers peints qui restent la part la mieux connue de son œuvre. William Morris les transpose, grâce à l'art de William de Morgan, en brillants panneaux de faïence émaillée, destinés au décor mural de Membland Hall, vers 1876-1877.

Christopher Dresser
(1834-1904)
firme Hukin and Heath,
Birmingham

Soupière
Modèle déposé en 1880
Métal argenté et ébène
21 / 31 cm ∅ 23,5 cm

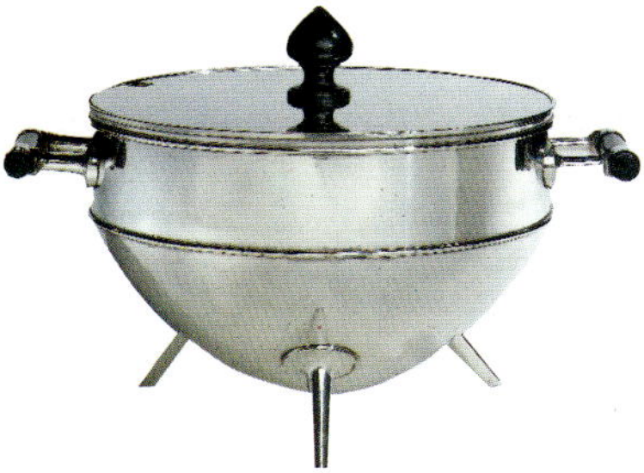

William de Morgan
1839-1917

Plat aux aigles
Vers 1880-1885
Faïence,
lustre de cuivre
∅ 41 cm

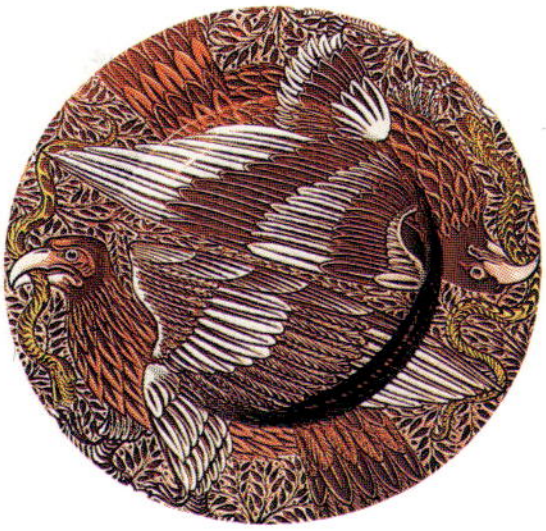

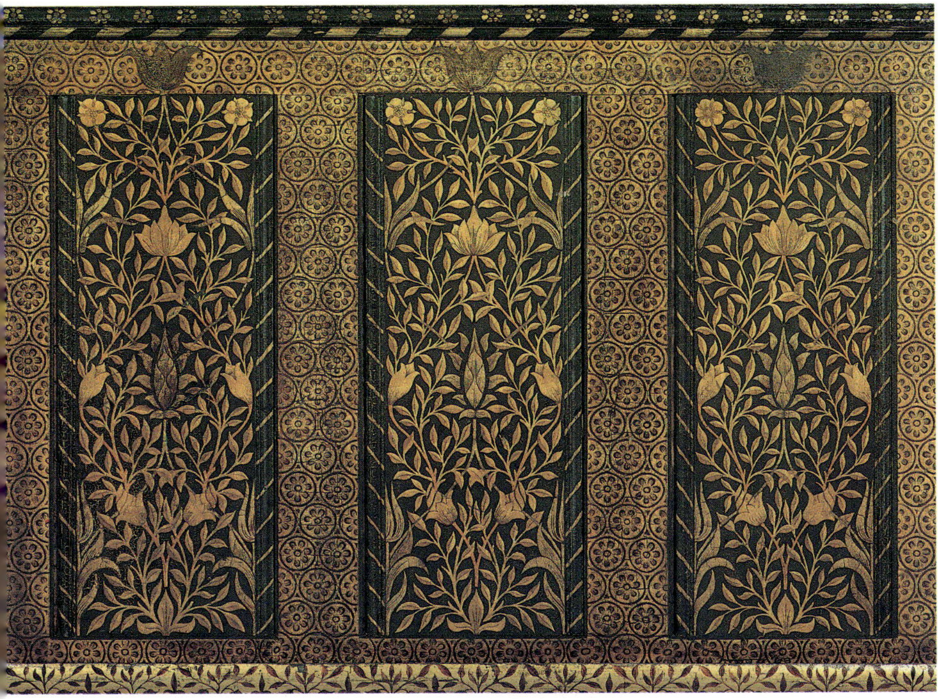

Morris and C°
d'après William Morris
(1834-1896)

Boiserie peinte
(détail)
Vers 1880

La principale contradiction du mouvement *Arts and Crafts* réside en le désir de vouloir introduire la beauté en tous objets, mais en favorisant surtout la renaissance d'un artisanat coûteux, destiné seulement à une riche clientèle. A la suite de l'exemple de Morris, de nombreux artistes se groupent en guildes artisanales, souvent éphémères, car non rentables puisqu'elles refusent les techniques industrielles. A.H. Mackmurdo, l'une des personnalités les plus originales du mouvement, se groupe avec William de Morgan, Selwyn Image, Voysey, fondant, en 1882, la *Century Guild.*

C'est en 1886, lors de l'Exposition internationale de Liverpool, que la *Century Guild* se fait remarquer ; Mackmurdo y présente un modèle de chaise à haut dossier et corniche, ainsi qu'un cabinet, qui témoigne d'une influence japonisante par sa forme épurée, mettant en évidence la structure rectiligne du meuble. La peinture des deux vantaux est sans doute l'œuvre de Selwyn Image. William de Morgan retrouve les procédés de l'Islam, et surtout de la Perse, dans ses faïences flamboyantes, au lustre métallique. Voysey, pendant près de cinquante ans, dessine modèles de papiers peints et de textiles, alliant avec finesse stylisation et formes naturelles dans ses tentures de laine (*Tenture*, 1896).

A l'inverse, Jeckyll, Godwin et Dresser se mettent au service de l'industrie ; la découverte de l'art décoratif japonais leur permet d'introduire des formes légères, anguleuses, dépouillées (*Etagère à suspendre* de Godwin). Dresser séjourne longuement au Japon ; les modèles d'argenterie présentés ici, d'un modernisme étonnant, révèlent l'évolution de l'artiste vers un art rigoureux, jouant de la pureté des formes.

Aux Etats-Unis, l'architecte Louis Henry Sullivan est le pionnier de l'architecture américaine du XXe siècle, le maître de Frank Lloyd Wright, avec lequel il collaborera. La décoration de la Trading Room du Stock Exchange de Chicago (1894) est l'exemple le plus accompli de décoration intérieure de la première école de Chicago ; Sullivan y exprime sa conception d'un décor organique, faisant partie intégrante de la structure.

Edward Welby Pugin
1834-1875
Chaise
Chêne, bronze, velours
86 / 51 / 53 cm

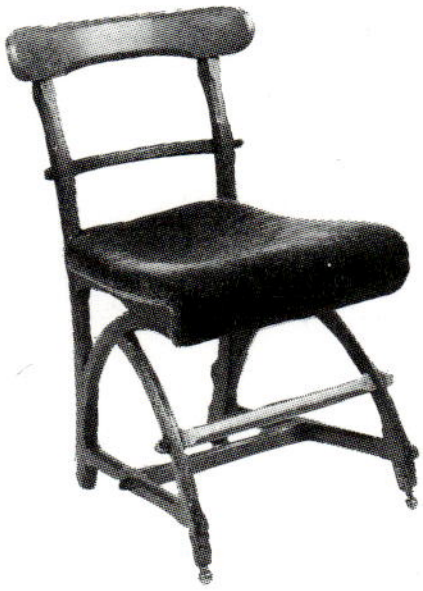

Arthur Heygate Mackmurdo
1851-1942
Chaise
Vers 1886
Acajou, laine et soie
127 / 46,5 / 59 cm

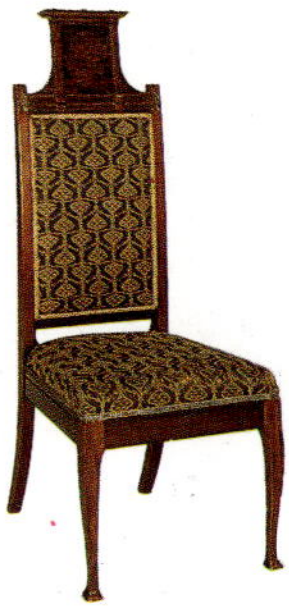

Edward William Godwin
1833-1886
Etagère-vitrine à suspendre
Vers 1877
Acajou, verre
132 / 69,5 / 23,5 cm

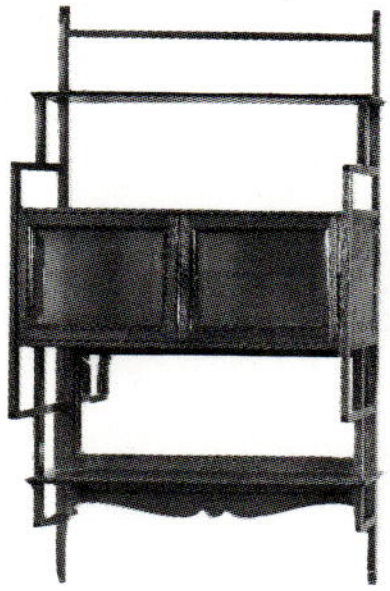

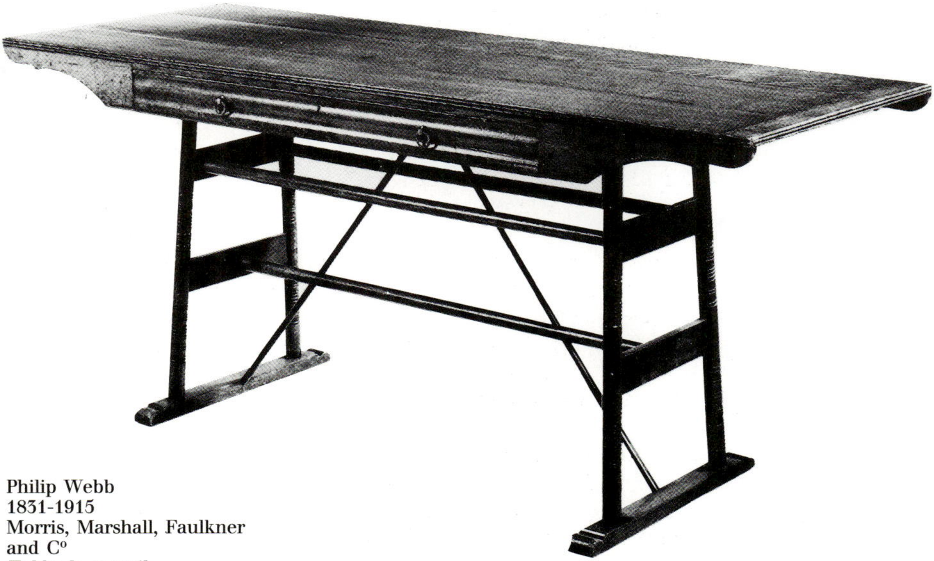

Philip Webb
1831-1915
Morris, Marshall, Faulkner
and Cº
Table de travail
Vers 1860-1868
Chêne, laiton
73 / 167 / 61 cm

Niveau supérieur deuxième partie de la visite

Collection Moreau-Nélaton

Daumier, Fantin-Latour, Manet, Monet, Pissarro, Sisley

Etienne Moreau-Nélaton (1859-1927), peintre, fut aussi l'un des grands historiens d'art de son temps et un mécène incomparable. Aux meilleurs tableaux hérités de son grand-père, Adolphe Moreau (1800-1859), il ajoute des œuvres capitales des années 1830, et constitue la partie impressionniste de la collection. Dès 1906, il offre au Louvre ce qui forme, pour la qualité, la plus belle donation d'œuvres du XIXe siècle faite au musée : 100 toiles parmi lesquelles 37 Corot, 11 Delacroix, des œuvres de Decamps, Géricault, Daumier (*La République*), Puvis de Chavannes (*Le rêve*), Manet, Monet, Morisot, Sisley et Pissarro, Fantin-Latour (*Hommage à Delacroix*), auxquels s'ajouteront des œuvres de Maurice Denis, Helleu, Besnard, Maillol, et une magnifique collection de dessins et d'aquarelles (environ 3 000 feuilles et 100 carnets de croquis) ainsi que de nombreux autographes (dont 600 de Millet) ; enfin, il laisse également à la Bibliothèque nationale un fonds considérable de gravures et de documents se rapportant aux artistes qu'il avait étudiés. Les tableaux de E. Moreau-Nélaton sont présentés dans leur ensemble au musée d'Orsay, tandis qu'au Louvre un groupe de salles est réservé à l'exposition des toiles de « l'école de 1830 » (Corot, Delacroix, etc.).

C'est vers quarante ans que Daumier commence sa carrière de peintre : *La République* (*La République nourrit ses enfants et les instruit*), est choisi parmi les cinq cents envois au concours organisé par le gouvernement provisoire républicain, désireux de célébrer sa victoire et la chute de Louis-Philippe. Mais le projet resta sans suite et sans vainqueur. Le tableau frappe par sa monumentalité et sa puissance d'expression, par ses tons chauds : roux et bruns, vert un peu translucide, et par la décision et l'ampleur de la touche ; la composition s'inspire des allégories de la Charité, à travers une iconographie léguée par l'Antiquité et la Renaissance.

Fantin-Latour évoque dans sa première grande composition, *Hommage à Delacroix*, les portraits collectifs de la Hollande du XVIIe siècle, par le groupement et la tonalité tout en roux, noirs et blancs amortis. Destiné à rendre à Delacroix, mort en 1863, l'hommage qu'il n'avait pas reçu, ce tableau met en scène l'artiste lui-même, Whistler et sa chevelure bouclée, Manet blond et lumineux, et le visage ravagé de Baudelaire. Les critiques ne virent dans ce tableau qu'un manifeste de peintres réalistes, une collection de

Claude Monet
1840-1926

Les coquelicots
1873
Huile sur toile
50 / 65 cm

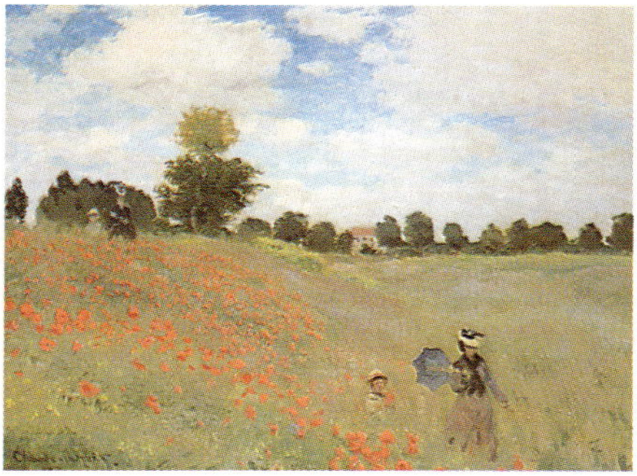

Edouard Manet
1832-1883

La blonde aux seins nus
Vers 1878
Huile sur toile
62,5 / 52 cm

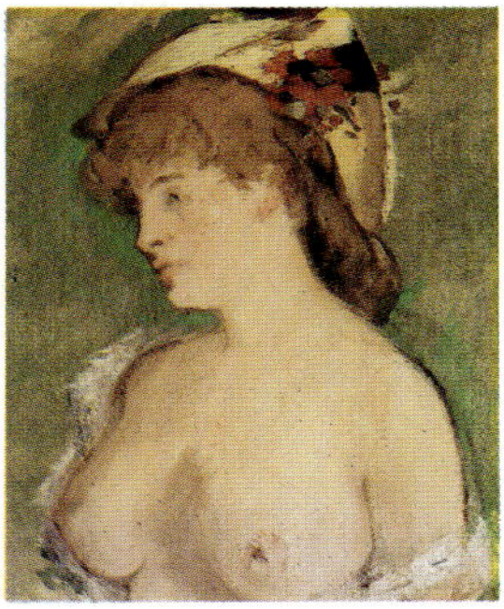

II

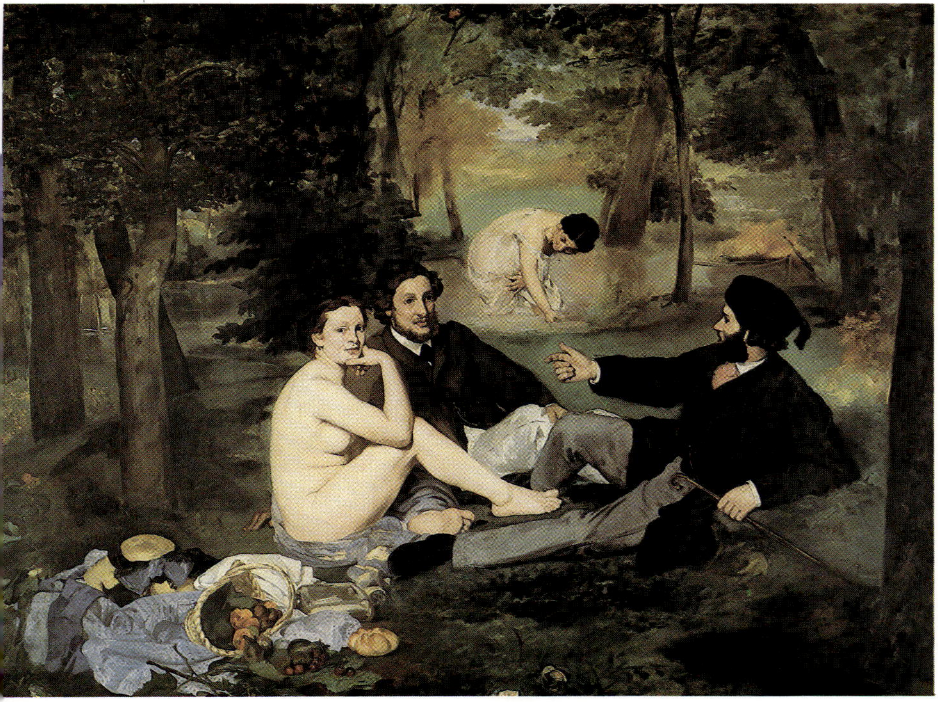

Edouard Manet
1832-1883

Le déjeuner sur l'herbe
(appelé en 1863
Le bain)

1863
Huile sur toile
208 / 264,5 cm

portraits ressemblants ; ils attendaient de l'héroïsme, une apothéose, et n'y trouvèrent que le reflet de la vie contemporaine, et l'on reprocha au groupe son manque d'unité, son coloris brutal, son aspect statique, photographique.

Le déjeuner sur l'herbe est sans doute le chef-d'œuvre « historique » de la collection. Lorsqu'il présente cette toile au Salon de 1863, Manet est déjà considéré par les artistes et certains critiques comme le chef d'un groupe à la recherche d'une nouvelle peinture, tandis que d'autres lui reprochent, justement, sa technique libre et rapide, sa « manie de voir par taches » et ses sujets inspirés de la vie moderne. Pourtant nourri de références à l'art ancien (*Le concert champêtre* du Titien, musée du Louvre, ainsi qu'une gravure d'après Raphaël), *Le déjeuner* est refusé par le jury qui se montre, cette année-là, si injuste, que Napoléon III décide l'ouverture d'un salon annexe, le fameux « Salon des Refusés ». Peint dans une lumière claire et de façon fluide et rapide, *La blonde aux seins nus* révèle les liens plus étroits de Manet avec les impressionnistes après la guerre de 1870.

Monet, après avoir voyagé à Londres et en Hollande (*Zaandam*, 1871), s'installe à Argenteuil, restituant la vision floue et confondue de lilas en fleurs (*Lilas, temps gris*, 1872), à la recherche des fluctuations subtiles et fugaces de l'atmosphère et de l'eau (*Chasse-Marée à l'ancre*, vers 1871). *Les coquelicots*, devenu l'un des tableaux les plus célèbres de la peinture impressionniste, évoque à l'aide de taches colorées, l'atmosphère vibrante d'une journée d'été ; tandis que *Le pont du chemin de fer à Argenteuil*, vers 1873, rendu à l'aide d'une touche rapide et fragmentée, contraste avec la vision sensible, encore proche de Corot, que donne Sisley à la même époque (*Passerelle d'Argenteuil*, 1872).

Honoré Daumier
1808-1879

La République
Esquisse pour le
concours de 1848
Huile sur toile
73 / 60 cm

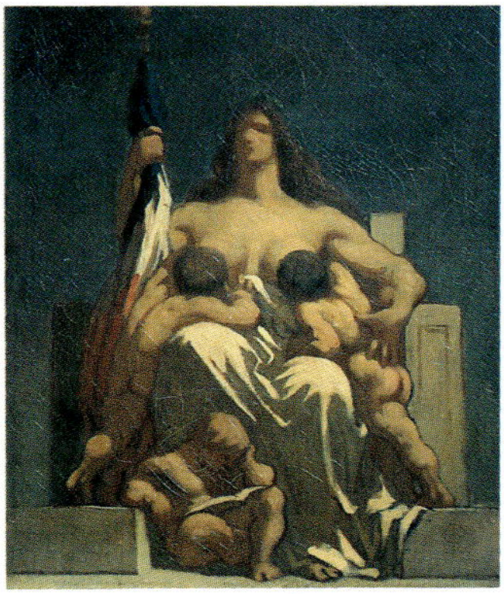

II

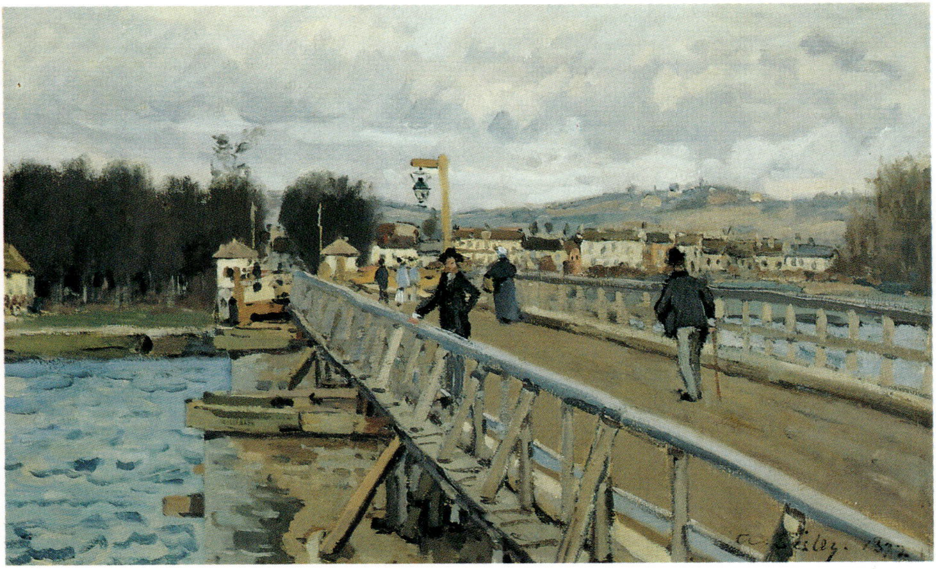

Alfred Sisley
1839-1899

Passerelle d'Argenteuil
1872
Huile sur toile
39 / 60 cm

Whistler, Caillebotte, Morisot, Degas, Manet, après 1870

Très lié avec Fantin-Latour et le courant réaliste uni autour de Courbet, James Mac Neil Whistler, américain qui partage sa vie entre Londres et la France, n'est admis qu'avec réticence dans les milieux officiels des deux pays. Son goût pour l'art japonais le conduit à jouer de la simplification des lignes et des accords raffinés de teintes neutres, dans ses célèbres vues de la Tamise comme dans ses portraits. *Arrangement en gris et noir n° 1* ou *La mère de l'artiste*, entré dans les collections nationales grâce à l'action du poète Mallarmé et du critique Théodore Duret, est une de ses œuvres les plus célèbres et les plus universellement admirées. Les lignes dépouillées, les formes simples et les coloris limités sont les moyens picturaux de Whistler qui écrivait au sujet de ce tableau : « Pour moi, il est intéressant parce qu'il est le portrait de ma mère ; mais le public peut-il ou doit-il se soucier de l'identité du modèle ? Le tableau doit valoir par les seuls mérites de son arrangement. »

C'est aussi en réaliste que débute Gustave Caillebotte, collectionneur et mécène, avec des scènes de la vie contemporaine (*Les raboteurs de parquet*) ou des vues de Paris.

Berthe Morisot, belle-sœur et élève de Manet, participe à la plupart des expositions impressionnistes ; elle se consacre à la peinture de plein air, mais continue à peindre des portraits et des intérieurs. *Le berceau*, présenté en 1874 lors de la première exposition impressionniste témoigne d'harmonie et de subtilité dans le coloris, frais et lumineux.

« Aucun art n'est aussi peu spontané que le mien. Ce que je fais est le résultat de la réflexion et de l'étude des grands maîtres » ; le génie de Degas est certainement de donner, par une recherche exigeante et un art construit, le sentiment de traduire, le plus souvent, une réalité immédiate, l'instantané. Reprenant sans cesse ses compositions, attaché à la ligne et au dessin qui définissent la forme, toujours insatisfait, en quête de perfection, Degas reste un artiste indépendant, refusant de se consacrer seulement au plein air ou à la traduction obsédante des changements de lumière, qui sont les thèmes des impressionnistes avec lesquels il expose cependant et fait cause commune au nom de la liberté de la peinture.

Berthe Morisot
1841-1895
Le berceau
1872
Huile sur toile
56 / 46 cm

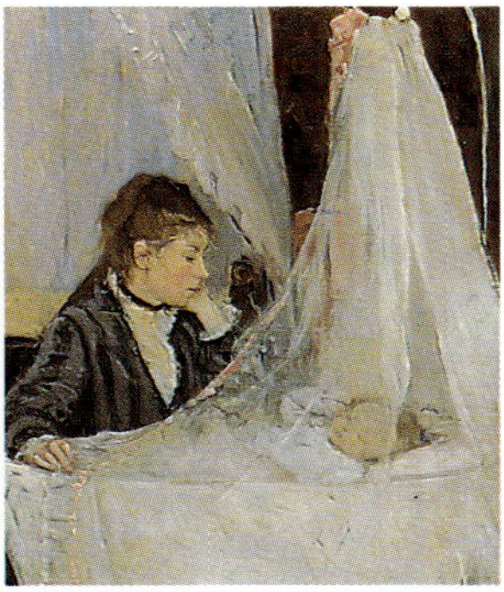

James Mac Neil
Whistler
1834-1903

Arrangement en gris
et noir n° 1
ou *La mère de l'artiste*
1871
Huile sur toile
144,3 / 162,5 cm

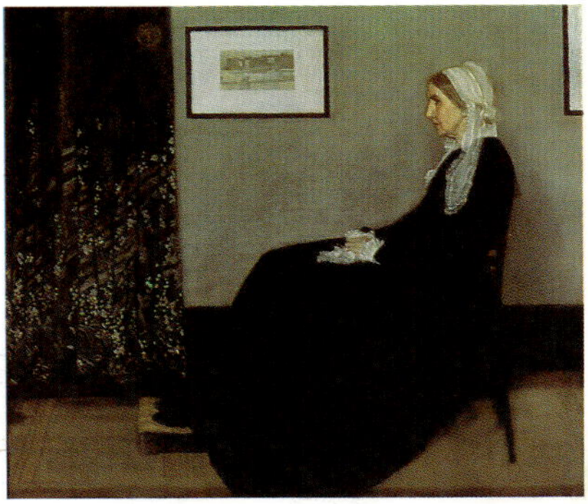

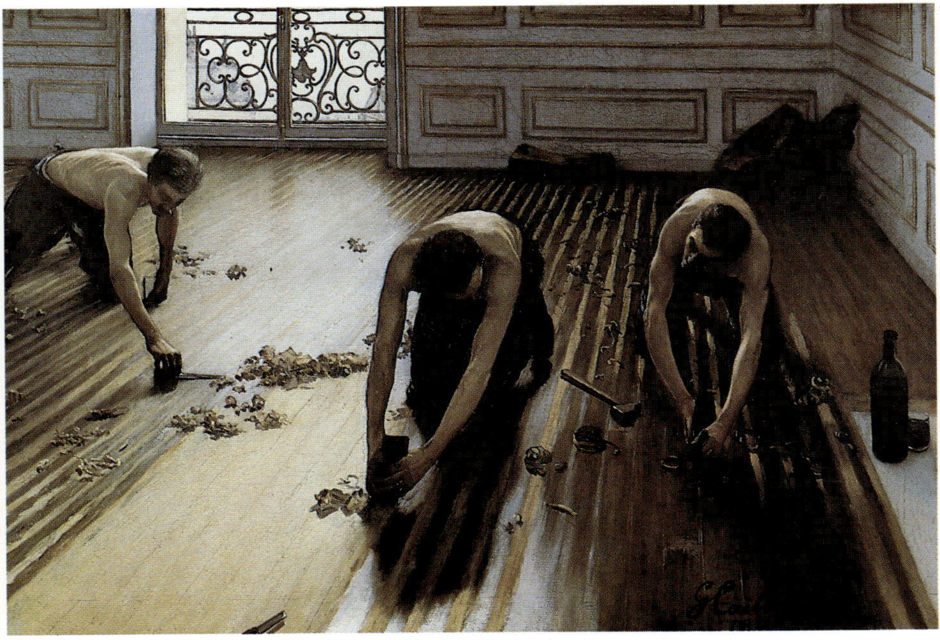

Gustave Caillebotte
1848-1894

Les raboteurs
de parquet
1875
Huile sur toile
102 / 146,5 cm

« Il vous faut une vie naturelle, à moi la vie factice », explique-t-il à Pissarro ; attiré par la « modernité » baudelairienne et par les sujets inédits, Degas se tourne vers le monde animé des champs de course ou l'univers clos de l'Opéra, tous deux prétexte à une fine étude du mouvement, à des cadrages asymétriques et originaux. Comme Manet, qu'il rencontre au Louvre, Degas s'intéresse aux cafés ; *L'absinthe*, au-delà de son thème naturaliste, révélateur d'un aspect de la vie populaire exploité en littérature par Zola (*L'assommoir*), témoigne des inventions de Degas dans la traduction de l'espace, qu'il suggère plutôt qu'il ne construit, à l'aide d'une mise en page décentrée, d'une perspective mouvante qui est celle des tables du premier plan.

Saisi en surplomb (*Répétition d'un ballet sur la scène*, 1874), en perspective accélérée, fuyante (*La classe de danse*, 1873-1875/1876), ou dans un espace animé et diversifié par un jeu de portes et de miroirs (*Foyer de la danse à l'Opéra*, 1872), l'univers de la danse permet à Degas de jouer d'une palette colorée parfois acidulée, d'observer avec lucidité et ironie l'envers du décor, les danseuses au repos, fatiguées, s'étirant, se grattant le dos, en des poses sans grâce. Après 1880, la recherche des couleurs prend de plus en plus d'importance dans ses toiles et ses pastels ; la couleur modèle peu à peu la forme, complétant le rôle du dessin, de la ligne qu'elle tend à remplacer. C'est le cas des *Danseuses bleues*, dont le cadrage audacieux, l'atmosphère scintillante de l'éclairage artificiel exprimée par des touches de bleu, vert, jaune ou rose, les couleurs intenses, révèlent la fièvre et l'excitation d'un monde magique.

Les champs de courses sont aussi des lieux privilégiés, permettant de rendre l'éblouissement coloré des tenues des jockeys, la robe des chevaux et leur pelage humide, luisant, le mouvement saisi à la limite du déséquilibre. Degas reste également le portraitiste attentif de la bourgeoisie qu'il observe dans ses occupations (*Portraits à la Bourse*) ou dans son intérieur (*Mme Jeantaud au miroir*, vers 1874), comme des

Edouard Manet
1832-1883
Georges Clemenceau
(1841-1929)
Homme politique
1879
Huile sur toile
94,5 / 74 cm

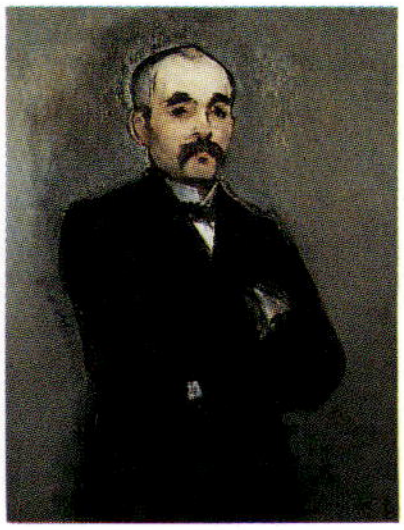

Edgar Degas
1834-1917
Le champ de courses. Jockeys amateurs près d'une voiture
1876-1887
Huile sur toile
66 / 81 cm

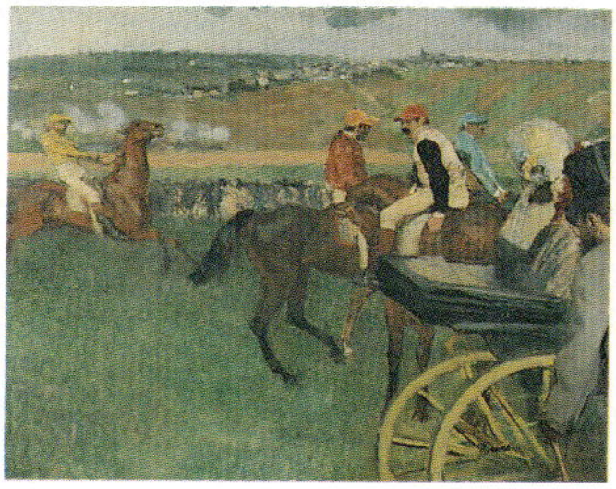

Edgar Degas
1834-1917
Portraits à la Bourse
Vers 1878-1879
Huile sur toile
100 / 82 cm

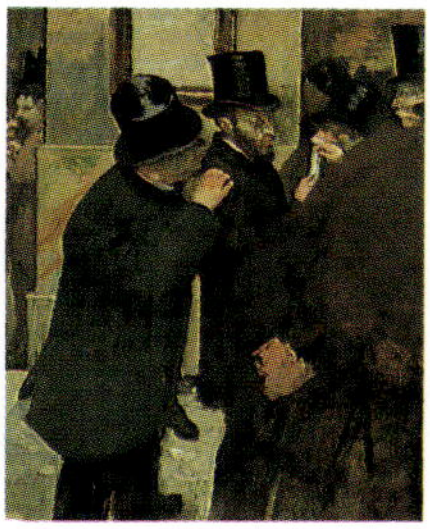

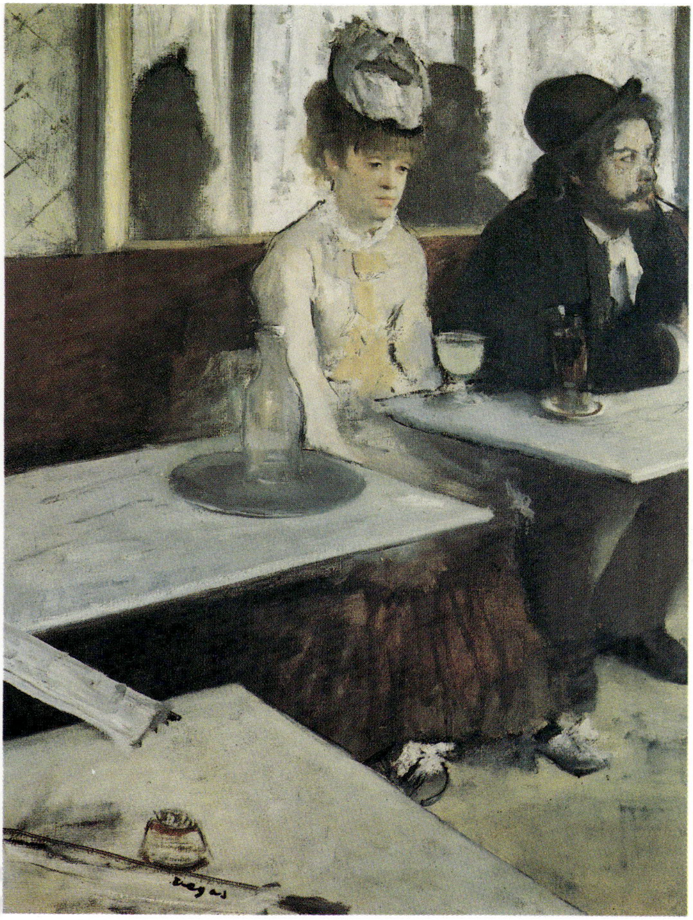

Edgar Degas
1834-1917
Dans un café,
dit aussi *L'absinthe*
1815-1816
Huile sur toile
92 / 68 cm

ateliers d'ouvrières, modistes ou repasseuses. *Les repasseuses*, vers 1884-1886, reprend un thème traité auparavant par Daumier, traduit par un dessin synthétique, par le jeu qu'entretient Degas avec la toile elle-même, y créant des réserves (c'est-à-dire des zones non couvertes par la peinture), par des tons enveloppés qui suggèrent une atmosphère grise et humide.

Depuis 1881, Degas pratique la sculpture, mais pour lui-même dit-il : « C'est pour ma seule satisfaction que j'ai modelé en cire bêtes et gens, non pour me délasser de la peinture ou du dessin, mais pour donner à mes peintures, à mes dessins, plus d'expression, plus d'ardeur et plus de vie... Ce sont des exercices pour me mettre en train, du document, sans plus. » A la mort de Degas, furent trouvées dans son atelier 150 sculptures environ, en cire ou en terre dont 73 furent sauvées ; confiées au sculpteur Bartholomé, ami intime de Degas, elles furent restaurées puis fondues en bronze en 1920-1921. Degas se livre à une étude méticuleuse du mouvement dans sa série des *Chevaux*, aidé par les photographies de la décomposition du mouvement réalisées par Muybridge, tandis qu'il traite *Danseuses* et *Femmes à leur toilette* d'une façon libre et spontanée ; la *Petite danseuse de quatorze ans*, coiffée de vrais cheveux, revêtue d'un tutu et de chaussons de danseuse, est présentée au public lors de l'exposition impressionniste de 1881, où elle n'attire guère que l'attention de Karl-Joris Huysmans, frappé par sa « terrible réalité » et qui y voit « la seule tentative vraiment moderne que je connaisse dans la sculpture ».

Manet, après 1870, se rapproche de Monet et de Renoir, travaillant avec eux à Argenteuil, en plein air ; sa palette en conserve ensuite une luminosité nouvelle, comme en témoigne *Sur la plage*. Peint durant l'été 1873 à Berck-sur-Mer, sans doute sur le vif, ce tableau fait apparaître clairement le tempérament original de Manet qui, sur un thème souvent traité par Boudin ou Monet, produit une œuvre qui n'est teintée d'aucun pittoresque. A la présence lointaine et

Edgar Degas
1834-1917
Danseuse, grande arabesque, premier temps
Bronze
49 / 38,5 cm

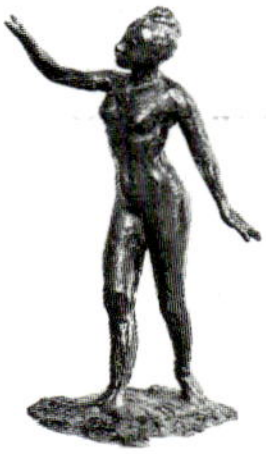

Edgar Degas
1834-1917
Femme surprise
Bronze
41 / 28 cm

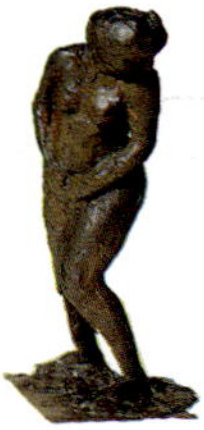

Edgar Degas
1834-1917
Cheval faisant une descente de main
Bronze
18,6 / 9,5 cm

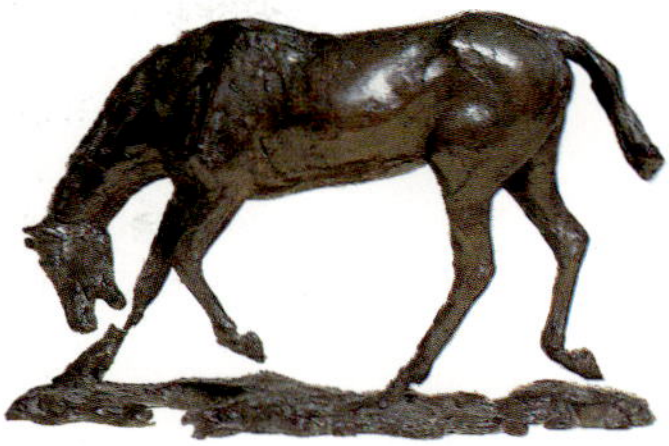

II

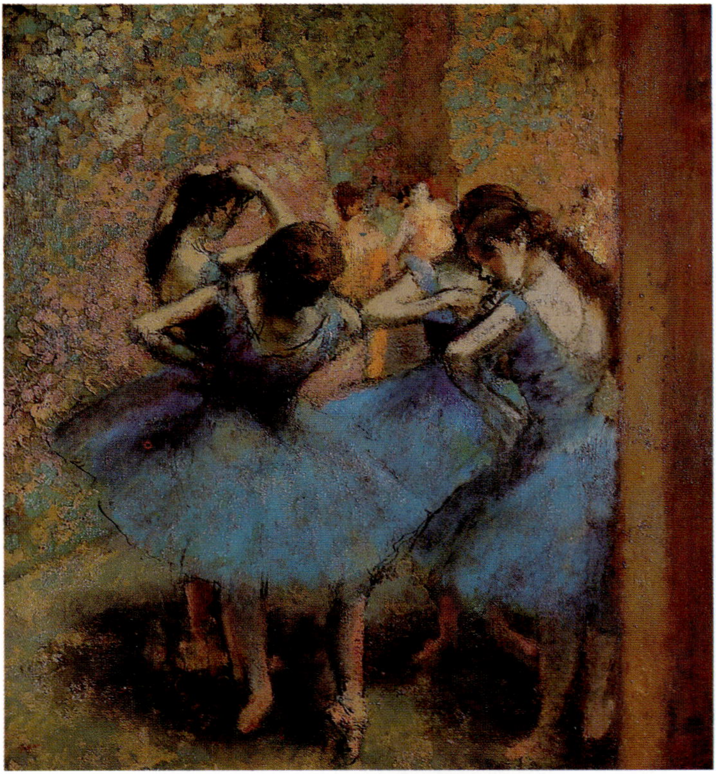

Edgar Degas
1834-1917
Danseuses bleues
Vers 1893
Huile sur toile
85 / 75,5 cm

ombrageuse d'une mer bleu outremer et vert émeraude, répond la gravité des deux silhouettes du premier plan, traitées dans une harmonie classique de gris et de noir. C'est aussi une vision teintée de japonisme avec sa ligne d'horizon très haute, soulignée de bleu sombre, et ses coloris posés en aplat. C'est de nouveau la mer qui attire Manet dans *L'évasion de Rochefort*, 1880, mais toute la place est laissée à la « plaine marine », d'un vert vif, traitée à l'aide d'une touche emportée. *La dame aux éventails*, 1873-1874, fait référence à un Japon d'antiquaire, exotique, et met en scène Nina de Callias, personnalité généreuse et fantasque, qui tenait alors un salon artistique et littéraire des plus prisés, fréquenté entre autres par Verlaine, Leconte de Lisle, et où se lient d'amitié Manet et Mallarmé qui, pendant dix ans, se voient presque quotidiennement. Le portrait de *Stéphane Mallarmé*, 1876, restitue, en une vision familière, le climat intellectuel raffiné, le charme et l'élégance qui unissaient les deux hommes.

Ami indéfectible des impressionnistes, Georges Clemenceau est peint avec puissance par Manet qui rend, à l'aide d'une touche rapide, concise et d'une composition réduite à l'essentiel, l'énergie, la détermination, l'humour incisif de l'homme politique.

Dans les années 1880, de plus en plus, Manet exécute de petites natures mortes qui sont souvent des envois amicaux (*L'asperge*, 1880) ou de simples abandons à la joie de peintre (*Le citron*, 1880 ; *Œillets et clématites dans un vase de cristal*, vers 1882).

Edouard Manet
1832-1883

Sur la plage
1873
Huile sur toile
59,6 / 73,2 cm

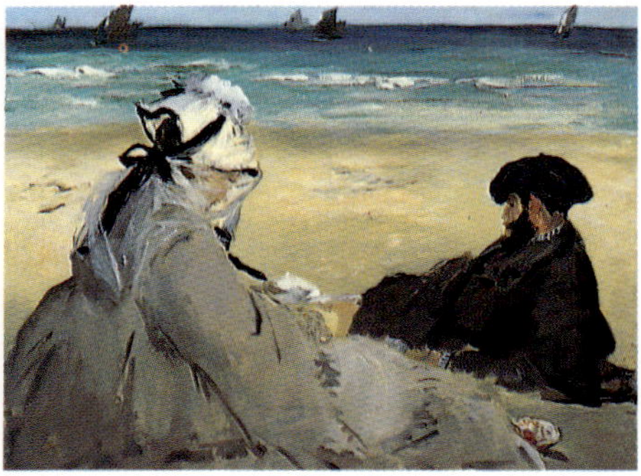

Edgar Degas
1834-1917

Petite danseuse de quatorze ans ou *Grande danseuse habillée*
1879-1881
Bronze patiné, jupe de coton, ruban de satin
98 / 35,2 / 24,5 cm

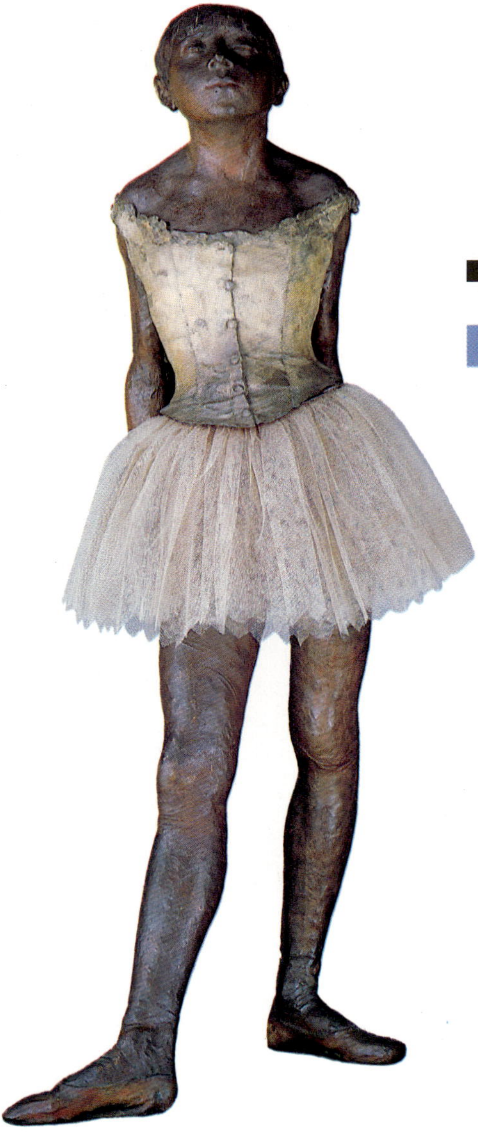

II

La guerre de 1870 disperse la plupart des artistes ; Bazille y trouve la mort, Renoir est mobilisé, Degas et Manet sont à Paris, Cézanne se retire à l'Estaque, Monet et Pissarro s'en vont à Londres où ils découvrent les paysagistes anglais et leur désir de traduire l'éphémère, ainsi que la touche rapide et fébrile de Turner. C'est aussi l'époque de leur rencontre avec le grand marchand et amateur Paul Durand-Ruel qui avait soutenu Courbet puis Manet et va devenir le défenseur de ces peintres contestés, confrontés à la misère, et qui ne vont survivre durant ces années difficiles que grâce à l'action d'un petit cercle d'amateurs et de critiques.

Lassés de se voir toujours refusés par le jury des salons officiels, ces artistes décident de former un groupe dans le but de présenter des expositions libres, sans jury ni récompense. La première manifestation a lieu en 1874 et compte 165 toiles de trente participants parmi lesquels Cézanne, Monet, Degas, Sisley, Berthe Morisot, Pissarro, Renoir, Boudin. L'une des œuvres de Monet, *Impression, soleil levant*, suggère à un critique malveillant l'épithète « impressionniste » qui est restée attachée au groupe. Ces expositions ont encore lieu en 1876, 1877, 1879, 1880, 1881, 1882 et 1886 malgré défections ou querelles ; seul Manet refuse toujours d'y participer. Elles s'enrichissent de personnalités nouvelles ; Gustave Caillebotte, qui y prend part en 1876, devient rapidement l'un des mécènes du groupe. Il léguera sa collection, composée d'œuvres de ses amis impressionnistes, à l'Etat en 1894. Elle comprend, entre autres, *Le bal du Moulin de la Galette, La balançoire* et *La liseuse* de Renoir, huit Monet dont *La gare Saint-Lazare, Régates à Argenteuil* ; sept Pissarro dont *Les toits rouges*, des œuvres de Manet, Sisley, Cézanne (*L'Estaque*) et Degas. En 1879, lors de la troisième exposition impressionniste, apparaissent Mary Cassat, Américaine, amie de Degas, Albert Lebourg, et surtout Gauguin, très lié à Pissarro. Enfin, en 1886, l'arrivée de Seurat et Signac annonce une nouvelle aventure picturale.

Monet, qui fait bientôt figure de chef du groupe impressionniste, s'installe à Argenteuil de 1872 à 1878 et tous, même Manet, viennent l'y rejoindre ; Renoir, Sisley, Caillebotte et Monet peignent ensemble, stimulés par leurs recherches créatrices, et chacun y épanouit son propre style. Monet

Claude Monet
1840-1926
La rue Montorgueil
Fête du 30 juin 1878
1878
Huile sur toile
81 / 50 cm

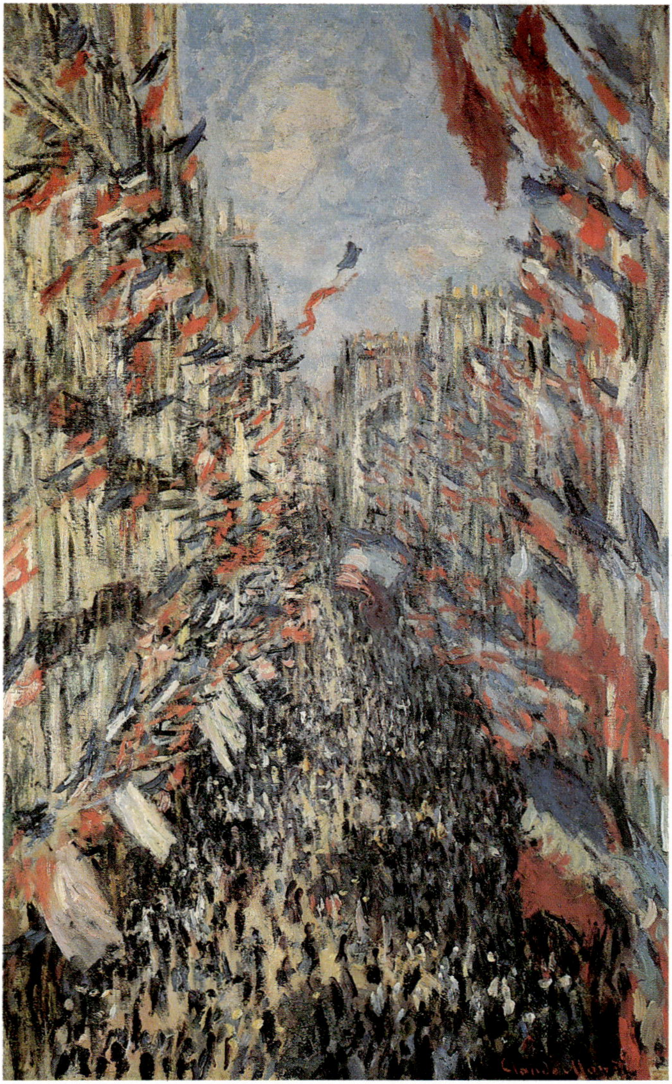

délaisse les grands formats et les compositions à figures et s'abandonne tout entier à la vie du ciel et de l'eau, aux vibrations mouvantes de l'atmosphère, aux reflets nuancés et aux effets fugaces produits par la lumière. La Seine et les voiliers sont le principal sujet de cette période et Monet, comme l'avait fait avant lui Daubigny, travaille le plus souvent dans un bateau aménagé en atelier. *Régates à Argenteuil*, tableau laissé volontairement à l'état d'esquisse, présente une image double de la réalité et de son reflet, tandis que la touche fragmentée intensifie l'éclat des rapports de couleurs, vert et rouge, vert et bleu, blanc et bleu, et rend sensible le miroitement lumineux de l'eau. *Le bassin d'Argenteuil*, 1872, tableau vif et animé, donne toute la place au ciel et aux fluctuations des nuages, tandis que *Les barques. Régates à Argenteuil*, vers 1874, montre un ciel orageux et tourmenté, un fleuve agité et gris. Renoir a peint aussi *La Seine à Argenteuil*, vers 1873.

Le déjeuner, peint par Monet vers 1873, l'un des rares grands formats de cette époque, transmet le charme d'une scène quotidienne, d'un repas familier et finissant avec le petit Jean Monet occupé à jouer et le chapeau accroché à une branche d'arbre ; le thème intimiste et la composition ne sont pas sans annoncer la peinture de Bonnard et de Vuillard. Attiré par les paysages urbains, Monet consacre sept toiles à *La gare Saint-Lazare*, aux machines noyées, perdues dans les tourbillons de fumées blanches et bleues ; six vues sont présentées lors de la troisième exposition impressionniste et Zola leur réserve un article louangeur : « Monet a exposé cette année des intérieurs de gare superbes. On y entend le grondement des trains qui s'engouffrent, on y voit des débordements de fumée qui roulent sous les vastes hangars. Là est aujourd'hui la peinture... Nos artistes doivent trouver la poésie des gares comme leurs pères ont trouvé celle des forêts et des fleuves. » *La rue Montorgueil*, 1878, démontre la maîtrise, la liberté éblouissante et joyeuse de Monet qui suggère tout à l'aide de la couleur et d'une touche rapide : le mouvement des drapeaux, la foule, la rumeur, la confusion.

C'est dans l'étude de la figure humaine que Renoir cherche à appliquer les principes de l'impressionnisme ; dans son atelier de Montmartre, il peint quelques-unes de ses toiles les plus célèbres, ainsi *Le bal du Moulin de la Galette*, *La balançoire* ou le *Torse de femme au soleil*. Ce dernier tableau s'attire de violentes critiques et l'on parle d'« un amas de chair en décomposition » ; Renoir s'y attache à rendre les reflets du soleil passant à travers les feuillages. Les ombres sont diversement colorées, du rose pâle jusqu'au violacé ; le visage, comme dissous par la lumière, renforce la déshumanisation

Camille Pissarro
1830-1903

Les toits rouges
1877
Huile sur toile
54,5 / 65,6 cm

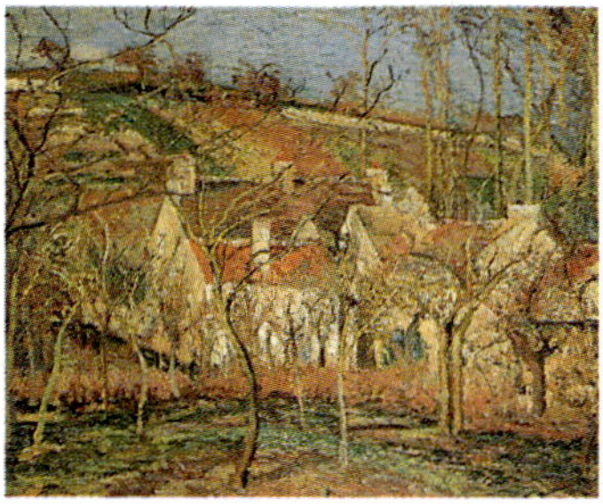

Claude Monet
1840-1926

Régates à Argenteuil
Vers 1872
Huile sur toile
48 / 75 cm

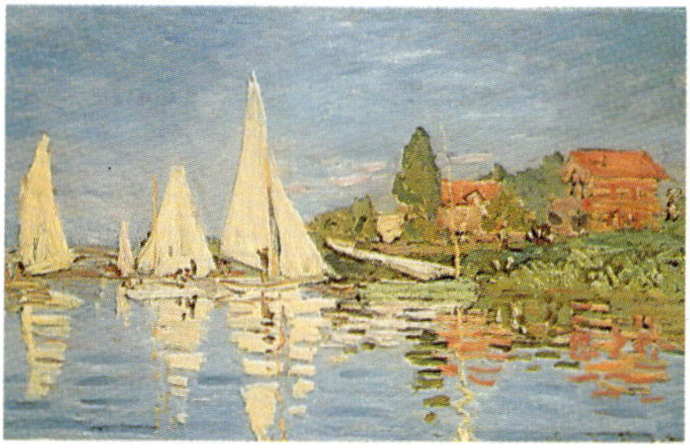

II

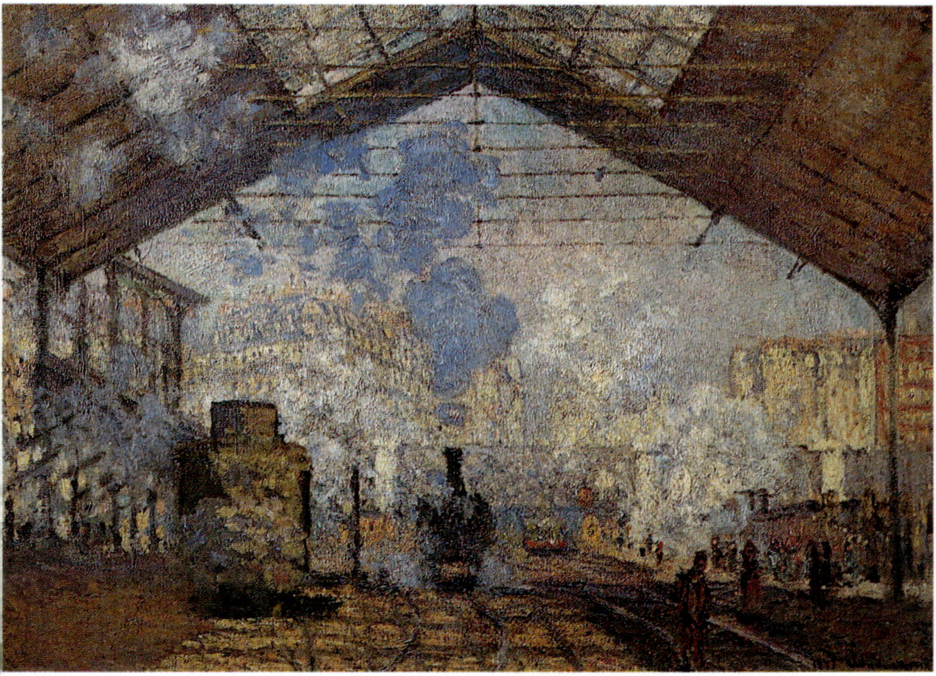

Claude Monet
1840-1926

La gare Saint-Lazare
1877
Huile sur toile
75,5 / 104 cm

d'un modèle traité comme un objet d'étude mais cependant animé de la sensualité simple, propre à Renoir. *La balançoire* comme *Le bal du Moulin de la Galette* témoignent des mêmes préoccupations et les personnages ainsi que le sol frémissent, parcourus de taches claires ou sombres. Peint sur place, dans une guinguette du sommet de la butte Montmartre installée au pied du Moulin, *Le bal du Moulin de la Galette* déroute la critique par la dissolution des formes et la vibration colorée : « ... Les personnages dansent sur un sol pareil à ces nuages violacés qui obscurcissent le ciel un jour d'orage. » Renoir excelle dans le portrait, genre qui va lui permettre de vivre ; en effet, il est sollicité par de nombreux amateurs, ainsi *Mme Charpentier*, 1876, femme de Georges Charpentier, éditeur de Flaubert, Zola, Daudet, des Goncourt, dont il rend bien le caractère élégant et mondain, tandis que le portrait de *Claude Monet* témoigne des liens unissant les deux artistes. *Alphonsine Fournaise*, 1879, représentée dans le restaurant tenu par son père à Chatou, suggère la vie bruyante et amicale des bords de la Seine et dont on trouve l'équivalent, en littérature, chez Guy de Maupassant.

Pissarro se fixe à Pontoise en 1872 ; *Coteau de l'Hermitage, Pontoise*, présente un harmonieux équilibre entre la touche légère, les couleurs raffinées et une construction structurée et ferme que pratique aussi Cézanne qui peint alors à ses côtés. L'amitié de Pissarro avec le peintre Ludovic Piette lui donne l'occasion de peindre dans la Mayenne, à Montfoucault ; *La moisson à Montfoucault*, exécuté d'une manière large associant le pinceau et le couteau à palette, dans une gamme colorée raffinée, contraste avec *Les toits rouges*, dont la composition solide rappelle les premiers paysages de l'Hermitage et qui est traité de façon empâtée et très colorée.

Sisley se retire dans les environs de Paris, entre Louveciennes et Marly ; il y peint des paysages creusés par la perspective d'une route (*Chemin de la Machine, Louveciennes*, 1873) sujet qui avait déjà inspiré Corot, ou la vision mélancolique et calme d'un village transformé par une nappe d'eau, par la présence d'un ciel gris et nuageux (*Inondation à Port-Marly*). On retrouve dans *Neige à Louveciennes*, 1878, l'équilibre, la discrétion, la sensibilité caractéristiques de l'art de Sisley.

Pierre-Auguste Renoir
1841-1919
Claude Monet
1875
Huile sur toile
85,6 / 60,6 cm

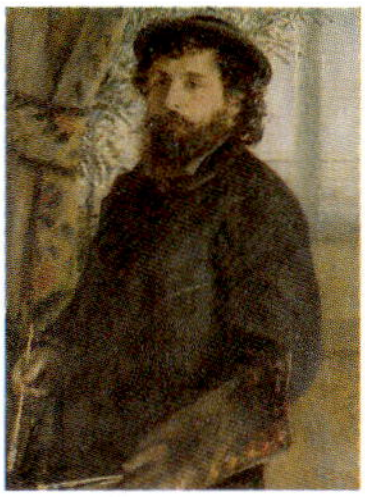

Alfred Sisley
1839-1899

Inondation à Port-Marly
1876
Huile sur toile
60 / 81 cm

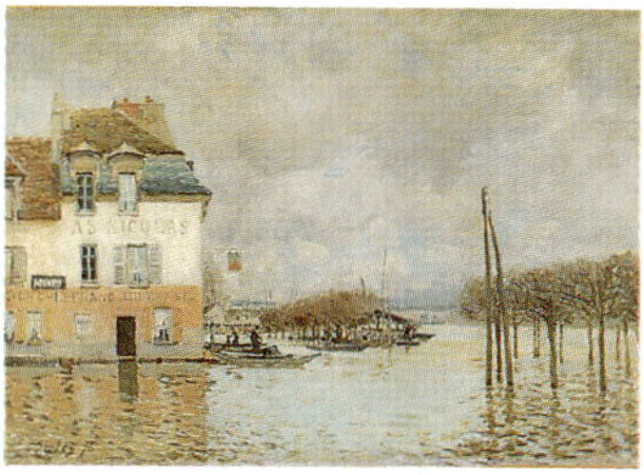

Pierre-Auguste Renoir
1841-1919
Torse de femme au soleil
1876
Huile sur toile
81 / 64,8 cm

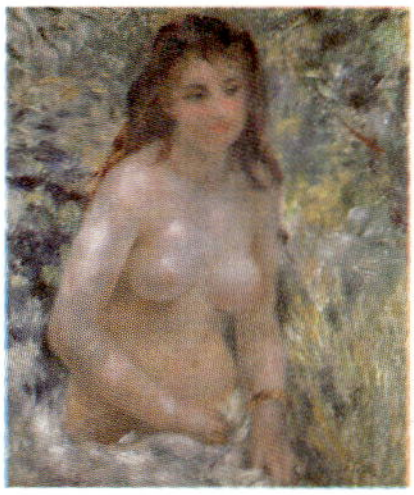

II

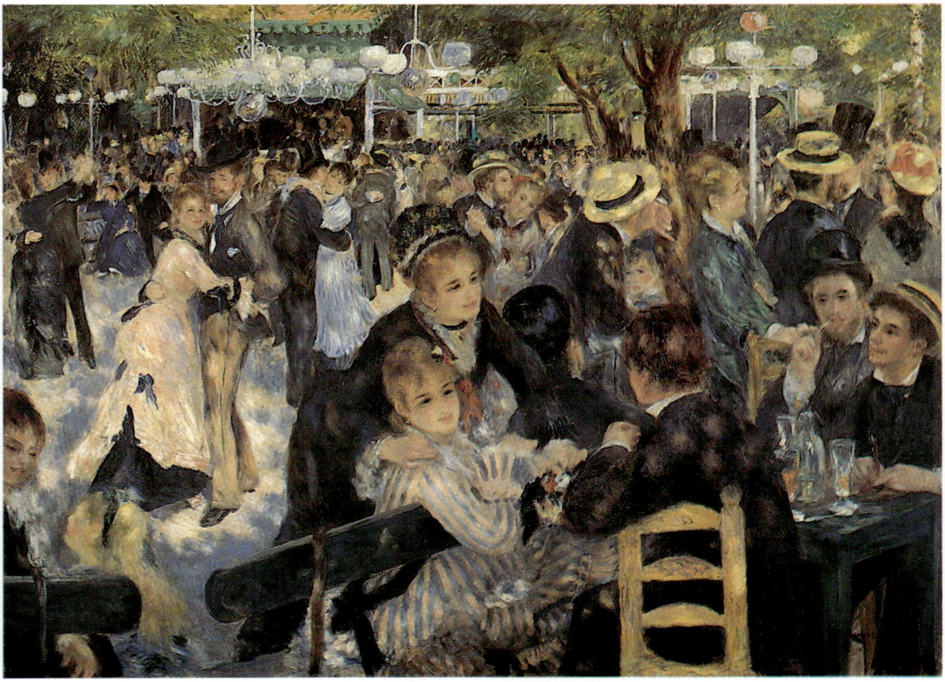

Pierre-Auguste Renoir
1841-1919

Le bal du Moulin de la Galette
1876
Huile sur toile
131 / 175 cm

II

La carrière de Monet, comme celle de Renoir, se poursuit fort avant le XXe siècle et se déroule au fil de ses lieux de vie. Installé de 1878 à 1881 à Vétheuil, Monet s'attache à décrire l'atmosphère de ce village (*Eglise de Vétheuil, neige,* 1878-1879 ; *La Seine à Vétheuil,* vers 1879-1882), et tout particulièrement les effets du rude hiver 1879-1880, la Seine gelée et la débâcle qui s'ensuit.

« Je suis dans le ravissement. Giverny est un pays splendide pour moi », écrit Monet en 1883 ; et cette installation correspond à une nouvelle période de son œuvre. Giverny est resté le port d'attache de Monet, un havre auquel il se réfère durant ses voyages en Hollande, sur la côte normande, en Bretagne à Belle-Ile où il exécute plusieurs toiles consacrées à cette mer « inouïe de tons », à Antibes, dans la Creuse. Les deux tableaux des *Femme à l'ombrelle* témoignent du désir de Monet de s'essayer de nouveau à la représentation de figures en plein air, mais surtout de s'attacher à traduire une vision instantanée, de rendre l'enveloppe lumineuse entourant des personnages dont les traits sont à peine figurés. C'est aussi à cette époque que naît l'idée de représenter un même motif transformé selon les saisons, le temps, l'heure, la lumière (*Meules, fin de l'été,* 1890). D'autres « séries » suivent, parmi lesquelles celle des *Cathédrales de Rouen*, peinte entre 1892 et 1893, bien que datée de 1894, magnifiquement représentée au musée d'Orsay qui en possède cinq versions grâce au legs généreux du comte Isaac de Camondo et grâce à un achat de l'Etat à l'artiste en 1907. Monet consacre aussi une série à Londres, à Vétheuil, mais la fin de son œuvre est tout entière vouée à Giverny. « Paysages d'eau et de reflets », les études de Monet partent d'abord d'une composition encore claire où l'on reconnaît le *Pont japonais* qui enjambe l'étang, pour en arriver à l'évocation d'un monde flottant, mouvant, enveloppant, celui des nymphéas qui envahissent peu à peu la toile, remplissant tout l'espace de leur présence luxuriante et colorée*. Cette recherche trouve son aboutissement dans la décoration des deux salles du musée de l'Orangerie, inaugurée en 1927 après la mort de Monet, mais conçue par lui selon un projet vivement soutenu par Clemenceau, ami de longue date, grand admirateur de l'artiste.

* « ... Comme les rives étaient à cet endroit très boisées, les grandes ombres des arbres donnaient à l'eau un fond qui était habituellement d'un vert sombre mais que parfois, quand nous rentrions par certains soirs rassérénés d'après-midi orageux, j'ai vu d'un bleu clair et cru, tirant sur le violet, d'apparence cloisonnée et de goût japonais. Çà et là, à la surface, rougissait comme une fraise une fleur de nymphéas au cœur écarlate, blanc sur les bords... » (Marcel Proust, *Du côté de chez Swann*).

Claude Monet - 1840-1926 - *La série des cathédrales de Rouen* - 1892-1893 - Huile sur toile

Le portail, *soleil matinal* *Harmonie bleue* 91 / 63 cm	*Le portail* *et la tour Saint-Romain,* *effet du matin* *Harmonie blanche* 106 / 73 cm	*Le portail* *et la tour Saint-Romain,* *plein soleil* *Harmonie bleue et or* 107 / 73 cm	*Harmonie brune* 107 / 73 cm
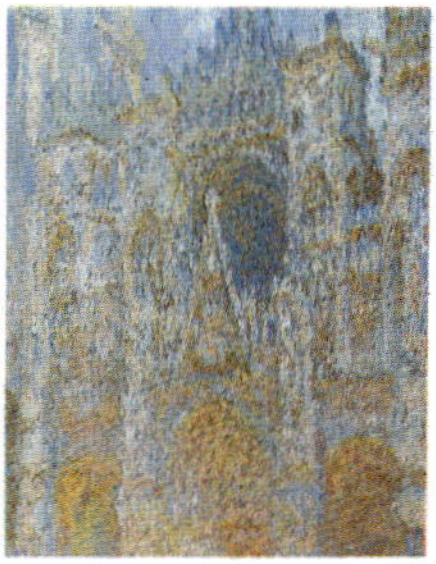	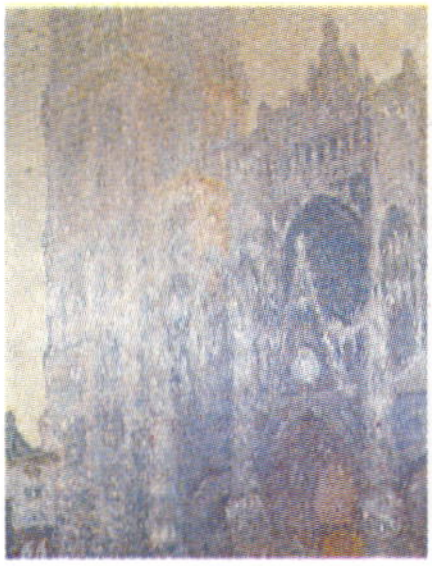	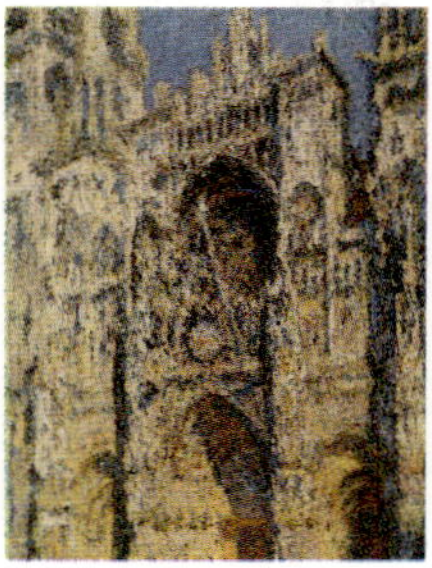	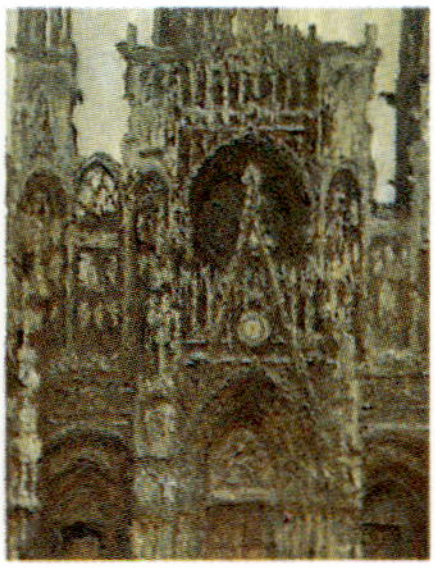

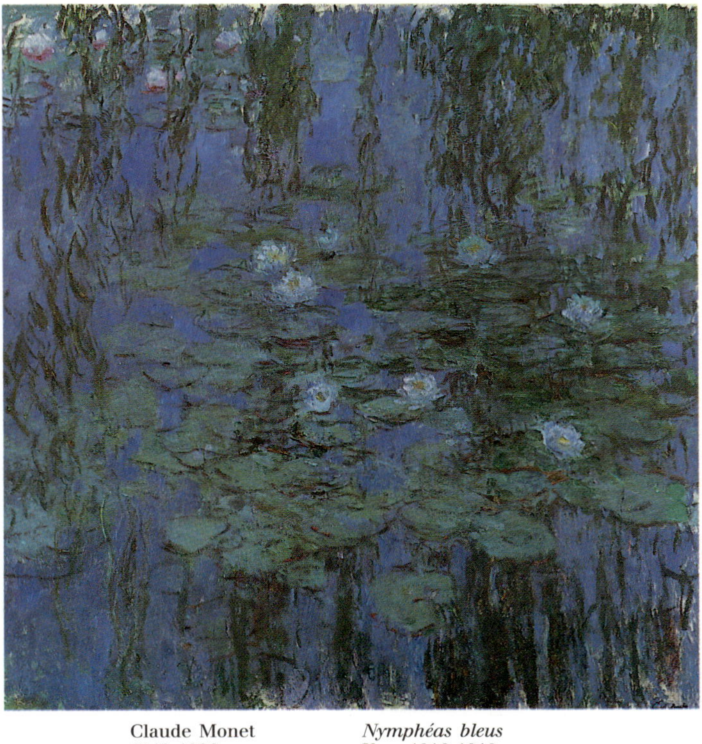

Claude Monet
1840-1926

Nymphéas bleus
Vers 1916-1919
Huile sur toile
200 / 200 cm

Le début des années 1880 marque, pour tous les artistes du groupe impressionniste, une période de réflexion, parfois de crise : l'expression d'une vision picturale nouvelle dissolvant les formes, qui semble naturelle chez Monet, est perçue comme un danger par Renoir, refusée par les plus jeunes. Renoir l'exprime nettement à son marchand Ambroise Vollard : « Vers 1883, il s'est fait comme une cassure dans mon œuvre. J'étais allé jusqu'au bout de l'impressionnisme et j'arrivais à cette conclusion que je ne savais ni peindre ni dessiner. En un mot, j'étais dans une impasse. » Renoir, pour la première fois libéré des soucis matériels, voyage en Algérie où il découvre la lumière méditerranéenne, les coloris vifs et l'animation bigarrée de ce pays (*Fête arabe à Alger*, 1881). En Italie, il retrouve Raphaël et les maîtres de la Renaissance qu'il avait admirés dans sa jeunesse au Louvre, et visite les grands sites de l'Antiquité classique : Naples, Pompéi, la Sicile. Il porte alors une attention nouvelle au dessin, à la ligne, ce qui apparaît déjà très nettement dans les deux grandes compositions des *Danse à la ville* et *Danse à la campagne*. Conçue pour former une paire, chaque scène est nettement individualisée à l'aide d'une structure simple et de contours clairs ; la palette aussi s'est apurée et revêt des tons acidulés typiques de cette période. Dans les années 1888, Renoir connaît un nouveau moment de découragement, renie certaines de ses compositions qu'il trouve trop sèches et adopte une nouvelle manière, parfois dite « nacrée » chez laquelle la ligne cède le pas à une plus grande souplesse et à un coloris chaud. Les *Jeunes filles au piano* (premier achat de l'Etat à l'artiste grâce à l'intervention de Mallarmé en 1892) est traité dans une gamme colorée chaude et une lumière dorée, par une touche douce et légère. Une autre version de ce thème, aux tons plus froids et contrastés, se trouve dans la collection Walter-Guillaume, musée de l'Orangerie.

Renoir continue jusqu'à la fin de sa vie, de peindre des portraits, de plus en plus monumentaux, aux costumes fantaisistes, prétextes à une vive coloration (*Monsieur et Madame Bernheim de Villers*, 1910).

Pierre-Auguste Renoir
1841-1919
Danse à la campagne
1882-1883
Huile sur toile
180 / 90 cm

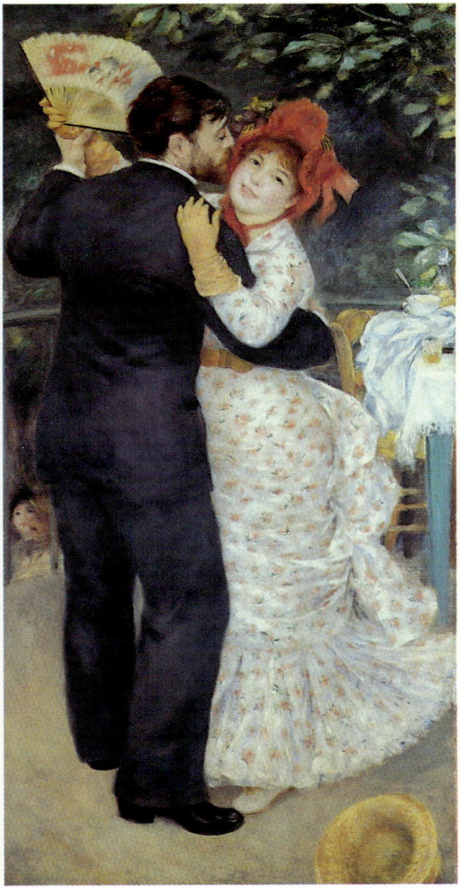

Pierre-Auguste Renoir
1841-1919
Danse à la ville
1883
Huile sur toile
180 / 90 cm

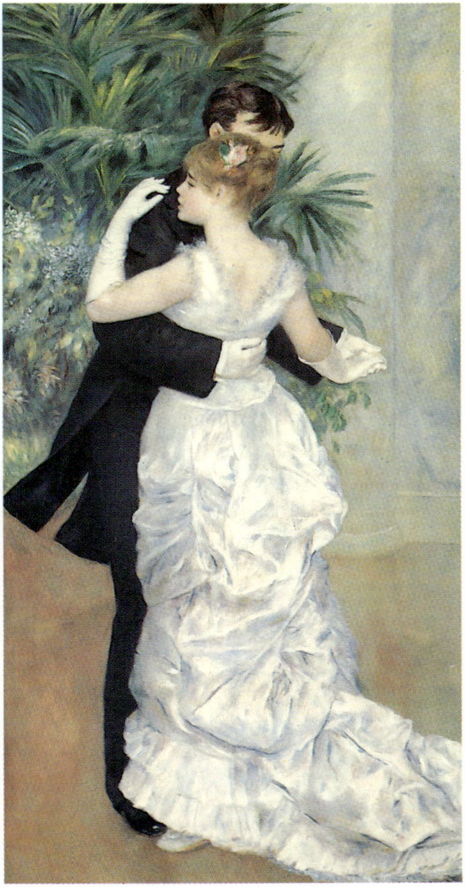

II

II

Peint dans la maison de l'artiste, les Collettes, à Cagnes-sur-Mer, son dernier chef-d'œuvre, *Les Baigneuses*, est une composition ambitieuse, nourrie des souvenirs de Rubens et des grands Vénitiens ; ces figures s'unissent au paysage, à la nature environnante dont elles partagent lumière et chaleur. Renoir, perclus de rhumatismes, s'écrie : « C'est maintenant que je n'ai plus ni bras ni jambes que j'aimerais peindre de grandes toiles. Je ne rêve que de Véronèse, de *Noces de Cana*, quelle misère ! »

Pissarro aussi est en proie au doute. Lui qui s'était montré essentiellement paysagiste, accorde une importance à la figure humaine qui prédomine alors dans son œuvre. *Jeune fille à la baguette* est l'un des premiers témoignages de ce renouveau de la figure, le paysage ne servant plus guère que de toile de fond. C'est une composition à la fois construite et sensible, traitée à l'aide d'une touche parfois menue, parfois aussi fortement empâtée, qui témoigne des recherches techniques menées par Pissarro.

Gustave Caillebotte, retiré dans sa maison du Petit Gennevilliers, se consacre à la représentation de vues de la Seine. *Voiliers à Argenteuil*, vers 1888, témoigne de l'influence de Monet dans le rendu de la lumière et des reflets, mais Caillebotte, plus attaché au réel, décrit de façon précise l'architecture des bateaux, leurs mâts et leurs voiles.

Camille Pissarro
1830-1903

La bergère
(jeune fille
à la baguette ;
paysanne assise)
1881
Huile sur toile
81 / 64,7 cm

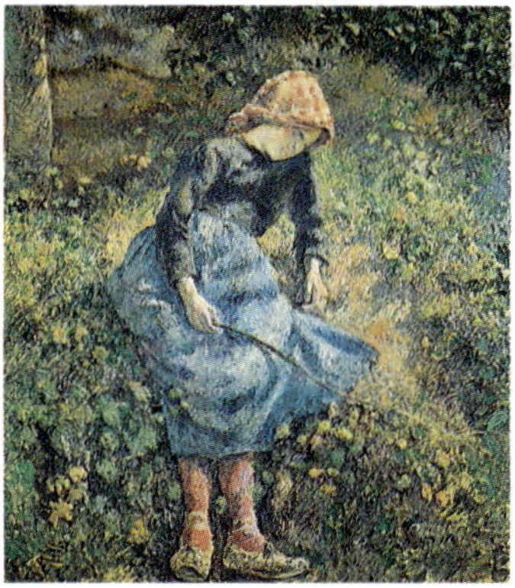

Pierre-Auguste Renoir
1841-1919

Monsieur et Madame
Bernheim de Villers
1910
Huile sur toile
81 / 65,5 cm

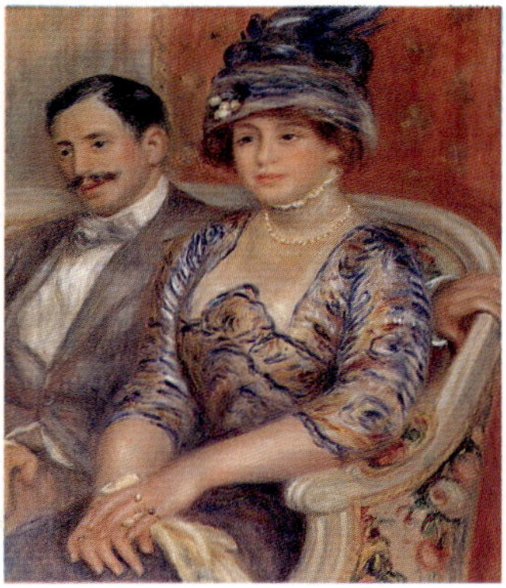

II

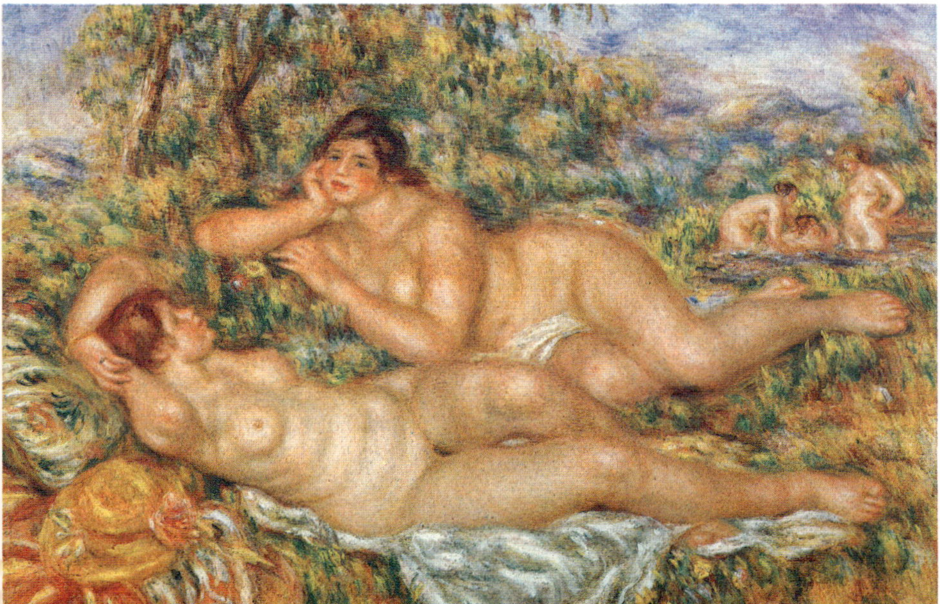

Pierre-Auguste Renoir
1841-1919

Les baigneuses
Vers 1918-1919
Huile sur toile
110 / 160 cm

« L'artiste le plus attaqué, le plus maltraité depuis quinze ans par la presse et le public, c'est M. Cézanne. Il n'est pas d'épithète outrageuse qu'on n'accole à son nom, et ses œuvres ont obtenu un succès de fou rire qui dure encore », écrit Georges Rivière après la troisième exposition impressionniste de 1877, la dernière à laquelle participe Cézanne. La correspondance qu'il a échangée avec quelques amis rares et fidèles laisse percevoir la solitude de l'artiste, en proie au doute perpétuel ; après la publication de *L'Œuvre* en 1886, croyant se reconnaître en la figure du héros, Claude Lantier, décrit comme un « génie raté », une « intelligence qui se dévore elle-même », il rompt avec Emile Zola, aixois comme lui, connu dès l'enfance, avec qui il avait partagé rêves et espoirs.

C'est en 1861 que Cézanne annonce à son père, banquier à Aix-en-Provence, son désir de peindre ; les portraits de l'oncle Dominique (*L'oncle Dominique en avocat*) font appel à de nouvelles solutions techniques : la toile est recouverte d'un empâtement épais, étendu au couteau, ce qui permet à l'artiste de rendre le relief, le volume, l'intensité de la couleur sans user du clair-obscur, avec la seule violence de la peinture. Ses premières œuvres sont encore marquées par la découverte des maîtres anciens et modernes du Louvre ; celles des vénitiens et des caravagesques, sensibles dans *La Madeleine*, vers 1868-1869, dont la figure prostrée, l'attitude douloureuse, l'intensité dramatique sont renforcées par l'emploi de couleurs sombres, étalées avec force. *Pastorale* ou *Idylle*, 1870, dont le sujet annonce les recherches ultérieures de Cézanne, témoigne des mêmes sources, tempérées de romantisme et d'une modernité venue du *Déjeuner sur l'herbe* de Manet. *Achille Emperaire*, qui représente de façon caricaturale un peintre d'Aix, infirme, ami de Cézanne, est refusé au Salon de 1870.

En 1872, Cézanne s'installe auprès de Pissarro, à Auvers-sur-Oise, travaillant à ses côtés et subissant son influence. *La maison du pendu*, avec sa touche fragmentée, ses couleurs claires, le choix d'un motif simple montre l'influence de Pissarro, mais le traitement solide, le désir d'une construction rigoureuse de l'espace sont des apports propres à Cézanne. Mais c'est avec *L'Estaque*, près de Marseille, que l'artiste affirme sa conception de l'espace et de la perspective ; le paysage est découpé en trois zones synthétisées, très précisément délimitées par le contraste des couleurs.

Paul Cézanne
1839-1906

Les joueurs de cartes
Vers 1890-1895
Huile sur toile
47,5/57 cm

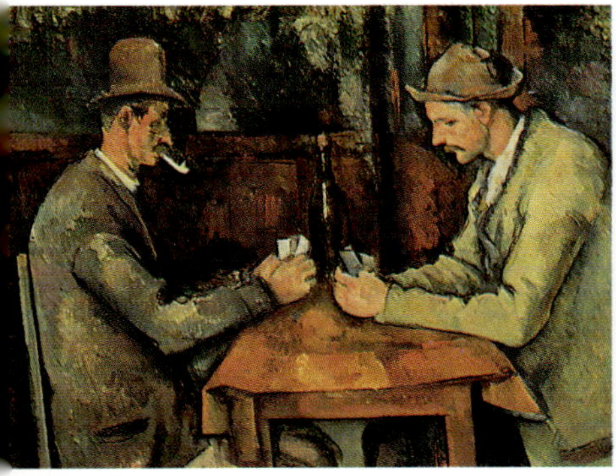

Paul Cézanne
1839-1906

L'Estaque
Vers 1878-1879
Huile sur toile
59,5/73 cm

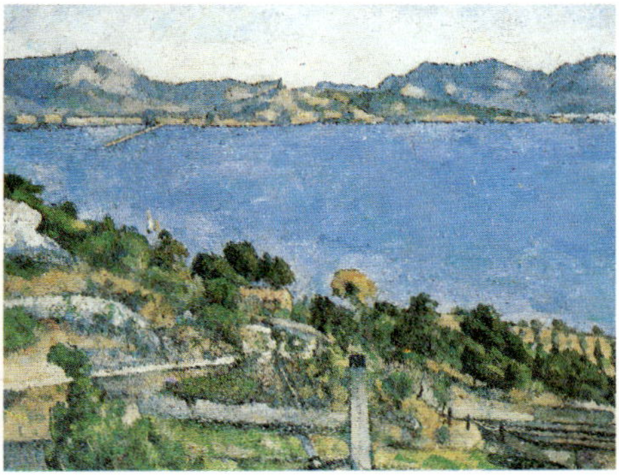

II

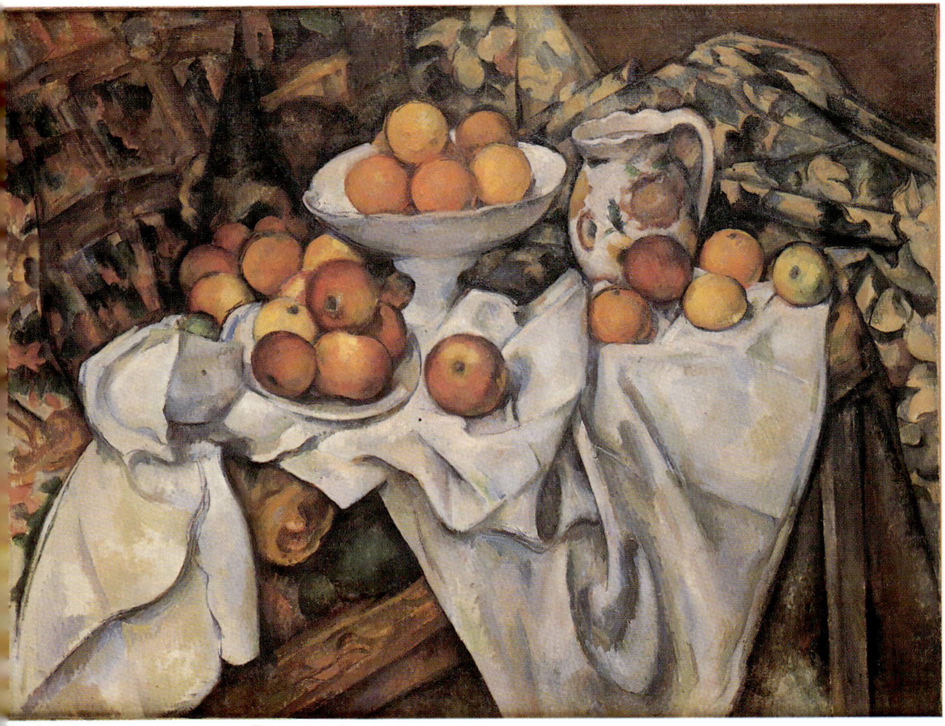

Paul Cézanne
1839-1906

Pommes et oranges
Vers 1895-1900
Huile sur toile
74/93 cm

Le Pont de Maincy, 1879, réalisé lors d'un séjour à Melun, consacre la rupture définitive avec l'impressionnisme, puisqu'il traduit un paysage intemporel. Présent dans son œuvre depuis 1870, le désir d'intégrer des personnages dans un paysage obsède l'artiste au fil des années. Il reprend sans cesse à l'huile ou à l'aquarelle les mêmes attitudes parfois inspirées de dessins ou de sculptures, et évolue vers un lyrisme exaltant l'harmonie de l'homme avec la nature, rendue à l'aide d'accords dominants de bleus et de verts. Volumes et espaces s'interpénètrent. Ces œuvres ont une influence considérable sur de jeunes artistes comme Maurice Denis, Matisse ou Picasso, qui possédèrent chacun une version des *Baigneurs* (*Baigneurs*, 1890-1900, ayant appartenu à Maurice Denis).

L'univers clos des *Joueurs de cartes* est prétexte à une étude des lignes et des volumes ; des cinq toiles consacrées par Cézanne à ce thème, celle-ci est sans doute la version en laquelle tension des formes et des personnages est à son apogée. *La femme à la cafetière*, monumentale, traitée comme une nature morte, sans émotion ni sentiment affirme l'évolution de Cézanne qui tend à géométriser formes du corps comme des objets inanimés, et à « traiter la nature par le cylindre, la sphère, le cône ».

Dès ses débuts, la nature morte constitue un sujet de prédilection ; *Le vase bleu*, vers 1885-1887, est révélateur de l'une des préoccupations majeures de l'artiste : l'étude de la lumière sur les objets et les couleurs, la construction de l'espace par un jeu de lignes verticales et horizontales. Plus tard, il adopte une nouvelle perspective et montre les objets en vue plongeante et à partir de plusieurs angles de vues à la fois (*Pommes et oranges*, 1895-1900).

Les découvertes de Cézanne sur la simplification, la synthèse des formes, le rôle des couleurs dans la création de l'espace, l'appréhension d'un objet, d'un personnage par divers points de vue, vont être reprises, transformées, renouvelées par fauves et cubistes.

Paul Cézanne
1839-1906
La femme à la cafetière
Vers 1890-1895
Huile sur toile
130 / 96,5 cm

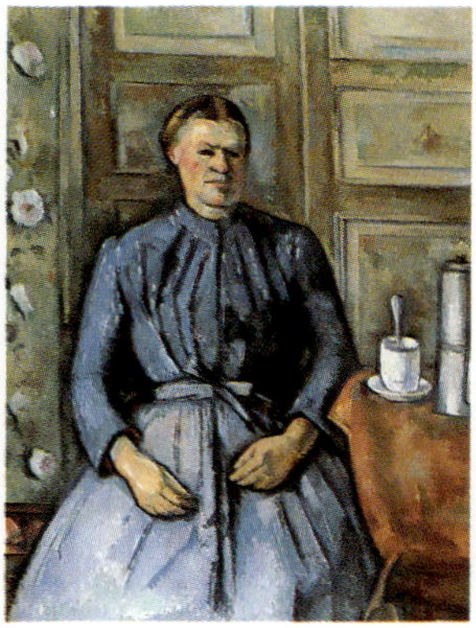

Paul Cézanne
1839-1906
L'oncle Dominique en avocat
Vers 1866
Huile sur toile
63 / 52 cm

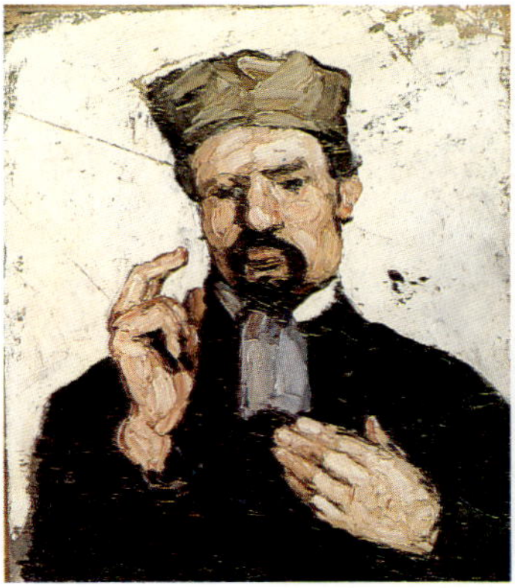

Paul Cézanne
1839-1906
Achille Emperaire (1829-1898)
Vers 1868
Huile sur toile
200 / 120 cm

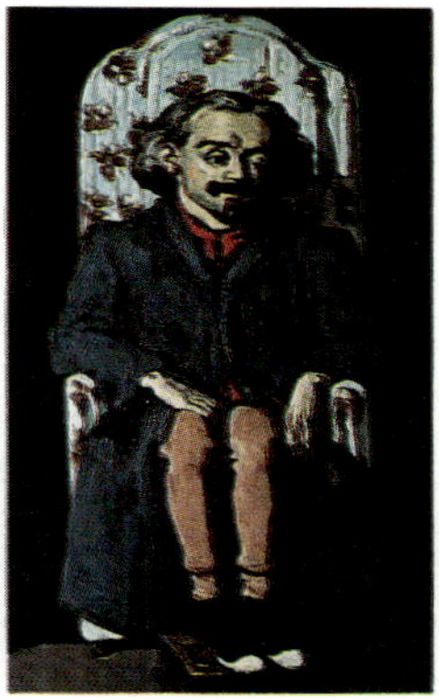

II

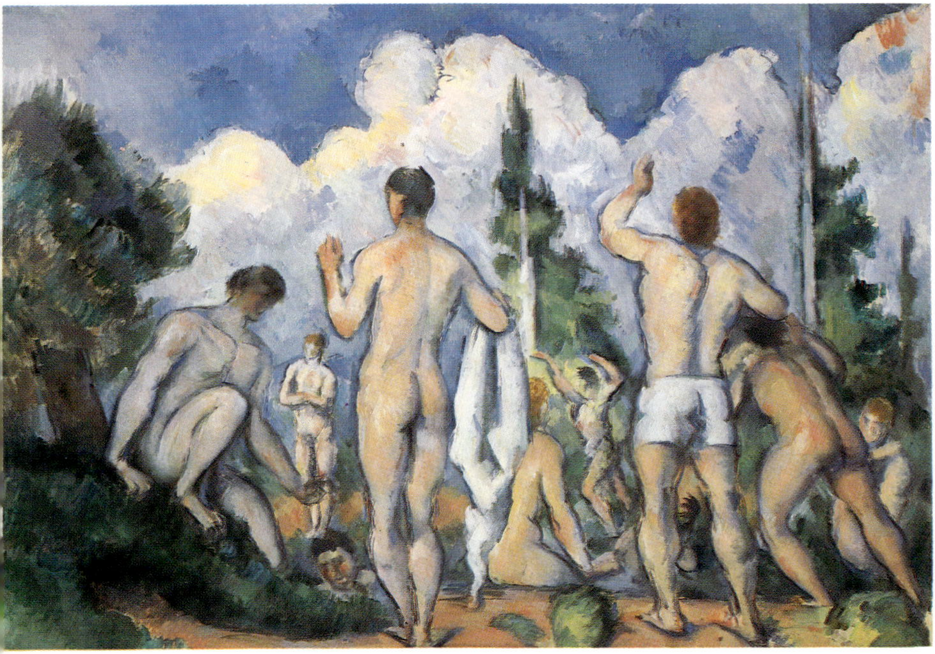

Paul Cézanne
1839-1906

Baigneurs
Vers 1890-1892
Huile sur toile
60 / 82 cm

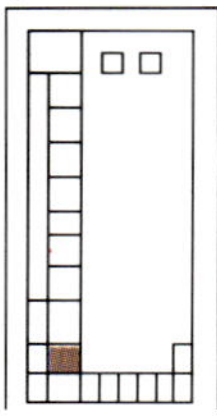

Toulouse-Lautrec

En 1895, la célèbre danseuse du Moulin-Rouge, la Goulue, demanda à Toulouse-Lautrec de décorer la baraque qu'elle venait de louer à la foire du Trône pour y présenter son nouveau spectacle, la danse mauresque des Almées. Après la vente de sa baraque dès 1896, les deux toiles eurent une vie mouvementée et ne réapparurent qu'en 1926, dans la galerie d'un marchand inconscient qui les avait découpées en huit fragments ; l'Etat en fit alors l'acquisition. On y retrouve les modèles favoris de Lautrec (Jane Avril et son chapeau extravagant) et des personnalités célèbres (Oscar Wilde et le critique Fénéon), rendus avec la verve caricaturale propre à Lautrec.

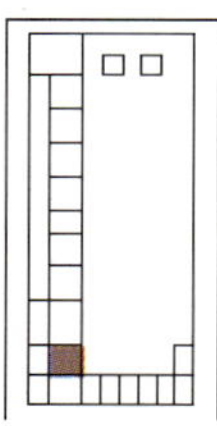

Pastels

Degas

Maître de toutes les techniques, huile, mine de plomb, crayon noir, aquarelle, fusain, Degas a enrichi celle du pastel, en imaginant de la combiner, de l'allier aux autres. Gouache, détrempe, peinture à l'essence, vont se mêler au crayon coloré, et le pastel se transforme en une matière riche, transparente, profonde, que l'artiste utilise aussi sur monotype*.

La technique du pastel prend de plus en plus d'importance dans l'œuvre de Degas : en 1869, après un séjour à Boulogne, Degas peint une série de marines ; il recrée, dans le calme de son atelier les impressions ressenties sur le motif, restitue l'atmosphère, suggère les formes (*Falaises au bord de la mer ; Marine*). Durant les années 1873-1878, ses recherches ont surtout pour objet le Paris nocturne, cafés et maisons closes, spectacles de ballet et d'opéra.

Parfois figurée au repos (*Danseuse assise,* vers 1881-1883), les danseuses de Degas sont, le plus souvent, saisies dans leur envol, tourbillonnantes (*L'étoile* ou *la danseuse sur la scène*, 1878), dans le désir de saisir l'instantané d'un mouvement éphémère (*Fin d'arabesque*, vers 1877), à l'aide de

* Monotype : Il s'agit d'un dessin non gravé dont on tire une épreuve unique sur papier.

Henri de Toulouse-Lautrec
1864-1901
Panneau pour la baraque de la Goulue,
à la foire du Trône à Paris
La danse mauresque ou *Les Almées*
1895
Huile sur toile
285 / 307,5 cm

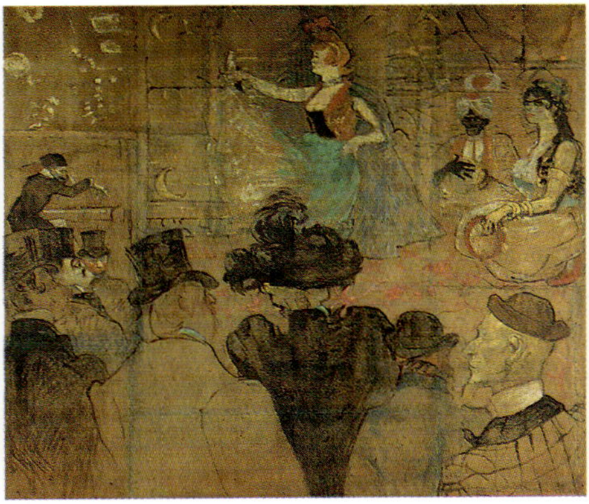

Henri de Toulouse-Lautrec
1864-1901
Panneau pour la baraque de la Goulue,
à la foire du Trône à Paris
La danse au Moulin-Rouge
(la Goulue et Valentin le désossé)
1895
Huile sur toile
298 / 316 cm

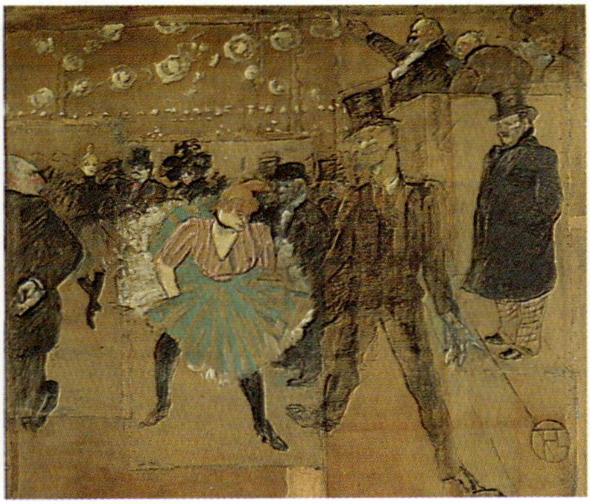

Edgar Degas
1834-1917
Danseuse au bouquet
saluant sur la scène
1878
Pastel sur papier
collé sur toile
72 / 77,5 cm

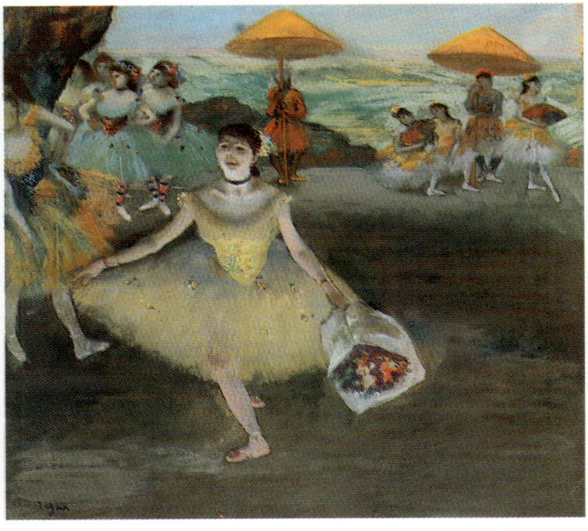

couleurs flamboyantes, irisées, dont l'effet est renforcé par une composition et une mise en page décentrées, brusquement coupées, un éclairage violent ou mystérieux.

C'est en 1886, à la dernière exposition impressionniste, que Degas expose un ensemble de pastels sous le titre : *Série de nus de femmes se baignant, se lavant, s'essuyant, se peignant ou se faisant peigner*. On y retrouve les mêmes procédés techniques que dans ses études de danseuses : angles de vue très divers, perspectives multiples, raccourcis, lumière dosée et variée, exaltée par l'emploi de tonalités rares mettant en valeur le velouté des chairs, dont *Le tub*, 1886, est l'un des plus beaux exemples. Degas se sert aussi de hachures, de traits de pastels verticaux, plus ou moins espacés afin de faire ressortir la luminosité et les formes des corps (*Après le bain, femme s'essuyant la nuque*, 1898 ; *La sortie du bain*, vers 1895-1898). Enfin, *Chez la modiste*, vers 1898, est l'aboutissement d'une série chère à Degas, qu'il avait commencée en 1879.

Café des Hauteurs
Salle de consultation

Située dans la mezzanine du café des Hauteurs, la salle de consultation offre aux visiteurs la possibilité de découvrir différentes sources documentaires concernant la période artistique 1848-1914. Ce sont d'abord les publications du musée et les catalogues essentiels, au fur et à mesure de leur parution, puis les films d'art, acquis ou produits par Orsay, dont le visionnement est aménagé dans des cabines, selon les choix du public. C'est enfin l'accès à la base documentaire informatique, texte et images : à travers des programmes variés — l'interrogation à partir d'un auteur ou d'un titre, les programmes didactiques dont le premier est consacré à la photographie du XIXe siècle, les jeux — le visiteur peut ainsi découvrir les arts de la seconde moitié du XIXe siècle, passer d'un domaine à l'autre, prendre connaissance d'œuvres qu'il ignorait, ou interroger, s'il le souhaite, la base documentaire scientifique du musée.

Edgar Degas
1834-1917
Le Tub
1886
Pastel sur carton
600 / 830 cm

Degas exprime
ici une vision lucide,
vraie et moderne du
corps féminin

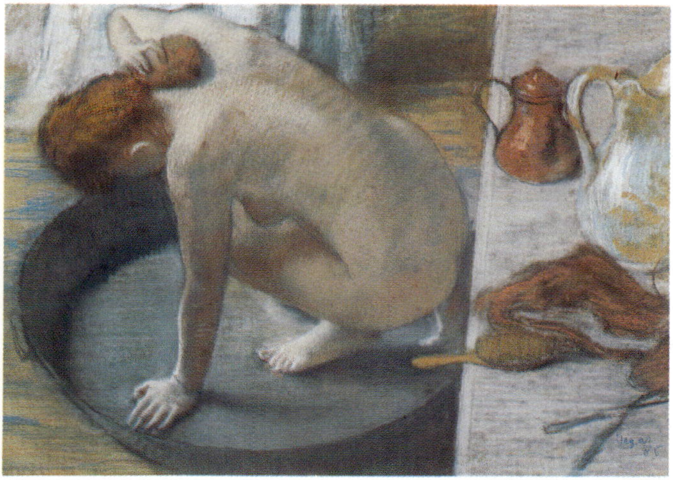

La grande horloge
du café des Hauteurs

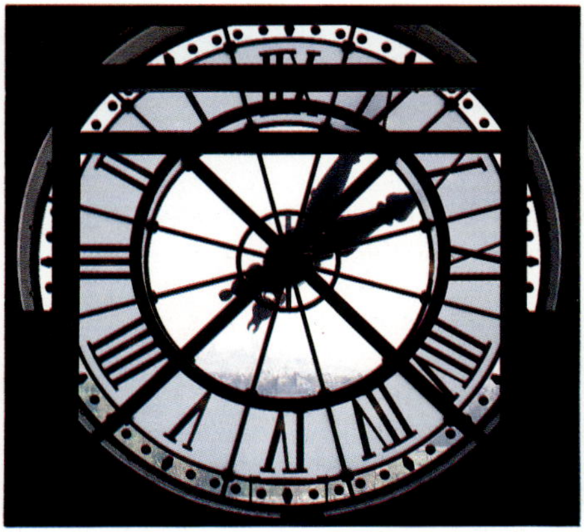

La banque d'images :
affichage
de reproduction
sur écran
de consultation

Détail :
l'image est analysée
et conservée sur disque
optique numérique

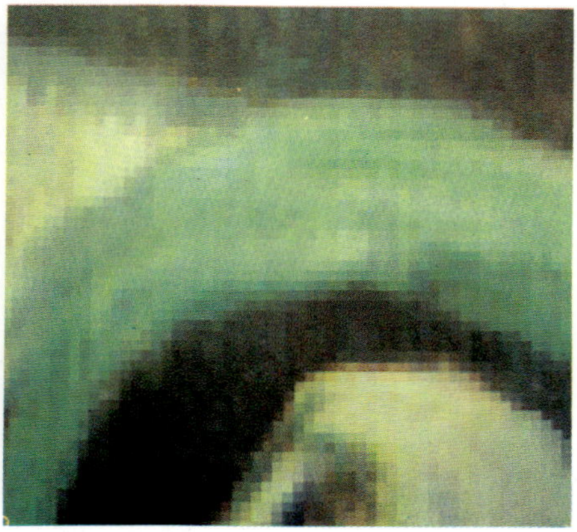

Vie et œuvre de Vincent Van Gogh sont intimement mêlées, et chaque voyage, chaque errance au gré de ses choix, mais aussi de son tempérament angoissé, déterminent une nouvelle période, une nouvelle recherche picturale. Né dans la province du Brabant, fils de pasteur, ce n'est qu'en 1880, après son échec dans la vie apostolique, que sa vocation de peintre s'impose.

Sa première période, hollandaise, est caractérisée par des peintures sombres, dans une pâte épaisse, figurant les paysans du Borinage belge, cette région minière où il avait tenté de mener une vie de pasteur. En 1886, Van Gogh vient habiter Paris, où réside déjà son frère Théo, employé chez le marchand de tableaux Goupil, dont la vive affection et le soutien financier et moral se révéleront fidèles au long de la courte vie du peintre. C'est à Théo que Vincent confie tout de lui et de sa peinture, en une abondante, belle et parfois douloureuse correspondance. Les contacts avec Pissarro, Signac, Gauguin, Emile Bernard, Toulouse-Lautrec, sont déterminants dans l'art de Van Gogh, qui emprunte aux impressionnistes lumière et couleurs (*Le restaurant de la Sirène*, 1877). Il fréquente le Tambourin, cabaret du boulevard de Clichy, y organise même une exposition ; *L'Italienne* — qui représente sans doute la patronne, Agostina Segatori — est une image simplifiée, sans ombres ni perspective, décentrée, rendue en aplats larges et unis de couleurs intenses, à l'aide d'une touche affirmée.

En février 1888, Vincent part pour Arles, et y découvre la lumière et la chaleur du Midi ; la couleur et un dessin synthétique dominent les œuvres de cette période. Déjà attiré par le portrait, Van Gogh trouve un modèle, sa logeuse, Mme Ginoux (*L'Arlésienne*) : « ... J'ai enfin une Arlésienne... fond citron pâle, le visage gris, l'habillement noir, noir, noir, du bleu de Prusse tout cru. Elle s'appuie sur une table verte et est assise dans un fauteuil de bois orangé. » Vincent cherche à faire venir Gauguin dont il admire passionnément la peinture ; *La salle de danse à Arles*, 1888, témoigne d'ailleurs de l'influence de Gauguin et d'Emile Bernard, tous deux à l'origine du synthétisme et du cloisonnisme. Les formes, ici, sont cernées, enfermées à la façon d'un vitrail, traitées en aplats de couleurs vives, très violemment brossées, jusqu'à la caricature et à la déformation pour les visages. La rupture avec Gauguin, que Van Gogh a tenté de blesser à la fin de l'année 1889, l'amène à se mutiler l'oreille gauche dans une crise de folie, puis à demander son

Vincent Van Gogh
1853-1890
Portrait de l'artiste
1889
Huile sur toile
65/54,5 cm
Don Paul et
Marguerite Gachet,
1949

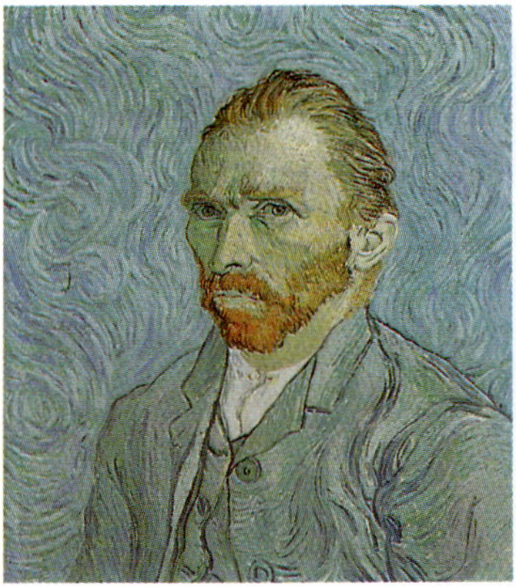

Vincent Van Gogh
1853-1890
L'église
d'Auvers-sur-Oise
1890
Huile sur toile
94/74,5 cm
Acquis avec le
concours de
Paul Gachet
et d'une
donation anonyme
canadienne,
1951

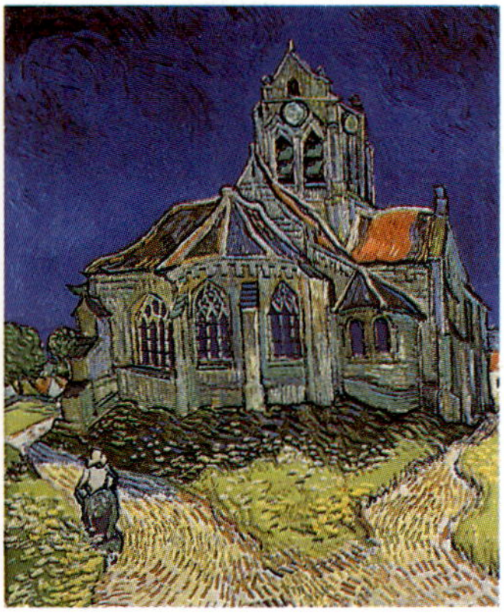

II

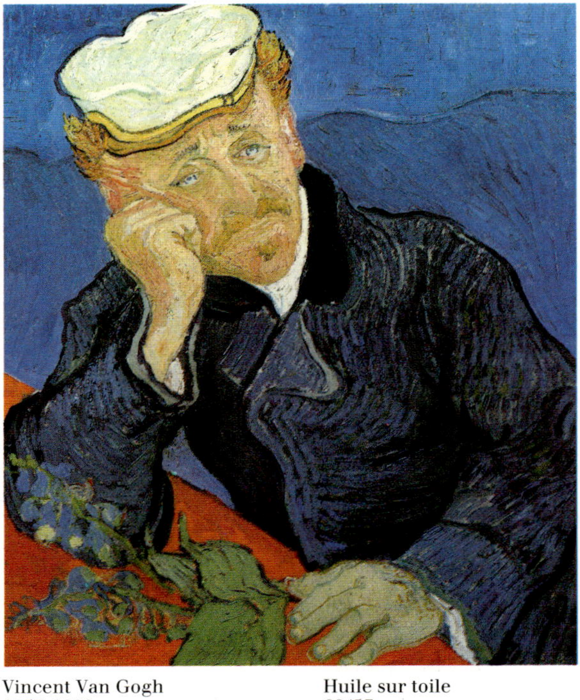

Vincent Van Gogh
1853-1890
Le Docteur
Paul Gachet
(1828-1909)
1890
Huile sur toile
68/57 cm
Don Paul et
Marguerite Gachet,
1949

internement à l'hôpital de Saint-Rémy. C'est là qu'il exécute une nouvelle version de sa *Chambre à Arles*, où toute la place est laissée à la couleur, dans une perspective mouvante. Son *Autoportrait* de 1889 est parmi les derniers d'une série au cours de laquelle Van Gogh interroge anxieusement son image ; le visage s'enlève sur un fond clair, flottant, palpitant, ondulé, mais aussi révélateur d'un parfait contrôle de lui-même, d'une totale lucidité entre ses crises. De cette période d'internement à Saint-Rémy, date aussi *La méridienne* ou *La sieste*, d'après une gravure d'un dessin de Millet ; c'est une peinture calme et lumineuse, dont Van Gogh écrit qu'elle tente de « traduire dans une autre langue, celle des couleurs, des impressions de clair-obscur en blanc et noir ».

Après un court séjour à Paris, Van Gogh s'installe à Auvers-sur-Oise où l'accueille le docteur Gachet, qui le soigne et l'entoure de son amitié et, surtout, admire, respecte, « admet », sa peinture. Vincent exécute trois portraits du docteur Gachet, décrivant à Théo la peinture en cours. « Je travaille à son portrait, la tête avec une casquette blanche, très blonde, très claire, les mains aussi à carnation claire, un frac bleu et un fond bleu cobalt, appuyé sur une table rouge, sur laquelle un livre jaune et une plante de digitale à fleurs pourpres. » Très lié aux milieux artistiques, le docteur Gachet était devenu l'ami des impressionnistes ; à Auvers, il accueille Guillaumin, Pissarro et Cézanne dont il possède des toiles, présentées ici (voir les salles consacrées à la collection Personnaz et à Cézanne). *L'Autoportrait* de 1889, *Le portrait du docteur Gachet*, et *L'église d'Auvers* sont parmi les plus beaux tableaux de sa collection, très généreusement donnée à l'Etat en 1954, par ses enfants, Paul et Marguerite.

Les formes tournantes et mouvantes de *L'église d'Auvers*, à la couleur « expressive, somptueuse », transforment en un motif dramatique et violent la paisible église de village ; cette inquiétude nocturne et pesante, exprimée par la couleur et les volumes, n'est pas sans évoquer les visions, bientôt proches, du Norvégien Munch.

Dans un désarroi et une solitude extrêmes, Van Gogh choisit de se donner la mort, d'une balle de revolver ; il meurt le 29 juillet 1890.

Vincent Van Gogh
1853-1890

La chambre de Van Gogh à Arles
1889
Huile sur toile
57,5/74 cm

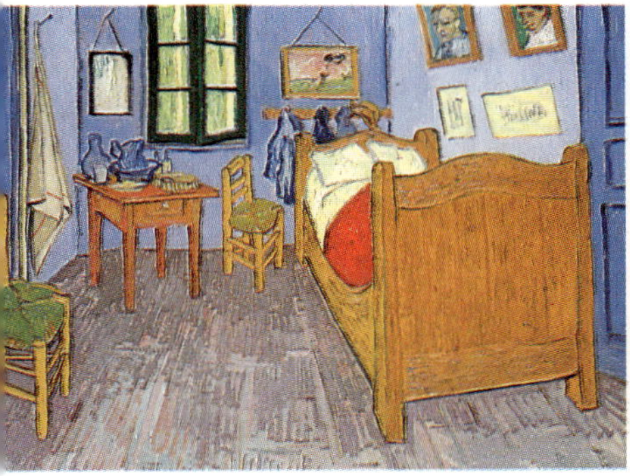

Vincent Van Gogh
1853-1890

La méridienne ou *La sieste*
1889-1890
Huile sur toile
73/91 cm

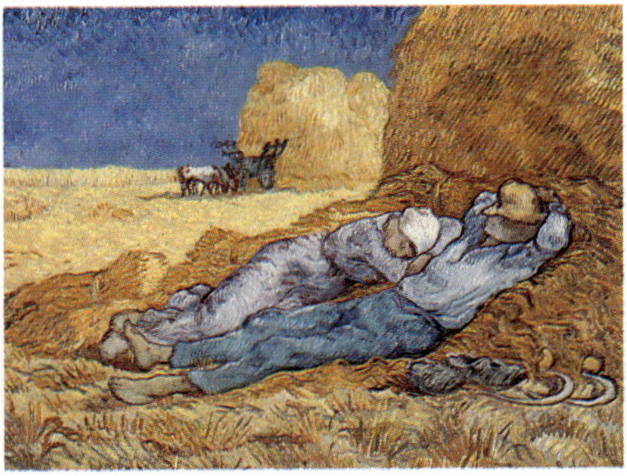

II

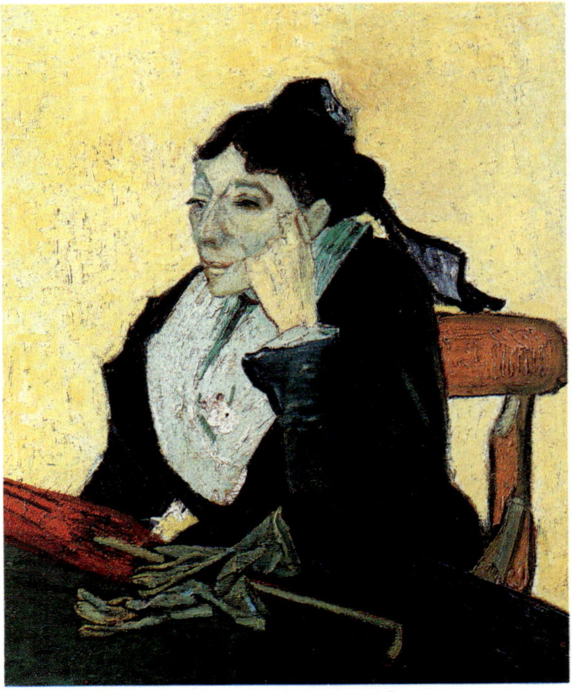

Vincent Van Gogh
1853-1890

L'Arlésienne
1888
Huile sur toile
92,3/73,5 cm

Paul Gachet (1828-1909), médecin, spécialiste des maladies mentales et tout particulièrement de la mélancolie, s'installe à Paris en 1859 ; il y découvre de jeunes artistes tels Courbet, Rodolphe Bresdin ou François Bonvin. Installé à Auvers en 1872, rue Rémy, il accueille avec générosité les peintres de passage dans la région, tels Pissarro et Cézanne, qui séjourne à Auvers de 1872 à 1874, travaillant aux côtés de son ami, et qui représente *La maison du docteur Gachet*.

Lors de la première exposition impressionniste, *Une moderne Olympia* déclenche les quolibets ; c'est une interprétation érotique et théâtrale du tableau de Manet, qui révèle l'évolution de Cézanne vers des couleurs lumineuses et une brillante exécution. L'artiste peint, durant ce séjour à Auvers, une série de natures mortes, thème qui l'accompagne au long de sa vie, encore rendues de façon réaliste (*Pommes vertes ; Bouquet au petit Delft*).

Installé à Louveciennes en 1869, Pissarro affirme sa prédilection pour les longues perspectives dessinées par les routes bordées d'arbres (*La route de Louveciennes*, 1872).

Armand Guillaumin rencontre Cézanne à l'Académie Suisse en 1863, puis Pissarro, participe au Salon des Refusés ainsi qu'à la plupart des expositions impressionnistes ; il séjourne avec Cézanne à Auvers chez le docteur Gachet, et continue de peindre dans la région parisienne (*Soleil couchant à Ivry*, 1873).

Le docteur Gachet, qui pratique lui-même la peinture et la sculpture, expose en 1891 au Salon des Indépendants, et adopte en 1905 le pseudonyme de Van Ryssel. La plus grande part de sa collection a été généreusement donnée par ses enfants à l'Etat, en 1954.

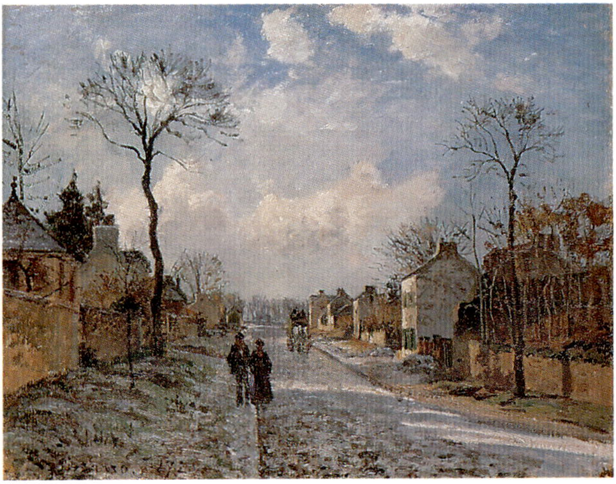

Camile Pissarro
1830-1903
La route de Louveciennes
1872
Huile sur toile
60 / 73,5 cm

II

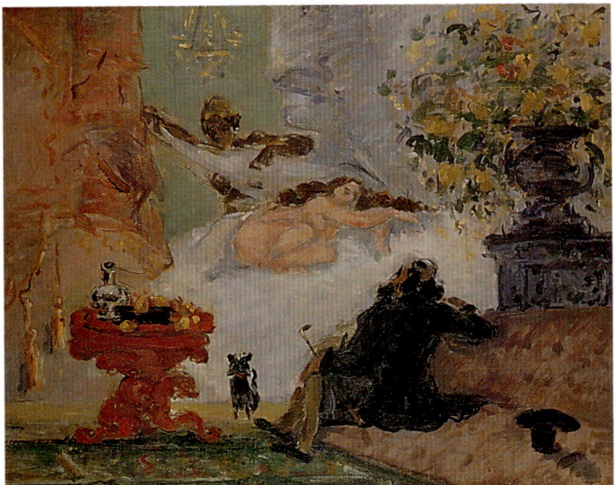

Paul Cézanne
1839-1906
Une moderne Olympia
Vers 1873-1874
Huile sur toile
46 / 55,5 cm

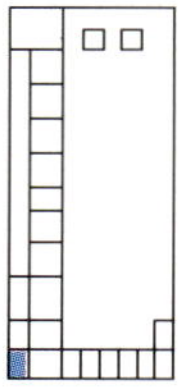

Redon

Soumis au songe et à l'inconscient, Redon s'exprime d'abord par les dessins au fusain et la lithographie. Puis, en 1890, l'artiste, qui n'a jamais cessé de peindre, se tourne vers la couleur, tout en conservant l'originalité de son style, jusque dans le portrait (*Gauguin*). Mais c'est finalement par l'éblouissement coloré du pastel que Redon traduit le mieux ses visions ambiguës ou fantastiques (*Le Bouddha*). En contrepoint de cette œuvre, qui offre au symbolisme sa plus riche expression picturale, il peint d'admirables *Bouquets de fleurs*, et, pour lui-même, de petits paysages de Bretagne ou de son Bordelais natal, simples notations, justes et précises, empruntées à la réalité. C'est grâce à la générosité de Suzanne et Ari Redon, fils de l'artiste, que le musée d'Orsay possède une très riche collection de pastels et de paysages. Une vitrine consacrée à la donation Claude Roger-Marx présente, en alternance, d'autres œuvres graphiques de Redon, de Bresdin, de Bonnard ou de Daumier.

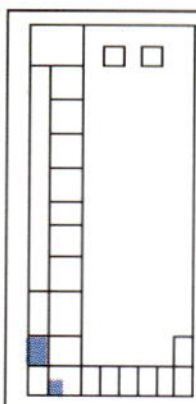

Pastels

Séparés par la salle consacrée à Odilon Redon, trois espaces sont consacrés au pastel dont la technique fut remise à l'honneur par de très grands artistes comme Millet (*La baratteuse*, 1866-1868 ; *Le bouquet de marguerites*, 1871-1874), Degas (*Le tub*, 1878-1879), Manet (*Mme Manet sur un canapé bleu*, 1874).

Paysages, portraits, natures mortes, scènes de la vie quotidienne, en sont les thèmes les plus fréquents. Les peintres de plein air tels Boudin, Monet, Guillaumin, usent de la matière vaporeuse du pastel pour traduire de fugitives impressions, tandis que les symbolistes comme Puvis de Chavannes, Redon, Lévy-Dhurmer, Ménard, l'Italien Segantini, les Belges Degouve de Nuncques ou Spilliaert, le Hollandais Toorop, y trouvent les nuances étranges propres à transcrire leurs visions. Les maîtres de l'Art Nouveau, Chéret ou Cappiello, y développent leur goût de la ligne et des couleurs violentes.

Odilon Redon
1840-1916
Le bouddha
Vers 1906-1907
Pastel sur papier beige
90 / 73 cm

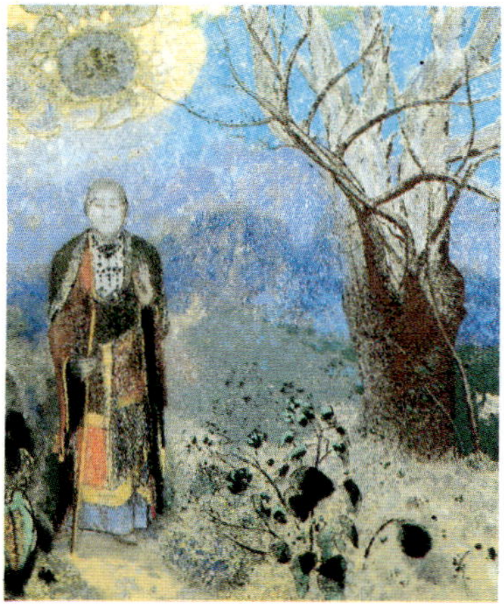

Odilon Redon
1840-1916
Portrait de Gauguin
Peint entre 1903 et 1905
Huile sur toile
66 / 54,5 cm

Ce tableau est présenté salle Gauguin

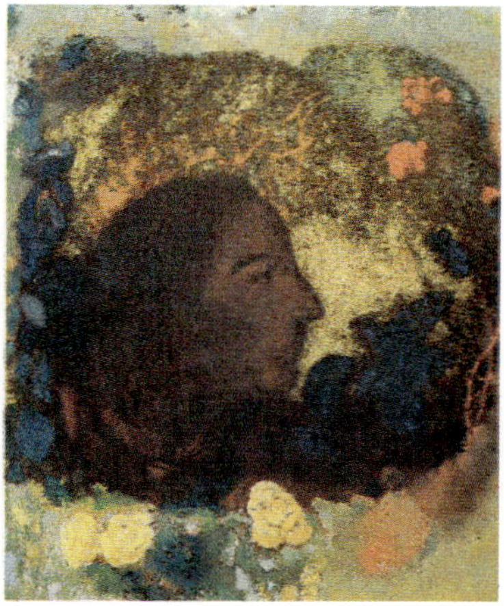

II

Lucien Lévy-Dhurmer
1865-1953
Méduse
(ou *Vague furieuse*)
1897
Pastel et fusain
sur papier beige
59 / 40 cm

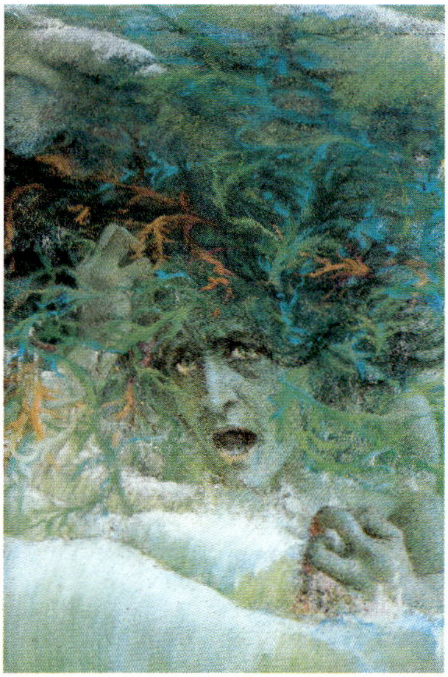

La vie médiocre, remplie d'incertitudes, d'Henri Rousseau, commis à l'octroi de Paris — ce qui lui valut son surnom de « douanier » —, contraste avec l'univers étrange et le style original développés dans son œuvre. Sensiblement de la même génération que les peintres impressionnistes, Rousseau occupe une place à part dans l'histoire de la peinture au tournant du siècle.

D'abord peintre amateur, autodidacte, il prend sa retraite en 1893 pour se consacrer à la peinture, exprime son admiration pour les maîtres officiels, Cabanel, Bouguereau, Gérôme, et se sent très éloigné des tendances impressionnistes et modernes. En 1886, grâce à Signac, il expose au Salon des Indépendants auquel il participe jusqu'à sa mort, et figure, en 1905, au Salon d'Automne parmi les Fauves. *La guerre*, présenté au Salon des Indépendants de 1894, scène fantastique aux résonances symbolistes, décrit pourtant avec une extrême précision le cheval, l'amoncellement des corps ; mais le souffle puissant qui parcourt cette œuvre, aux couleurs harmonieuses et fraîches, à la lumière étrange, est celui d'une extraordinaire imagination. L'exubérance et la sincérité des toiles de Rousseau étonne Pissarro, qui les admire, tandis que l'audace picturale, la modernité et la liberté de ses compositions attirent l'attention de Gauguin ainsi que des poètes et des peintres d'avant-garde tels Alfred Jarry, Guillaume Apollinaire, Robert Delaunay et Pablo Picasso qui posséda plusieurs de ses œuvres, maintenant présentées au musée Picasso à Paris. On retrouve dans le grand *Portrait de femme*, dont le modèle, à l'expression figée, est présentée de face, le dessin net et la clarté des formes, les couleurs éclatantes et les détails teintés d'humour qui caractérisent l'art de Rousseau.

Mais ce sont surtout les sujets exotiques développés par Rousseau en grands formats à la fin de sa vie, qui lui valent succès et commandes ; l'exotisme rêvé de ses jungles se nourrit d'images de magazine et de fréquentes visites au Jardin des Plantes. Ce monde végétal et animal est parfois traité avec une telle audace qu'il semble annoncer les mouvements « révolutionnaires » du XXe siècle.

C'est le cas de *La charmeuse de serpents*, commandé au peintre par la mère de Robert Delaunay, aimé d'Apollinaire, de Picasso et des cubistes, invitation au mystère, au rêve et à l'imaginaire...

Henri Rousseau,
dit le Douanier
Rousseau
1844-1910
Portrait de femme
Vers 1897
Huile sur toile
198 / 115 cm

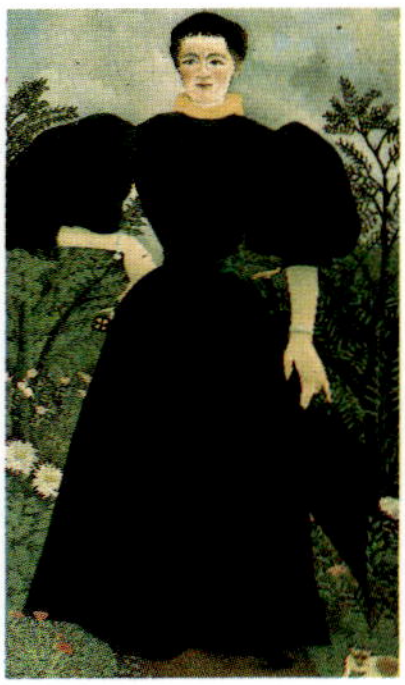

Henri Rousseau,
dit le Douanier
Rousseau
1844-1910
La charmeuse de serpents
1907
Huile sur toile
169 / 189 cm

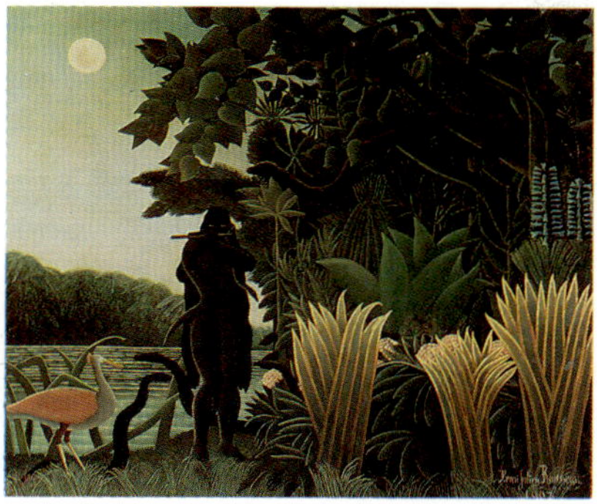

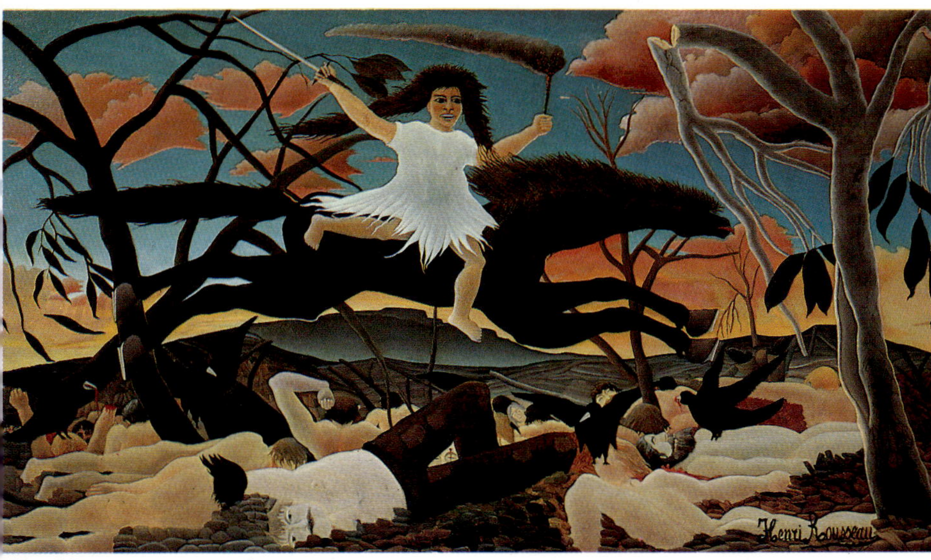

Henri Rousseau,
dit le Douanier
Rousseau
1844-1910

La guerre
ou *la chevauchée*
de la discorde
1894
Huile sur toile
114 / 105 cm

Poussée par une « terrible démangeaison d'inconnu », la vie de Gauguin est une sorte de voyage ininterrompu qui le mène à plusieurs reprises de la Bretagne à l'Océanie, les deux pôles essentiels de sa vie. En 1883, Gauguin, qui pratiquait la peinture en amateur et exposait avec les impressionnistes depuis 1880, décide de « peindre tous les jours ».

C'est en 1886 que Gauguin arrive à Pont-Aven, pittoresque bourg breton qui accueille, depuis 1860, une colonie cosmopolite d'artistes attirés par son charme un peu archaïque et la possibilité d'y « vivre pour rien ». *Les lavandières à Pont-Aven,* parmi les premiers tableaux bretons de l'artiste, est exécuté à l'aide d'une touche vibrante et claire empruntée à la vision lumineuse des impressionnistes. Après un voyage à la Martinique où il découvre la lumière forte et les couleurs puissantes, il retrouve Pont-Aven, en février 1888, d'où il écrit : « J'aime la Bretagne, j'y trouve le sauvage, le primitif. Quand mes sabots résonnent sur ce sol de granit, j'entends le son sourd, mat et puissant que je cherche en peinture. » Gauguin y retrouve Emile Bernard, et leur rencontre est déterminante ; le dialogue et les contacts entre ces fortes personnalités se révèlent fructueux et stimulants, et leur permettent d'élaborer rapidement de nouvelles techniques cloisonnistes.

Pot de grès et pommes est annoté au dos par Emile Bernard : « Premier essai de synthétisme et de simplification 1887 » ; si son admiration pour Cézanne y est notable, ses recherches en font une sorte d'épure mettant en valeur le procédé simplificateur. Cette façon d'éliminer les détails pour ne garder que la forme essentielle se retrouve dans *Madeleine au Bois d'Amour* ; sœur d'Emile Bernard, elle était la « muse mystique » de Pont-Aven et est représentée comme une gisante au bord de l'Aven, au milieu d'une forêt d'arbres-colones.

La fenaison en Bretagne, 1888, montre que Gauguin, au cours de ce deuxième séjour à Pont-Aven, a renoncé à l'impressionnisme au profit d'un art plus solide et contrasté. En octobre, il dicte à Sérusier, sur le motif, une rapide pochade aux formes simplifiées et aux tons plats et vifs, *Le talisman,* dont Sérusier transmet la leçon aux jeunes Nabis.

Paul Gauguin
1848-1903
La belle Angèle
1889
Huile sur toile
92/73 cm

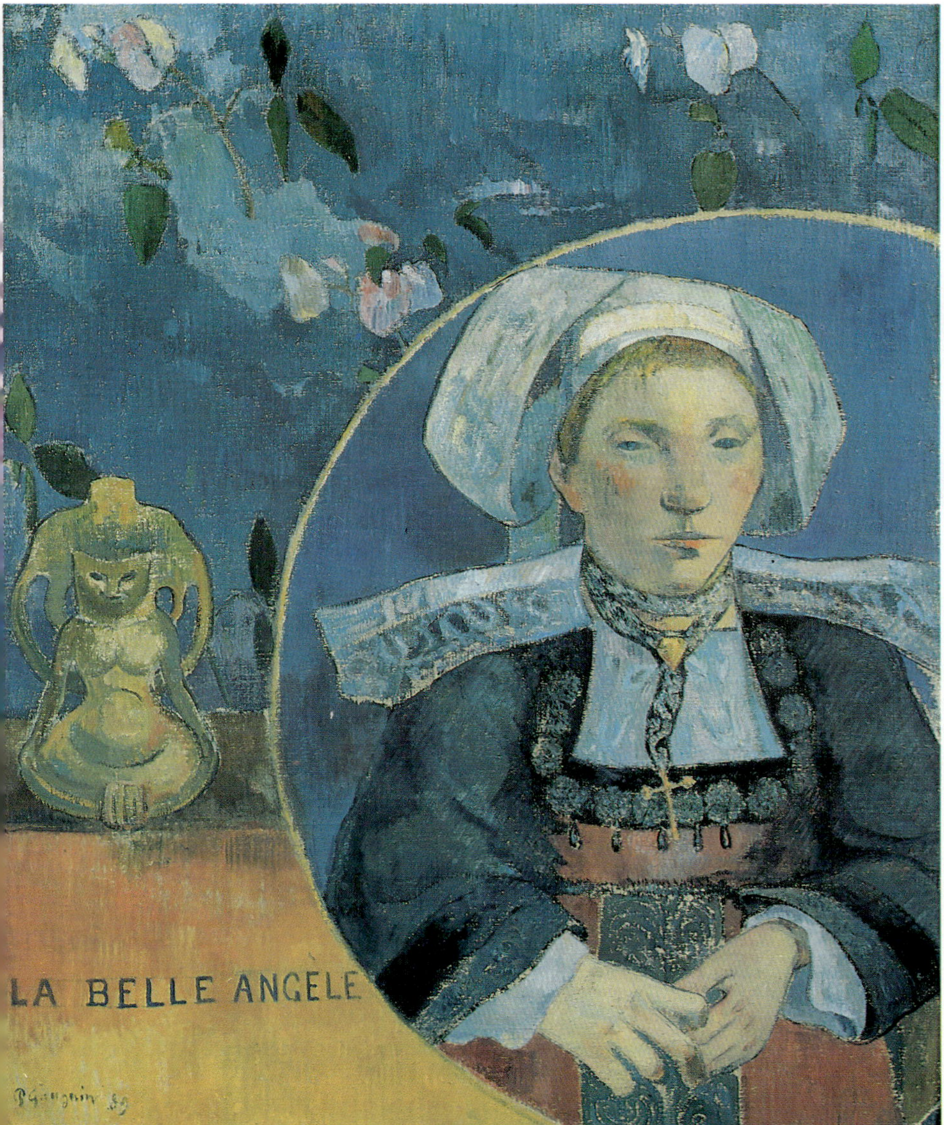

II

En octobre 1888, Gauguin part pour Arles rejoindre Van Gogh ; ils peignent côte à côte les *Alyscamps*. Gauguin crée une œuvre monumentale, statique, rehaussée de coloris intenses et flamboyants. Mais cet épisode méridional est passager, se termine par une séparation dramatique et Gauguin rejoint précipitamment Paris. Il y réalise le portrait de son ami, le peintre *Schuffenecker et sa famille* dans son atelier ; la vue plongeante et les raccourcis audacieux ne sont pas sans rappeler l'art japonais évoqué ici par la présence d'une estampe accrochée au mur.

Un troisième voyage ramène Gauguin à Pont-Aven, en 1889 ; il y exécute son œuvre majeure, *La belle Angèle* ; Angèle Satre apparaît dans un cercle disposé « comme dans les crépons japonais », tandis que le peintre utilise sa coiffe à des fins décoratives et qu'il introduit, ce qui est nouveau, le titre sur la toile. La présence de l'une de ses céramiques aux allures précolombiennes semble signer deux fois cette œuvre. *Les meules jaunes*, 1889, tableau composé d'aplats cernés, peut être comparé à la *Moisson au bord de la mer*, 1891, d'Emile Bernard, qui témoigne d'une évolution vers un art plus géométrique, marqué par l'influence de Cézanne.

Tous ces artistes récusent l'attitude analytique, la « bête imitation » des naturalistes et des impressionnistes ; ils éliminent les détails, simplifient les formes et les couleurs, employées en aplat.

L'œuvre de Sérusier est particulièrement bien représenté grâce aux donations récentes de Mlle Henriette Boutaric. Durant ses séjours bretons, Sérusier peint des toiles éclatantes, fermement cloisonnées, souvent marquées par l'influence de Gauguin dont il reprend plusieurs fois les thèmes ; c'est le cas de *La barrière fleurie*, 1889, ou de *La hutte bretonne*, 1890-1891, qui en sont comme des échos assourdis. *L'Averse*, 1893, est plus proche des tonalités employées par ses amis Nabis.

Gauguin et ses amis organisent une exposition au café Volpini en 1889, qui eut une profonde répercussion sur les jeunes Nabis. La période de Pont-Aven qui représente, pour tous ces artistes, le meilleur d'eux-mêmes, n'est qu'une étape pour Gauguin, toujours à la recherche d'inconnu et de nouveau.

Paul Sérusier
1864-1927
L'averse
1893
Huile sur toile
73,5 / 60 cm

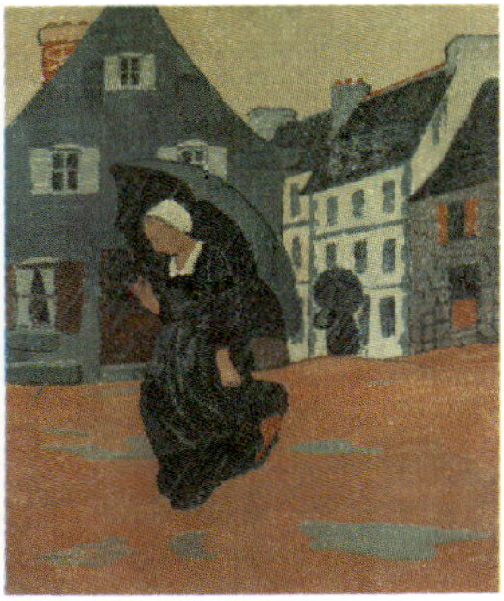

II

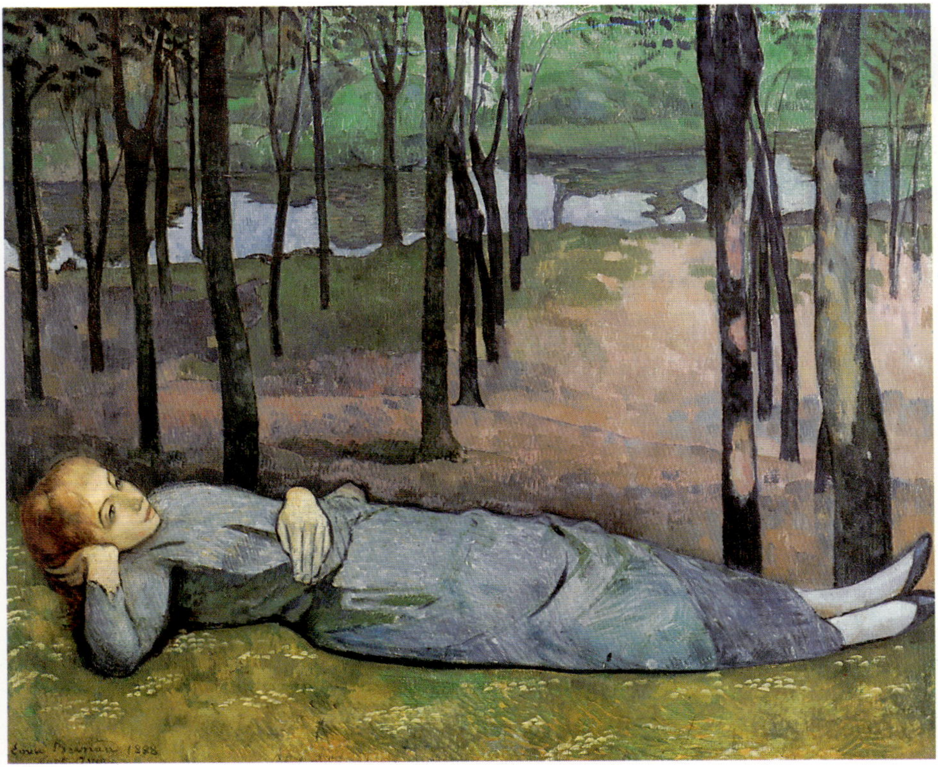

Emile Bernard
1868-1941

Madeleine au Bois d'Amour
1888
Huile sur toile
137 / 164 cm

Gauguin ne voulant pas tenir compte des frontières entre les différents arts, s'exprime très tôt dans toutes les techniques. Dès 1886, il s'essaye à la céramique (*vase à quatre anses, sujet breton*), rencontre Chaplet qui l'initie à la technique du grès flambé (*pot à tabac en forme grotesque,* 1889). Les influences symbolistes apparaissent dans ses sculptures sur bois, si originales ; conçu comme pendant de *Soyez amoureuses et vous serez heureuses,* 1889 (musée de Boston), le bas-relief *Soyez mystérieuses* montre que Gauguin veut retrouver la fraîcheur de la leçon des arts dits primitifs. Fait en Bretagne en 1890, il témoigne d'influences venues des gravures japonaises et de l'Art Nouveau. La beauté du bois et de la taille en fait une des œuvres majestueuses de sa sculpture prétahitienne.

Le succès relatif de la vente aux enchères de ses tableaux, au cours de laquelle Degas achète *La Belle Angèle*, permet à Gauguin de s'embarquer en 1891. A Tahiti, Gauguin est fasciné par le charme indolent des beautés locales. Les *Femmes de Tahiti*, 1891, formes massives et sereines sont installées dans un décor réduit à quelques plans de tons profonds superposés ; la stylisation du paréo rouge et blanc s'adapte bien aux recherches décoratives de Gauguin. A Mataïea, il vit avec Tehura, la vahiné dont il sculpte les traits, exprimant son admiration pour « la race la plus belle du monde », établissant une sorte de synthèse entre ce visage lisse, stylisé et l'« Eve exotique » qui figure au dos, largement équarrie. Ses idoles, qu'il qualifie lui-même de « bibelots sauvages », lui sont dictées par la mythologie tahitienne. *L'idole à la coquille*, taillée dans du bois de fer, réunit des matériaux très divers ; le revers est très influencé par les traditionnels tikis marquisiens. Beaucoup de ses sculptures sont des objets utilitaires, cannes ou coupes au décor marquisien.

Le repas, 1891, oppose à la luxuriance des fruits colorés du premier plan la frise des jeunes Tahitiens immobiles : la porte latérale suggère l'écrasante luminosité extérieure. Un charme un peu mystérieux se dégage aussi

Paul Gauguin
1848-1903
Idole à la coquille
1893
Bois, nacre pour l'auréole, incrustations d'os pour les dents.
27 cm

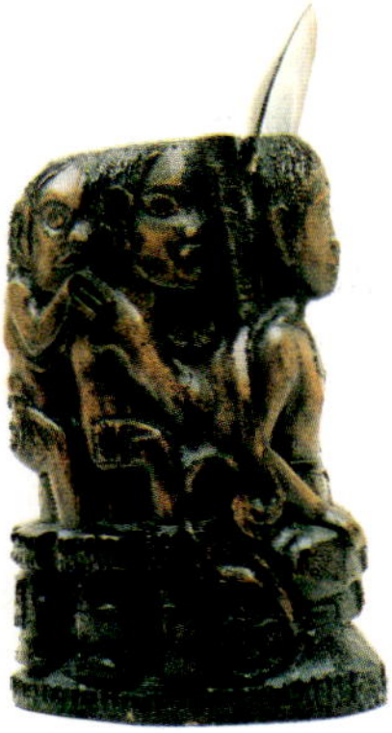

Paul Gauguin
1848-1903

Soyez mystérieuses
1890
Bois
73/95 cm

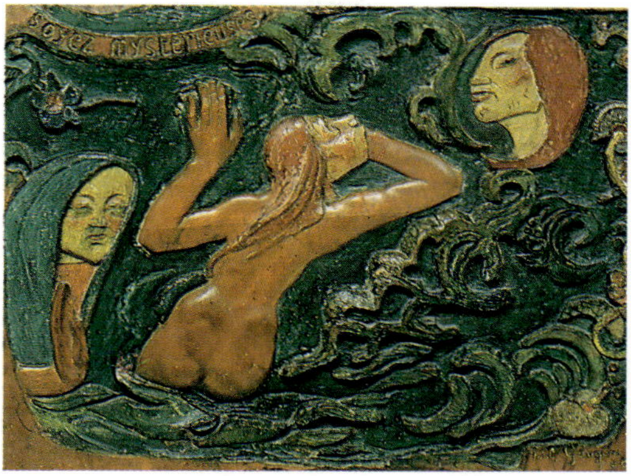

II

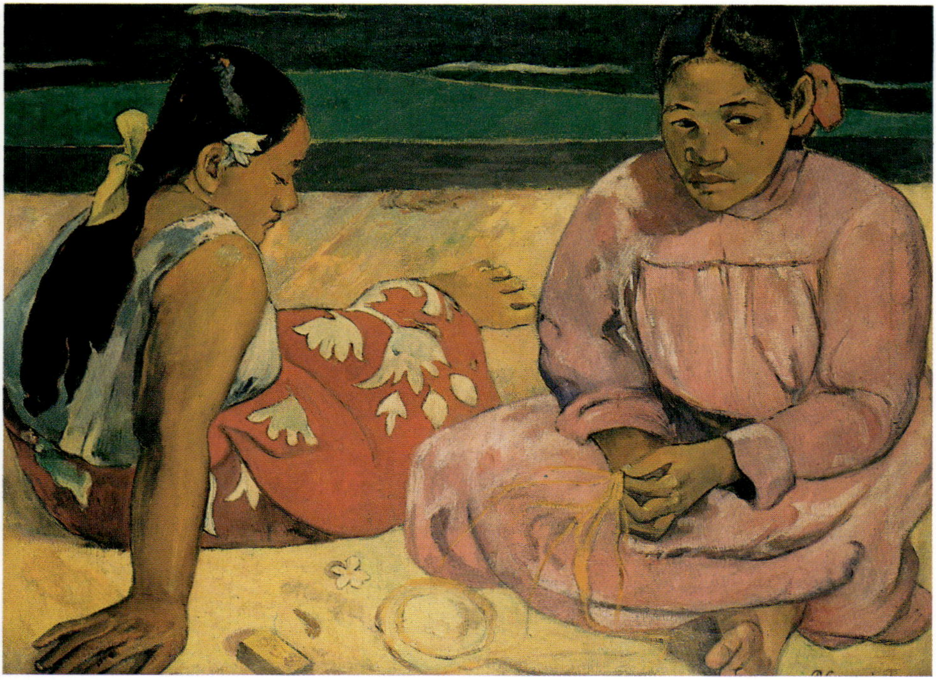

Paul Gauguin
1848-1903

Femmes de Tahiti
(ou *Sur la plage*)
1891

Huile sur toile
69/91,5 cm

d'*Arearea* (Joyeusetés), 1892, plus connu sous le titre de *Chien rouge* en raison de l'arbitraire des couleurs, qui fascine les Fauves. En une magistrale synthèse, il mêle les différentes influences des arts égyptiens, javanais, japonais et polynésiens qu'il avait pu voir lors des Expositions universelles, ou sur place. Quand, en 1894, Gauguin revient, une dernière fois, à Pont-Aven, son expérience tahitienne a renouvelé sa vision et enrichi ses coloris ; dans *Le Moulin David*, 1896, les tons sont saturés, plus violents que ses paysages bretons antérieurs.

Juillet 1895 le voit repartir pour Tahiti, abandonnant définitivement le monde occidental. Son *Autoportrait* de 1897 est dédicacé « à l'ami Daniel de Monfreid ». Cette amitié vigilante est un réel secours pour Gauguin isolé aux antipodes. Ce portrait répond bien à la description faite par Morice : « Un grand visage osseux et massif au front étroit, au nez non pas courbé, non pas busqué mais comme cassé. »

Dans le manuscrit de *Noa Noa* où Gauguin décrit le panthéon de « Tahiti fidèlement imaginé », il raconte la légende de *Vaïrumati*, 1897. « Elle était de haute stature et le feu du soleil brillait dans l'or de sa chair tandis que tous les mystères de l'amour sommeillaient dans la nuit de ses cheveux. » Toute la poésie du mythe subsiste dans cet enchantement tahitien, tout l'art de Gauguin consiste, comme pour Mallarmé, à suggérer au lieu de dire. La peinture de Gauguin tend à un retour aux sources : « Je suis reculé bien loin, plus loin que les chevaux du Parthénon, jusqu'aux dadas de mon enfance. » (*Le cheval blanc*, 1898).

En septembre 1901, il « file vers un pays plus simple, des éléments nouveaux et plus sauvages », Hiva Oa, une des îles Marquises ; Gauguin y achète un terrain, situé près de la mission pour se construire une grande case sur pilotis en bois, palmes et bambous, dont il sculpte les montants à la taille directe, dans du bois de séquoia importé et qu'il baptise, par provocation *Maison du jouir*. Après sa mort, survenue le 8 mai 1905, les cinq panneaux sont mis en vente à Tahiti où séjourne Victor Ségalen, alors jeune médecin de la marine, qui admire Gauguin. Il en achète quatre, que ses enfants vendent aux Musées nationaux en 1952 ; le cinquième est venu, en 1990, compléter le plus important des ensembles décoratifs sculptés de Gauguin.

Paul Gauguin
1848-1903
Le cheval blanc
1898
Huile sur toile
140/91,5 cm

Nul, mieux que Mallarmé, n'a su comprendre la peinture de Gauguin : « Il est extraordinaire de mettre tant de mystère dans tant d'éclat. »

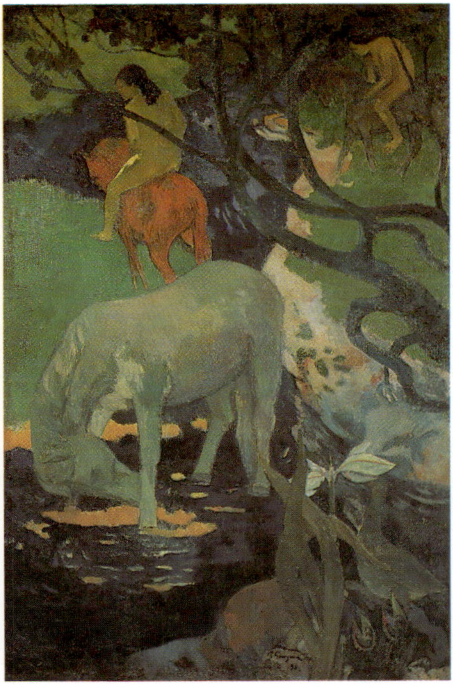

Paul Gauguin
1848-1903
Oviri
1894
Grès cérame émaillé
75/19 cm

Oviri, « La Tueuse », comme la désigne Gauguin, ce dieu « sauvage » qui préside à la mort et au deuil, est la plus grande pièce en céramique exécutée par l'artiste.
Il tenait tout particulièrement à cette œuvre puissante, porteuse de mystère et d'étrangeté, puisqu'il avait souhaité qu'elle fût placée sur sa tombe.

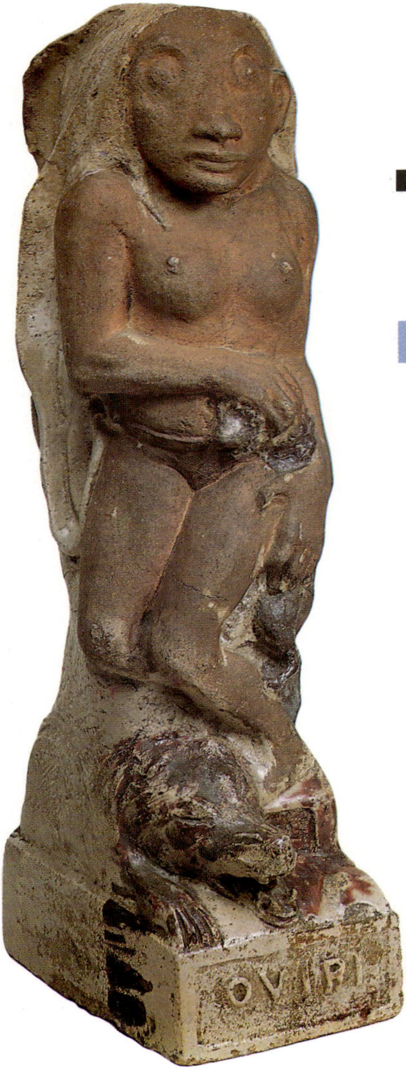

Néo-impressionnisme — Seurat, Signac, Cross

C'est en 1886 dans le compte rendu, fait par le critique Félix Fénéon, de la huitième exposition impressionniste, qu'apparaît le terme de néo-impressionnisme. Georges Seurat, qui est à l'origine de cette technique nouvelle, y expose *Un dimanche à la Grande Jatte* (Chicago, Art Institute) ; mais l'artiste avait déjà suscité l'étonnement avec *Une baignade, Asnières*, 1883-1884 (Londres, Tate Gallery), refusé par le jury du Salon officiel, et qu'il présente alors au Salon des Indépendants fondé en 1884 ; ces deux œuvres sont évoquées au musée d'Orsay par de petites études rapides.

Appelée aussi pointillisme ou divisionnisme, la technique inventée par Seurat consiste à poser sur la toile des points de couleurs pures, juxtaposées, dans le but de renforcer la richesse, la solidité et l'éclat des tons ; c'est l'œil du spectateur qui opère le mélange optique des pigments, recompose la synthèse des éléments. Cette façon de peindre est à la fois un prolongement des expériences menées par Delacroix, puis développées par les impressionnistes, et une application des traités scientifiques consacrées à la couleur par Chevreul ou Charles Blanc. Avant de dominer totalement sa méthode, Seurat se livre à de nombreuses études peintes en plein air ; c'est le cas du *Petit paysan en bleu* dont la figure s'impose, monumentale malgré sa taille. Trois études très poussées pour la grande toile des *Poseuses* (Merion Foundation, Pennsylvanie), introduisent dans le monde dense de Seurat ; on y voit un même modèle nu, en trois poses différentes, qui semble composé seulement d'air et de lumière, sans que pour cela la forme en disparaisse (*Poseuse debout ; Poseuse assise de profil ; Poseuse de dos*, 1886).

Seurat passe l'été 1888 à Port-en-Bessin, village de la côte normande découvert par son ami Signac, d'où il rapporte un groupe de paysages ; *Port-en-Bessin*, 1888, joue sur les lignes et les rythmes colorés – horizontales des jetées, courbes des falaises –, laisse la place principale à la mer et au ciel en une atmosphère calme et poétique. La bordure à petits points, comme celle qui entoure les *Poseuses*, a été rajoutée par le peintre, afin d'assurer une harmonieuse transition entre la toile et son cadre. Sa dernière œuvre, le

Georges Seurat
1859-1891
Poseuse de dos
1886
Huile sur bois
24,5 / 15,5 cm

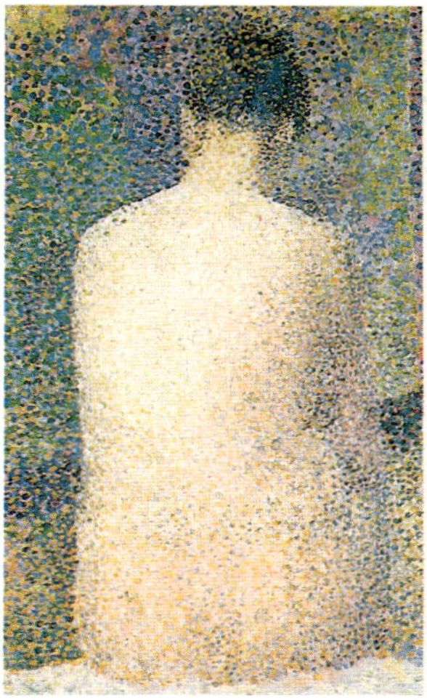

Georges Seurat
1859-1891
Cirque
1891
Huile sur toile
185,5 / 152,5 cm

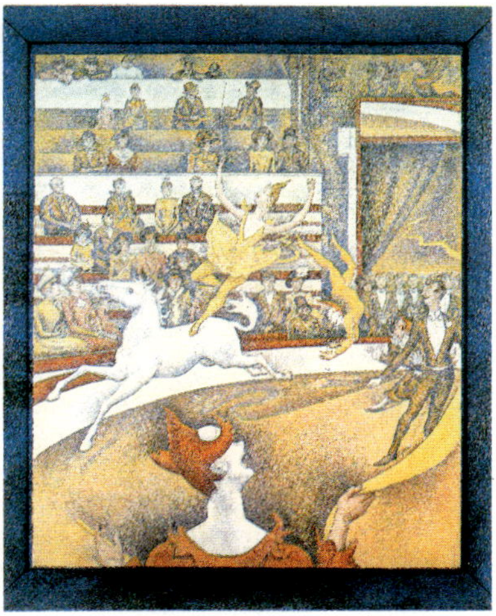

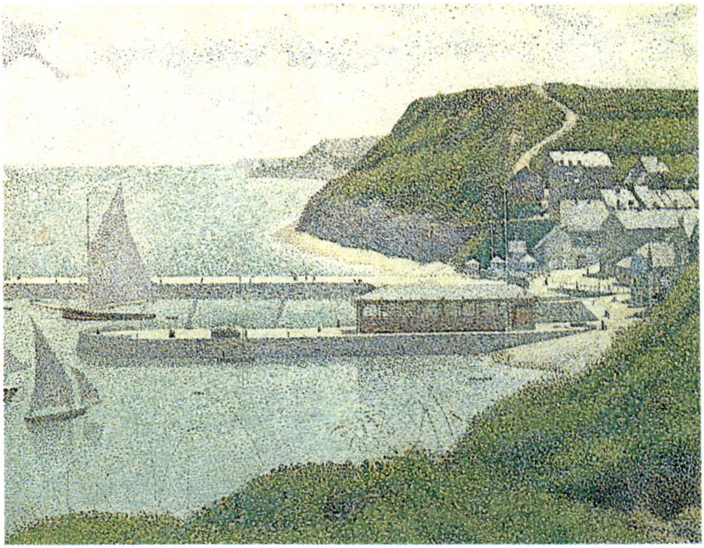

Georges Seurat
1859-1891
Port-en-Bessin
avant-port, marée haute
1888
Huile sur toile
67 / 82 cm

II

Cirque, inachevée, au caractère étrange, suggère la gaieté et l'excitation du spectacle à l'aide de rythmes ascendants colorés en rouge et jaune (pour la piste et les acteurs du cirque), tandis que les spectateurs sont placés sur les lignes horizontales des gradins évocatrices de calme et de stabilité, dans une tonalité générale de jaune et de violet. C'est là un écho des théories de Charles Henry sur la dynamique des lignes. Les silhouettes plates et simplifiées, les arabesques sinueuses, tout dénote un souci dominant de décoration (une étude réduite à l'huile permet de suivre l'élaboration du tableau). Autour de Seurat, Signac, Cross, Angrand, Dubois-Pillet appliquent, chacun avec son tempérament et sa sensibilité, la technique divisionniste.

D'abord dans la lignée des impressionnistes (*La route de Gennevilliers*, 1883), Signac participe activement à l'expérience divisionniste ; après la mort de Seurat, il part pour le Midi, découvre Saint-Tropez et Antibes. *Les femmes au puits*, 1892, précédé de nombreuses esquisses, aux couleurs éclatantes, aux lignes sinueuses et souples propres à l'Art Nouveau, est une illustration de la théorie pointilliste poussée à l'extrême. Cependant, *La bouée rouge*, 1895, plus libéré de l'emprise scientifique, est traité avec une touche élargie tandis que le coloris éclatant est décomposé en multiples reflets. *Le Château des papes*, 1900, confirme cet emploi d'une touche « proportionnée à la dimension du tableau » — qui aboutit à donner à ses toiles l'aspect d'une mosaïque (*L'entrée du port de la Rochelle*, 1921) —, et l'attention toujours croissante portée à la lumière et aux couleurs. Cross réalise des toiles harmonieuses et pures, telle *Les îles d'or*, 1891, variation colorée presque abstraite ; ses grands paysages sont parfois teintés de l'idéalisme de Puvis de Chavannes et des Nabis (*L'air du soir*, 1893-1894), ou encore prétexte à l'exaltation des couleurs (*Les cyprès à Cagnes*, 1908). Au contraire, le réalisme de Luce lui inspire des scènes empruntées à la vie quotidienne (*Le quai Saint-Michel et Notre-Dame*). Signac se lie d'amitié avec les peintres belges, Théo van Rysselberghe (*Voiliers et estuaire*, vers 1892-1893 ; *L'homme à la barre*, 1892), ou Georges Lemmen, membres de l'actif groupe des XX, qui

Paul Signac
1863-1935
La bouée rouge
1895
Huile sur toile
81/65 cm

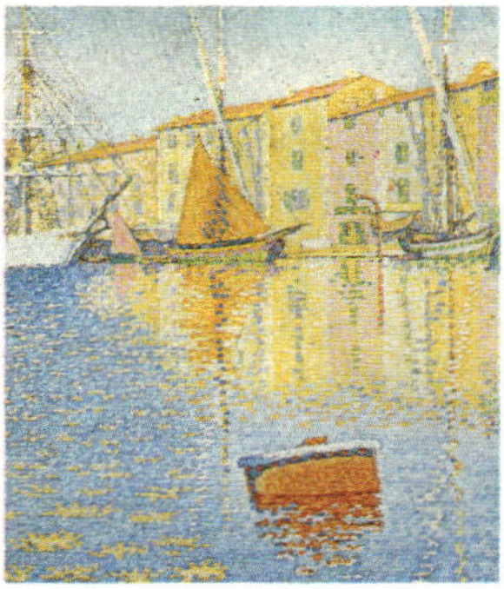

Maximilien Luce
1858-1941
Le quai Saint-Michel et Notre-Dame
1901
Huile sur toile
73/60 cm

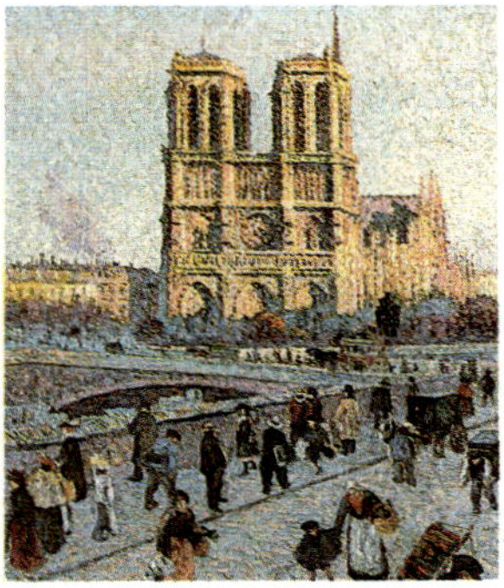

II

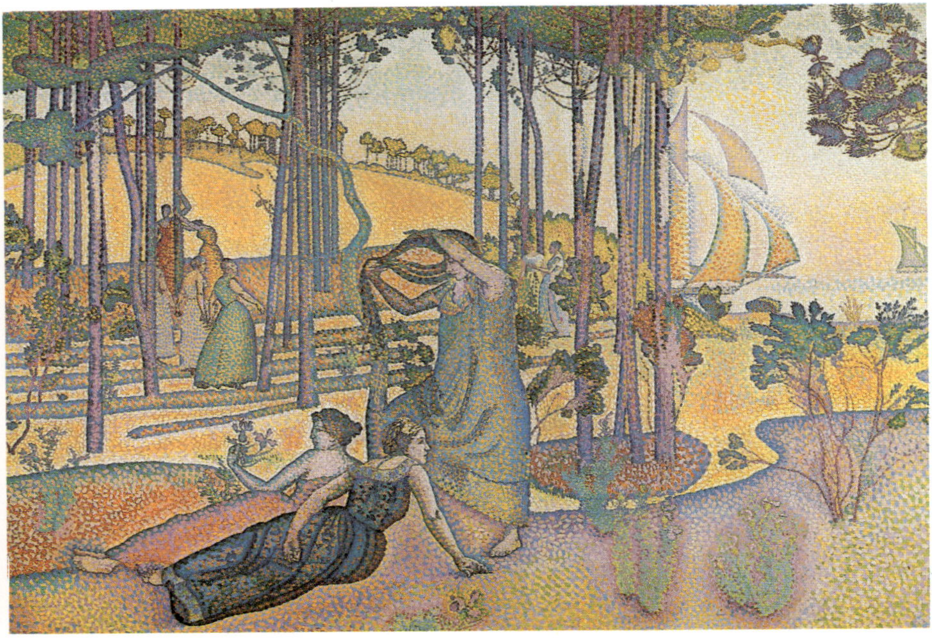

Henri Edmond Cross
1856-1910

L'air du soir
1893-1894
Huile sur toile
115,6/163,2 cm

diffuse les théories impressionnistes. C'est vers 1898 qu'apparaissent les premières peintures néo-impressionnistes de Lemmen, profondément influencées par Seurat dans la gamme chromatique comme dans le souci d'encadrer d'une bordure à petits points l'ensemble de sa composition (*Aline Maréchal*) ; tandis que certaines toiles laissent plus de place au souci décoratif, à la ligne sinueuse venue de l'Art Nouveau (*Plage à Heist*, 1891). Signac publie en 1899, le livre essentiel à la connaissance du divisionnisme, *D'Eugène Delacroix au néo-impressionnisme*, laissant aux fauves, aux cubistes et aux peintres de l'abstraction, un héritage porteur de nouvelles aventures picturales.

Henri Matisse aurait commencé *Luxe, calme et volupté*, lors de son séjour chez Signac, à Saint-Tropez, durant l'été 1904. C'est un vers de *L'invitation au voyage* de Baudelaire qui inspire à l'artiste cette vision paradisiaque, celle d'un « Age d'or » déjà évoqué par Puvis de Chavannes, Cross ou Signac. Ce thème doit aussi aux *Bacchanales, Concerts champêtres* et *Pastorales* des grands vénitiens et de Poussin, et aux modernes *Déjeuners sur l'herbe*. Avant les grandes innovations de *La joie de vivre*, 1906, Matisse donne une très libre interprétation du néo-impressionnisme et emploie déjà la gamme colorée que l'on retrouve dans ses œuvres fauves.

Georges Lemmen
1865-1916
Aline Maréchal
1892
Huile sur toile
60 / 51 cm

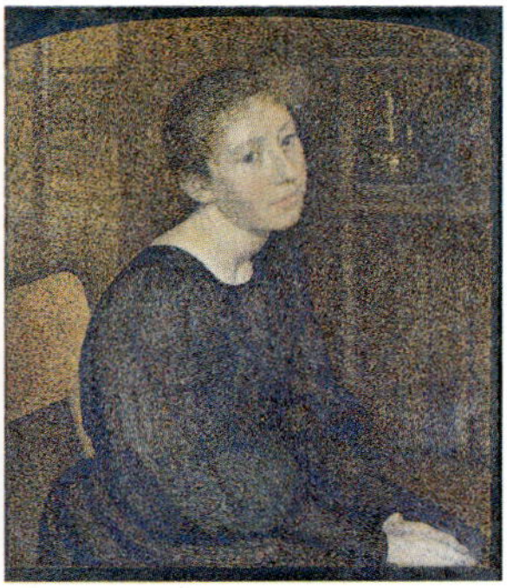

II

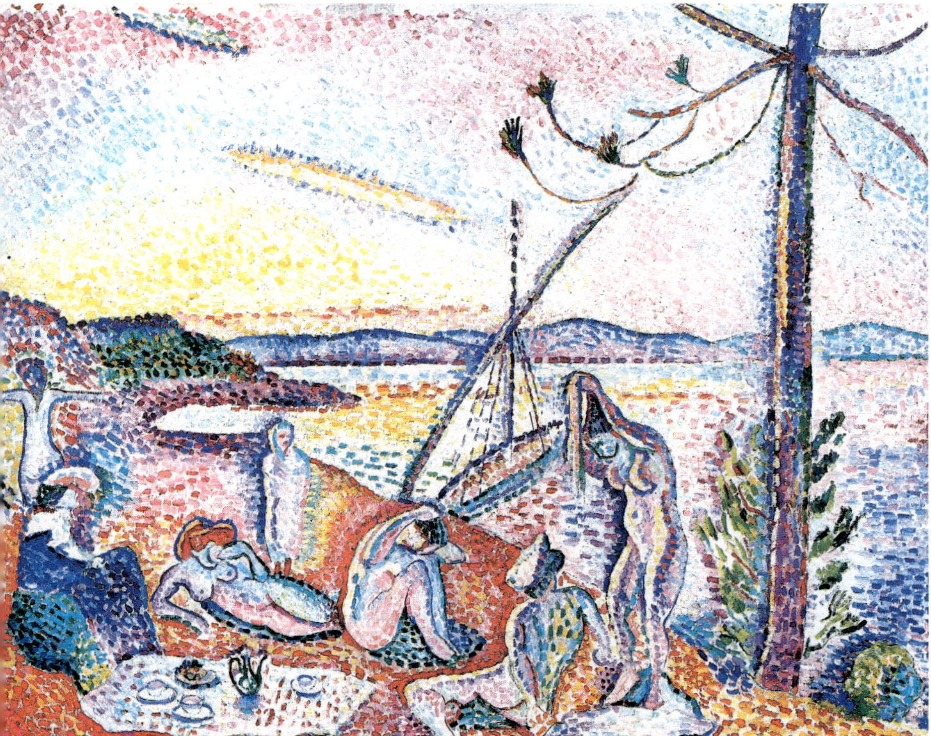

Henri Matisse
1869-1954

Luxe, calme et volupté
1904
Huile sur toile
98 / 118 cm

Toulouse-Lautrec est issu d'une vieille famille aristocratique au sein de laquelle le dessin était un passe-temps très pratiqué ; à la suite de deux accidents qui le rendent infirme, la peinture prend alors une place primordiale dans sa vie. En 1882, il fréquente les ateliers de Bonnat, puis de Cormon, et, dès 1884, s'installe à Montmartre où il peint des scènes de la vie parisienne contemporaine.

Passionné par le théâtre, il exécute le portrait de l'acteur *Henry Samary,* 1889, de la Comédie française, campé de façon insolite sur scène ; Paris nocturne et le monde du spectacle le fascinent, aussi bien au cirque qu'au cabaret.

Ne se « fiant pas à la mode, Lautrec a son Olympe personnel » dont fait partie *Jane Avril,* 1892, l'un de ses modèles favoris pour laquelle il crée plusieurs affiches qui en font une « vedette » ; il souligne comme souvent le jeu de jambes de cette élégante silhouette, fermement écrite d'un trait cursif, et traduit le charme étrange de son air un peu absent. Le dessin incisif et la mise en page décentrée qui caractérisent son œuvre prouvent son admiration pour l'art du Japon. Un savant découpage, arbitraire, présente *La clownesse Cha-U-Kao* sans en montrer le visage. Proche de l'art de l'instantané, Lautrec saisit le geste juste de la femme ajustant sa collerette en spirale jaune, inscrite dans une harmonie violente.

« Le modèle est toujours empaillé, elles, elles vivent », *Femme tirant son bas*, 1894, ou *Femme sur le dos : lassitude*, 1896, sont des notations elliptiques saisies sur le vif dans les maisons closes. Lautrec en tira une série de lithographies : l'album *Elles. La toilette* se situe dans la lignée de Degas autant par son sujet que par ses perspectives accélérées.

« Seule la figure existe », dit Lautrec qui écarte l'accessoire et ne le réintroduit que s'il est essentiel et significatif. Son ami *Paul Leclerc,* 1897, raconta la « prodigieuse facilité de travail » de l'artiste, gardant « le souvenir précis de n'avoir pas posé plus de deux ou trois heures ». Lautrec traque la vérité psychologique, rend avec justesse la pose décontractée de son modèle, qui était l'un des initiateurs de *La Revue Blanche*, dont Lautrec était un familier. Il meurt prématurément à 37 ans, laissant une œuvre singulière et abondante qui marqua profondément les expressionnistes et Picasso.

Henri
de Toulouse-Lautrec
1864-1901
Jane Avril dansant
Vers 1892
Huile sur carton
85,5 / 45 cm

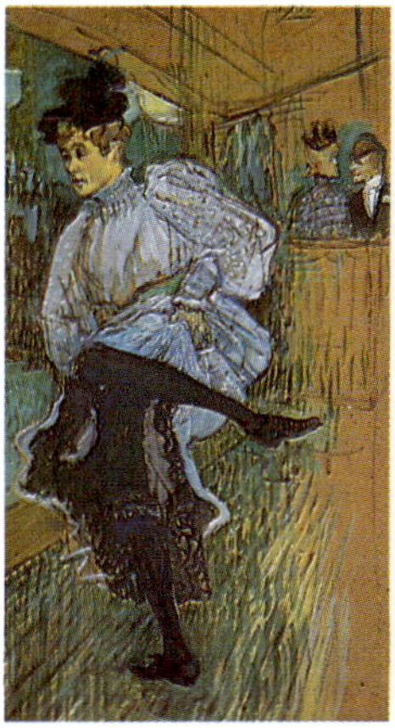

Henri
de Toulouse-Lautrec
1864-1901
La clownesse Cha-U-Kao
1895
Huile sur carton
64 / 49 cm

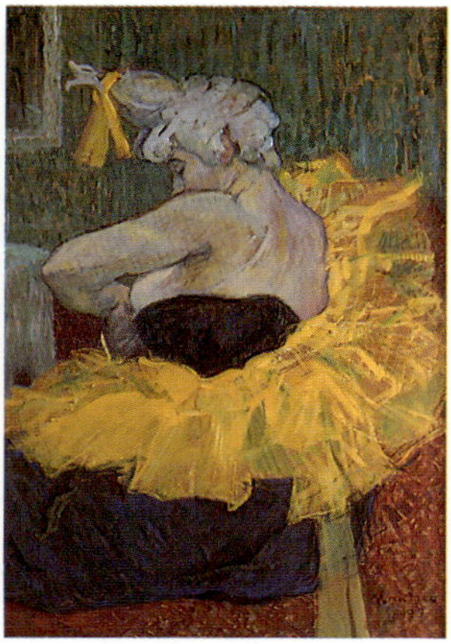

II

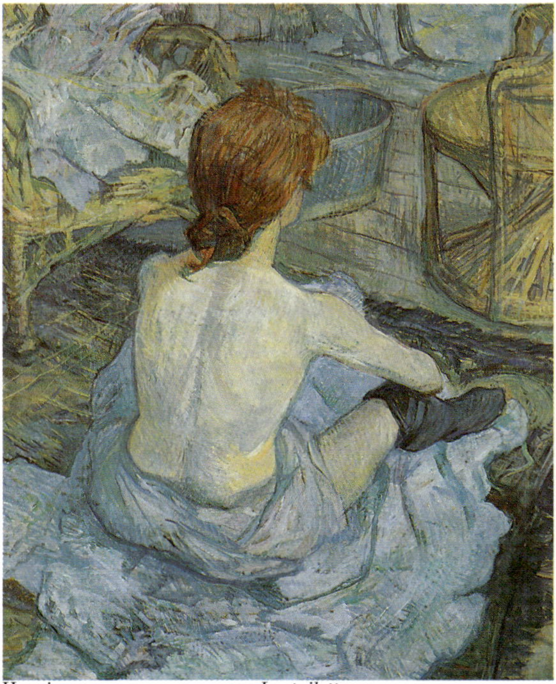

Henri
de Toulouse-Lautrec
1864-1901
La toilette
1896
Huile sur carton
67 / 54 cm

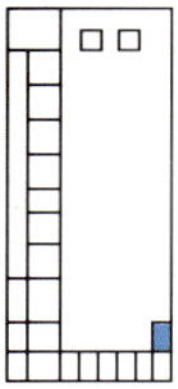

Peintures de petits formats — Denis, Bonnard, Vuillard, Vallotton

Réservée aux tableaux de petits formats, cette salle présente, pour la plus grande part, les œuvres des peintres Nabis, mais aussi celles d'artistes plus partagés ; naturaliste comme Cottet mais attiré par les sujets que traitent Degas ou Lautrec (*Le cirque,* 1913), influencé par l'intimisme de Bonnard et le Japonisme comme Albert André (*Le serin,* vers 1894).

L'origine du mouvement Nabi remonte à octobre 1888 alors que Sérusier peint à Pont-Aven : « Comment voyez-vous cet arbre, avait dit Gauguin devant un coin du Bois-d'Amour. Il est vert ? Mettez donc du vert, le plus beau vert de votre palette ; — et cette ombre, plutôt bleue ? Ne craignez pas de la peindre aussi bleue que possible. »

Cet éclatant paysage, peint par Sérusier sous la dictée de Gauguin et baptisé *Le talisman*, est une révélation pour ses amis de l'Académie Julian, Ranson, Denis, Bonnard, qui recrutent à leur tour d'autres adeptes, Vuillard et Roussel. *Le talisman*, présenté ici à côté de deux œuvres « tachistes » de Maurice Denis révèle l'importance de la leçon de Gauguin ; chacune de ces œuvres devient un « paysage informe à force d'être synthétiquement formulé », presque abstrait, et ceci par l'exaltation des couleurs pures, juxtaposées. *La montée au calvaire,* la plus ancienne peinture religieuse de Maurice Denis, et surtout *Taches de soleil sur la terrasse,* 1890, démontrent de façon éblouissante que l'art est, selon ses propres termes, une « transposition », « l'équivalent passionné d'une sensation reçue ».

Ces jeunes artistes se regroupent en une sorte de confrérie et s'appellent, les uns avec ironie, les autres avec conviction, les « Nabis » (c'est-à-dire prophètes en hébreu) ; ils sont réunis par des liens d'amitiés, par leur aspiration commune à créer un art nouveau et constituent l'avant-garde de la peinture parisienne de la dernière décennie du XIXe siècle.

Paul Sérusier 1863-1927 *Le talisman* 1888 Huile sur bois 27 / 22 cm	Pierre Bonnard 1867-1947 *Le corsage à carreaux* 1892 Huile sur toile 61 / 33 cm	
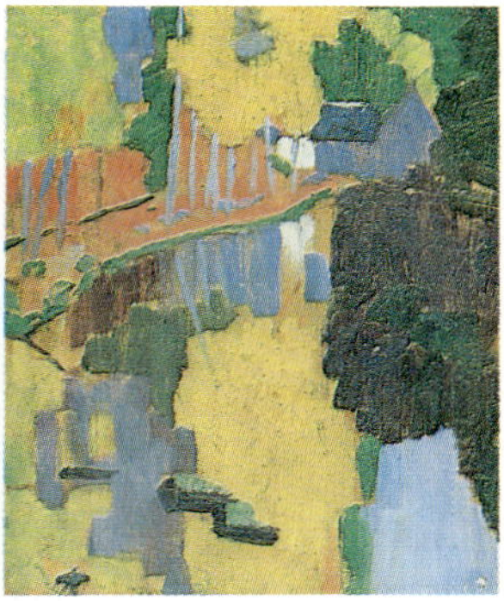	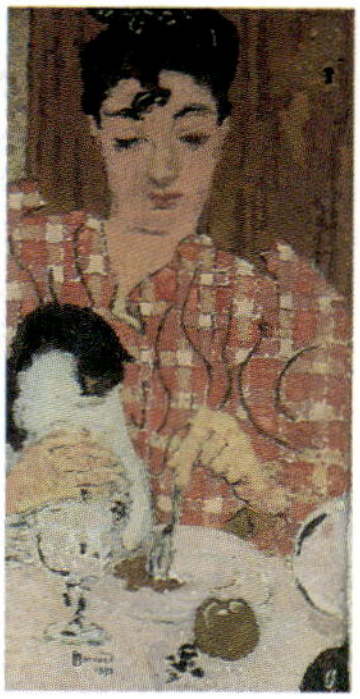	

II

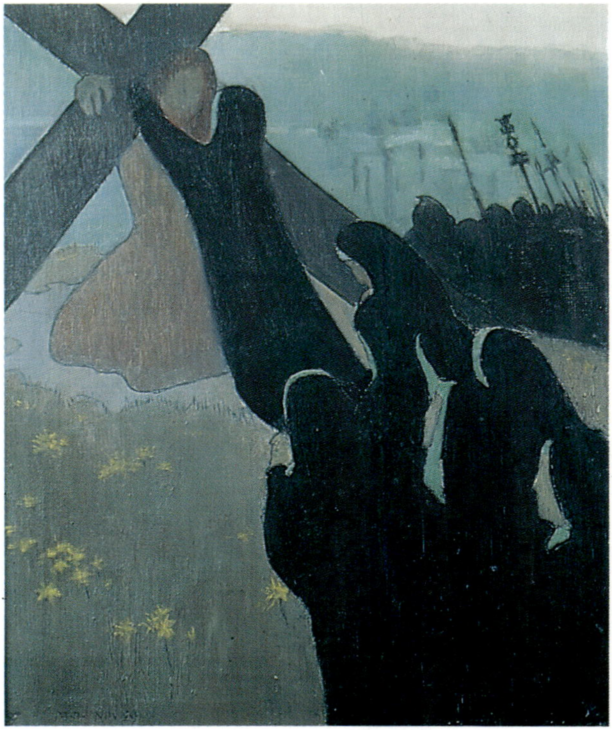

Maurice Denis
1870-1943

Le calvaire
(ou *Montée au calvaire*)
1889
Huile sur toile
41 / 32,5 cm

Surnommé le « Nabi japonard », Pierre Bonnard reconnaissait devoir aux Japonais les motifs à carreaux (*Le corsage à carreaux*, 1892) ; après 1894, l'artiste semble plus attiré par les intérieurs et les scènes familières dans lesquelles il utilise la lumière artificielle (*Sous la lampe*, 1899). D'abord très proche des Nabis, le Suisse Félix Vallotton traite, avec subtilité, du paysage ; *Clair de lune*, au tracé sinueux, teinté de symbolisme, habité par le silence et le mystère, est un tableau rare et exceptionnel, puisque le peintre ne développera ce thème que dans les années 1910-1911. Edouard Vuillard s'exprime en de petits panneaux pleins de fantaisie, de verve caricaturale (*Femme de profil au chapeau vert*, 1891), découpant la silhouette sur un fond neutre, en larges plages colorées, avec ce goût de la synthèse que l'on retrouve dans *Le sommeil*, 1891.

Edouard Vuillard
1868-1940
*Femme de profil
au chapeau vert*
Vers 1891
Huile sur carton
21 / 16 cm

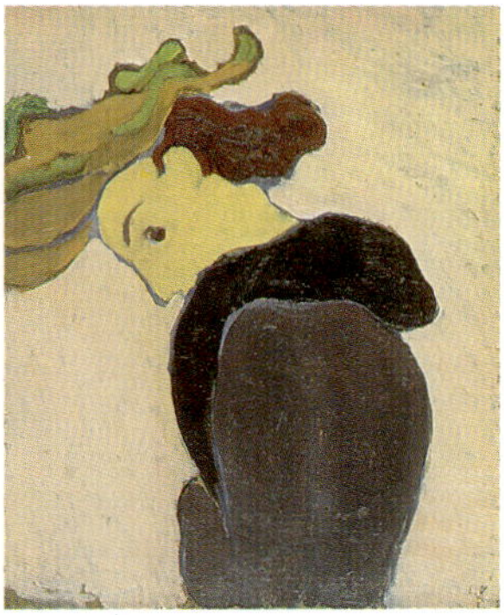

II

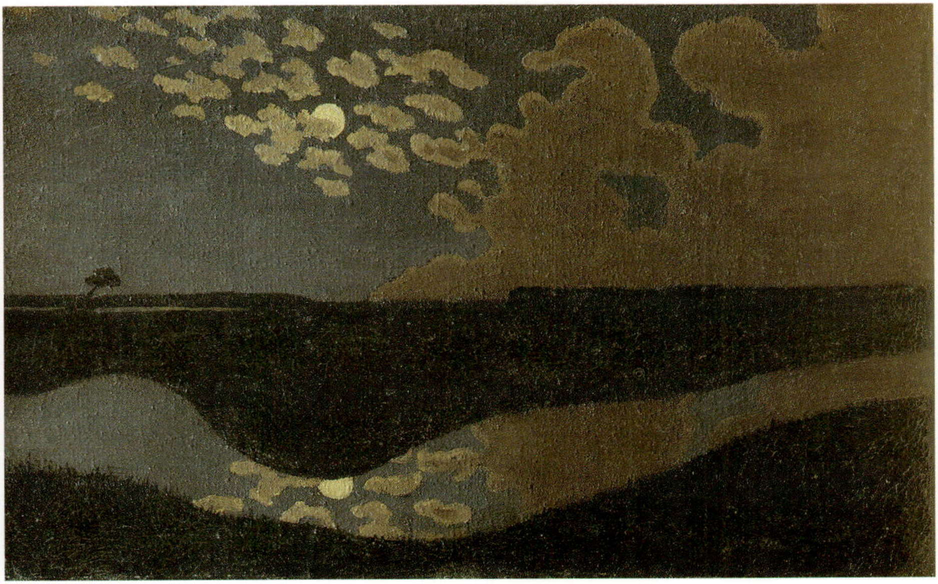

Félix Vallotton
1865-1925

Clair de lune
Vers 1895
Huile sur toile
27 / 41 cm

Passage de la Presse

« L'opinion se fait à Paris ; elle se fait avec de l'encre et du papier ! », s'exclame Balzac en 1840. Non sans raison! La presse, devenue le « quatrième pouvoir de l'Etat », ne cesse de se développer tout au long du siècle ; tantôt muselée (loi du 9 septembre 1835), puis libre (1848, puis de nouveau censurée en 1850) et enfin libre (loi du 29 juillet 1881). Ses auteurs (les journalistes Girardin, Villemessant, Veuillot, Prévost-Paradol, Léo Lespès, Zola, Vallès, Rochefort...) sont des hommes influents, dont la puissance grandit tandis que la presse se transforme. Tout d'abord, elle se démocratise. En 1836, Girardin avait lancé l'abonnement à 40 francs par an (au lieu de 80) et inventé le système des annonces ; en 1863, Moïse Millaud lance *Le Petit Journal*, à cinq centimes (« l'argent de ceux qui n'en ont pas » créant ainsi ce que l'on appelle « la presse du pauvre »). Puis, elle se diversifie : la politique et les chroniques mondaines font place aux faits divers, aux reportages lointains, au sport et à la gastronomie, au feuilleton surtout! Le feuilleton, phénomène social sans précédent, assure le succès de la presse non politique du Second Empire et de la Troisième République, et celui de ses auteurs : *Les Mystères de Paris* d'Eugène Sue sont un triomphe ainsi que *Rocambole*, de Ponson du Terrail. Surtout, elle devient de plus en plus illustrée. Les journaux de mode, les journaux satiriques, la presse de voyages et celle de géographie, la presse scientifique et les journaux pour enfants se multiplient, diffusant à travers toute la France et dans tous les foyers, des plus aisés aux plus modestes, une multitude d'images, créant ainsi un nouvel imaginaire collectif, auquel n'échappent pas les écrivains, musiciens et artistes du siècle.

Le passage de la presse retrace, à l'aide d'images et de textes, cette évolution qui conduisit la presse, d'abord essentiellement politique, parisienne et peu illustrée, à devenir le premier pourvoyeur d'images du siècle.

Le Petit Journal

ADMINISTRATION
61, RUE LAFAYETTE, 61

Les manuscrits ne sont pas rendus

On s'abonne sans frais dans tous les bureaux de poste

5 CENT. SUPPLÉMENT ILLUSTRÉ 5 CENT.

25me Année — Numéro 1.219

DIMANCHE 29 MARS 1914

ABONNEMENTS

	SIX MOIS	UN AN
SEINE et SEINE-ET-OISE	2 fr	3 fr. 50
DÉPARTEMENTS	2 fr.	4 fr »
ÉTRANGER	2 50	5 fr. »

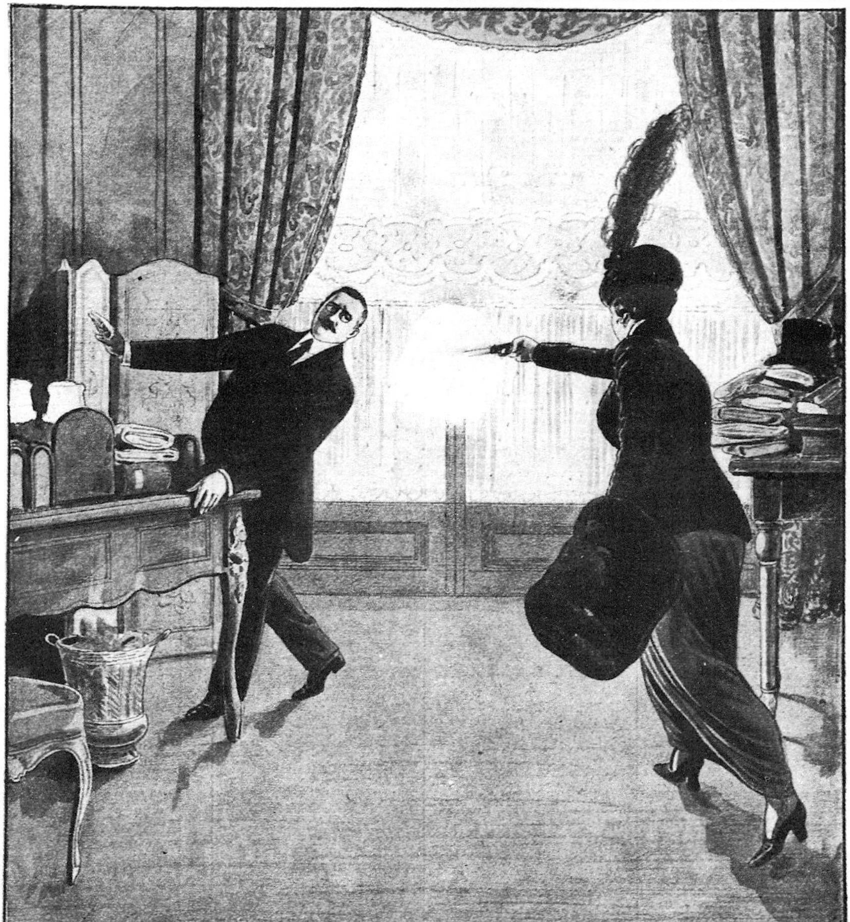

Tragique épilogue d'une querelle politique

Mme CAILLAUX, FEMME DU MINISTRE DES FINANCES, TUE A COUPS DE REVOLVER M. GASTON CALMETTE DIRECTEUR DU « FIGARO »

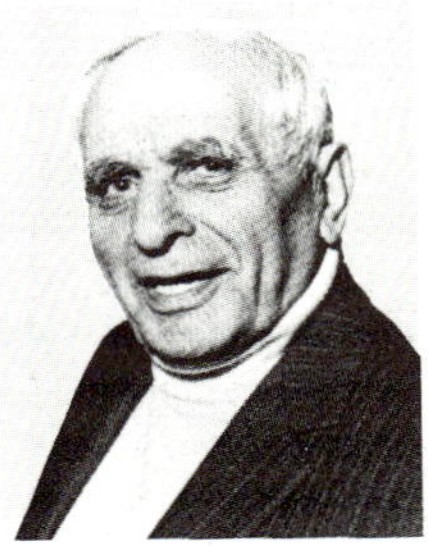
Max Kaganovitch
1891-1978

Donnée par Max Kaganovitch (1891-1978) en mars 1973, en son nom et celui de sa femme, décédée, la collection Max et Rosy Kaganovitch comporte vingt toiles, judicieusement choisies par ce marchand et amateur éclairé, qui constitua cet ensemble dans le but de le remettre un jour à l'Etat. Selon le désir du donateur, les tableaux doivent rester groupés dans une salle portant son nom et celui de sa femme. La collection permet de suivre l'évolution de la peinture impressionniste et post-impressionniste, ainsi que d'évoquer la naissance du fauvisme.

Les grands impressionnistes, Monet (*Eglise de Vétheuil*, 1879), Sisley, Renoir (*Marine, Guernesey*, 1883), Pissarro y sont bien représentés ; *La route de Versailles*, 1875, de Sisley est rendu à l'aide d'une touche frémissante, tandis que le paysage de *La route d'Ennery*, 1874, par Pissarro, composition au rythme lent et serein, est traduit de façon large et puissante ; en revanche, l'artiste adopte dans *Un coin de jardin à l'Hermitage*, 1877, la touche fragmentée de Monet. Peint durant son internement à Saint-Rémy de Provence, *L'hôpital Saint-Jean*, 1889, de Van Gogh est une œuvre tourmentée, exécutée à l'aide d'une touche fébrile. Les *Paysannes bretonnes* de Gauguin, tableau exécuté lors du dernier séjour de l'artiste en Bretagne, témoigne de l'influence des coloris et du type tahitien, dans une composition synthétique et monumentale.

Le *Nu bleu* de Bonnard, vers 1899-1900, s'il rappelle par sa sinuosité *L'indolente*, se fond dans une harmonie raffinée de gris et de bleu.

Derain et Vlaminck, très liés d'amitié, font éclater les couleurs, pures et flamboyantes ; jaunes, verts, bleus et roses éclairent avec violence le *Pont de Charing-Cross* à Londres, dont l'espace courbe confère un dynamisme puissant à chacun des éléments d'une composition parmi les plus réussies du fauvisme.

André Derain
1880-1954

Pont de Charing-Cross
Vers 1906
Huile sur toile
81 / 100 cm

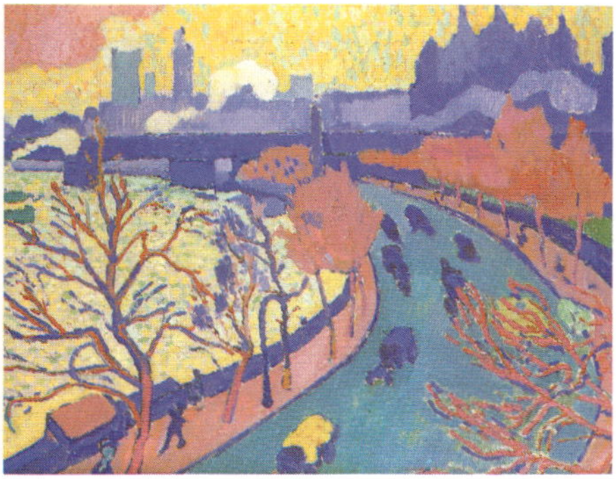

II

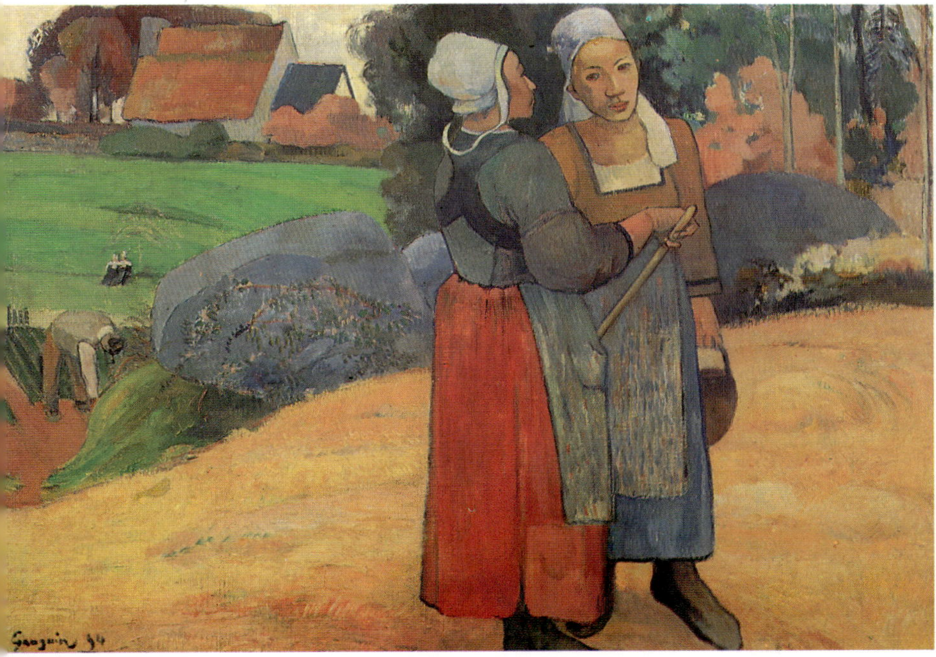

Paul Gauguin
1848-1903

Paysannes bretonnes
1894
Huile sur toile
66 / 92,5 cm

Niveau médian dernière partie de la visite

La proclamation de la République, le 4 septembre 1870, sans provoquer de réelle rupture dans le domaine artistique, suscite une vaste campagne de commandes officielles destinées à décorer les édifices en cours de reconstruction, ou à ériger des monuments à la gloire du nouveau régime, dont la stabilité reste incertaine jusqu'en 1877. Le mécénat de l'Etat républicain remplace la volonté impériale dans la diffusion d'un idéal qui a besoin de l'iconographie traditionnelle pour être comprise. Certaines œuvres rappellent la guerre franco-prussienne et la Commune, ainsi le *Siège de Paris* de Meissonier, esquisse peinte fiévreusement dans l'émotion de la défaite, l'*Enigme* de Gustave Doré, ou, plus tardivement *Le cimetière de Saint-Privat*, 1881, d'Alphonse de Neuville ; en sculpture, répondent la désolation de l'allégorie de Cabet (*Mil huit cent soixante et onze*, 1877), l'insolence du *Gloria Victis* de Mercié, et les prémices de la « revanche » avec *La résistance* et la *Défense de Paris* de Falguière.

Cette même sculpture continue à envahir la ville! Monuments publics, décors de fêtes, bustes et statues destinés à célébrer les gloires nationales, se dressent en tout point de Paris. Le *Monument à Gambetta*, dû au sculpteur Aubé et à l'architecte Boileau, dont on présente le modèle du concours de 1884, est érigé dans la cour Napoléon du Louvre ; monument lourd et pesant, il fut dépecé en plusieurs fois, les bronzes fondus sous l'Occupation, les pierres enlevées en 1954. Ce modèle offre un exemple si pédagogique, en lequel tableau vivant et inscriptions rivalisent dans la démonstration. (Se reporter aussi à la salle d'angle où sont présentées de nombreuses esquisses pour les monuments publics).

Le Salon, qui domine la vie artistique, culturelle et sociale de la fin du siècle, consacre un art officiel et un système de choix illustré par le tableau d'Henri Gervex, *Un jury de peinture*, 1885. On y reconnaît, parmi les membres du jury, J.P. Laurens, Léon Bonnat, Alexandre Cabanel, Jules Lefebvre, mais aussi des personnalités plus indépendantes comme Puvis de Chavannes ou Cormon.

Ces artistes conservent la distinction des genres et la primauté de l'histoire, de la mythologie et de l'allégorie, prétextes à des nus féminins si appréciés des collectionneurs,

Victor Ségoffin
1867-1925
Danse guerrière
(ou *Danse sacrée*)
1903-1905
Bronze et marbre
250 / 140 cm

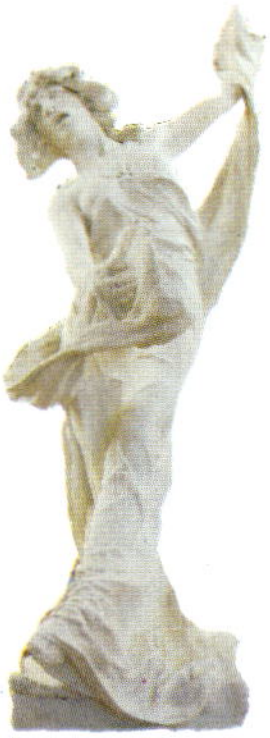

Louis-Ernest Barrias
1841-1905
La Nature
se dévoilant
à la Science
1899
Marbres polychromes
et onyx d'Algérie
200 / 85 cm

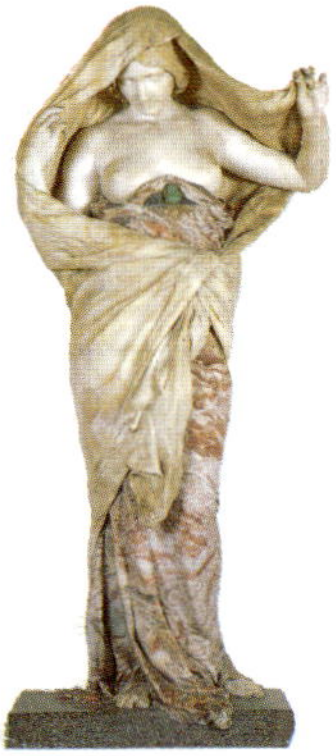

Charles-René
de Saint-Marceaux
1845-1915
Génie gardant le
secret de la tombe
1879
Marbre
168,5 / 95 cm

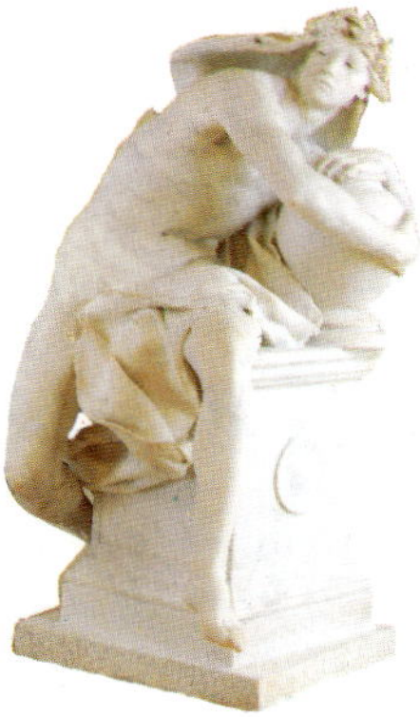

Jean-Léon Gérôme
1824-1904
Tanagra
1890
Marbre
154,7 / 56 cm

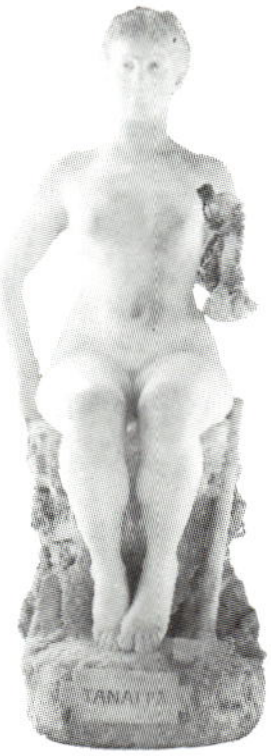

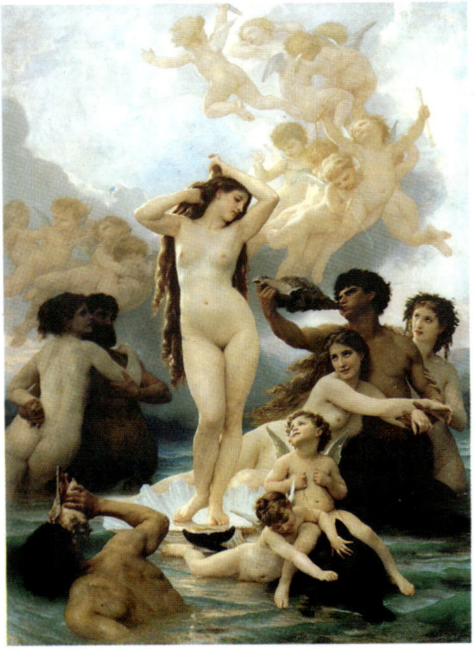

William Bougereau
1825-1905

La naissance
de Vénus
1879
Huile sur toile
300 / 218 cm

en particulier en sculpture, comme le démontrent les nus présentés dans la salle des fêtes (*Jeunesse*, 1885, marbre de Carlès ; *Eve*, 1891, marbre de Delaplanche ; *Bacchante couchée*, 1892, marbre de Moreau-Vauthier).

Gérôme, peintre et sculpteur, célèbre la beauté grecque dans sa *Tanagra*, qui fit sensation au Salon de 1890 – à laquelle il avait ajouté une polychromie aujourd'hui disparue, dans le but de rappeler les statues antiques peintes –, tandis que Louis-Ernest Barrias affirme le goût des mélanges de matériaux (déjà développé par Cordier sous le Second Empire), en assemblant marbres colorés, onyx, lapis-lazuli et malachite dans son allégorie de *La Nature se dévoilant devant la Science.* Le *Génie gardant le secret de la tombe* de Saint-Marceaux et la *Danse guerrière* de Segoffin atteignent force et puissance, par leur recherche du mouvement baroque.

Bouguereau utilise la mythologie pour retrouver le dessin et le respect des formes de Raphaël ; *La naissance de Vénus* s'inscrit dans cette quête d'un idéal décoratif, vu à travers *La source* d'Ingres dont il reprend l'attitude pour Vénus. Peintre de tradition académique, Jules Lefebvre voit sa *Vérité*, présenté au Salon de 1870, acquis par l'Etat. Le Salon présente également des portraits d'une société brillante et insouciante, comme *Mme Roger Jourdain* de Besnard.

Le surtout de table en argent et cristal de roche, du sculpteur Aubé (présenté à l'Exposition universelle de 1900), rappelle par une allégorie le séjour du tsar Nicolas II à Paris en 1896 et le rapprochement entre la France et la Russie. Les quatre continents assistent à l'apothéose de la ville de Paris.

De nombreux peintres s'adonnent avec virtuosité à la peinture décorative qui, à l'exception des décors de Luc Olivier Merson, sauvés lors de la démolition de l'hôtel Watel-Dehaynin, n'est représentée ici que par quelques esquisses. Les plafonds de Benjamin-Constant à l'Opéra Comique (1898) ou de Besnard pour la Comédie Française créent un monde élégiaque, facile et brillant, en reprenant le schéma des plafonds baroques ; tandis que la composition claire, l'harmonie sobre des couleurs, la force du dessin et la justesse des attitudes caractérisent les projets d'Elie Delaunay, de Laurens, et surtout de Puvis de Chavannes pour le Panthéon.

Alphonse de Neuville
1835-1885
Le cimetière de Saint-Privat
1881
Huile sur toile
236 / 344 cm

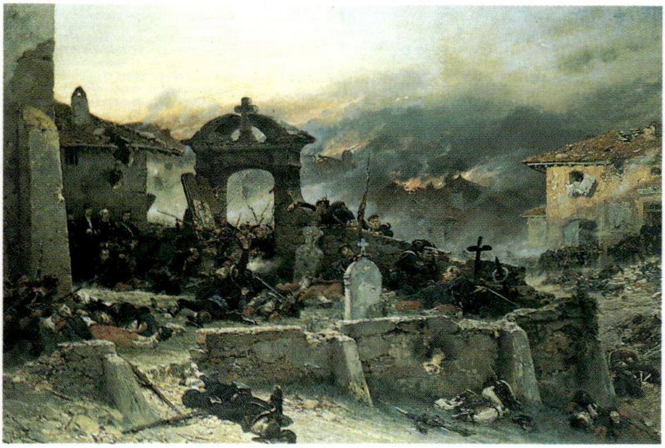

Emile Thomas
1817-1882
L'air
1877
Esquisse en plâtre
pour la statue
en pierre du Palais
du Trocadéro
44,2 / 23 cm

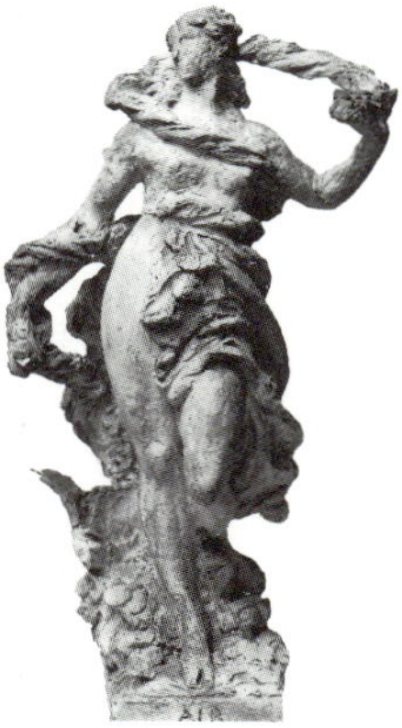

Jean Benjamin-Constant
1845-1902
Première esquisse
pour le plafond
de l'Opéra Comique
(glorification de la
Musique)
1898
Grisaille
sur papier
∅ 56 cm

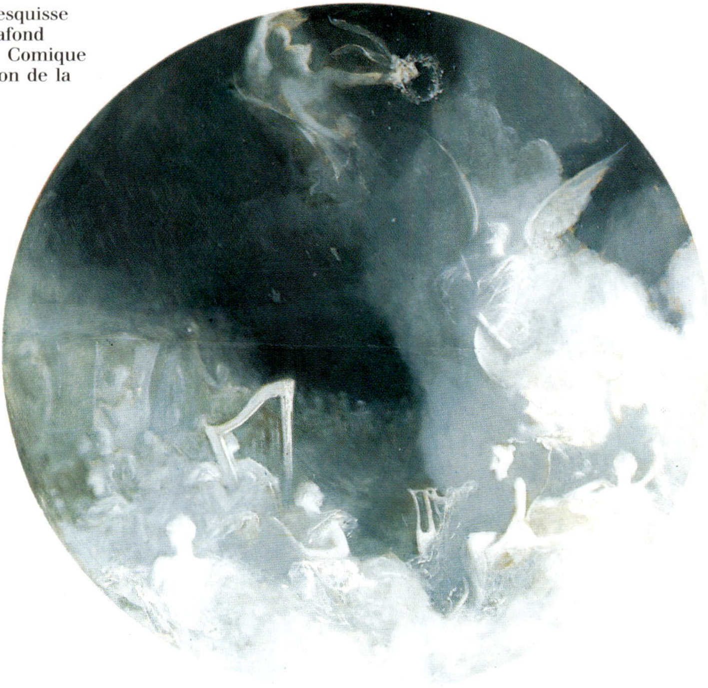

III

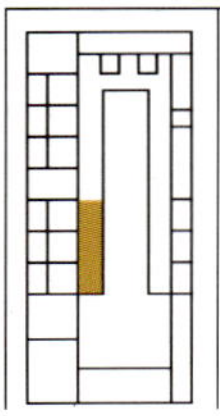

Barrias, Fremiet, Gérôme

La sculpture monumentale de la IIIe République, représentée ici à l'aide de reliefs, groupes ou statues, témoigne d'une redécouverte du style baroque, caractérisée par l'ampleur des gestes ou l'outrance des expressions.

C'est pour le décor extérieur de la galerie de paléontologie du Muséum d'histoire naturelle, construite par l'architecte Dutert en 1894-1895, que Barrias et Coutan conçoivent leurs hauts-reliefs, évoquant la vie sauvage et violente des débuts de l'humanité (*Chasseurs d'alligator* ou *Les Nubiens*, 1894, par Barrias ; *Chasseurs d'aigles*, 1900, par Coutan). Les deux reliefs, dont nous exposons les modèles originaux, figurent en bronze sur la façade du Muséum.

Deloye aussi se réfère à l'art baroque, mais à celui, si tourmenté et théâtral, de l'Europe centrale qu'il avait visitée ; ce groupe à la composition étrange se rattache à cette fièvre grandiloquente qui s'empare des sculpteurs de cette fin du siècle.

Fremiet est rattaché au réalisme historique, comme le montre son grand *Saint Michel*. Il s'agit d'une réplique en cuivre martelé de la girouette oriflamme qui couronne le Mont-Saint-Michel depuis 1897. On y observe le respect d'une iconographie traditionnelle, renforcée par de très précises recherches dans le rendu de l'armure. Le plâtre, présenté au Salon de 1896, fut fondu par la firme Monduit, créatrice et éditrice de fontes artistiques, qui s'était acquis une réputation internationale pour les qualités de finesse, de fidélité au modèle donné par le sculpteur, et de solidité de ses productions. Grâce à la générosité de Mme G. Pasquier-Monduit, le musée d'Orsay conserve une très importante série de dessins et une abondante documentation sur la firme, qui produisit également les fontes des quadriges du Grand-Palais, de nombreux éléments du pont Alexandre III, de la statue de la *Liberté* de Bartholdi, qui se trouve à New York, et du *Lion* de Belfort.

Le goût du réel et de la vérité historique poussé à son extrême se retrouve dans l'étonnant groupe des *Gladiateurs* ; cette première sculpture du peintre Gérôme, que l'on avait longtemps crue perdue, fut utilisée par son gendre, lui aussi peintre et sculpteur, Aimé Morot, afin de rendre hommage à Gérôme — qu'il a représenté, précisément, sculptant les *Gladiateurs* — incluant ainsi le groupe original de Gérôme dans sa composition !

Emmanuel Fremiet
1824-1910

Saint Michel
Cuivre martelé
617 / 260 cm

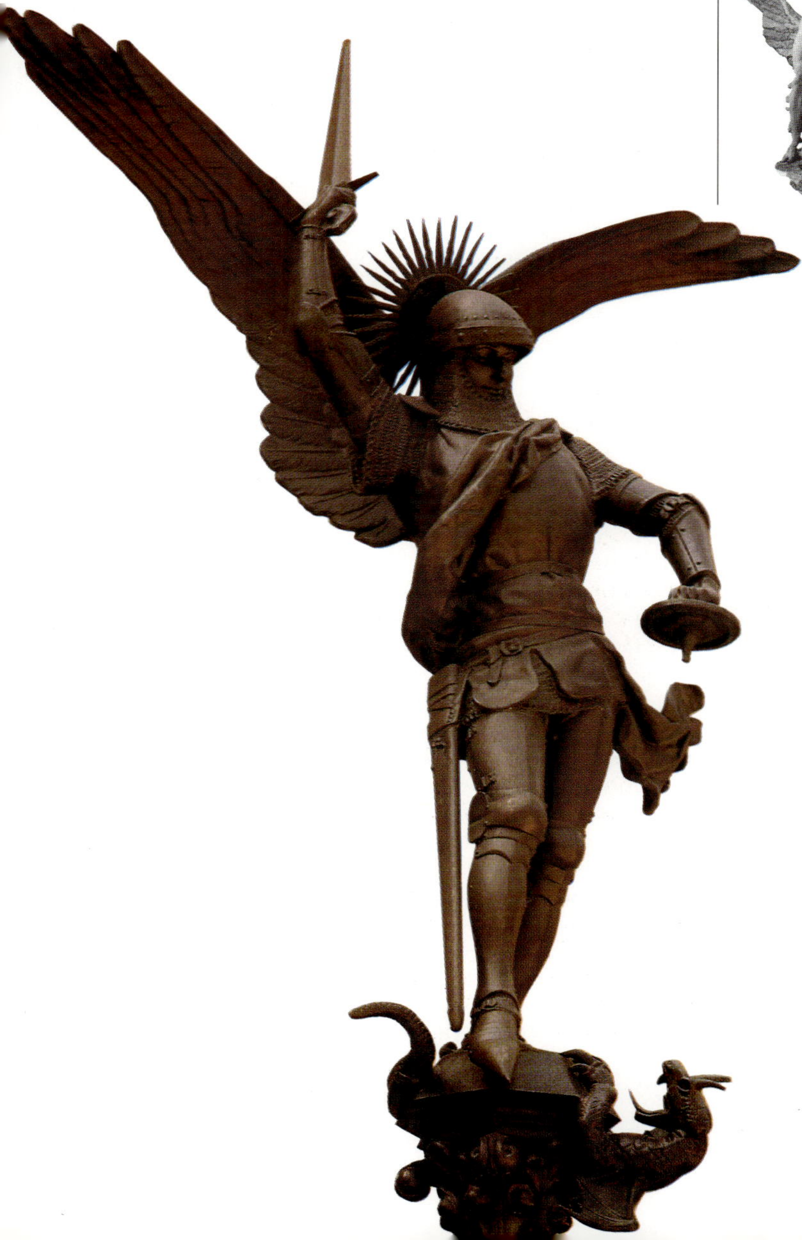

Gustave Deloye
1838-1899
Saint Marc
1878
Plâtre
205 / 145 cm

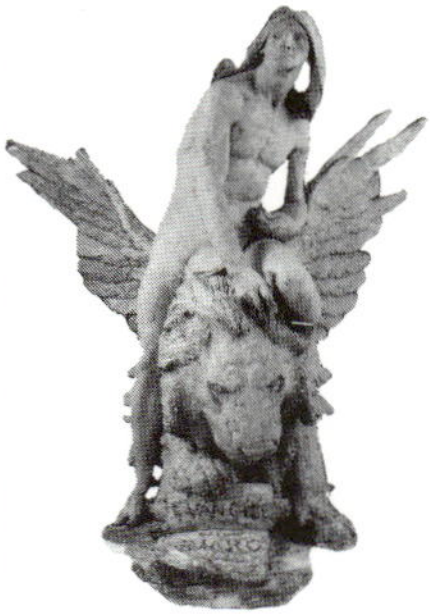

III

Rodin

Plus d'un quart de la terrasse est consacré à Rodin, lui donnant ainsi la place majeure qui lui revient dans l'histoire de la sculpture au XIXe siècle. On peut suivre l'évolution de l'artiste depuis l'*Age d'Airain* – au modèle si naturaliste en apparence que lorsqu'il fut exposé au Salon de 1877, il lui valut d'être accusé d'avoir moulé son modèle sur nature – jusqu'à la *Muse* destinée à un *Monument à Whistler*, 1902, constituée avec la plus extrême liberté d'éléments à peine raccordés, et d'une draperie simplement trempée dans du plâtre.

Après l'*Age d'Airain*, le *Saint Jean-Baptiste*, et l'*Homme qui marche*, agrandissement en 1905 d'une étude exécutée vers 1877-1878 pour le *Saint Jean*, selon une démarche chère à Rodin, une galerie de bustes évoque son talent de portraitiste. Les cercles mondains s'y mêlent aux milieux artistiques ou littéraires : à l'élégante *Mme Vicuña*, femme de l'ambassadeur du Chili à Paris, au portrait symboliste de Camille Claudel, la *Pensée*, et aux bustes héroïques, de *Hugo* et *Rochefort*, font face le célèbre masque de l'*Homme au nez cassé* et une série de personnalités liées au monde des arts, critiques comme Geffroy, ou artistes tels que *Puvis de Chavannes, Eugène Guillaume, Jean-Paul Laurens, Dalou* enfin, qui, la poitrine nue, témoigne par la rigueur de sa conception et la précision du modelé, de l'admiration qu'avait éprouvée Rodin pour la Renaissance florentine.

Les années 1880-1890 correspondent à l'élaboration de la *Porte de l'Enfer*, commandée par l'Etat en 1880 pour un musée des Arts décoratifs qui devait s'élever sur les ruines de la Cour des comptes – futur emplacement de la gare d'Orsay. Ayant pour thème la *Divine Comédie* de Dante, inspirée au départ par les Portes du Baptistère de Florence, elle fut modelée par fragments dont la plupart connurent une existence indépendante (*Penseur, Baiser, Fugit Amor, Ombres*...). Dans cet enchevêtrement de corps que la passion conduit à l'abîme, figures « pantelantes, inquiètes, signifiantes, pleines de pathétique clameur », les deux épisodes principaux sont, à gauche, le couple enlacé de Paolo et Francesca, origine du célèbre *Baiser*, et, en pendant à droite, les figures d'*Ugolin* et de ses enfants qui, légèrement modifiées, agrandies en 1906, et entourées d'un drapé dans lequel on voit le tissu apparaître sous le plâtre, devaient donner le groupe présenté

Auguste Rodin
1840-1917
Pensée
1886
Marbre
74 / 55 cm

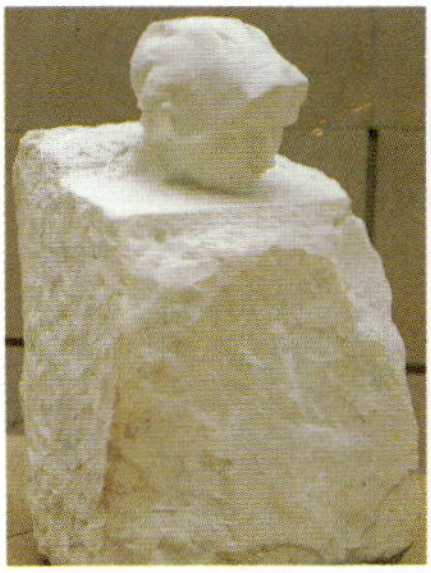

Auguste Rodin
1840-1917
Mme Vicuña
1888
Marbre
57 / 49 cm

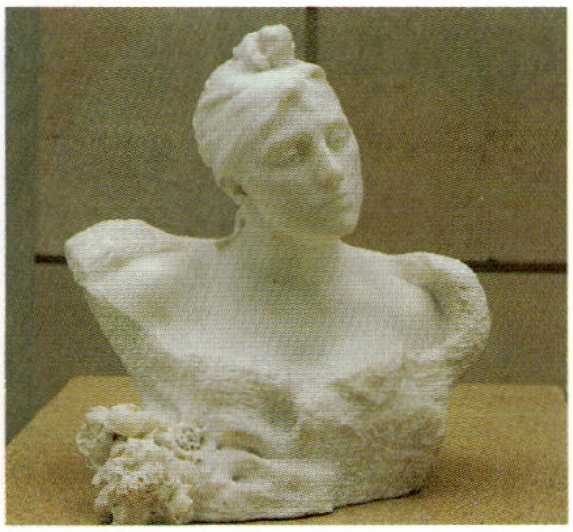

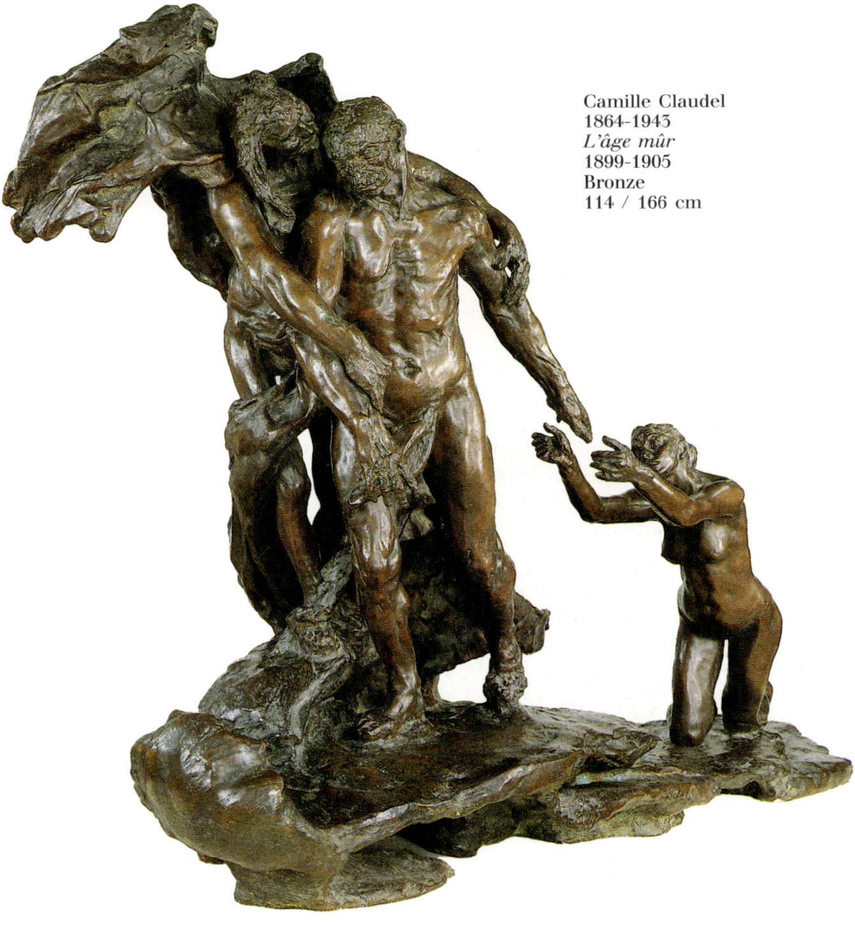

Camille Claudel
1864-1943
L'âge mûr
1899-1905
Bronze
114 / 166 cm

III

à proximité. C'est le chant XXXIII de l' *Enfer*, qui inspire alors Rodin : « ... et moi, déjà aveugle, de l'un à l'autre à tâtons j'allais ; trois jours je les appelais après qu'ils furent morts... Puis, plus que la douleur, puissante fut la faim ». Non loin de la *Porte,* se trouve également le Fugit Amor qui en est issu : ce jeune homme emporté par une femme en une course éperdue, constitue comme une réponse de Rodin à l'*Age mûr* de Camille Claudel : exécuté au moment de leur rupture, ce dernier groupe symbolise l'hésitation du maître entre sa vieille maîtresse, Rose Beuret, qui devait l'emporter, et Camille qui, sous les traits de l'*Implorante*, se penche en avant, au risque de perdre l'équilibre, pour le retenir. Les trois personnages sont placés sur une terrasse qui se recourbe en forme de vague et répond ainsi aux lignes sinueuses de l'Art Nouveau qui occupe les derniers salons à coupole.

Cependant Rodin s'oriente vers un art plus abstrait avec le *Balzac.* La Société des Gens de Lettres voulant élever un monument à celui qui avait été son deuxième président, Zola obtint après la mort de Chapu qui en avait d'abord été chargé, que celui-ci fut commandé à Rodin. Parti d'études réalistes — ou visionnaires ? — du nu, simplifiant et déformant — « selon moi, disait-il, la sculpture moderne doit exagérer, au point de vue moral, les formes » — il aboutit à une silhouette pyramidale conçue de façon à mettre l'accent sur la tête exagérément grossie. Symbole presque abstrait de la puissance du romancier, renouvelant la conception du monument public qui se devait jusque-là de donner une description précise, accompagnée d'allégories, de celui en l'honneur de qui il était élevé, le plâtre suscita un tel scandale au Salon de 1898 que la commande fut retirée à Rodin et transférée à Falguière. Le *Balzac*, érigé boulevard Raspail en 1939 seulement, est pourtant considéré aujourd'hui comme l'une des œuvres qui ouvrent le XIXe siècle sur le XXe.

Auguste Rodin
1840-1917
Balzac
1897
Plâtre
300 / 120 cm

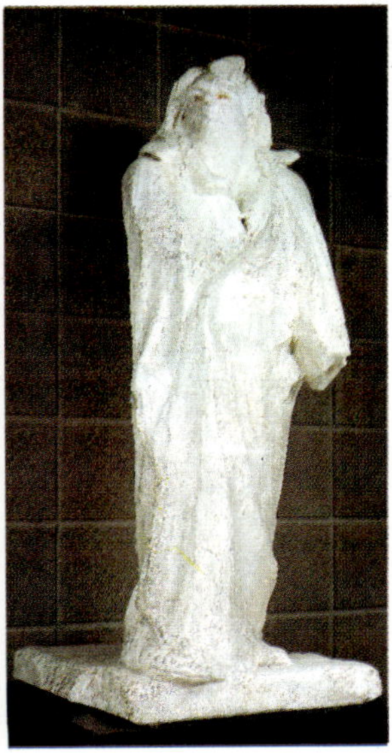

Auguste Rodin
1840-1917

Porte de l'Enfer
1880-1917
Plâtre
635 / 400 cm

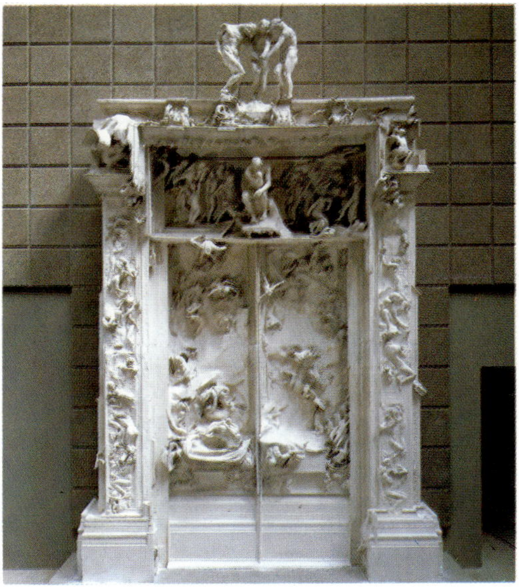

III

Auguste Rodin
1840-1917
Ugolin
1882
Plâtre
140 / 140 cm

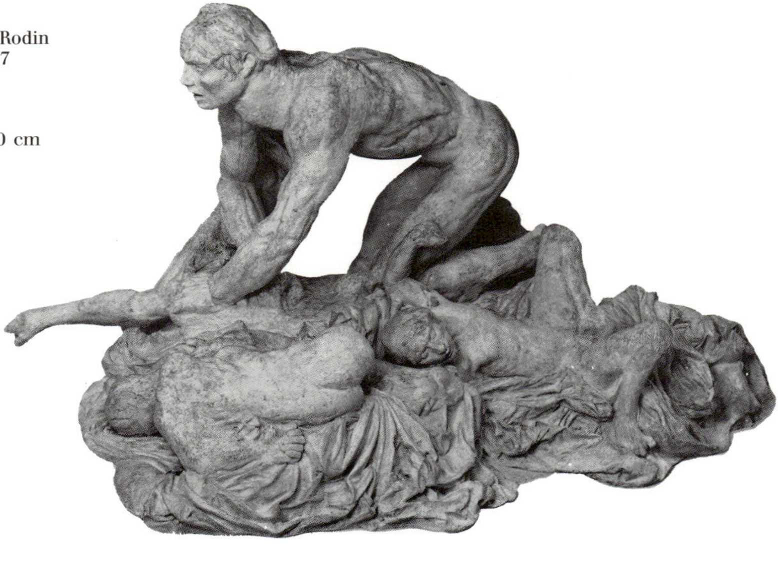

Pour Rodin, une sculpture ne doit pas avoir de point de vue privilégié mais elle résulte de l'addition de tous les profils qui naissent du jeu de la lumière sur le modèle. Medardo Rosso, le sculpteur dont l'œuvre offre le plus de points communs avec les peintres impressionnistes pousse à l'extrême ces recherches et essaie de suggérer l'atmosphère qui enveloppe ses figures et en désintègre la forme : *l'Ecce Puer*, portrait d'*Alfred Mond à l'âge de six ans*, offre ainsi un visage aux formes lissées par la lumière.

Atteignant au faîte de la renommée, Rodin doit s'entourer de nombreux praticiens dont plusieurs mènent ensuite une carrière indépendante. Les uns, comme Desbois, restent marqués par l'influence du maître. En revanche, Schnegg et Bourdelle s'intègrent à ce mouvement qui au début du XXe siècle tente de retrouver les qualités de force, d'équilibre, de clarté dont la sculpture antique avait donné le modèle.

Bartholomé en est considéré comme le précurseur, et si dans le *Monument aux morts* du Père-Lachaise (1889-1899) — dont la *Fillette pleurant* est un fragment — il atteint à un symbolisme universel avec des moyens dont la mesure, le style, le placent à l'opposé de Rodin, dans le *Monument à J.-J. Rousseau*, il s'attache surtout à une recherche de rythme teintée de néo-hellénisme.

Bourdelle à son tour allait s'imposer le « frein du style » et mettre fin dans les premières années du XXe siècle au romantisme expressif de sa jeunesse, qui est encore sensible dans la *Tête de combattant*, reprise en 1905 du *Monument aux morts* de Montauban. Renouant avec l'archaïsme dont il fait une discipline, il exécute alors la *Tête d'Apollon* (1900-1909), la *Pénélope* (1905-1908) dont la monumentalité n'exclut pas une grâce rêveuse et surtout l'*Héraklès archer* (1909) dans lequel il fait preuve d'une extraordinaire maîtrise dans la composition, la répartition des vides, l'indication des tensions. « Le mouvement d'une incroyable audace de cet archer en équilibre dans l'air, appuyé à la crête d'un roc, cette humanité qui semble bondissante dans l'immobilité même, ces modelés sommaires et justes, pleins, vibrants, c'est une des plus prodigieuses tentatives de l'art vivant. Le réalisme confine ici à l'idéalisme. »

Medardo Rosso
1858-1928
Ecce Puer
1906
Bronze
44 / 37 cm

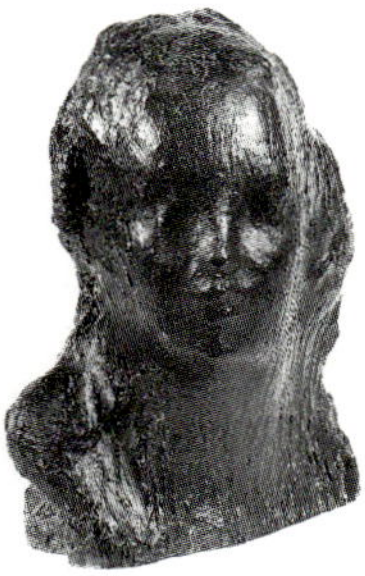

Emile-Antoine
Bourdelle
1861-1929
Héraklès archer
1909
Bronze
248 / 247 cm

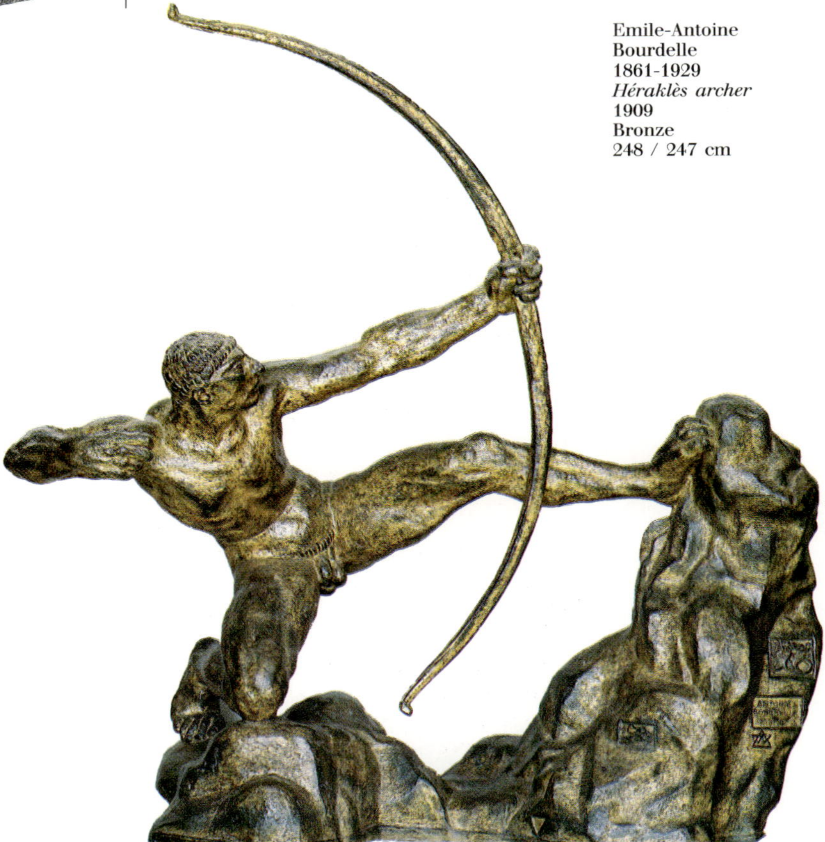

III

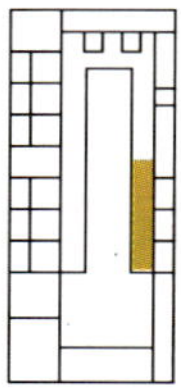

D'abord peintre, lissier, céramiste, Maillol commence à sculpter vers 1895. Si les lignes ondoyantes de la *Danseuse* exécutée à cette époque ne sont pas sans rappeler les formes mouvementées chères à l'Art Nouveau, il évolue rapidement vers un art plus sobre dont témoignent déjà les deux *Baigneuses* présentées sur la console.

En 1900, il commence la première de ses grandes figures, *Méditerranée*, dont le modèle — d'après lequel fut réalisé le marbre d'Orsay — fut exposé au Salon d'Automne de 1905. La comparaison de l'état définitif et de la grande étude, plus naturaliste, de 1902, permet de suivre la démarche de l'artiste : « Il ne suffit pas, disait-il, d'avoir un modèle et de le copier. Sans doute la nature est la base du travail... Mais l'art ne consiste pas à copier la nature. » Privilégiant un point de vue donné, il simplifie à la fois le modelé dont rien ne vient plus entamer la régularité, et la composition : pas de membres parallèles, pas de torsion, mais un cadre géométrique qui s'impose de lui-même. De cette recherche de perfection, *Désir* (1907) est dans le domaine du relief un admirable exemple. Pour Maillol, la beauté réside en effet dans l'harmonie, l'équilibre des gestes sans passion d'un corps en pleine maîtrise de soi.

Cette conception le conduit à la suppression du sujet et il conçoit simplement pour le *Monument à Cézanne* (1912-1925), destiné à Aix-en-Provence mais refusé par cette ville, une figure féminine drapée tenant un rameau d'olivier, dont le classicisme est pour lui la meilleure façon d'évoquer le peintre.

Maillol, à ses débuts de sculpteur, a utilisé comme Gauguin et Lacombe le procédé de la taille directe sur bois. Mais, c'est Joseph Bernard qui franchit l'étape définitive, attaquant des blocs de pierre ou de bois de grandes dimensions pour en dégager « la nymphe prisonnière ». Supprimant les intermédiaires entre l'œuvre et l'artiste, la taille directe répond au nouveau besoin de force et de sincérité qu'éprouvent les sculpteurs lassés de l'académisme. L'*Effort vers la nature* (1906-1907) témoigne par son titre autant que par son aspect massif d'une volonté d'étroite union entre la forme et la matière. *La danse* (1911-1913) fut exécutée de la même façon, mais au désir de simplification se superpose une recherche de rythme — également sensible dans la *Porteuse d'eau* (1912) — qui les apparente aux œuvres de Maurice Denis.

Joseph Bernard 1866-1931 *Effort vers la nature* 1906 Pierre 32 / 23 cm	Aristide Maillol 1861-1944 *Désir* 1907 Plomb 120 / 115 cm	Aristide Maillol 1861-1944 *Danseuse* 1895 Bois 22 / 24 cm
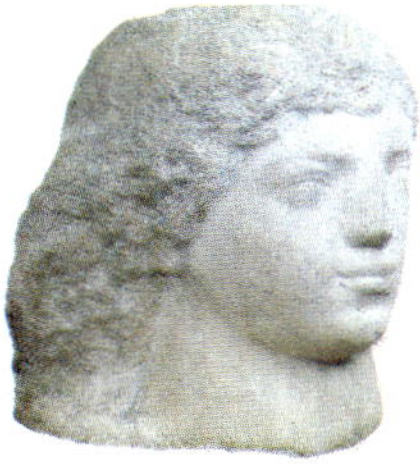	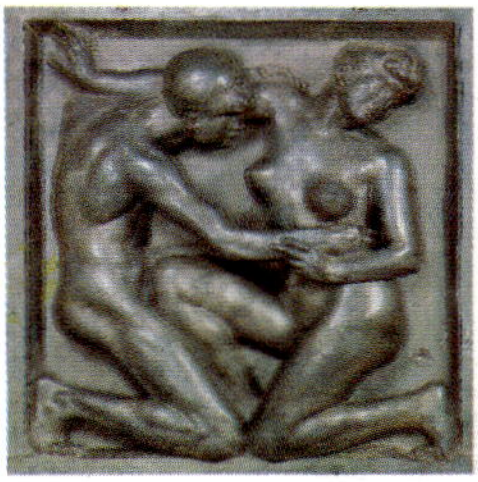	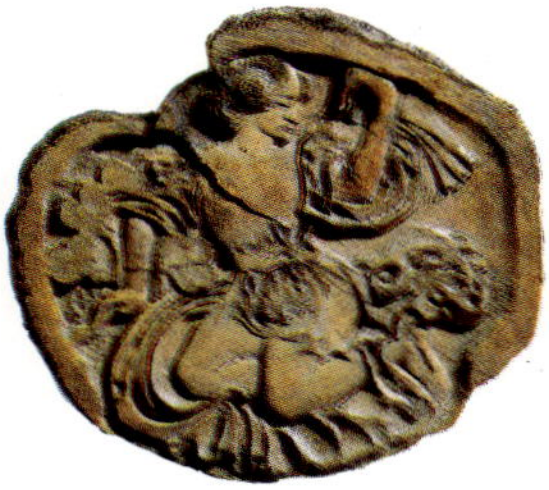

Aristide Maillol
1861-1944
Méditerranée
1905
Marbre
110 / 117 cm

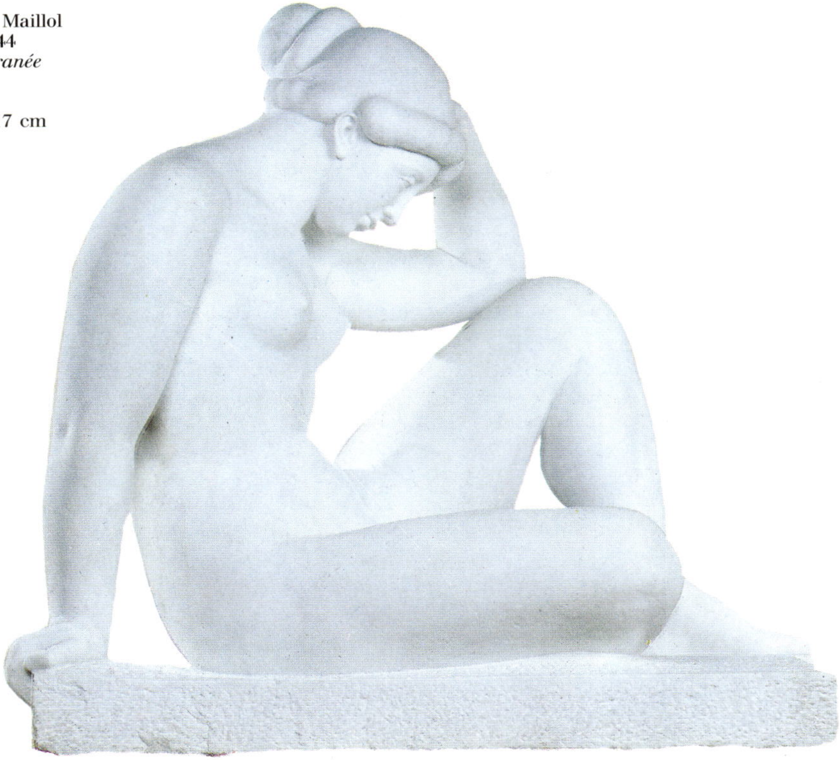

III

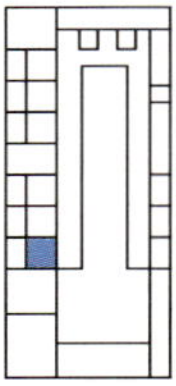

Cette salle regroupe des toiles caractéristiques du goût officiel de la IIIe République, qui furent alors fameuses, et même populaires, reproduites dans les dictionnaires et les livres de classe, puis totalement oubliées à partir des années 1920-1930. Malgré la différence des sujets, elles illustrent les tendances naturalistes qui se développent en France durant les années 1880-1890.

Illustrateur de la vie paysanne et des travaux champêtres, attentif au sentiment moderne, Jules Bastien-Lepage pratique une peinture claire, avec une facture assez libre qui lui vient de Manet et ses amis. *Les foins* le consacre l'un des meilleurs représentants de la peinture naturaliste officielle, représentée également par Alfred Roll, qui se montre habile dans le rendu des scènes campagnardes, fraîches, saines, larges (*Manda Lamétrie, fermière*, 1887). Les paysans de Lhermite, décidés, vaillants, introduisent une résonance sociale dans la peinture du monde agricole et *La paye des moissonneurs*, acheté par l'Etat, confirme la notoriété du peintre.

C'est aussi un aspect de la vie moderne que traite Cormon dans *La forge*, 1894, toile aux tons sourds éclairés de lueurs brèves ; cependant Cormon se spécialise dans les scènes préhistoriques ou d'histoire religieuse. Pour son *Caïn*, clou du Salon de 1880, qui illustre un poème de Victor Hugo tiré de *La Légende des siècles*, Cormon travaille figure par figure d'après le modèle, témoigne d'un souci de réalisme archéologique dans l'évocation de la vie primitive. Ce tableau, généralement bien accueilli, est acheté à Cormon par l'Etat.

Peintre de sujets historiques, Jean-Paul Laurens se consacre au passé national ici évoqué dans un épisode dramatique (*L'excommunication de Robert le Pieux*, 1875).

D'abord peintre d'histoire, Léon Bonnat se consacre au portrait, exécutant les effigies officielles de toutes les personnalités de la IIIe République ; la comédienne *Mme Pasca*, majestueuse, impose sa personnalité par la vérité, la réalité de sa présence, renforcée par le coloris et l'éclairage.

De France, le courant naturaliste s'étend à l'Europe entière ; Marie Bashkirtseff, venue travailler à Paris, se montre très influencée par son maître Bastien-Lepage (*Le meeting*, 1884).

Léon Bonnat
1833-1922
Portrait
de Madame Pasca
1874
Huile sur toile
222,5 / 132 cm

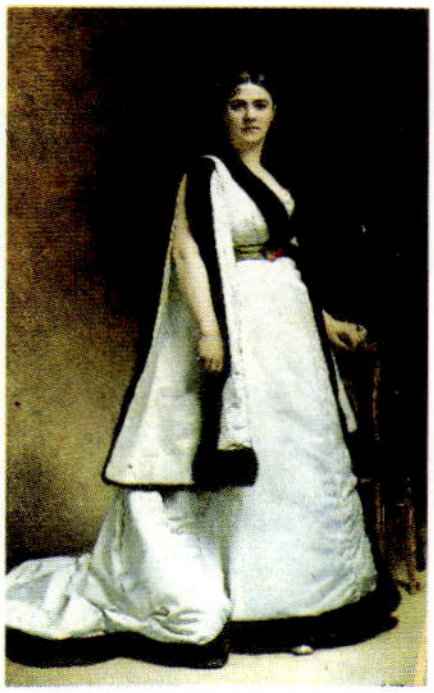

Edouard Detaille
1848-1912
Le rêve
1888
Huile sur toile
300 / 400 cm

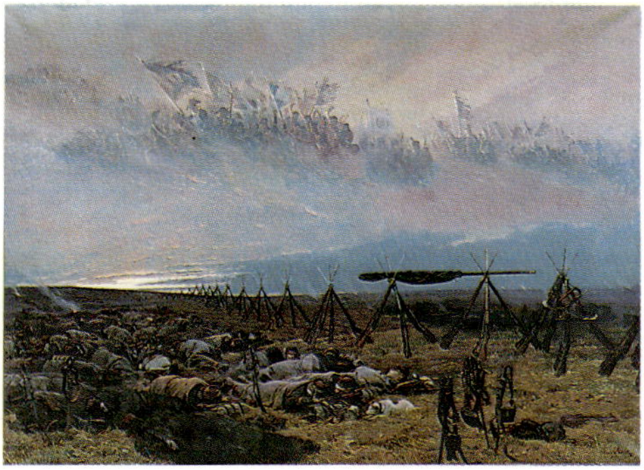

Jules Bastien-Lepage
1848-1884
Les foins
Huile sur toile
180 / 195 cm

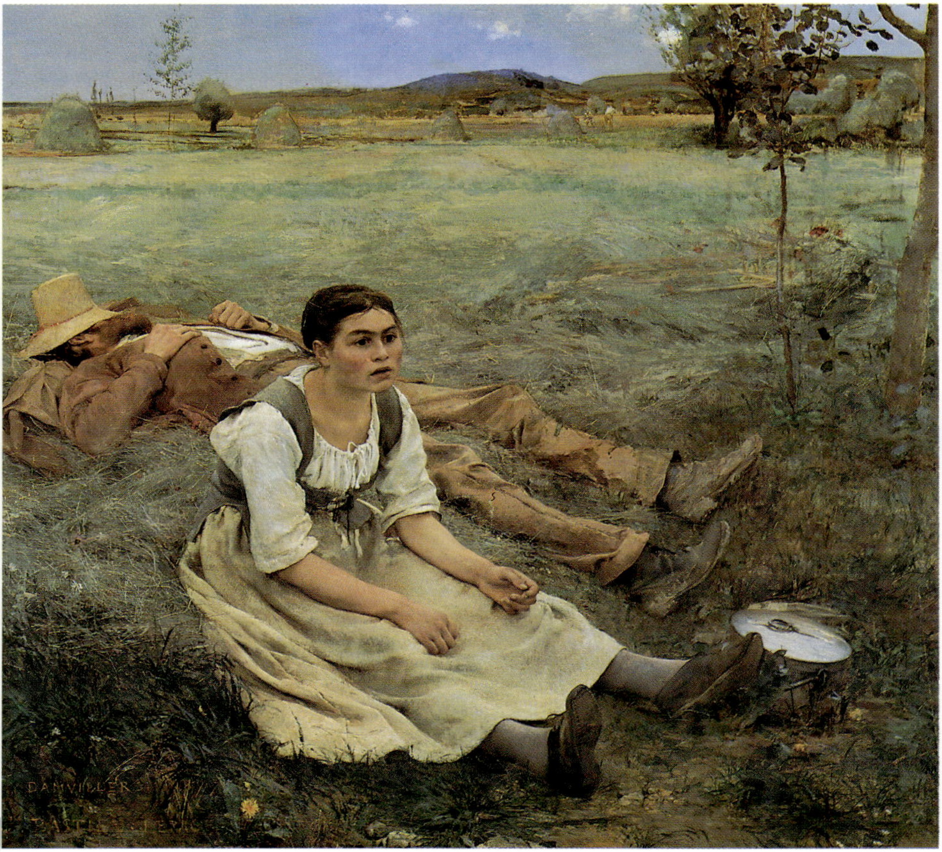

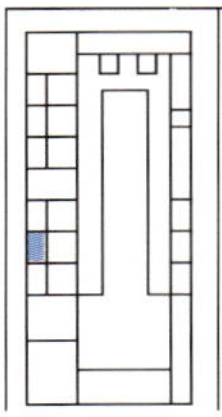

Fernand-Anne Piestre,
dit Cormon
1845-1924

Caïn
1880
Huile sur toile
584 / 700 cm

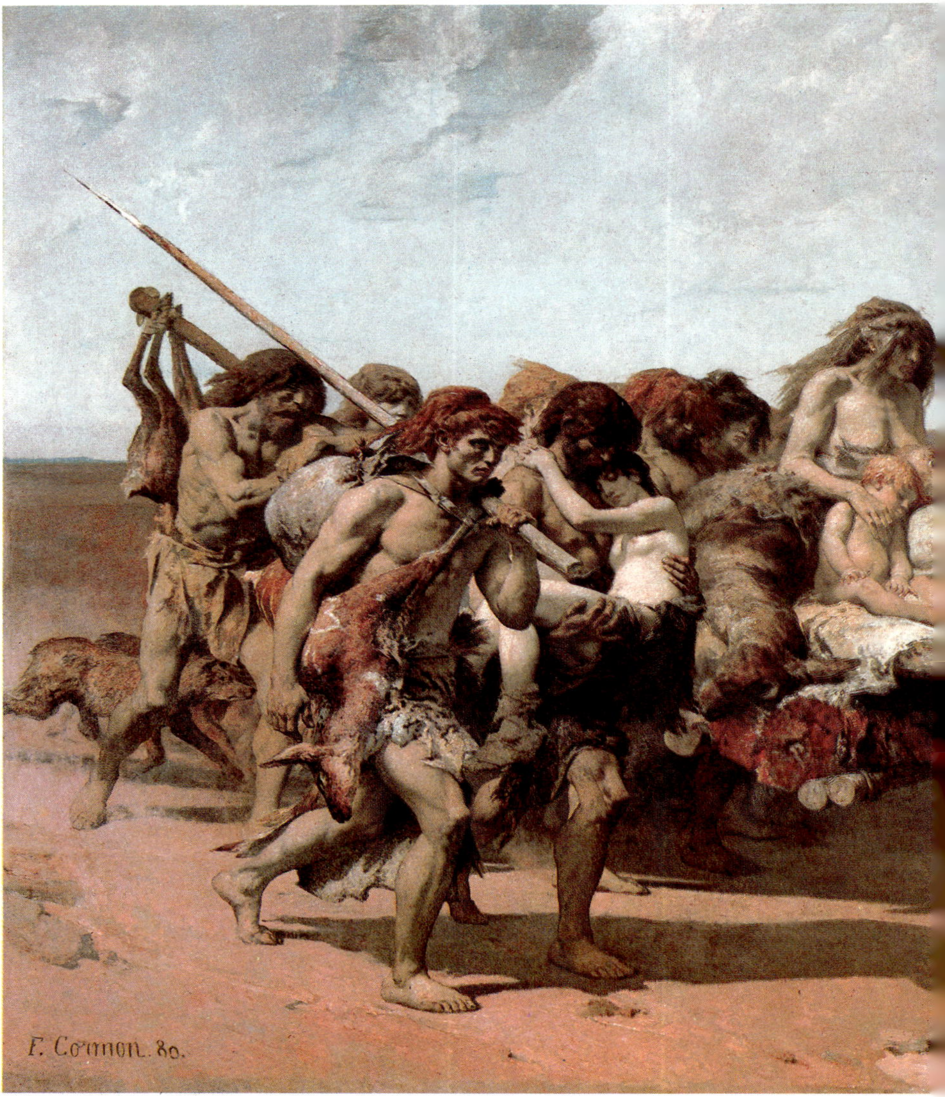

C'est le poème de Victor Hugo, *La Conscience*, tiré de *La Légende des siècles,* qui donna son thème à Cormon.

« Lorsque avec ses enfants vêtus de peaux de bêtes,
Echevelé, livide au milieu des tempêtes,
Caïn se fut enfui de devant Jéhovah,
Comme le soir tombait, l'homme sombre arriva
Au bas d'une montagne en une grande plaine... »

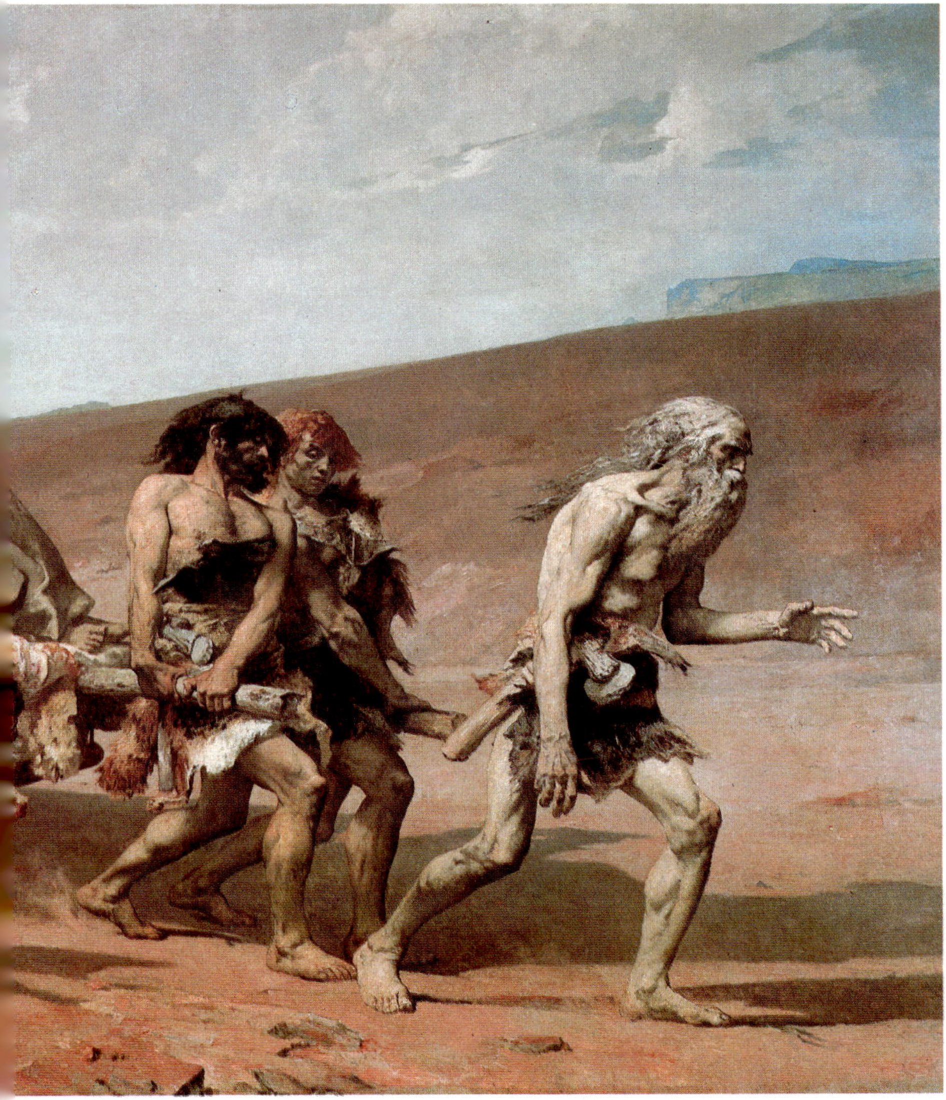

III

Avec retard sur la peinture, la sculpture retrouve les qualités de réalisme qui caractérisent depuis toujours la tradition française : Vincenzo Vela en Italie, Constantin Meunier en Belgique et Jules Dalou en France se tournèrent vers leur prochain, ouvrier ou paysan, qui devint le sujet de leur œuvre débarrassée des arguments historiques, mythologiques ou religieux.

Dalou qui affirme sa sympathie pour le parti républicain dans le buste passionné d'*Henri Rochefort*, 1888, avait participé activement à la Commune de Paris. Ayant réussi à fuir en Angleterre avec sa famille, c'est de Londres qu'il envoya son projet pour le *Triomphe de la République*, en 1879, année de l'amnistie. *Le forgeron* qui pousse la roue du char est en sabots et en tablier, il porte sa masse sur l'épaule. Nul ne peut le prendre pour Vulcain ; c'est lui le futur héros du *Monument au Travail.* Celui-ci ne sera pas réalisé quoique l'artiste ait accumulé esquisses et projets à partir de 1889, et poussé à son terme le *Grand paysan*, 1898-1899.

Si son attention à la réalité quotidienne apparaît dans le choix des sujets — femmes à leur toilette, travailleurs —, elle se manifeste aussi dans le talent du modeleur qui refuse toute concession à l'idéalisme de l'art savant : l'étude de nu pour la *République* montre toutes les faiblesses et les forces d'un corps qui est celui d'une femme avant d'être une allégorie.

Avec Constantin Meunier s'accentue l'intérêt pour la vie au fond des mines, les débardeurs sur les ports, les paysans dans leur rudesse, l'industrie enfin, creuset de toutes les peines mais source de l'essor économique qui révolutionnait l'Europe ! Conscient de la force que représentent ces travailleurs dont son *Débardeur du port d'Anvers*, 1890, peut être considéré comme le symbole, il les dote d'une dignité et d'une monumentalité qui en font les égaux des héros de la mythologie. A partir de 1885-1890, lui aussi commence à rêver à un *Monument au Travail*, exécuté en 1929-1930 seulement : dans ce but, il multiplie des reliefs montrant cette *Machine humaine* que Hoetger à son tour évoquera en une puissante composition.

Bernhard Hoetger
1874-1949
Machine humaine
1902
Bronze
44 / 37,5 cm

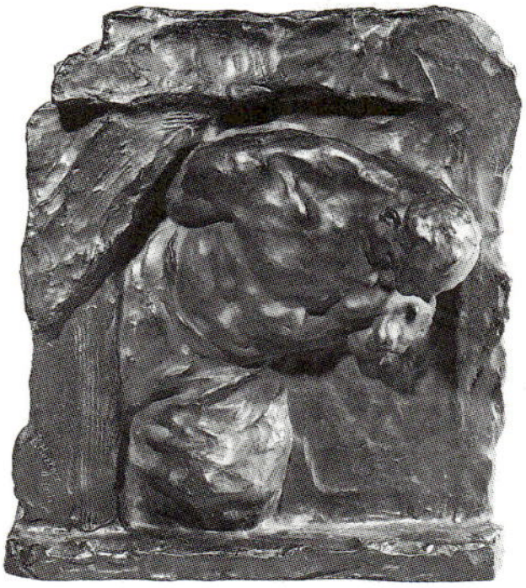

Constantin Meunier
1831-1905
Puddleurs
1893
Bronze
50 / 49 cm

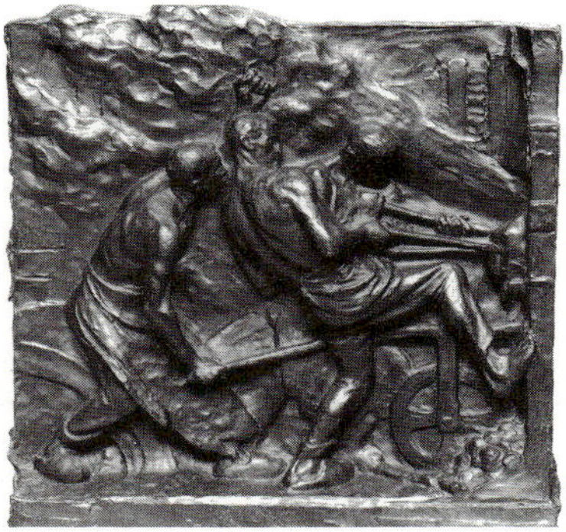

Jules Dalou
1838-1902
Forgeron
(l'un des personnages composant le projet de monument au *Triomphe de la République)*
1879-1889
Plâtre
67 / 37 cm

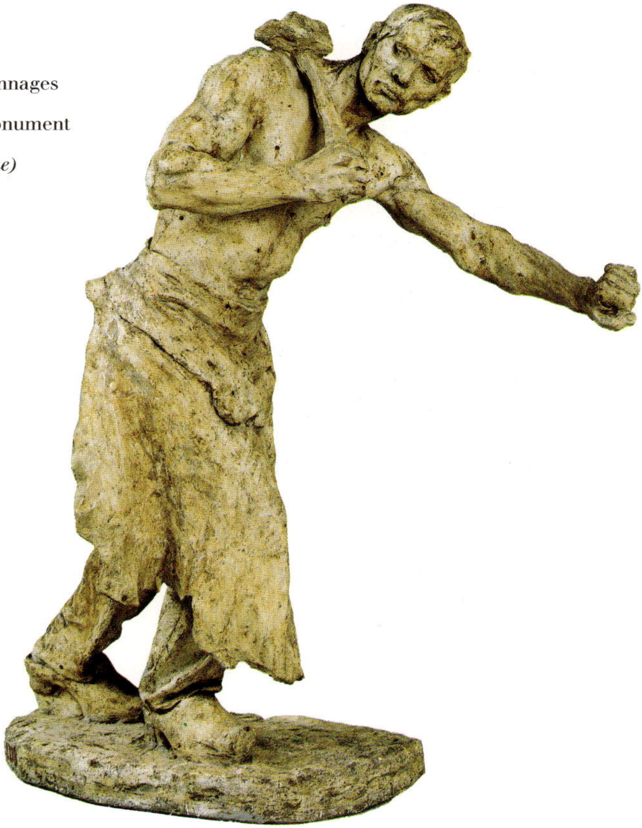

III

Ardente et mélancolique, la Bretagne devient la terre d'élection d'un groupe d'artistes surnommé la « bande noire », touché par les contrastes violents de cette région ; Charles Cottet et Lucien Simon expriment, par des toiles aux couleurs sombres et dans la suite du réalisme de Courbet, l'âpreté de la vie des marins. Cottet traduit, par une peinture ombreuse, des gestes comme arrêtés, des formes à la fois douloureuses et résignées, le poids d'une fatalité acceptée (*Au pays de la mer*, 1898 ; *Douleur au pays de la mer*).

Le courant naturaliste se répand dans toute l'Europe ; le peintre allemand Max Liebermann dont l'œuvre témoigne de rappochements avec l'impressionnisme, transcrit au moyen de taches lumineuses les rayons du soleil passant à travers les feuilles (*Brasserie de campagne à Brannenburg*, 1893). Et l'on retrouve cette influence dans le portrait intimiste et raffiné de *Mme Lwoff*, 1895, par le Russe Valentin Serov, dans lequel la lumière s'accroche en vibrations colorées sur le visage et le corsage clair.

Ces recherches luministes se retrouvent en Scandinavie ; le Danois Krøyer introduit dans son pays le goût du plein air et de la lumière. Installé au bord de la mer, à Skagen, il évoque la vivacité, la fraîcheur, la transparence de l'atmosphère marine (*Bateaux de pêche*, 1884). Une lumière naturelle et vraie habite aussi la peinture de l'espagnol Sorolla y Bastida, puissante et chaleureuse (*Retour de la pêche*, *Le halage de la barque*).

Le Hollandais Breitner prolonge la tradition réaliste ; influencé par Courbet, Millet, Manet et la littérature naturaliste (Zola), il se veut le témoin de son temps. Installé à Amsterdam en 1886, Breitner en devient le portraitiste, peignant par touches larges et dans une harmonie sombre des scènes de la vie quotidienne, tels ces *Chevaux tirant des pieux à Amsterdam*, dont il restitue la pesanteur puissante.

En Suisse, Eugène Burnand pratique un naturalisme qui s'épanouit dans ses compositions religieuses ; *Les disciples Pierre et Jean courant au sépulcre*, l'une des œuvres les plus célèbres du peintre, révèle par la mise en page, la lumière, l'expression des personnages, un sens efficace de l'effet dramatique.

Enfin, le Belge Léon Frédéric associe, dans son triptyque des *Ages de l'ouvrier*, 1895-1897, à la facture précise, quasiment hyperréaliste, et au coloris froid, un symbolisme social qui est aussi celui du peintre Eugène Laermans (*Fin d'automne*, 1899).

George-Hendrik Breitner
1857-1923
Deux chevaux blancs tirant des pieux à Amsterdam
Vers 1897-1898
Huile sur toile
100 / 152 cm

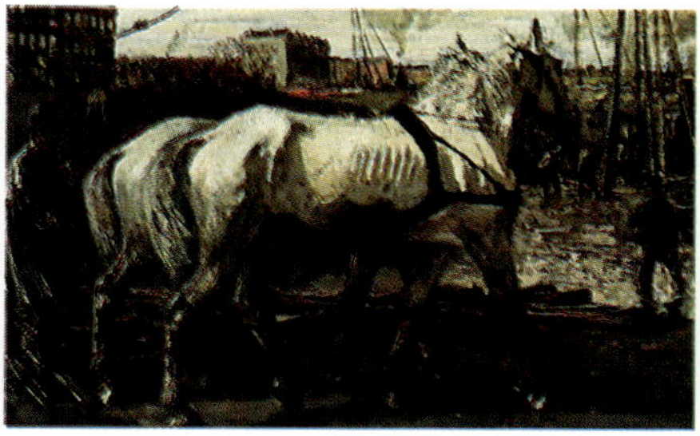

Eugène Burnand
1850-1921
Les disciples Pierre et Jean courant au sépulcre le matin de la Résurrection
1898
Huile sur toile
82 / 134 cm

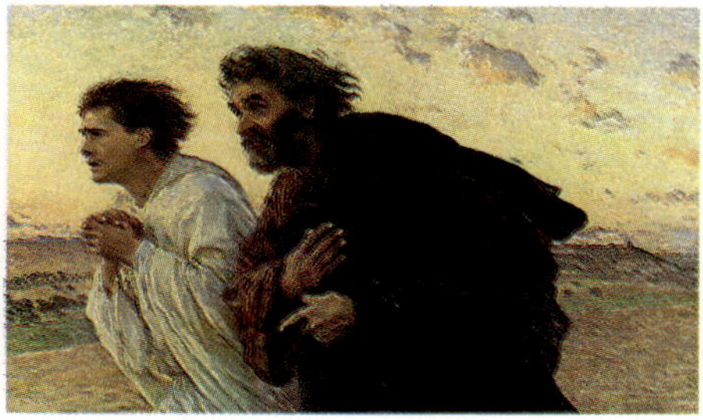

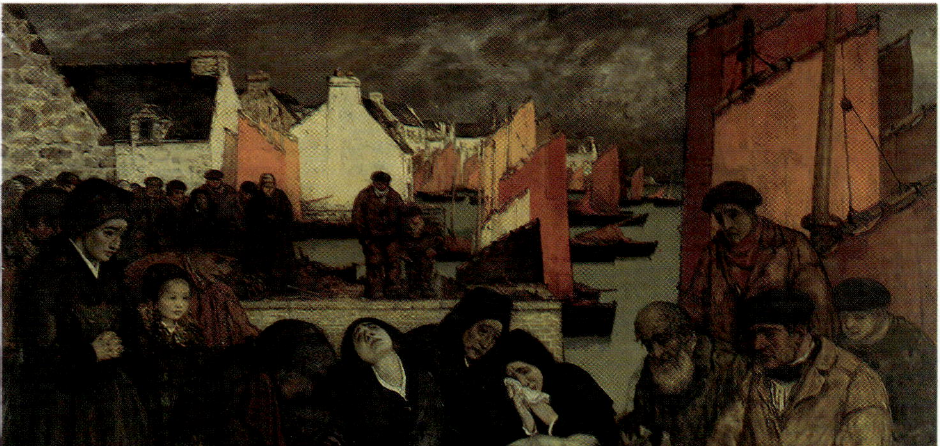

Charles Cottet
1863-1925
Douleur au pays de la mer
1908
Huile sur toile
264 / 345 cm

III

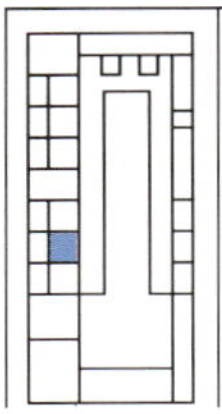

Lionel Walden
1861-1933

Les docks de Cardiff
1894

Huile sur toile
127 / 193 cm

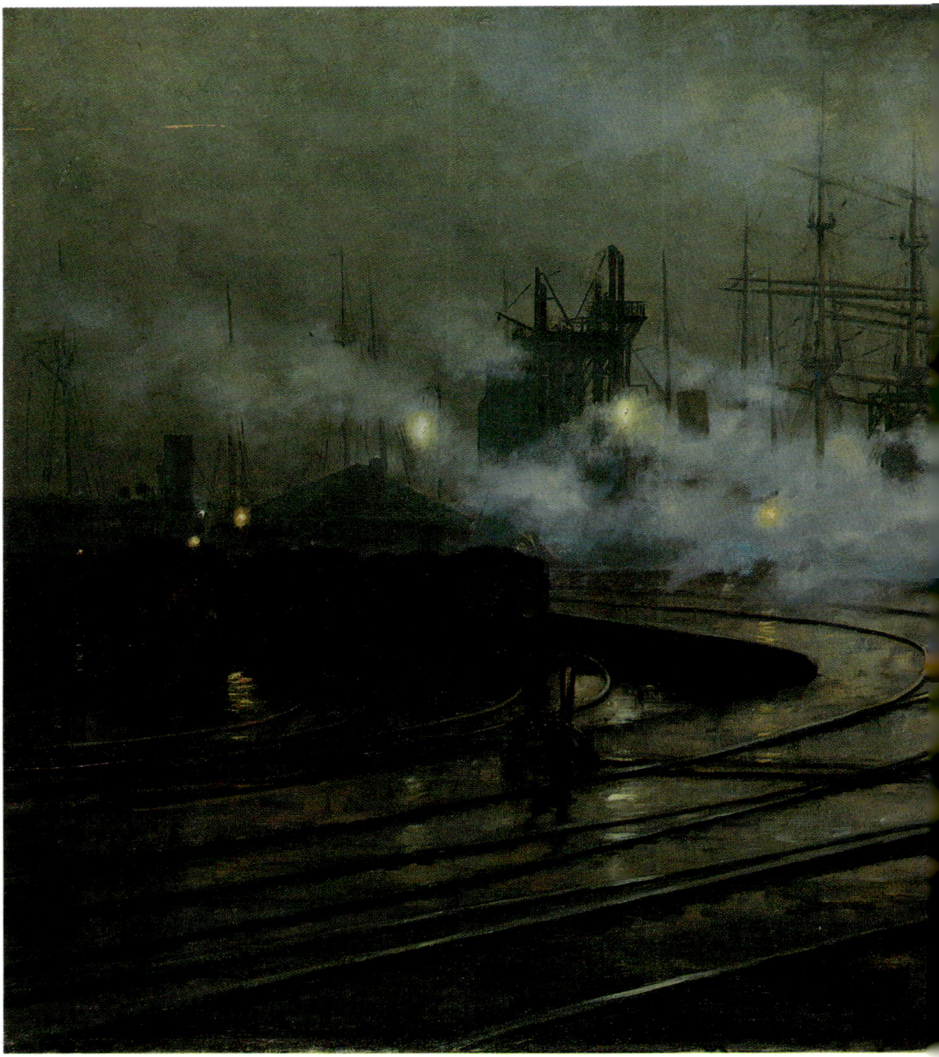

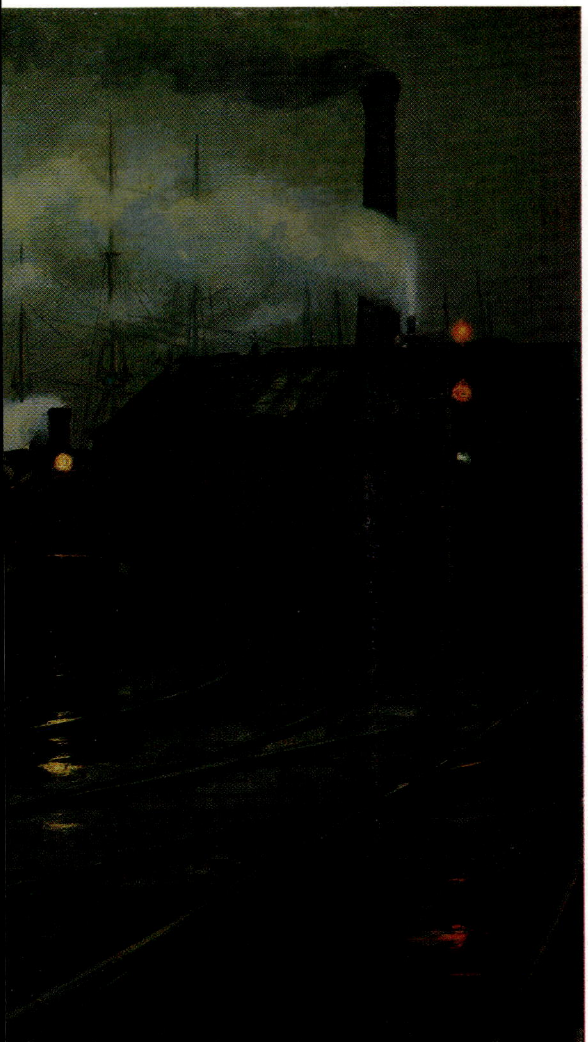

Valentin Alexandrovitch
Serov
1864-1955
Madame Lwoff
cousine de l'artiste
1895
Huile sur toile
90 / 59 cm

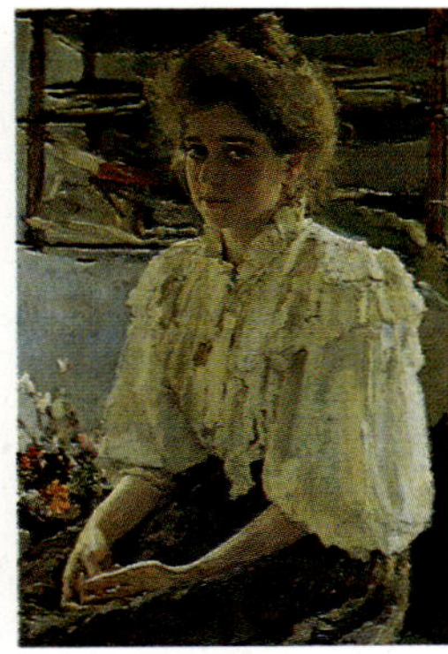

Brillante, élégante, cosmopolite, la société parisienne qui hante les théâtres, les cafés, les salons, devient bientôt un sujet de prédilection pour les peintres et les sculpteurs, envahit de son atmosphère légère et spirituelle la littérature, qu'illustre alors Marcel-Proust (1871-1922). C'est en 1891 que Jacques-Emile Blanche rencontre l'écrivain dont il laisse ce célèbre portrait, détachant le visage sur un fond sombre, permettant ainsi de mettre en valeur les accents clairs de l'orchidée et de la chemise de Proust. L'une des personnalités parisiennes les plus en vue est alors le comte Robert de Montesquiou, esthète, écrivain symboliste et surtout homme du monde. C'est dans le cercle de Montesquiou que Proust trouve les modèles des principaux personnages de *A la recherche du temps perdu*, Montesquiou lui-même inspirant le personnage du baron Charlus. Le sculpteur russe Troubetzkoy exécute une statuette en bronze représentant l'écrivain assis, « la tête haute, le regard dominant, la main droite appuyée sur une canne pour soutenir le geste étendu, la gauche portant le chapeau large, un manteau faisant draperie, et dont les plis se continuent de l'allongement d'un beau chien russe... ».

Boldini, fixé à Paris en 1872, commence sa célèbre série de portraits parisiens, de femmes du monde ou du demi-monde comme *Mme Max*. Sarah Bernhardt, qui règne alors sur le théâtre, est l'une des « muses » de cette société parisienne ; Gérôme cherche à concilier une image sereine et l'évocation du talent de la tragédienne (*Sarah Bernhardt*, 1890).

Avec Devambez, la vision de la vie parisienne se fait plus inquiétante. Peinte avec la vivacité et le dynamisme d'un journaliste apte à saisir l'instantané, *La charge*, 1902, rappelle que la « Belle Epoque » est aussi celle des conflits sociaux, avant la grande hécatombe.

Jacques-Emile Blanche
1861-1942
Portrait de Marcel Proust
1892
73,5 / 60,5 cm

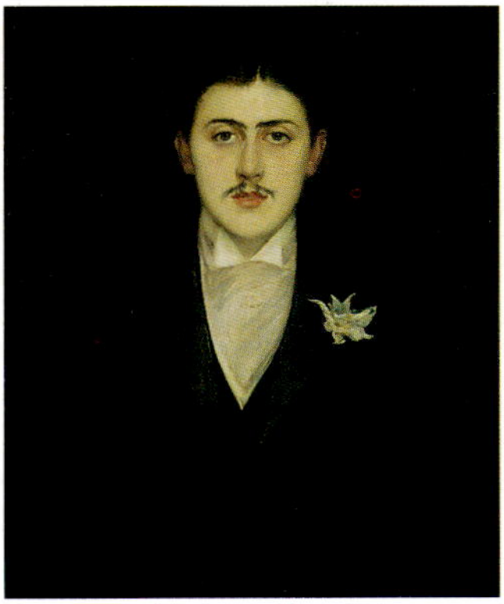

Giovanni Boldini
1842-1931
Madame Max
1896
Huile sur toile
205 / 100 cm

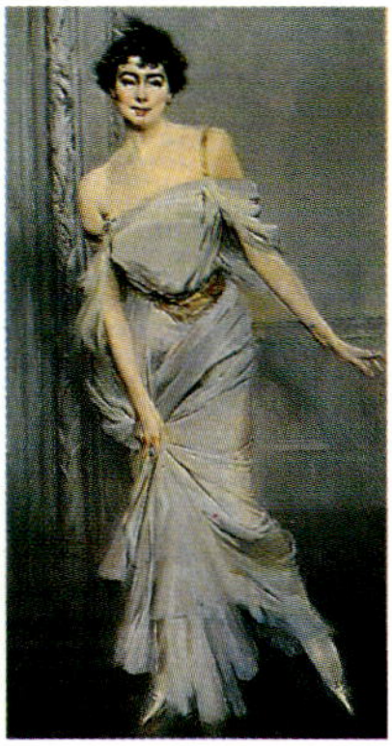

Paul Troubetzkoy
1866-1938
Robert de Montesquiou
(1855-1921)
1907
Bronze
56 / 62 cm

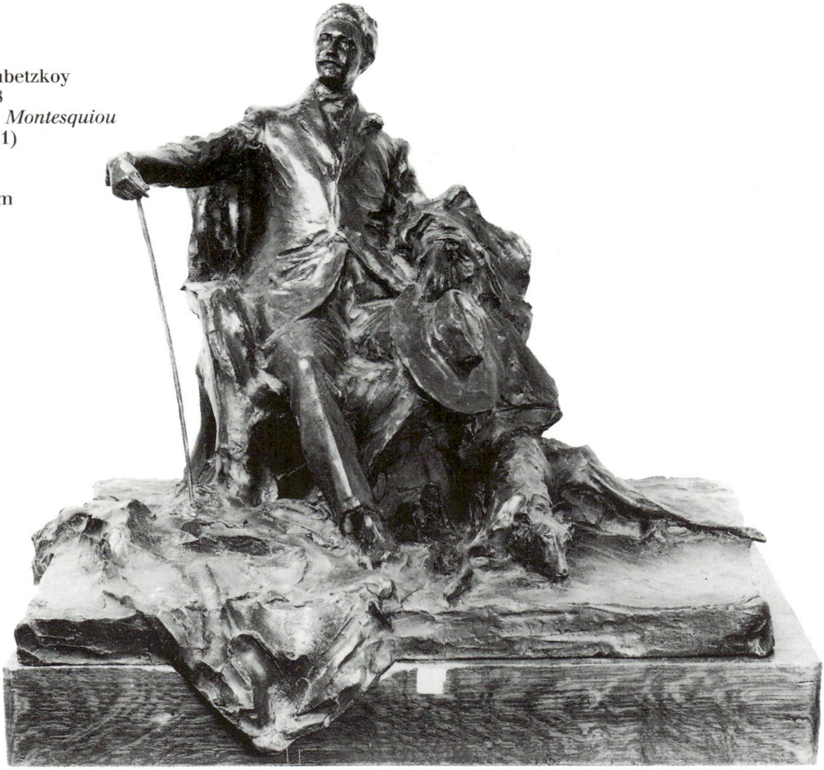

III

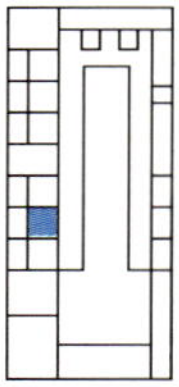

Symbolisme

Le symbolisme, courant international dont la France est l'un des foyers les plus actifs, se développe en réaction contre le réalisme et l'impressionnisme ; refusant un monde dominé par la science et la machine, intellectuels et artistes vont chercher à traduire l'intraduisible, c'est-à-dire la pensée, le songe intérieur, le rêve. Ceci explique la diversité des symbolismes, de leurs thèmes comme de leurs moyens d'expression.

C'est en Grande-Bretagne qu'apparaît l'un des premiers mouvements symbolistes ; fondée en 1848, en opposition aux tendances contemporaines, la confrérie des préraphaélites affiche son rejet du réel et son désir de se rattacher à l'art gothique, à la peinture du XVe siècle italien et à tout ce qui précède Raphaël. Edward Burne-Jones, admirateur fervent de Botticelli et de Michel-Ange, transforme un sujet traditionnel, *La roue de la fortune*, en une œuvre monumentale dont les figures pensives, à la beauté idéale et nostalgique, sont remarquées et admirées par Puvis de Chavannes et ses contemporains. *Les yeux clos*, 1890, d'Odilon Redon, semble bien illustrer l'une des réflexions de l'artiste : « En art, tout se fait par la soumission docile à la venue de l'inconscient » ; le visage incliné, aux yeux mi-clos à la manière des *Esclaves mourants* de Michel-Ange, émerge du monde intérieur du peintre. Gustave Moreau, lui, inspiré par la Bible, la mythologie ou la fable, donne le rôle principal à la femme, parée, perverse, qu'il figure de façon hiératique, excluant le mouvement et l'action.

Tout à fait à l'opposé de Gustave Moreau et de son style chatoyant et irisé, Carrière, qui évoque le monde de la famille et de l'enfance, choisit pour le traduire un coloris limité à un camaïeu de bruns ; un voile de brume envahit ses toiles, créant un monde irréel bien que familier. Le portrait de *Paul Verlaine* est un hommage au poète, précurseur et, avec Mallarmé, maître à penser des poètes symbolistes.

Le paysage aussi est un thème aimé des symbolistes ; teinté de lyrisme et de romantisme chez le Suisse Arnold Böcklin (*La chasse de Diane*, vers 1896), ou bucolique dans les vastes compositions de Ménard. Celui-ci restitue une Grèce mythique dont les colonnades de temples et de pins s'estompent dans le crépuscule et le silence (l'*Age d'or*, décoration destinée à la faculté de droit de Paris).

Proche de Böcklin, mais sans recourir à la mythologie, l'Allemand Hans Thoma renoue avec le thème du paysage habité issu de Poussin (*Siesta*, 1889).

Eugène Carrière
1849-1906
Paul Verlaine
1890
Huile sur toile
61 / 51 cm

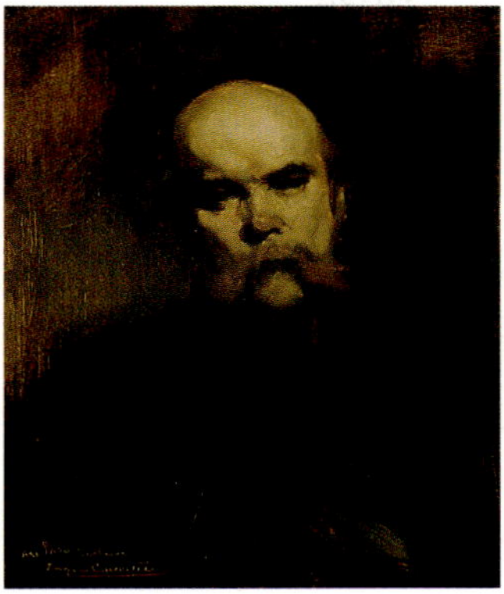

Sir Edward
Burne-Jones
1833-1898
La roue de la fortune
1883
Huile sur toile
200 / 100 cm

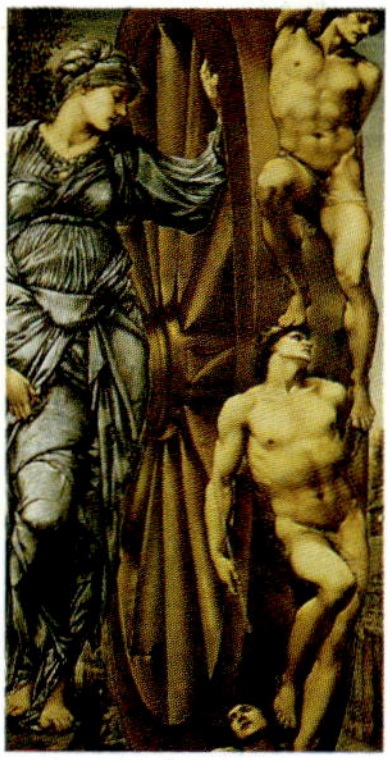

Gustave Klimt
1862-1918
*Rosiers
sous les arbres*
1905
Huile sur toile
110 / 115 cm

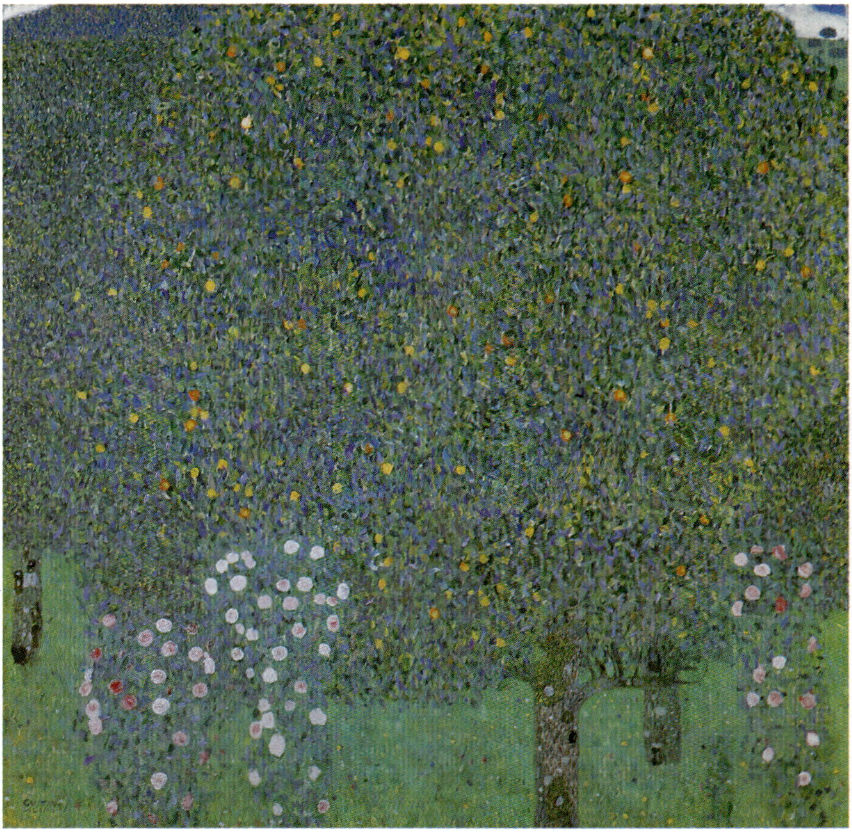

III

En Italie, Pellizza da Volpedo, qui s'associe aux recherches de Seurat, utilise la technique « divisionniste » pour mettre en valeur les jeux de la lumière et traduire les mystères de la vie et de la mort (*Fleur brisée*, vers 1896-1902).

Le symbolisme belge, important et vivant, diffère selon les artistes et leur tempérament ; Fernand Khnopff, considéré comme le chef de l'école symboliste belge, donne, avec son portrait de *Marie Monnom* (femme du peintre Théo Van Rysselberghe), la vision d'un monde silencieux et mélancolique. A l'opposé de cette simplicité, la chambre à coucher bourgeoise de *La dame en détresse* d'Ensor devient un lieu d'angoisse : meubles, rideaux et tapis aux tonalités sourdes, créent une atmosphère inquiétante et oppressante. Jean Delville, avec l'*Ecole de Platon*, 1898, pratique, non sans extravagance, un symbolisme idéaliste, intellectuel, servi par un graphisme précis et les coloris somptueux et froids qui caractérisent sa peinture.

L'Américain Winslow Homer, originaire de Boston, donne avec sa *Nuit d'été* une image évocatrice du monde mystérieux de la mer et des correspondances, des liens, qui l'attachent au destin des hommes.

A la fin du siècle, Gustave Klimt, Edvard Munch et Ferdinand Hodler, fortement liés au symbolisme, attirés par le paysage, annoncent de nouvelles tendances.

III

L'Autrichien Klimt est l'un des membres fondateurs de la Sécession viennoise dressée contre l'académisme et l'historicisme ; son style, sans cesse en évolution, le fait passer de la représentation de paysages sombres et sentimentaux à celle d'une nature conçue comme un tissu protecteur. *Rosiers sous les arbres*, paysage décoratif, presque rendu à la manière d'une mosaïque, est animé de cette vitalité organique essentielle que l'artiste cherchait à transmettre. Encore contesté en Norvège, Munch trouve un accueil favorable à Berlin, Prague et Paris, où il expose au Salon des Indépendants en 1903 ainsi qu'en 1904 ; il y présente plusieurs vues d'Asgarstrand, village situé au bord du fjord d'Oslo. *Nuit d'été à Asgarstrand* est une œuvre fortement structurée par la simplification géométrique des formes, creusée par une longue diagonale, animée de contrastes colorés. Le Suisse Ferdinand Hodler transcrit la puissance et l'éternité des Alpes bernoises, dominant la *Schynige Platte*, 1909, à l'aide d'une touche diversifiée, dans le rejet du pittoresque.

Winslow Homer
1836-1910
Nuit d'été
1890
Huile sur toile
76,7 / 102 cm

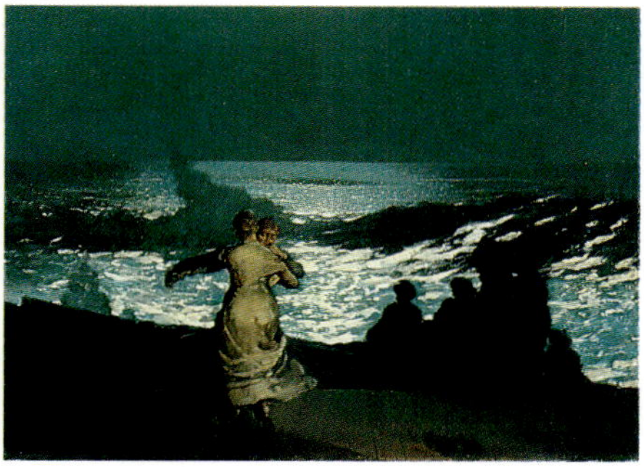

Edvard Munch
1863-1944
Nuit d'été à Asgarstrand
1904
Huile sur toile
99 / 103 cm

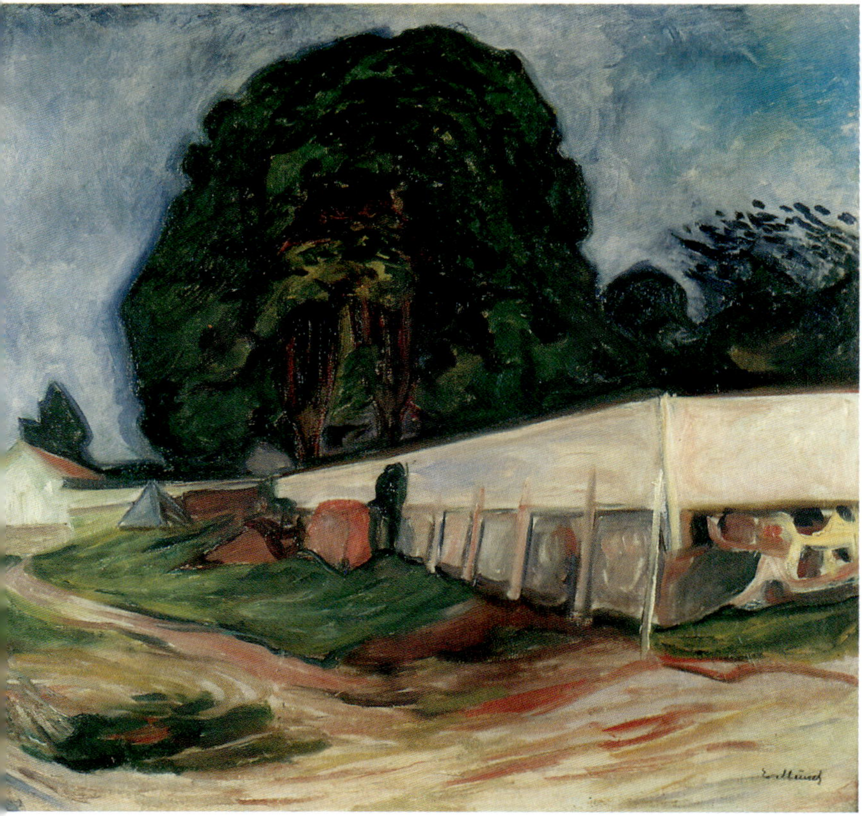

III

Le dernier tiers du XIXe siècle voit s'élaborer un profond renouvellement de l'architecture et des arts du décor. Partout en Europe se manifeste un besoin d'émancipation et d'inédit d'où naît, dans les années 1890, l'Art Nouveau. Celui-ci apparaît dans l'histoire des formes — tout au moins sur le plan des théories et déclarations — comme la première volonté d'un style radicalement neuf, faisant table rase des répertoires antérieurs.

Dès 1892, Victor Horta, architecte et décorateur, concrétise les idées nouvelles en élevant l'hôtel Tassel à Bruxelles. Une même volonté d'unité et d'harmonie préside à l'aménagement de la demeure qu'il construit de 1899 à 1904 pour l'industriel Octave Aubecq, mais le style s'est assagi. La nervure, la tige qui dessine les boiseries et souligne les articulations des portes-fenêtres et des meubles, s'épure ; l'ensemble gagne en sobriété, les structures en clarté. Paul Hankar, l'un des plus brillants créateurs de l'Art Nouveau belge, avec Horta et Van de Velde, privilégie les surfaces planes, le graphisme, la retenue, afin d'exalter la structure de ses architectures comme de son mobilier (*Double porte de l'atelier du peintre Ciamberlani* à Bruxelles, 1897). Gustave Serrurier-Bovy, sensible aux idées du mouvement anglais Arts and Crafts, abandonne dès 1901 l'inflexion et la courbe, revient aux formes rectilignes qui appuient le caractère fonctionnel du meuble et au décor abstrait soulignant les qualités naturelles du bois.

C'est à cette même tradition de la menuiserie artisanale que se réfère Henry van de Velde. En 1893, il abandonne la peinture, construit et décore sa maison de Bloemenwerf à Uccle près de Bruxelles ; refusant l'artifice et l'inutile, il dessine un modèle de chaise aux formes pures et dynamiques qui, édité avec succès, contribua à la diffusion des idées nouvelles dans toute l'Europe. De même, le modèle de fauteuil créé en 1896 pour le banquier Biart, se retrouvera dans de nombreux intérieurs belges ou allemands. Van de Velde atteint la perfection, dans son désir de fondre forme et décor, avec le grand *Bureau*, animé d'un rythme continu, nerveux, fait de lignes abstraites et dynamiques, dont les seuls ornements — mouluration et poignées de bronze doré —, en valorisent la fonction.

René Lalique
1860-1945
Flacon à odeur
Vers 1900-1902
Verre moulé-soufflé
à cire perdue,
or fondu et ciselé
10,5 cm

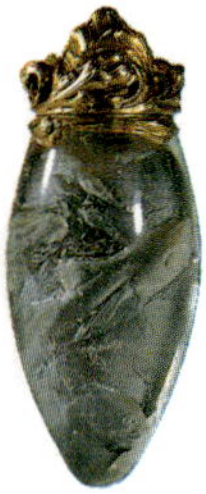

Georges Bastard
1881-1939
Eventail « Epis d'orge »
1911
Corne et nacre
21,4 / 38,7 cm

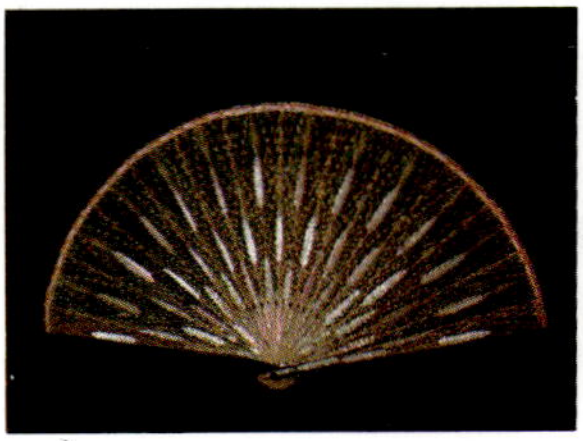

Eugène Feuillâtre
1870-1916
Drageoir
Vers 1903-1904
Argent, émail et cristal
H 8,3 cm   ∅ 14,5 cm

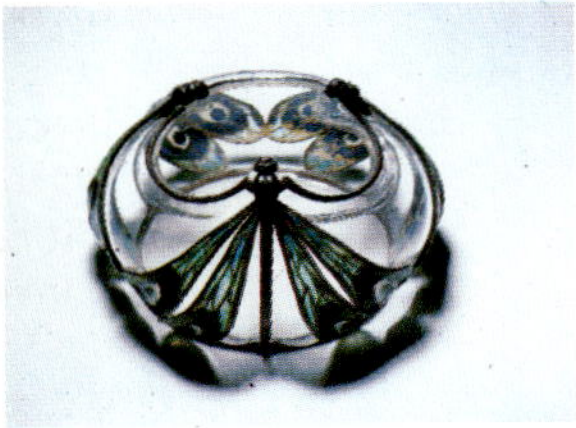

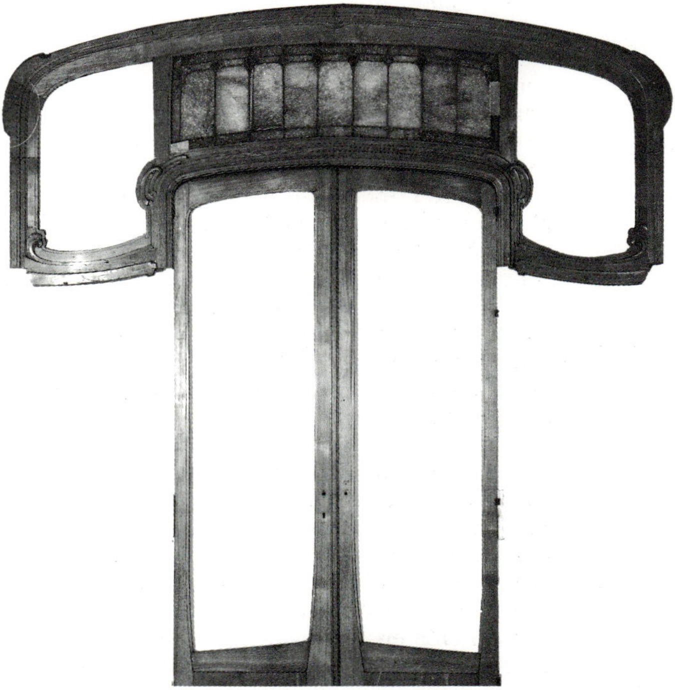

Victor Horta
1861-1947

Boiserie, pour l'hôtel Aubecq,
520, avenue Louise, Bruxelles
1902-1904

Frêne,
verre « américain » chenillé
415 / 353 cm

A Amsterdam, Hendrikus Petrus Berlage invente, vers 1895-1898, un modèle de chaise mettant en évidence la construction, à l'instar des Britanniques tel A.W.N. Pugin. La même inspiration sous-tend les premières créations de l'Allemand Richard Riemerschmid, dans les années 1895, mais il s'en éloigne vite pour concevoir un mobilier à produire en série, dans un matériau robuste et peu coûteux, sans détail décoratif ; mais cette tentative ne connut pas de succès (*Chaise*, modèle créé en 1902). En Norvège, Johan Borgersen réalise un mobilier en simple chêne sculpté de motifs abstraits, venus des traditions nordiques, entrelacs riches et mouvementés suggérant vagues, cordages, monstres marins (*Banc*, modèle créé vers 1899-1900).

La Belgique fournit encore d'étonnantes créations dans le domaine des Arts décoratifs. Léopold van Strydonck, joaillier de la cour de Belgique, présente à l'Exposition internationale de Bruxelles, en 1897 — dans les salles du pavillon du Congo, élevé à Tervueren et dont tout l'aménagement intérieur avait été confié à Hankar —, une extraordinaire composition, « La lutte du bien et du mal », arrangée autour de l'une de ces défenses d'éléphants, venues du Congo, et que le roi Léopold II avait mises à la disposition des artistes. Van Strydonck laisse la défense dans toute sa pureté et lui oppose l'enchevêtrement furieux des serpents de bronze...

« Architecte d'art », selon sa propre définition, Hector Guimard poursuit le même idéal utilitaire que Victor Horta, dont il visite l'hôtel Tassel, à Bruxelles, dès 1894. Il construit à cette époque un immeuble de rapport au 16 de la rue La Fontaine, à Paris, le Castel Béranger, et remporte en 1898, pour la façade, un prix décerné par la ville de Paris. Le vocabulaire du « style Guimard », expression qui n'apparaît qu'en 1903, y est tout entier formulé avec une prédilection pour l'asymétrie, l'arabesque et la richesse des longues courbes végétales qui s'insinuent sur les matériaux les plus divers.

Richard Riemerschmid
1868-1957
Dresdener Werskätten
für Handwerkskunst
Chaise
Modèle créé en 1902
Chêne, paillage
82,5 / 43 / 48 cm

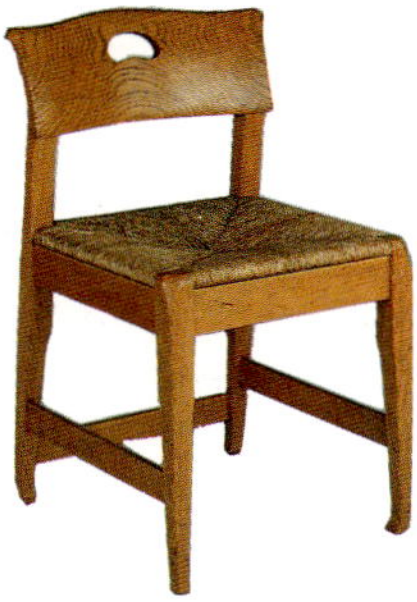

Gustave Serrurier-Bovy
1858-1910
Paire de chaises de salle
à manger « Réséda »
Modèle créé vers 1905-1908
Chêne, laiton, garniture
originale en velours
93,8 / 48 / 44 cm

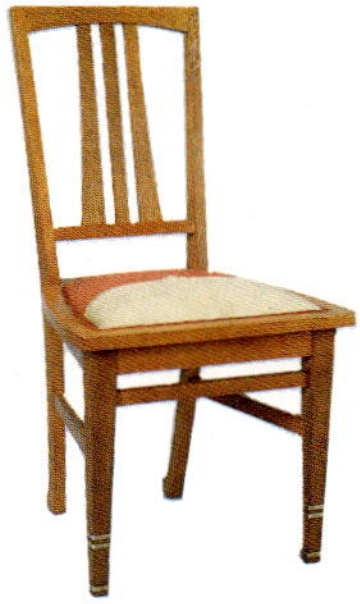

Hendrikus Petrus Berlage
1856-1934
Chaise
Modèle créé vers 1895-1898
Chêne, garniture moderne
en cuir
94 / 44 / 56 cm

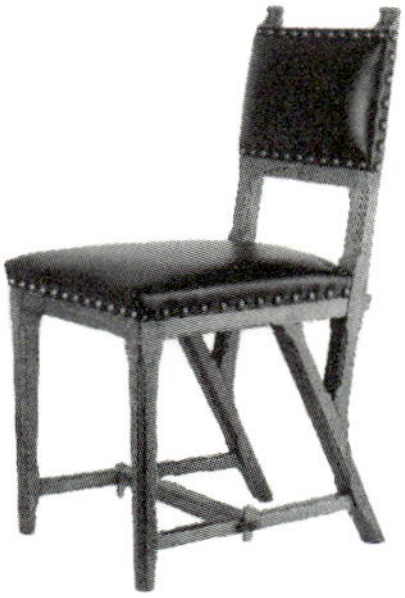

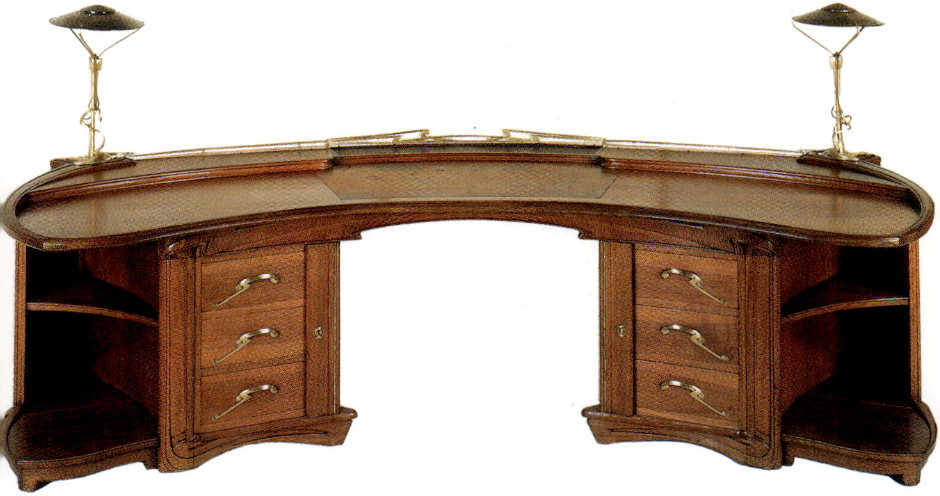

Henry van de Velde
1863-1957
Ecritoire
Modèle créé en 1898-1899
Chêne, bronze doré,
cuivre, cuir
128 / 268 / 122 cm

Pour la salle de billard et le petit salon de la propriété Roy aux Gévrils (Loiret), il reprend des modèles créés pour le Castel Béranger — *meuble formant cheminée, banquette de fumoir, banquette coffre, vitraux* —, parcourus d'un mouvement inspiré par le monde végétal, par la tige et son principe vital, et dont les points d'impulsion sont soulignés par des nœuds de motifs abstraits. Les premières années du XXe siècle marquent une évolution dans le style de Guimard, comme en témoigne le *Fauteuil*, conçu pour le Castel Val à Chaponval, construit en 1902-1903 ; l'artiste y délaisse le jeu des lignes pour privilégier les oppositions de pleins et de vides, met en valeur, par la forme incurvée du siège, du dossier et des bras, la fonction du meuble, reléguant l'ornementation aux extrémités des accotoirs.

L'architecte conçoit et fait éditer par les fonderies de Saint-Dizier, vers 1903-1905, une série de fontes décoratives destinées à s'intégrer tant aux constructions urbaines qu'aux villas de banlieue. Cette tentative de commercialisation d'éléments liés à l'architecture, aux décors des jardins ou des cimetières, fut un échec, car le caractère si personnel de ces créations en rendait très difficile l'intégration à un cadre qui n'aurait pas été créé par Guimard lui-même.

L'orfèvrerie et les arts de la parure offrent un champ très large aux recherches décoratives de l'Art Nouveau. René Lalique marie la palette subtile des pierres précieuses, des émaux cloisonnés ou gravés, avec la corne, l'ivoire, le verre, dans ses parures d'inspiration naturaliste et symboliste ; puis, sans doute stimulé par les succès d'Emile Gallé, il crée un atelier de verrerie en 1898. Inspiré par la flore et la faune marine, le *Flacon à odeur* se réfère aussi à certaines des créations du XVIIIe siècle. Henri Vever, pour ses créations, sollicite la collaboration d'Eugène Grasset qui dessine pour lui des bijoux, qualifiés de « mérovingiens ». Fernand Thesmar crée des émaux chatoyants, transparents et cloisonnés d'or parfois appliqués sur la porcelaine tendre. Sculpteur, orfèvre et émailleur, Eugène Feuillâtre obtient des effets originaux en jouant sur la translucidité de l'émaillage sur argent. Armand Point reconstitue à Haute-Claire un atelier qui se veut dans l'esprit des maîtres de corporation d'autrefois et travaille en équipe l'émail, ainsi que la poterie et la broderie. Georges Bastard introduit dans des objets de luxe des matières animales, aimées des créateurs de l'Art Nouveau : nacre, corne, écaille, ivoire, ajourés et sculptés, travaillés en virtuose.

Hector Guimard
1867-1942
Fauteuil
1903
Poirier, garniture originale en cuir repoussé et ciselé
106 / 76 / 56 cm

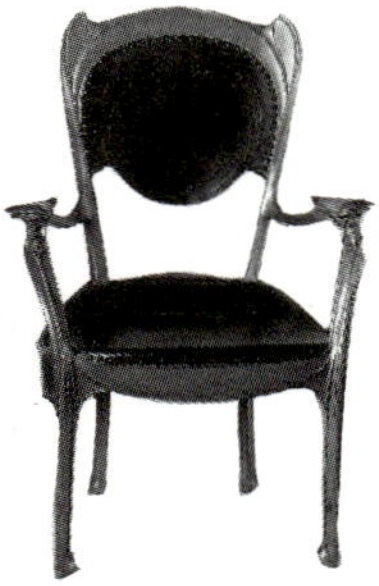

Léopold van Strydonck
1861-1937
« La lutte du bien et du mal », défense d'éléphant montée
1897
Ivoire, bronze
76 / 70 / 35 cm

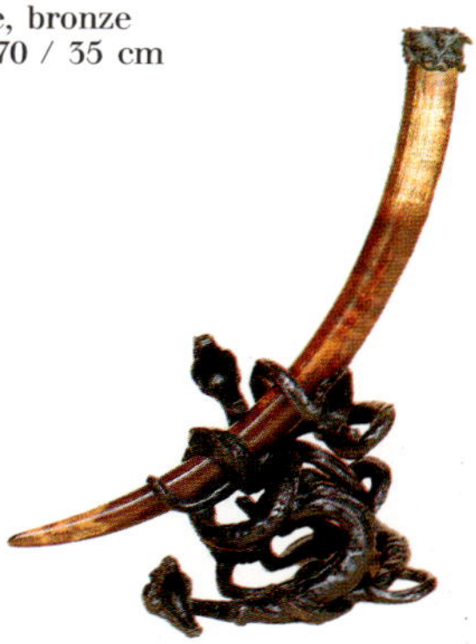

Hector Guimard
1867-1942
Pied de banc
1905-1907
Fonte
930 / 570 cm

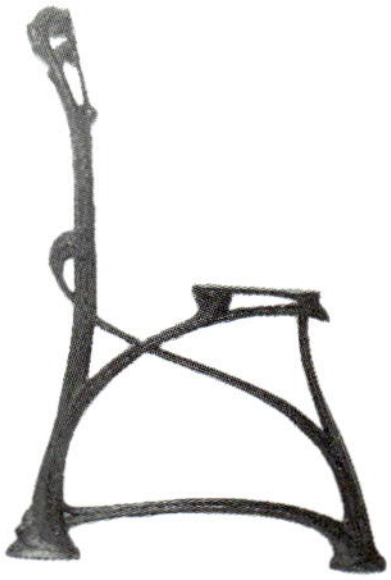

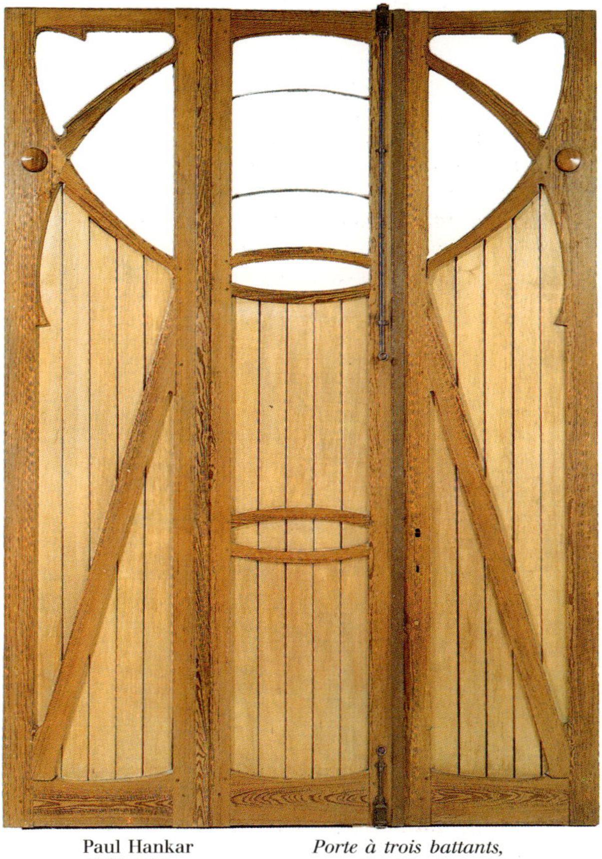

Paul Hankar
1859-1901

Porte à trois battants,
pour l'atelier du peintre Albert Ciamberlani à Bruxelles, (détruit)
1897
Hêtre, acajou, verre chenillé
345 / 244 cm

III

Robert de Domecy, fidèle amateur de l'œuvre de Redon, commande à l'artiste en 1899, le décor de la salle à manger de son château, dont la construction s'achève. C'est une entreprise toute nouvelle pour l'artiste, qui s'en inquiète mais crée une série de quinze panneaux peuplés, écrit-il, « de fleurs de rêve, de faune imaginaire ; le tout par grands panneaux traités avec un peu de tout, la détrempe, l'aoline, l'huile, le pastel même... » L'ensemble est achevé en octobre 1901 ; au-dessus d'une sombre boiserie de chêne étaient accrochés les grands panneaux, tandis que les frises encadraient les fenêtres et surmontaient les portes, illuminant la pièce de leur flamboiement jaune et bleu... Ce décor marque l'entrée, éblouissante, de Redon dans le monde de la couleur, abandonnant définitivement le noir et blanc ; il est aussi un prélude à bien d'autres décorations futures, affirme le désir du peintre de participer aux idées de l'Art Nouveau : concourir à la beauté du cadre de vie, porter la même attention à la création d'un décor qu'à celle d'une œuvre de chevalet.

Dans le mouvement de renaissance générale des arts appliqués, la céramique se place au premier rang ; dès les années 1870, les potiers s'attachent à une analyse approfondie des procédés, renouvelant la conception même de l'art céramique. Ernest Chaplet est le premier de cette brillante école de potiers modernes ; enthousiasmé par la qualité des céramiques d'Extrême-Orient, il se consacre au grès brut et à la porcelaine flammée, qu'il enveloppe de couvertes éclatantes, rouges et bleues. Alexandre Bigot puise également aux sources de la Chine et du Japon. Ses créations d'aspect rustique sont ornées d'émaux mats aux tonalités de jaune, bleu, vert et brun. Il fabrique vers 1900 des revêtements en carreaux et des reliefs de grès destinés à des décors architecturaux, édite les œuvres de sculpteurs et d'architectes (Charpentier, Guimard).

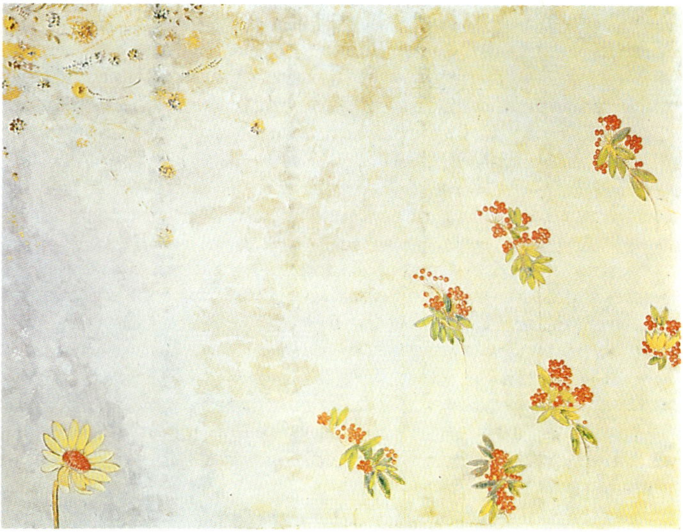

Odilon Redon
1840-1916
Panneaux décoratifs,
réalisés pour la salle
à manger du
château de Domecy,
dans l'Yonne
1901

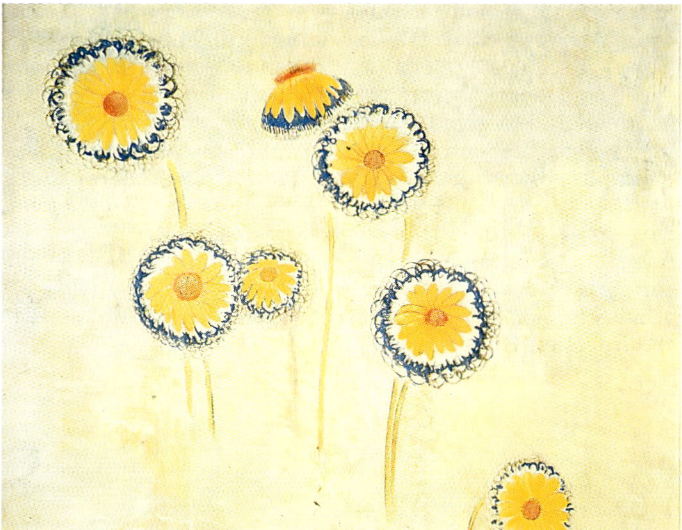

III

La dernière décade du siècle voit se conforter un foyer artistique régional assez puissant pour être baptisé du nom de la ville qui l'a vu naître ; l'école de Nancy recevra officiellement ses statuts d'« Alliance provinciale des industries d'arts », en 1901. Dans une ville en plein essor, et à l'instigation d'Emile Gallé, ce regroupement d'industriels et d'artisans affirme le principe de l'« unité de l'art », fait de la nature la seule et inépuisable possibilité de renouvellement pour les arts du décor, et met l'accent sur le devoir d'enseigner afin de renouveler une main-d'œuvre hautement qualifiée.

François Vaxelaire fonde en 1901 un magasin de nouveautés rue Raugraff à Nancy ; il en confie la réalisation aux architectes Charles et Emile André. Emile André, plus spécialement chargé de l'aménagement intérieur, s'associe avec Eugène Vallin, menuisier, ébéniste et sculpteur, pour concevoir un décor qui accorde une place prépondérante au bois sculpté de formes végétales, ponctué du motif de la clématite, comprenant des vitraux dessinés par André et que réalise Jacques Gruber.

Artiste décorateur, maître ébéniste, Louis Majorelle sculpte l'acajou et l'associe à des décors marquetés d'inspiration naturaliste, et, selon ses conceptions, adapte les lignes dynamiques du décor aux galbes du mobilier ; il aime orner ses meubles de bronzes dorés figurant des nénuphars, des orchidées stylisées, qui, appliqués aux angles, viennent en souligner la construction, en renforcent l'équilibre et la stabilité. Les éléments présentés ici ne forment pas un ensemble ; il s'agit de créations originales de Majorelle, faites entre 1905 et 1908. Les éclairages, dessinés par Majorelle, ont été exécutés en collaboration avec Daum et appartiennent aux modèles « Lotus » et « Nénuphars », créés vers 1902.

Le vitrail joue un rôle important dans le renouveau du décor intérieur ; les architectes se tournent vers les peintres de renom. Albert Besnard, peintre et décorateur, met tout son talent de coloriste dans un vitrail destiné à une porte-fenêtre, réalisé par Henri Carot, *Cygnes sur le lac d'Annecy*. C'est au retour d'un voyage d'étude aux Etats-Unis en 1894, que, décidé à promouvoir l'Art Nouveau dans sa célèbre galerie parisienne, le marchand Siegfried Bing commande dix vitraux à l'Américain Louis Comfort Tiffany d'après les cartons de peintres nabis, Bonnard, Denis, Vallotton, Vuillard et Toulouse-Lautrec (*Au nouveau cirque*).

Louis Comfort Tiffany
1848-1933
et Toulouse-Lautrec
1864-1901
Au nouveau cirque, 1895
Verres « américains »
jaspés et chenillés,
cabochons
120 / 85 cm

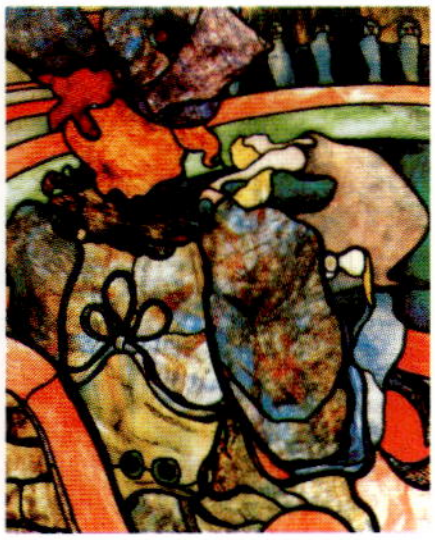

Louis Majorelle
1859-1926
Bureau « Orchidées »
Vers 1905-1909
Acajou, amourette,
bronzes dorés,
cuir estampé
95 / 145 / 70 cm

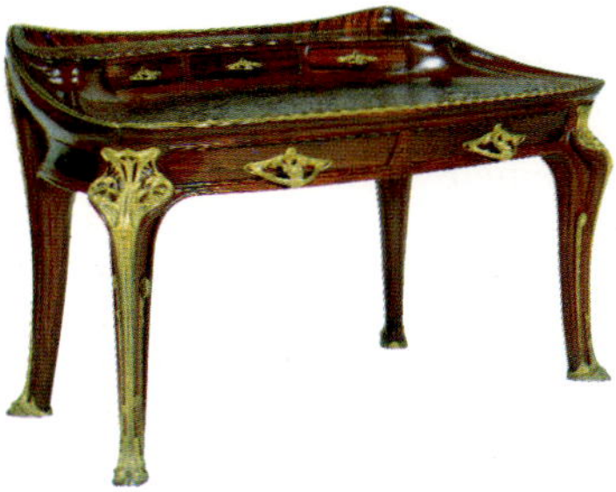

Emile André
1880-1944
Eugène Vallin
1856-1922
Jacques Gruber
1870-1930
Porte (salon d'essayage
des Magasins François
Vaxelaire et Cie), 1901
Acajou, verre
« américain » chenillé,
verre opalescent, cuivre
198 / 182 / 65 cm

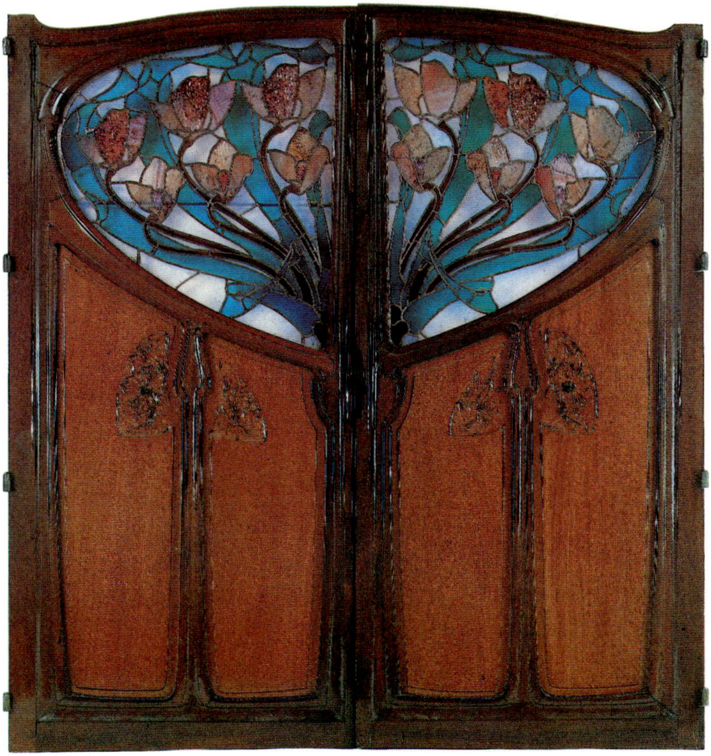

III

L'art du verre et de l'émail renouvelle ses procédés ; Henri Cros, statuaire et céramiste, reçoit en 1892 une commande du ministère des Beaux-Arts, et conçoit une fontaine murale polychrome en pâte de verre destinée au musée du Luxembourg sur le thème de l'histoire de l'eau. Verrier et céramiste, Albert Dammouse crée un procédé de décor en pâte de verre d'une très grande finesse, tandis que François Décorchemont préfère une pâte de verre plus transparente et plus épaisse.

Dès le Second Empire, les grands marchands de cristaux s'étaient révélés créateurs : Rousseau, Léveillé, les frères Pannier à *L'escalier de cristal*, recherchaient des procédés inédits pour des verres colorés, églomisés, etc. A l'étranger s'imposent les corolles fragiles des coupes de Koepping, qui travaille pour la manufacture royale de Berlin. A New York, Louis Comfort Tiffany met au point vers 1892 une matière opalescente, combinaison de divers procédés : irisation, filigranes, inclusions d'or et d'argent, patine qui sera universellement connue sous le nom de « favrile glass ».

Gallé, en céramique comme dans l'art du verre, reprend l'héritage familial ; il continue la fabrication des faïences à la suite de son père Charles Gallé, mais en renouvelle l'inspiration par des motifs végétaux reproduisant la flore régionale que, en botaniste averti, il étudie avec ferveur et dans laquelle il puise formes et couleurs. Gallé multiplie les recherches pour aboutir à une pâte dense, fine et sonore, sur laquelle il applique des émaux opaques d'une adhérence et d'un glacé parfaits ; si Gallé reprend des thèmes populaires, l'Orient, la Chine et le Japon surtout, lui inspirent des créations originales, comme ce *Plat d'ornement*, transposition japonisante d'une œuvre attribuée à Bernard Palissy. Il se réfère à l'Egypte pour une *Jardinière* en forme de faucon Horus, mais c'est la nature qui demeure son modèle de prédilection.

Les verres restent d'abord fidèles, quant aux formes, à la tradition occidentale et à des décors puisés aux sources anciennes (*verres d'apparat*, entre 1867 et 1876). Mais dès le milieu des années 1870, apparaissent des décors empruntés directement à l'art japonais, tandis que l'Islam et la Perse suggèrent formes et techniques. Le *Pique-fleurs* associe de façon insolite des motifs japonais, insectes, fleurs, herbages, transcrits de façon linéaire et légère, et des paysages européens, combine les techniques du verre soufflé et craquelé des applications, avec un décor peint, émaillé et doré. Le vase *Liseron d'octobre*, 1891, en cristal soufflé à deux couches, allie un décor gravé et des inclusions, tandis que la coupe *Par une telle nuit* est traitée comme un camée, en jouant

Emile Gallé
1846-1904
Pique-fleurs
Modèle créé vers 1878-1880
Verre « clair de lune », craquelé
avec applications, décor peint,
émaillé et doré
Monture en bronze doré
24 / 22 cm

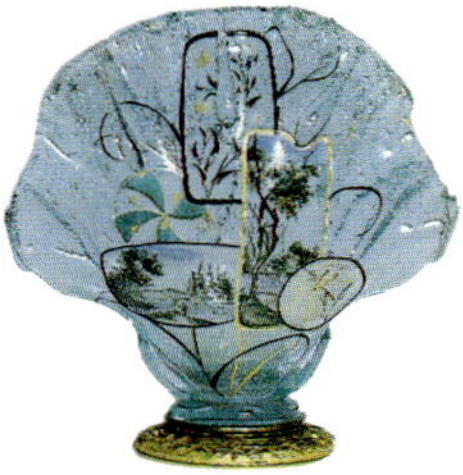

Emile Gallé
1846-1904
La main aux algues
et aux coquillages
1904
Cristal gravé à inclusions
et applications
33,4 / 13,4 cm

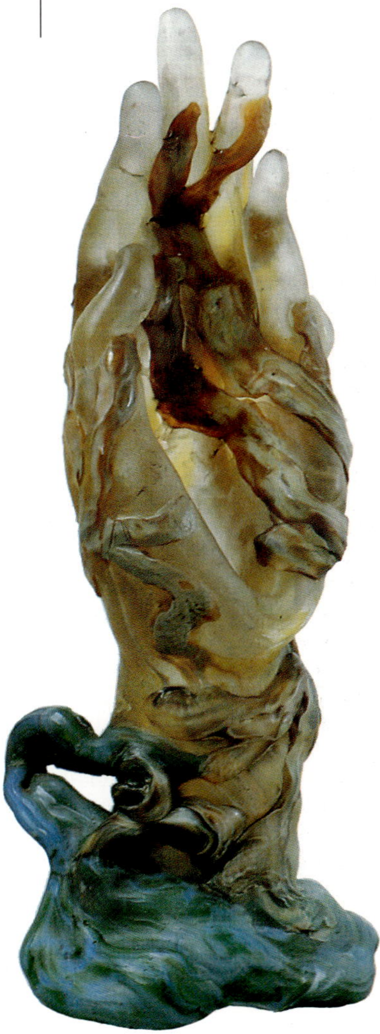

III

III

avec les trois couches de cristal afin d'obtenir une gamme de bleus plus ou moins profonds, de verts diffus et de noir ; on y trouve aussi des inclusions de parcelles métalliques et un décor gravé. Ces procédés que Gallé maîtrise en virtuose sont les messagers de l'imagination de l'artiste, qui trouve dans la contemplation de la nature, la source première et inépuisable de ses « correspondances » poétiques ou musicales ; le *Liseron d'octobre* murmure un vers de Verlaine : « Vous vous êtes penché sur ma mélancolie », tandis que la coupe *Par une telle nuit* évoque une nuit mélodieuse à l'instar de la musique de l'opéra de Berlioz : *les Troyens*. Le cornet *Fleurs d'oignons*, réalisé pour la vitrine de Gallé à l'Exposition universelle de 1900, est un bel exemple de la technique de la marqueterie de verres. Fleurs des champs ou fleurs exotiques, insectes, faune marine, vont envahir coupes et vases. Dernière création verrière de Gallé, *La main aux algues et aux coquillages* fait appel au symbolisme de la vie sous-marine, aux « émaux et camées de la mer »... Evocation des ex-voto antiques, des reliquaires médiévaux ou des cultes orientaux, *La main* apparaît surtout comme une « correspondance » poétique et mystérieuse avec le monde marin...

C'est un intérêt de longue date pour le travail du bois, et son désir de voir parfaitement exposées céramiques et verreries, qui décident Gallé à devenir fabricant de « menuiseries sculptées et marquetées ». Divisé en deux catégories, « tabletterie et petits meubles à bon marché » reçoivent bon accueil, tandis que les « meubles de luxe » sont parfois vivement critiqués. Commercialisés à des prix modulés selon les essences du bois et le degré de finition, sièges, serveuses, plateaux à dessert, guéridons, revêtent des formes souvent inspirées de styles du passé, auxquelles Gallé applique ses conceptions naturalistes. Le pavot prête sa forme aux colonnettes, balustres, consoles, de même qu'il orne la marqueterie d'une étagère murale, 1890-1892, ou supporte le plateau de la table *Gardez les cœurs*, modèle créé en 1895. *La flore hivernale*, vitrine réalisée pour l'Exposition universelle de 1889, est conçue dans un but précis : « Contenir les publications à images qui éclosent vers Noël et le nouvel an ». Les vitres sont gravées de paysages et d'étoiles de neige, tandis que branches de houx et de sapin adornent les tiroirs.

Ultime création d'Emile Gallé, la *Vitrine*, commandée en 1897 par le magistrat Henry Hirsch, confère aux libellules, omniprésentes dans l'art de Gallé, mais généralement plus aériennes, un aspect monolithique, et au meuble sa lourde monumentalité.

Emile Gallé
1846-1904
« Par une telle nuit »
1894
Cristal soufflé à trois couches, inclusions de parcelles métalliques, décor gravé, gravure partiellement dorée
13,3 ∅ 13,5 cm

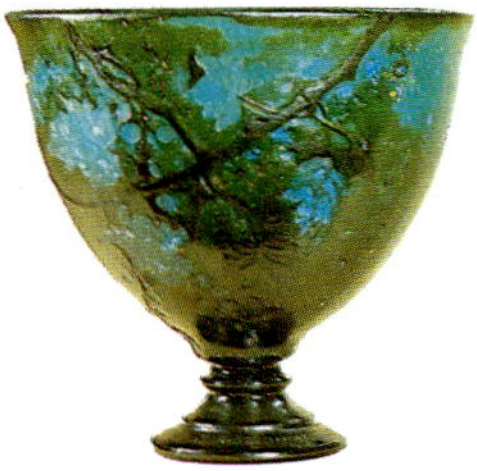

Emile Gallé
1846-1904
« Liseron d'octobre », 1891
Cristal à deux couches, inclusions, décor gravé
Base en cristal taillé et gravé
18,8 ∅ 9,8 cm

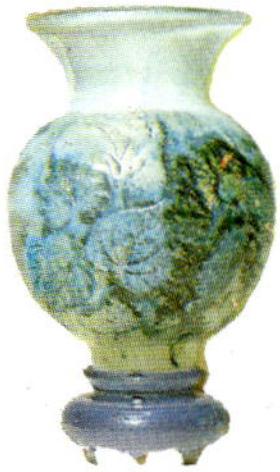

Emile Gallé
1846-1904
Vitrine aux libellules
1904
Bois de fer, chêne lacustre, acajou moucheté, palissandre, incrustations de nacre verre patiné, pierre dure, bronzes ciselés et patinés
234 / 134 / 64,5 cm

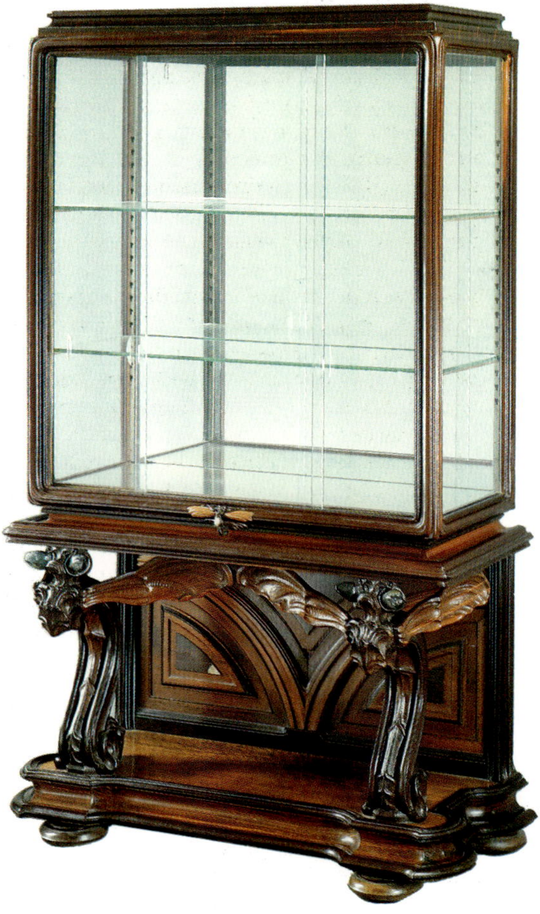

Le principe de l'*Unité dans l'Art*, fondamental dans les théories esthétiques des tenants de l'Art Nouveau, s'affirme en France avec l'abolition officielle de la discrimination entre arts « majeurs » et arts « mineurs » ; en 1891, les arts appliqués à l'industrie sont acceptés au Salon annuel de la Société nationale des Beaux-Arts, aux côtés de la peinture et de la sculpture.

Les peintres Nabis participent d'ailleurs de cette unité de l'art lorsqu'ils réclament « des murs, des murs à décorer », pour embellir le cadre de la vie quotidienne. Pierre Bonnard crée, avec ses quatre panneaux des *Femmes au jardin*, son premier ensemble décoratif, présenté au VIIe Salon des Indépendants. Les sinuosités du graphisme dans l'esprit Art Nouveau, le format allongé, qui rappelle celui des feuilles de paravent, les motifs végétaux qui viennent couper la composition sont autant de rappels de l'intérêt que l'artiste prenait à l'art japonais, ce qui lui avait valu le surnom de « Nabi japonard ».

Nombreux sont les sculpteurs qui apportent leur contribution aux arts décoratifs ; Alexandre Charpentier, Jean Baffier, Jean Dampt et Rupert Carabin, sculpteurs convertis au « décoratif », sont les précurseurs, les initiateurs d'une réhabilitation des arts domestiques et cherchent un style moderne, diffusé et mis à la portée de tous. Jules Baffier produit de la vaisselle d'étain aux formes simples, tandis que Jules Desbois, un élève de Rodin, travaille avec succès argent et étain. Jean Carriès, consacré par la critique et les contemporains pour son œuvre de sculpteur, découvre la céramique japonaise à l'Exposition universelle de 1878, parvient à maîtriser la technique du grès et présente à la Société nationale des Beaux-Arts de 1892, une vitrine qui suscite l'enthousiasme général, dont celui de Gallé : « Vous êtes jeune, génial ! Vous avez découvert tout seul des secrets merveilleux dans notre antique métier. » L'Etat achète pour les collections nationales quelques objets de grès émaillé aux tonalités rares ; l'artiste avait également exposé plusieurs sculptures céramiques, tel le *Grenouillard*. C'est dans la solitude qu'il a conçu cette faune anthropomorphe, sortie des

Pierre Bonnard
1867-1947
Femme à la robe quadrillée
1891
Détrempe sur papier
marouflé sur toile
160 / 48 cm

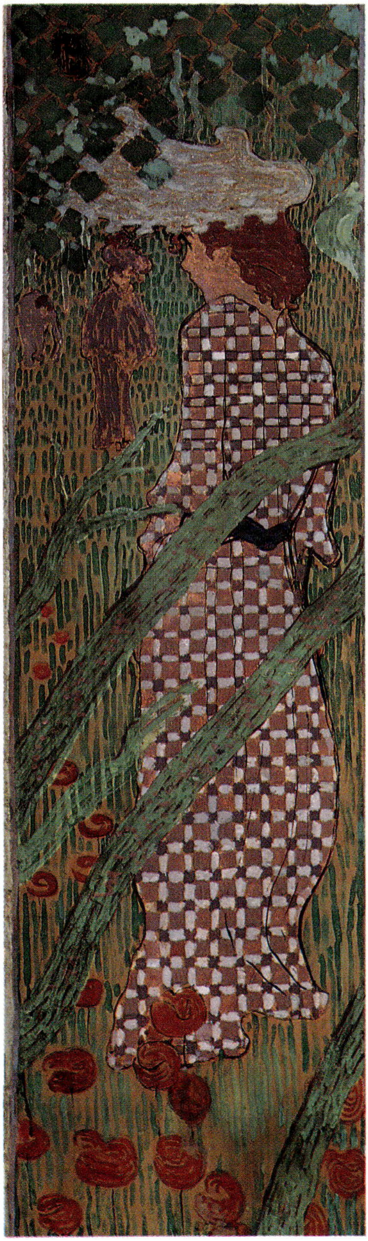

Pierre Bonnard
1867-1947
Femme à la pèlerine
1891
Détrempe sur papier
marouflé sur toile
160 / 48 cm

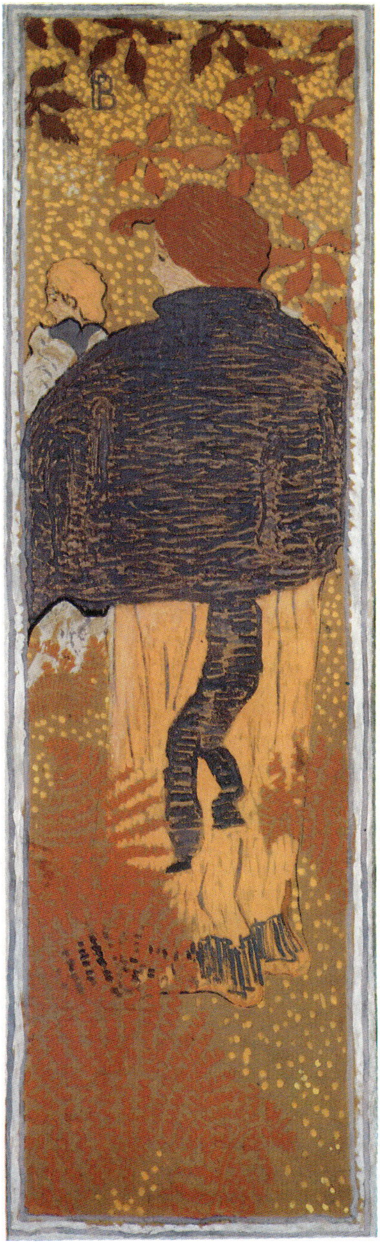

III

sous-bois et des marais, porteuse d'une vie humide et faite de lente décomposition, constituant une véritable antithèse de ses sujets calmes et doux, desquels se détache la série des têtes de bébés. Le *Vase* « feuille de chou », en grès flambé d'Auguste Delaherche laisse toute l'importance décorative à la seule beauté de la matière, à l'éclat ou à la profondeur de l'émail. Pierre-Adrien Dalpayrat et Alexandre Bigot prônent l'intégration des arts céramiques à l'architecture, ce dernier collabore d'ailleurs à la décoration de très nombreuses constructions.

Faisant appel au folklore, aux thèmes populaires de danseurs et de musiciens, la Manufacture royale de Copenhague édite des objets de formes simples, dont la porcelaine émaillée d'un blanc éclatant forme non seulement le fond, mais sert de couleur, destinée à rendre les arbres enneigés et les cristaux de glace, conférant à ce *Vase* toute sa fraîcheur.

Jean Dampt, Alexandre Charpentier et Rupert Carabin, se consacrent vite à la réalisation d'ensembles mobiliers. Carabin présente fièrement dans son atelier, en mars 1890, la *Bibliothèque* exposée salle Gallé, commandée par l'ingénieur Henry Montandon, mais se voit refuser l'accès au Salon des Indépendants. C'est en 1891 qu'il représente avec éclat les arts décoratifs admis au Salon de la Société nationale des Beaux-Arts. Gustave Geffroy a expliqué le symbolisme des figures qui habitent le meuble : « Près du sol, les figures... sont des figures de bassesse, des passions ennemies de l'intelligence, vaincues et rendues esclaves par le livre. D'un côté, c'est l'Ignorance... De l'autre côté, des masques superposés : la Vanité, l'Avarice, l'Intempérance, la Colère, la Bêtise, l'Hypocrisie... En haut, l'œuvre achève de prendre toute sa signification cérébrale par trois figures emblématiques... Une vérité est au centre... A gauche et à droite, deux lectures... ».

Dampt crée un ensemble mobilier complet pour le salon de la comtesse de Béarn (1900-1906), sans démesure, dans une harmonie générale dominée par l'artiste. Ce salon rectangulaire, qui recevait la lumière d'une coupole centrale,

Manufacture royale de Copenhague Richard Bocher, décorateur *Vase* 1919 Porcelaine 46 cm	Jean Carriès 1855-1894 *Cache-pot* Vers 1891-1892 Grès émaillé, rehauts d'or 16 cm ∅ 16,8 cm	Auguste Delaherche 1857-1940 *Vase* 1892 Grès émaillé 37,7 cm ∅ 17,7 cm
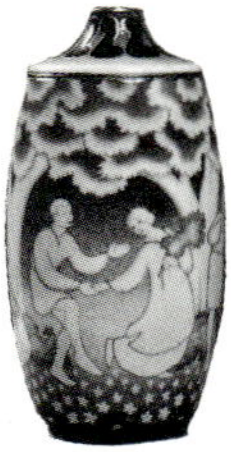	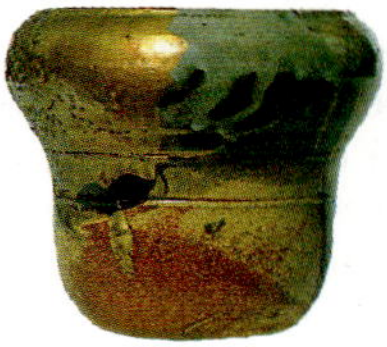	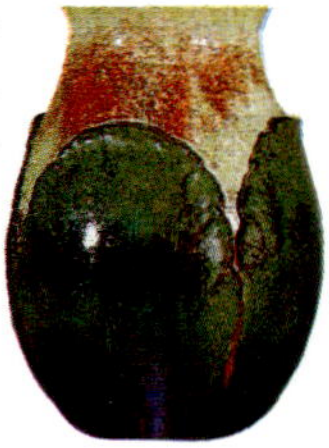

François-Rupert Carabin, sculpteur
1862-1932
Bibliothèque
1890
Noyer, fer forgé
290 / 215 / 83 cm

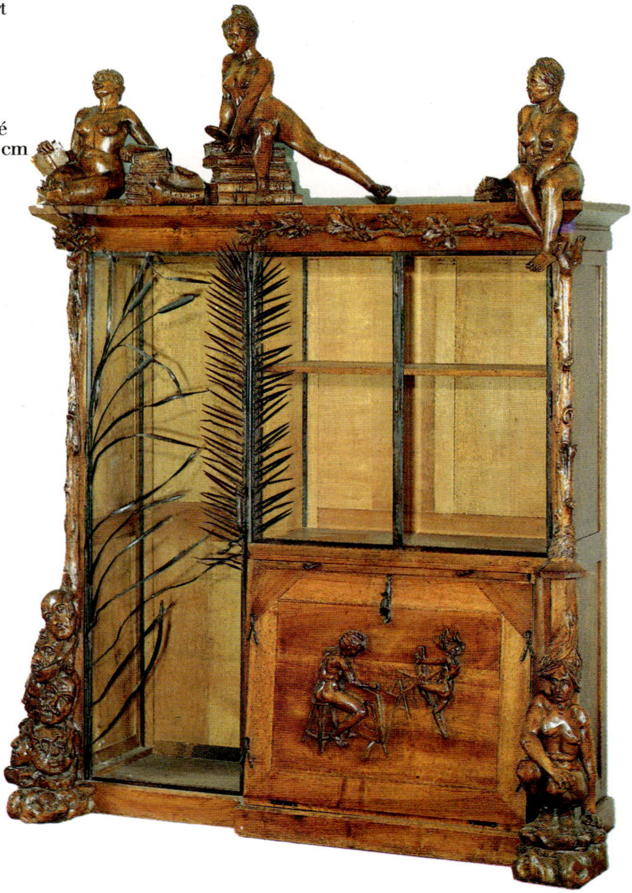

III

était composé de boiseries en chêne, frêne ou orme, à l'ornementation sobre ; Dampt s'est servi des nœuds du bois à des fins décoratives. Comme dans la salle à manger de Charpentier, on y observe une parfaite intégration d'éléments fonctionnels, ici, de bibliothèques pratiquées dans les murs. Au-dessus des boiseries, qui ornent la partie inférieure des murs, montait un revêtement de stuc aux tons clairs (vert et réséda), au décor léger d'épis de blé et de branches d'olivier.

Le décor simple des boiseries et des stucs, dont tous les motifs sont tirés de la nature, la cheminée surmontée d'un bas-relief de marbre conçu par Dampt et figurant le *Chevalier de l'idéal*, les tons et les formes, tout inclinait au calme et à la réflexion, selon le désir de la commanditaire. Dampt avait porté son attention à tous les détails du salon : chenets, pelle et pincettes de la cheminée, appliques pour l'éclairage électrique, ainsi qu'au mobilier, table à écrire et fauteuil à dossier courbe, longue table en bois, banquettes au cuir rayé d'or, rideaux.

Jouant lui aussi de bois de chêne et de loupe d'orme, le peintre Lévy-Dhurmer aménage l'hôtel de l'industriel Auguste Rateau, à Paris, en deux temps, à partir de 1908-1910, puis après la guerre, réalisant ainsi l'une des toutes dernières créations de l'Art Nouveau parisien. Cette grande banquette de salon illustre les tendances de l'Art Nouveau tardif : moindre hauteur, forme plus ouverte, dessin rectiligne s'incurvant légèrement aux angles, décor végétal fortement stylisé et concentré en certains points du meuble.

Lucien Lévy-Dhurmer
1865-1953

et Edouard Collet
Banquette, provenant du grand salon de l'hôtel Rateau,

10, avenue Elisée-Reclus, Paris
Vers 1908-1910
Chêne et loupe d'orme
62 / 250 / 85 cm

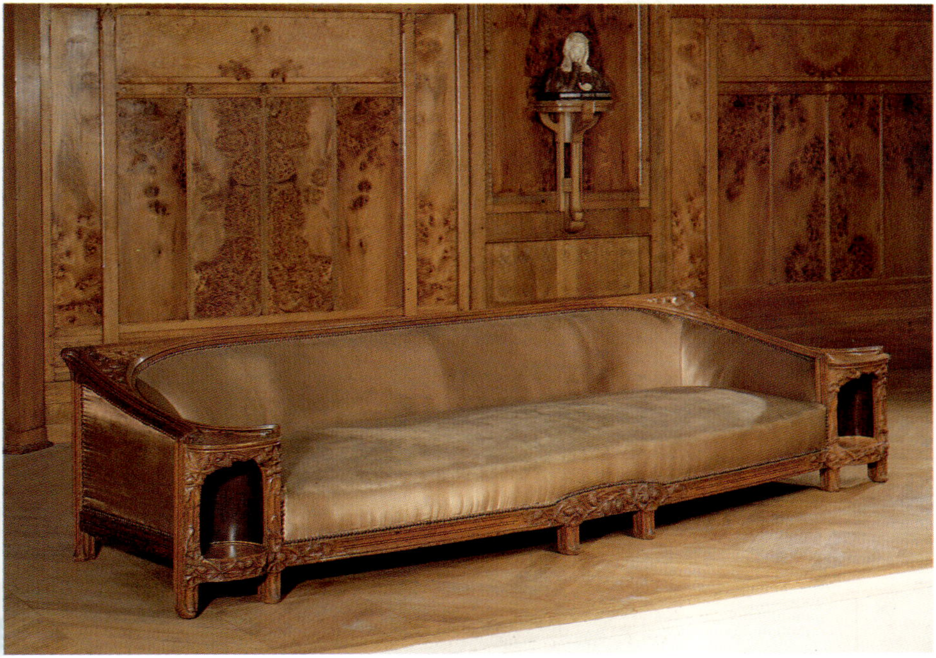

III

Sculpteur-médailleur, Alexandre Charpentier s'essaye à toutes les techniques — potier d'étain, gaufreur, lithographe, ciseleur, médailleur, ébéniste —, avec la généreuse ambition de mettre ses œuvres à la portée du plus grand nombre. Il mène longtemps une vie de nomade, participe aux salons sécessionnistes ; à Paris, celui de la Société nationale des Beaux-Arts où il expose à partir de 1890, à Bruxelles, avec les XX. C'est d'abord en Belgique qu'il obtient ses premiers succès.

Vers 1900, le banquier Adrien Bénard, désireux de réaménager sa villa de Champrosay de façon plus moderne, s'adresse à Charpentier et lui commande une salle à manger. Bénard est aussi l'un des promoteurs du métro parisien, et c'est grâce à son action que la compagnie fait appel à Guimard.

Charpentier doit s'accommoder d'un espace coupé en deux par une grosse poutre supportée par deux colonnettes métalliques ; il conçoit alors deux piliers sculptés d'où part un arc central purement ornemental, mais qui semble soutenir la poutre. Les murs sont revêtus de panneaux d'acajou décorés de plantes grimpantes légères et souples ; l'artiste intègre dans le décor deux consoles-dessertes, dans les angles, deux argentiers, ainsi qu'une grande vasque en grès de Bigot. Au-dessus de ces panneaux s'incurve une série de montants, détachée sur une frise de carreaux de grès.

Charpentier avait également conçu tout le mobilier, dont subsiste seule la grande table centrale ; les vingt-quatre chaises, le lustre et les appliques ayant malheureusement disparu.

Cet ensemble constitue l'un des rares décors complets Art Nouveau, en lequel Charpentier atteint à une parfaite harmonie, soulignée par la souplesse et la légèreté des formes, ainsi que par une subtile alliance de matières et de couleurs.

Alexandre Charpentier
1856-1909
Salle à manger de la villa
du banquier Adrien Bénard
à Champrosay
Vers 1900

Acajou, chêne et peuplier,
bronzes dorés
Fontaine et carreaux de grès
exécutés par Alexandre Bigot,
céramiste (1862-1927)
346 / 1 055 / 621 cm

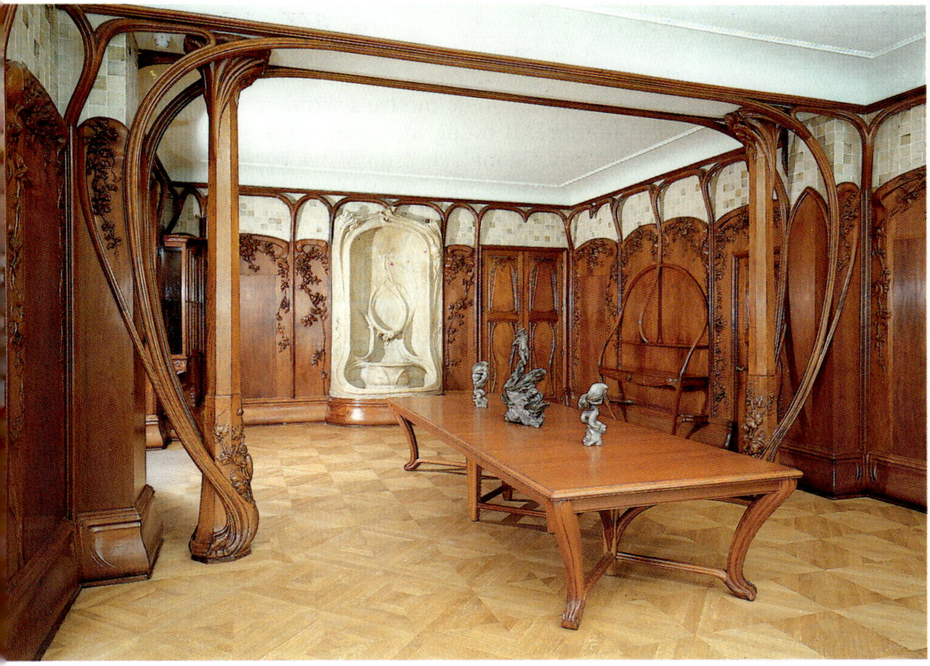

Diffusé par les expositions des groupes d'avant-garde (la Libre Esthétique, la Sécession, etc.), par les revues et les recueils de décorations, abondamment illustrés, l'Art Nouveau se propage au début des années 1890 à toutes les grandes villes d'Europe, Barcelone, Milan, Prague, Darmstadt, Vienne, Glasgow... Paris attire le Tchèque Mucha, qui décore la boutique du bijoutier Fouquet et publie ses *Documents décoratifs*, l'Italien Carlo Bugatti, connu pour ses meubles gainés de parchemin, l'Anglais Hawkins, etc. Partisans de l'*Art dans tout*, ces artistes tentent d'imposer leur idéal d'une esthétique moderne, qu'ils voudraient accessible à tous.

Dès les années 1850, Michael Thonet, à Vienne, avait lancé la fabrication de meubles légers, en bois courbé, développant toute une gamme de meubles de cafés, hôtels, restaurants, à petits prix, solides, confortables, aux formes simples contrastant avec les styles historicisants alors à la mode, et répondant à la nécessité d'une production de masse.

A partir de 1869, la firme concurrente, J. & J. Kohn, exploite le même procédé et cherche à élargir la production au mobilier d'usage domestique. Elle fait appel à l'architecte Gustav Siegel, élève de Josef Hoffmann, pour dessiner le stand de la firme à l'Exposition universelle de Paris en 1900. Séduit par la qualité formelle et technique d'une fabrication qui parvient à concilier le soin d'un travail artisanal et les contraintes de la production industrielle, Adolf Loos confie à Kohn la réalisation des sièges du Café Museum de Vienne (1898-1899), dont l'élégance et la légèreté rappellent les premières créations de Michael Thonet. Kohn édite également les chaises en hêtre courbé et contreplaqué perforé, dessinées par Josef Hoffmann pour le sanatorium qu'il construit à Purkersdorf (1904-1906) ainsi que son célèbre *Fauteuil à dossier réglable*.

Koloman Moser dessine pour Margarethe Hellmann, belle-sœur du mécène F. Waerndorfer, un mobilier de salon laissant la primauté au vide, jouant avec subtilité et raffinement de lignes légèrement incurvées, illustrant l'évolution du mobilier viennois vers la simplicité et la concision géométrique.

L'Ecossais Mackintosh invente un modèle de chaise pour le salon de thé d'Argyle street, pourvue d'un haut dossier sommé d'un ovale ajouré. Les relations étroites établies entre Mackintosh et Hoffmann, la découverte par A. Loos des Etats-Unis donnent naissance à un axe Glasgow-Vienne-Chicago favorisant le retour aux formes droites, aux lignes épurées.

Thonet Frères
Firme créée
en 1853 à Vienne
Modèle nº 1
Hêtre courbé, cannage
90 cm

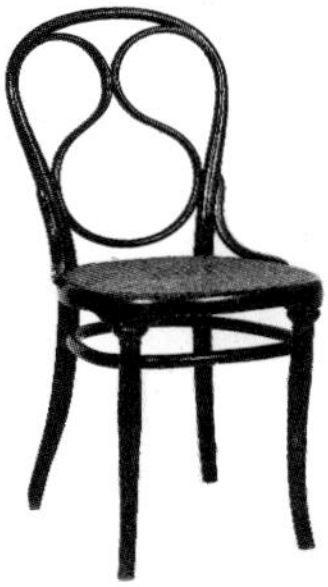

Thonet Frères
Firme créée
en 1853 à Vienne
Modèle nº 2
Hêtre courbé, cannage
90 cm

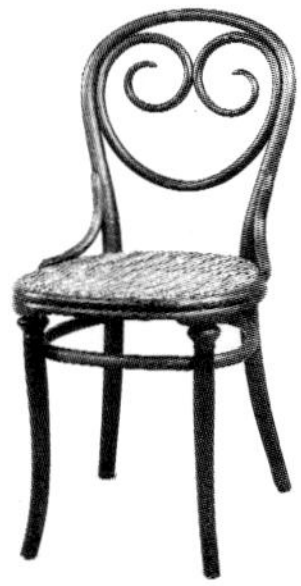

Thonet Frères
Firme créée
en 1853 à Vienne
Modèle nº 3
Hêtre courbé, cannage
90 cm

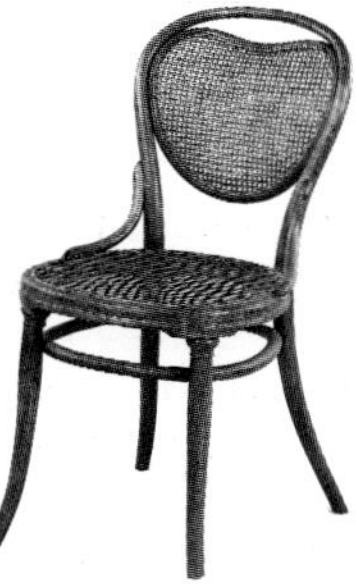

Thonet Frères
Firme créée
en 1853 à Vienne
Modèle nº 4
Hêtre courbé, cannage
90 cm

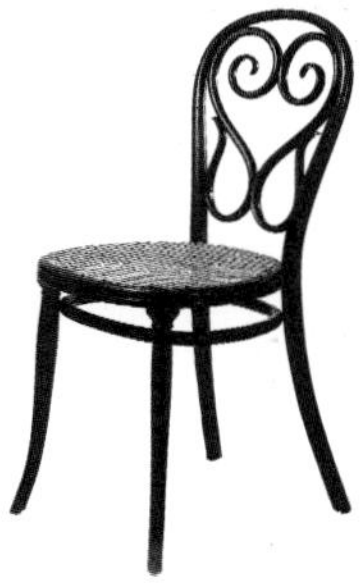

Adolf Loos
1870-1933
Modèle créé
pour le café Museum
Vers 1898
Hêtre courbé, cannage
87 / 42,5 / 51 cm

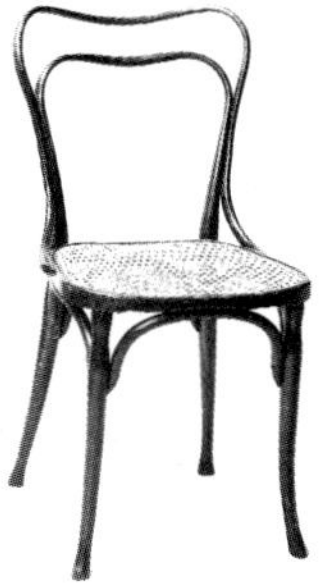

Thonet Frères
Firme créée
en 1853 à Vienne
Vers 1888
Modèle nº 51
Hêtre courbé, cannage
90 cm

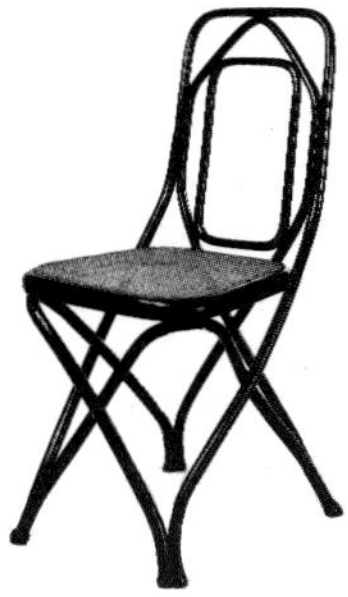

Josef Hoffmann
1870-1956
Chaise
« Purkersdorf », 1904
Hêtre vernis,
contreplaqué perforé,
moleskine
99 cm

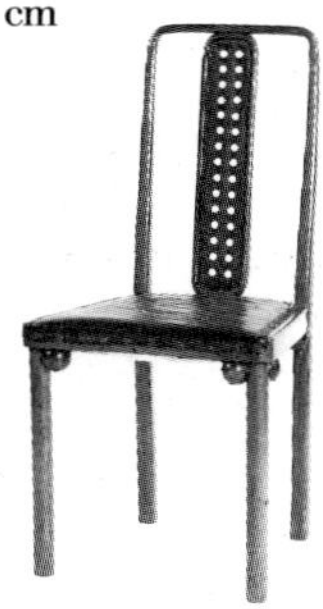

Josef Urban
1872-1933
Thonet frères
Firme créée
en 1833 à Vienne
Chaise, vers 1905
Hêtre verni
en noir
cuir teinté
laiton
98,5 / 40
53 cm

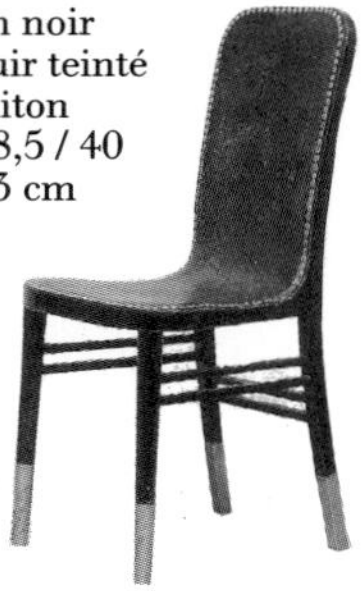

Charles Rennie
Mackintosh
1868-1928
« Argyle st. Tea Room »
1897
Chêne, crin
136,5 / 50 / 56 cm

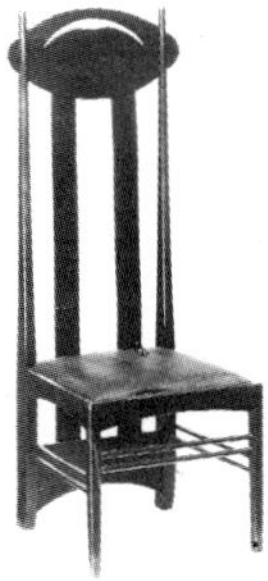

Koloman Moser
1868-1918
La Wiener Werkstätte,
éditeur, à partir de 1903
Fauteuil
1904
Erable verni en noir ;
garniture moderne
88 / 55 / 50

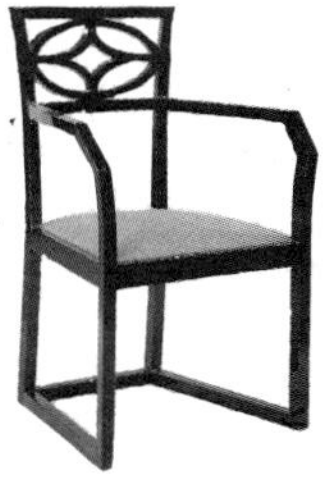

Otto Wagner
1841-1918
J. & J. Kohn
Fauteuil
« Journal Die Zeit »
1902
Hêtre vernis,
laiton, cannage
47 / 42 / 42 cm

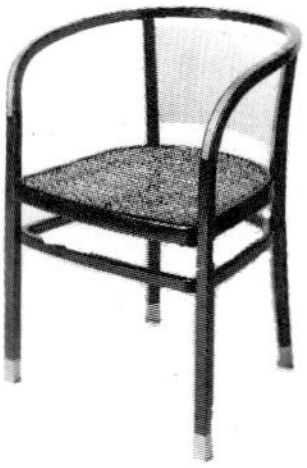

Carlo Bugatti
1856-1940
Chaise
Vers 1902
Acajou à filets
de bois clair,
parchemin
114 / 45,3 / 50 cm

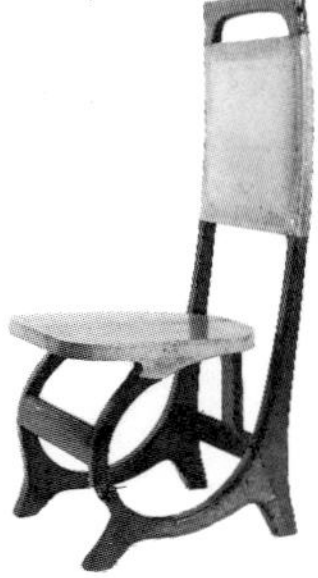

Conseiller impérial, professeur à l'Académie des Beaux-Arts de Vienne, Otto Wagner publie, en 1895, ses théories sur *l'Architecture Moderne*, manifestant sa volonté de s'affranchir des styles du passé et de promouvoir un urbanisme moderne adapté aux besoins d'une ville en pleine expansion démographique et économique. C'est à lui que Vienne doit l'aménagement du canal du Danube et du métro aérien. Il rallie, en 1898, le groupe de la Sécession, suscité par ses élèves et disciples Olbrich, Hoffmann, Moser, et le peintre Klimt en 1897, pour protester contre l'historicisme académique dominant. Koloman Moser fournit les cartons des vitraux du porche d'entrée de l'église Saint-Léopold du sanatorium de Steinhof, près de Vienne, que Wagner construit de 1904 à 1907 ; Moser choisit pour le porche le thème du *Paradis*, consacre les fenêtres latérales du chœur aux *Œuvres de miséricorde*, dessine également certains des motifs de la coupole centrale. Ses immenses verrières contribuent à la luminosité particulière de la nef, traitée dans une harmonie blanc et or. Les formes majestueuses et monumentales, la figure hiératique de Dieu, le calme et le recueillement des anges, les motifs stylisés, tout concourt à un effet tout à la fois solennel et austère.

Dès avant 1900, Josef Hoffmann et Koloman Moser pensent à une association des métiers d'art, sur le modèle des guildes artisanales anglaises. La Wiener Werkstätte est fondée seulement en 1903, grâce à l'appui financier de l'industriel et mécène Fritz Waerndorfer. Dans un manifeste publié en 1905, ils énoncent leur programme et détaillent les activités du groupe au sein d'ateliers d'orfèvrerie, de dinanderie, de bijouterie, de maroquinerie, d'ébénisterie, susceptibles de satisfaire à l'installation complète d'une maison. Leur ambition est de nouer un lien entre le concepteur, l'artisan et la clientèle, et par l'enseignement, de former des dessinateurs et artisans hautement qualifiés. Leur but est donc de susciter un artisanat de luxe, pour lutter contre la médiocrité des objets produits de façon mécanique ; la qualité et les heures passées à y travailler en font cependant des objets chers.

Koloman Moser
Vienne 1868-1918
Le Paradis,
carton pour le vitrail
du portique
d'entrée de l'église
Saint-Léopold
am Steinhof, Vienne

1904
Détrempe sur papier
415 / 774 cm
(totalité du carton)

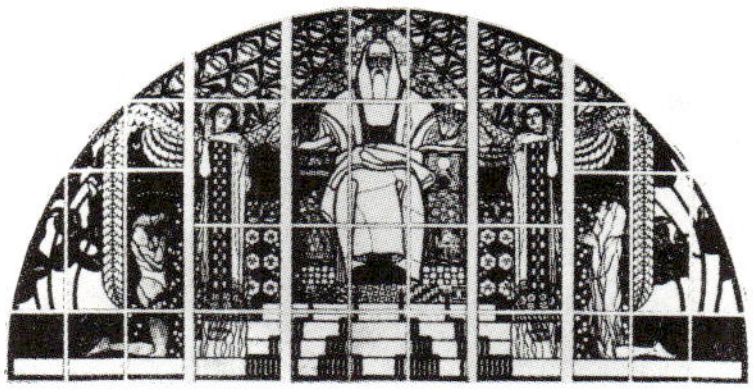

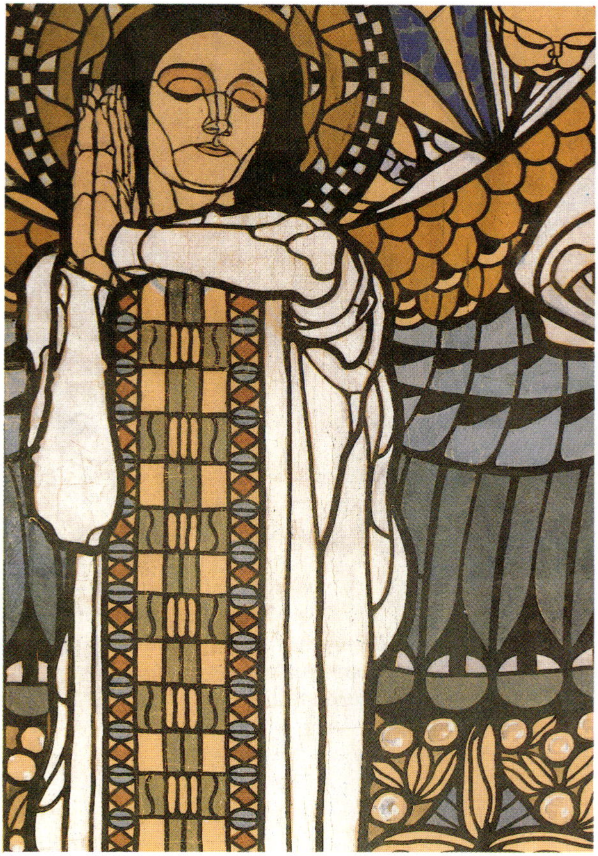

Koloman Moser
Vienne 1868-1918

Détail du *Paradis ;*
un archange
1904
Détrempe sur papier

III

Edités en métal perforé ou martelé, argenté ou laqué blanc ou argent, ils s'intègrent aux intérieurs dont ils reflètent l'organisation architecturale par leur forme et leur géométrie. Les artistes de la Wiener Werkstätte utilisent la technique ancienne du martelage pour des objets en métal, argent ou laiton, poli ou patiné.

Koloman Moser dessine une monumentale *Armoire à musique*, aux proportions amples, encadrée d'une bordure saillante, au décor raffiné dû au seul traitement du bois, — chêne passé au blanc de céruse permettant d'en faire ressortir les veines —, aux plaques d'argent repoussé, aux délicates ondulations, dorées ou argentées qui parcourent le meuble de leurs vibrations musicales... Cette subtilité dans le choix des matériaux se retrouve dans le fragile *Coffret*, créé vers 1904-1905, unissant la soie, l'argent, l'agate, à un travail d'une finesse extrême.

Cette esthétique rigoureuse ne pouvait pas toucher le plus grand nombre, toujours attiré par ce qui, à ses yeux, était symbole de richesse — c'est-à-dire les pastiches de styles anciens — mais seulement un monde d'amateurs éclairés, à la recherche de modernité.

Dès 1898, les artistes de la Sécession, Hoffmann, Moser et leurs élèves fournissent des modèles aux manufactures industrielles, pour des productions de série ; la manufacture de céramique Josef Böck édite, en porcelaine, les services de table de Jutta Sika, tandis que les verreries Bakalowits produisent les services de verres de Moser. De même, Wagner, lorsqu'il construit, en 1904-1906, la caisse d'épargne de la poste, demande aux firmes Thonet Frères et Jacob et Josef Kohn, d'éditer les meubles qu'il dessine, parmi lesquels le tabouret conçu pour la salle des guichets ainsi que l'étagère destinée aux bureaux directoriaux en hêtre courbé, contreplaqué perforé et aluminium, comptant parmi les prototypes les plus réussis du mobilier du XXe siècle.

Tous ont la même volonté de créer des objets utilitaires de forme simple et moderne. Plus que la production raffinée et coûteuse de la Wiener Werkstätte, la diffusion de ces objets industriels contribue à faire connaître les idées nouvelles en touchant un plus large public.

Josef Hoffmann
1870-1956
Fabrication :
Wiener Werkstätte

Jardinière
1904-1905
Métal argenté
39,2 / 12,2 / 11 cm

Koloman Moser
1868-1918
Fabrication :
Wiener Werkstätte

Encrier et plateau
1903-1904
Argent, verre
Plateau :
7 / 22,7 / 15,4 cm

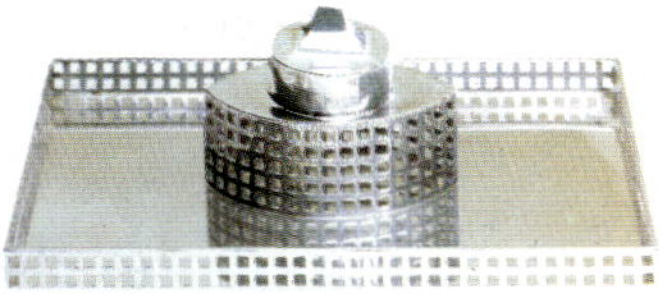

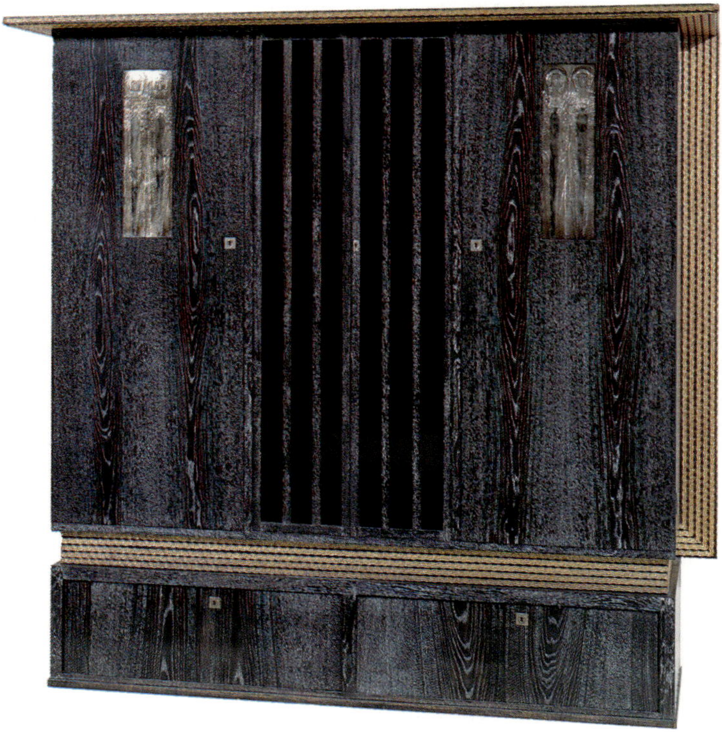

Koloman Moser
1868-1918
La Wiener Werkstätte,
éditeur, à partir de 1903
Armoire à musique
Vers 1904
Chêne cérusé et
verni en noir,
bois sculpté et doré,
métal argenté repoussé,
métal blanc, verre
199,5 / 200,5 / 65,5 cm

III

C'est sous l'influence des transformations technologiques et sociales entraînées par le développement industriel de la fin du XIXe siècle, que naît l'école de Glasgow, regroupant autour de Charles Rennie Mackintosh, Margaret et Frances Mac Donald et Herbert Mac Nair. Leur production, étendue aux domaines les plus variés, — architecture, décoration, mobilier, objets, textile, reliure, affiche —, est exposée à Paris en 1895 chez Bing, à la Sécession de Munich en 1899, à Vienne en 1900, à Turin en 1902, lieux d'échanges et de rencontres favorables à la diffusion d'une esthétique nouvelle qui cherche à privilégier la fonction plutôt que le décor.

Rationaliste et attaché aux traditions locales, Mackintosh enferme la thématique symboliste de l'Art Nouveau dans un cadre rigide de verticales et d'horizontales. Il aménage appartements et maisons, mais se fait surtout connaître par les décors créés pour des lieux publics, bureaux, écoles (construction de l'école des Beaux-Arts de Glasgow en 1898-1899), églises, salons de thé (Argyle street en 1897, Ingram street en 1900, etc.).

Lorsque Mrs Cranston, l'une de ses principales commanditaires, pour laquelle il a installé quatre salons de thé, lui demande de réaménager sa maison, *Hous'Hill* à Nitshill près de Glasgow (vers 1904), Mackintosh a déjà renoncé au décor symboliste et adopté un style plus austère, tendant vers l'abstraction. Les meubles peints en blanc de la double chambre d'hôte sont d'une simplicité rigoureuse ; la décoration s'y réduit à un jeu de carrés et de rectangles ajourés, incrustés de verres aux couleurs pastels, ou de nacre (pour les poignées des tiroirs). Les motifs naturalistes ne servent plus alors qu'au décor mural, aux textiles et au luminaire, aujourd'hui disparu.

Partisan farouche de la modernité et du fonctionnalisme, fervent admirateur des Etats-Unis, l'architecte Adolf Loos reste à l'écart du groupe de la Sécession, dont il critique le rigorisme. Individualiste, il s'oppose à l'art total ; chaque habitation doit avoir son style, qui soit aussi celui de ses occupants. L'architecte doit aider, conseiller, proposer, composer un mobilier simple et vrai.

Charles Rennie Mackintosh
1868-1928

Commode et miroir de toilette, provenant de Hous'Hill, Glasgow
1904

Bois peint, ébène, nacre, verre, bronze argenté
79,6 / 101,6 / 45,7 cm

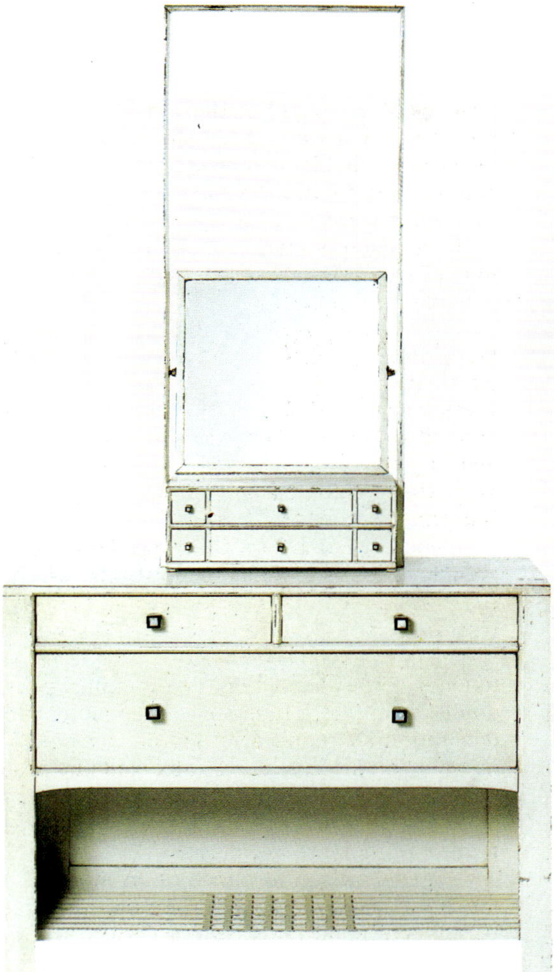

III

Pour l'appartement de Gustav Turnowsky à Vienne, Loos choisit d'ailleurs un lit en cuivre et les sièges de forme traditionnelle garnis de tissus Biedermeier, en raison de leur côté pratique. Dans la chambre de dame, l'agencement de la boiserie et du mobilier répond aux besoins de la vie quotidienne ; d'un côté le sommeil et la toilette, de l'autre le travail ou le repos. La cloison centrale avec ses verres biseautés, le paravent en miroir, contribuent à cette fragmentation de l'espace, multipliée par des jeux de transparence et de reflets. Loos sait parfaitement user des matières pour créer une ambiance raffinée : érable blond, laiton, marbre, soie gris bleuté.

Frank Lloyd Wright élabore à Chicago, au début des années 1900, sa célèbre série dite des « maisons pour la prairie », caractérisées par un éclatement du plan traditionnel, les ailes et les étages se développant librement par rapport à un noyau central. Il y manifeste aussi le désir d'employer à découvert bois naturel, briques ou pierre, d'arriver à mettre en harmonie la maison, le site, la nature. Cette esthétique doit beaucoup à l'art du Japon, dont il a redécouvert l'architecture de bois, basse et horizontale, et le sens décoratif le plus pur.

Les sièges jouent, dans les espaces créés par Wright, un rôle essentiel dans la fragmentation de l'espace ; ainsi les chaises destinées à l'Isabel Roberts House (1908), qui appartiennent à une série dont les dossiers à barreaux espacés servent d'écrans et de partitions intérieurs.

La comparaison des vitraux exposés fait ressortir une évolution vers un style dépouillé, abstrait. Le vitrail conçu pour la maison de Darwin D. Martin construite de 1903 à 1905 à Buffalo, fait appel à un motif inspiré de la nature, l'arbre de vie, traité en des teintes automnales, tandis que le vitrail de la maison Avery Coonley, 1908, qui laisse la place à un simple jeu de lignes horizontales ponctuées de taches colorées, fait de Wright l'un des pionniers de l'abstraction pure, avant qu'il n'ait pu découvrir les œuvres de l'avant-garde européenne.

Frank Lloyd Wright
1867-1959
Vitrail de la maison
d'Avery Coonley
Riverside, Illinois
Vers 1908
Verre, plomb
101 / 38 / 47,3 cm

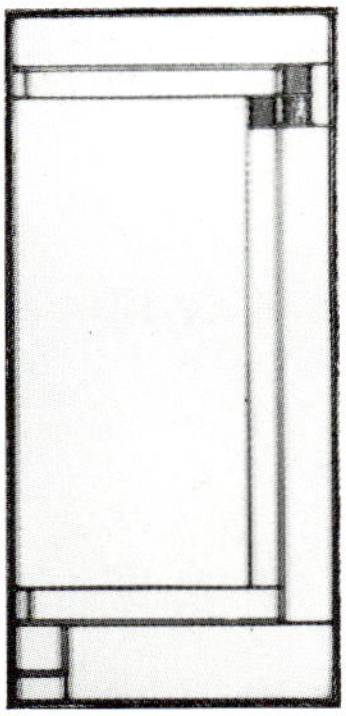

Franck Lloyd Wright
1867-1959
Chaise, pour
la maison
d'Isabel Roberts
River Forest, Illinois
1908
Chêne, cuir
125 / 45 / 51 cm

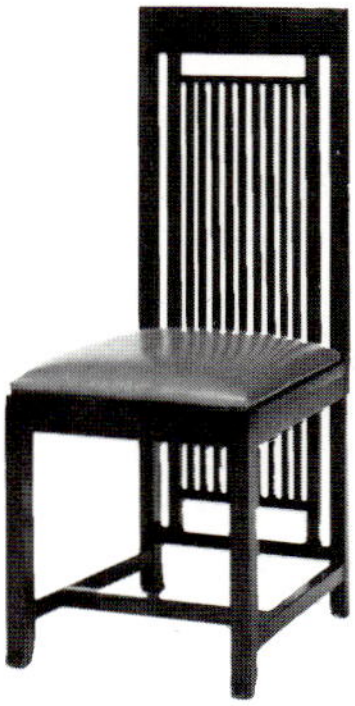

Adolf Loos
1870-1933
Commode à vantaux,
provenant de
l'appartement
G. Turnovsky à Vienne
Vers 1902
Erable, laiton, marbre
74 / 112,5 / 56 cm

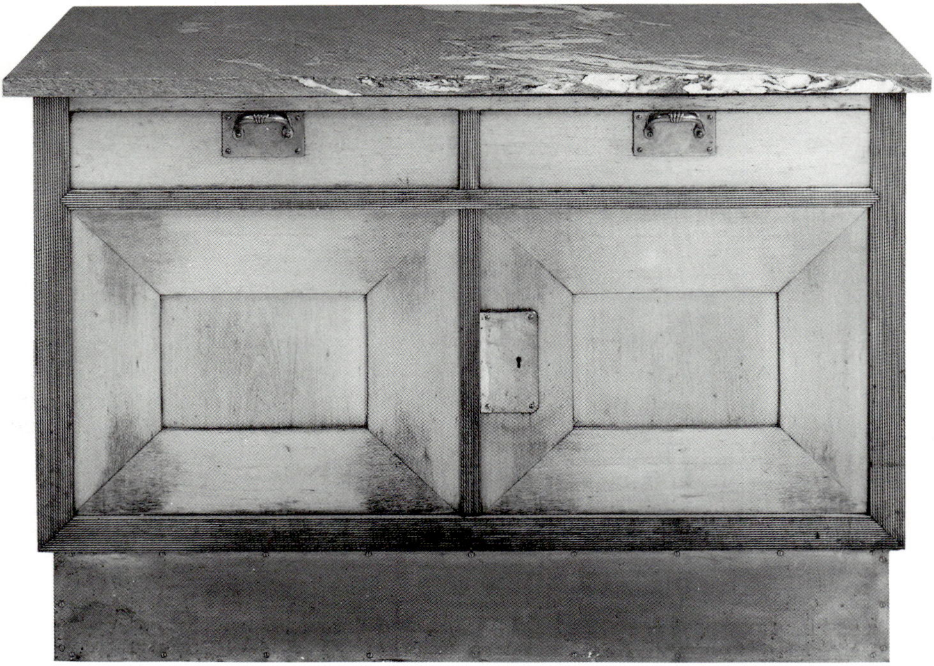

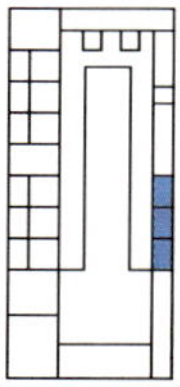

Les Nabis

Bonnard, Vuillard,
Denis, Vallotton, Roussel

Décidés à retrouver la pureté de l'art, exaltés par le testament de Gauguin, transmis par Sérusier (*Le talisman*, 1888, voir salle des peintures de petit format), les Nabis, « prophètes » d'un art nouveau, choisissent d'abandonner les règles traditionnelles de la peinture, et se tournent vers « les vitraux médiévaux, les estampes japonaises, la peinture égyptienne », comme l'écrit Maurice Denis, le théoricien du groupe.

A partir de ces quelques notions communes, chaque artiste va épanouir son style ; Pierre Bonnard, justement nommé le « Nabi japonard », privilégie un format allongé évoquant celui des paravents, un humour tendre et une atmosphère intimiste dans sa représentation de *L'Enfant au pâté*, qui met en scène l'un de ses neveux, vêtu d'un kimono et la nuque dégagée, jouant dans la propriété dauphinoise appartenant à la famille de l'artiste. Ce même jardin sert de cadre à *La partie de croquet*, qui réunit les membres de sa famille, silhouettes découpées de façon très décorative, emplissant un espace à perspectives multiples. Quelques années plus tard, *Le grand jardin*, 1894, reprend le même cadre, mais dans une symphonie de verts plus clairs. *L'indolente*, est l'un de ses premiers nus, thème qui devient un de ses sujets de prédilection ; Bonnard le traite en camaïeu de couleurs plus sombres. La vue plongeante fait basculer l'espace qui emplit toute la toile ; c'est alors que Bonnard et Vuillard sont, esthétiquement, les plus proches.

III

Edouard Vuillard, à ses débuts, est peut-être le plus nabi de tous ; *Au lit*, le prouve. Ce sujet familier et intime est traité dans une mise en page étonnante ; les plages de couleurs superposées, sans profondeur, jouent sur une gamme de tons beiges de valeurs proches. La longue ligne affaissée du corps évoque, par le jeu des correspondances, le sommeil. Cette déformation arbitraire de la figure humaine aboutit à une stylisation très hardie.

Vers 1890, les Nabis réclament « des murs, des murs à décorer » pour embellir le cadre de la vie quotidienne ; cette préoccupation domine d'ailleurs tout l'Art Nouveau. *La nature morte à la salade*, aux tons nacrés et discrets, fait sans doute

Pierre Bonnard
1867-1947
Femme assoupie sur un lit
(ou *L'indolente*)
1899
Huile sur toile
96 / 106 cm

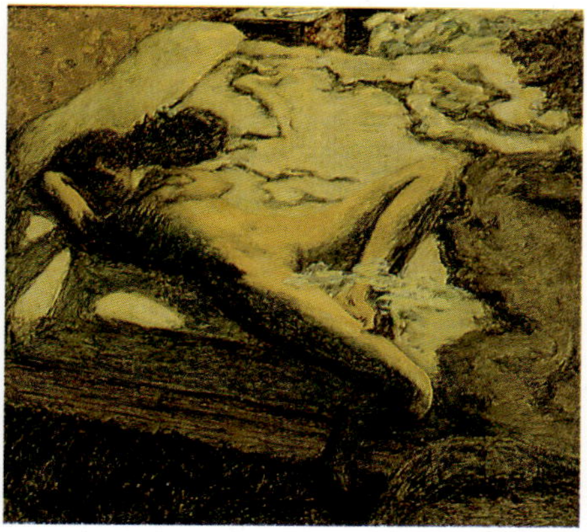

Pierre Bonnard
1867-1947
L'enfant au pâté
Détrempe à la colle
sur toile
162 / 50 cm

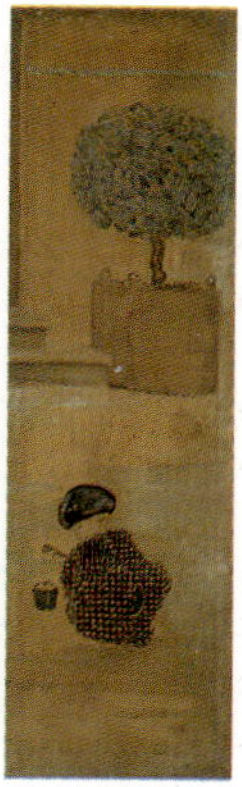

III

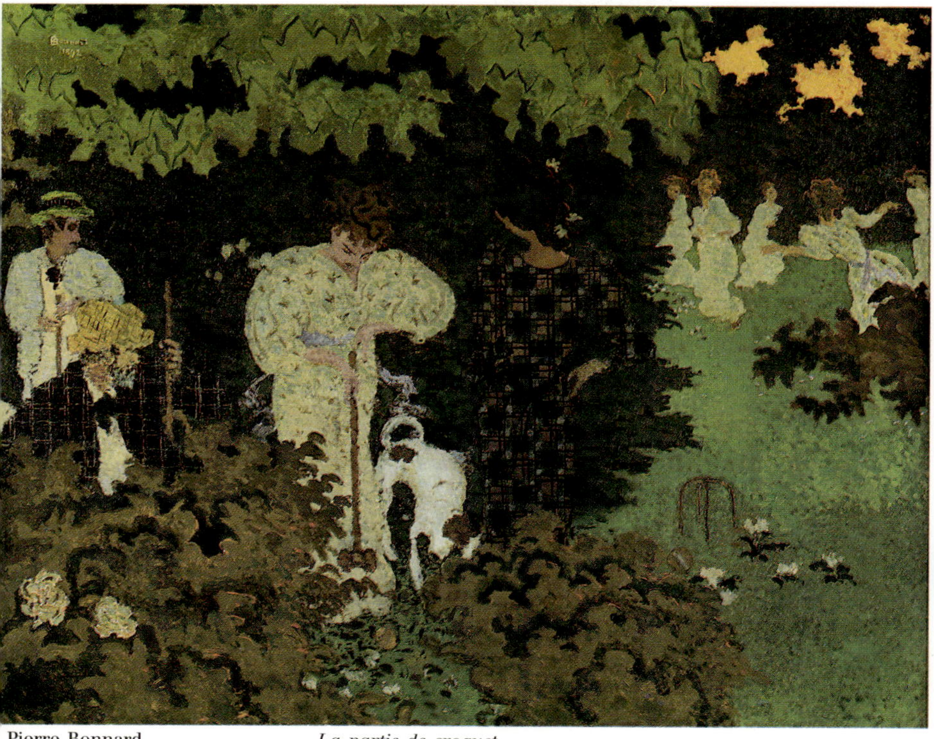

Pierre Bonnard
1867-1947

La partie de croquet
1892
Huile sur toile
130 / 162 cm

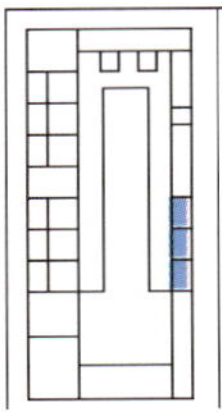

Edouard Vuillard
1868-1940
Jardins publics
Panneaux destinés
à décorer la salle
à manger
d'Alexandre Natanson
Peinture
à la colle sur toile

Fillettes jouant
215 / 88 cm

L'interrogatoire
215 / 92 cm

Les nourrices
212 / 80 cm

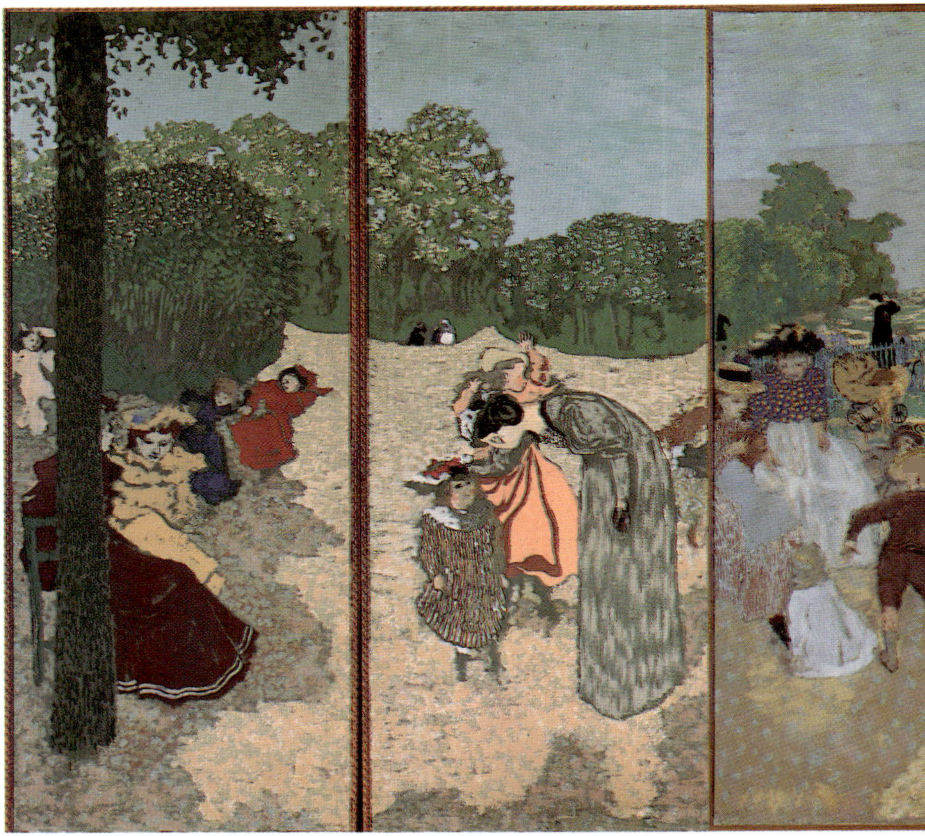

III

La conversation
212 / 152 cm

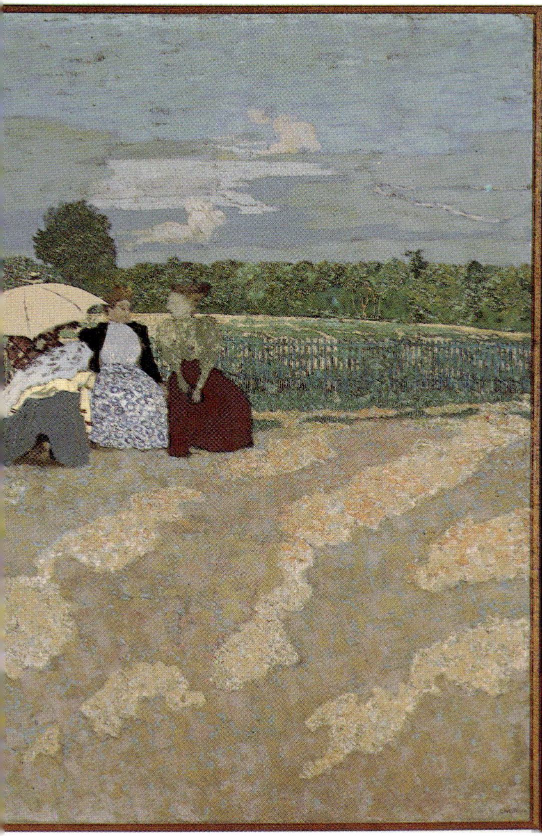

L'ombrelle rouge
212 / 80 cm

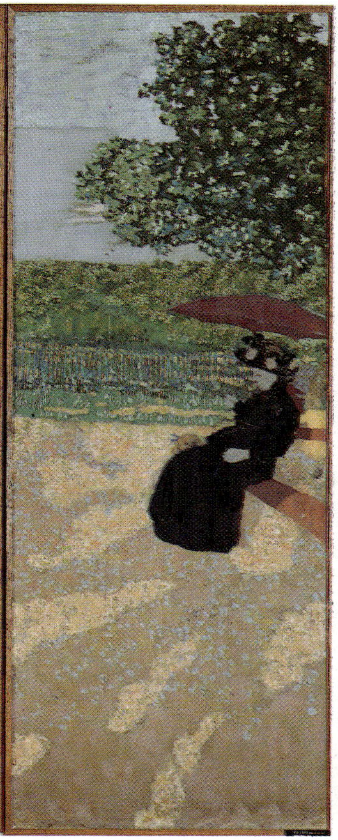

partie de la série peinte par Vuillard en 1887-1888 pour décorer sa salle à manger. Mais Vuillard décorateur apparaît surtout dans les *Jardins publics*, cinq des neufs panneaux, présentés en angle, tels qu'ils étaient dans l'hôtel d'Alexandre Natanson qui les lui avait commandés (d'autres panneaux sont conservés aux musées de Bruxelles, Cleveland et Houston). Directeur de la *Revue Blanche*, Natanson soutient activement ces jeunes peintres d'avant-garde, publie leurs gravures et expose leurs œuvres. Les découpages arbitraires de ces cinq compositions, influencés par l'art du Japon, mettent en valeur des raccourcis étonnants ; la peinture à la colle donne un modelé à la matière, posée en larges masses simplifiées, faites pour être vues de loin. Le rythme un peu dissymétrique des panneaux joue avec celui des figures, tandis que les accords de couleurs délicats, les tons subtils résonnent sur un mode mineur ; un charme serein et grave se dégage de cet ensemble.

Vallotton, d'origine suisse, s'installe à Paris en 1882 ; la mise en page ingénieuse et drôle du *Ballon*, valorise le style concis et les grands aplats colorés, caractéristiques de l'esthétique nabie. Le réalisme et la facture minutieuse de *Dîner, effet de lampe*, 1899, cerne la famille de l'artiste de façon un peu caricaturale, sous un éclairage frappant, dans des tons vernissés et opposés ; il annonce les expressionnistes par la dureté de son graphisme et préfigure même certains effets surréalistes.

Aristide Maillol (1861-1944) débute comme peintre et rejoint le groupe des Nabis dont il partage les préoccupations : l'allure décorative du profil précis de la *Femme à l'ombrelle*, vers 1895, se détache sur un fond simplifié proche des tapisseries qu'il exécute au même moment. Le sujet comme les couleurs le rapproche des impressionnistes.

Maurice Denis est le théoricien du groupe ; sa célèbre définition : le tableau « est essentiellement une surface plane recouverte de couleurs en un certain ordre assemblé », pourrait s'appliquer à toute œuvre nabie, en particulier à ses premières toiles et aussi aux *Muses*. La palette de Denis, profonde et mate, s'adapte aux simplifications hardies et accentue le caractère décoratif du tableau. La stylisation des

Maurice Denis
1870-1943
Les muses
1893
Huile sur toile
168 / 135 cm

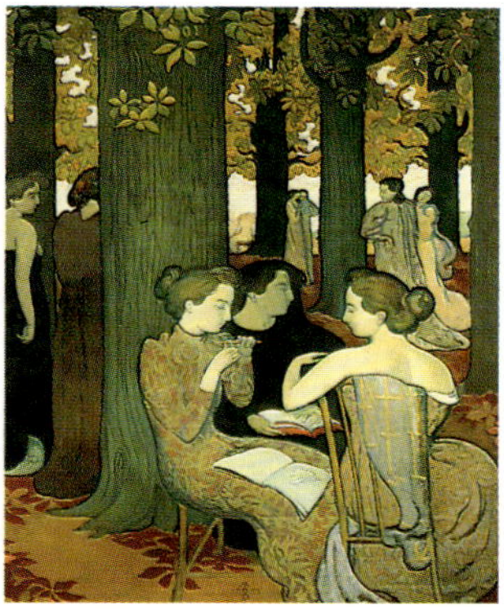

Félix Vallotton
1865-1925
Le ballon
1899
Peinture à l'essence
et gouache sur carton
49,5 / 61,9 cm

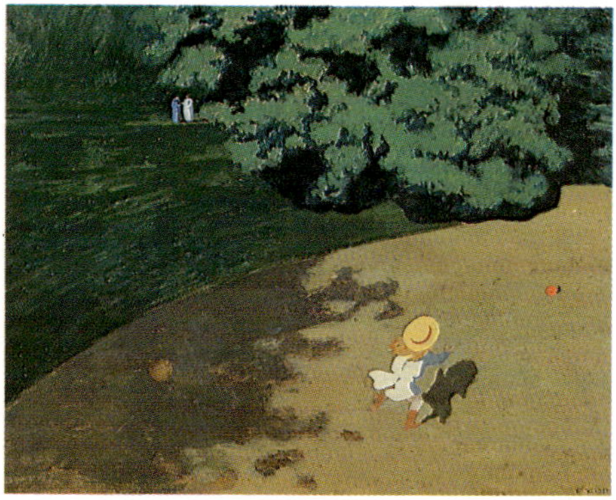

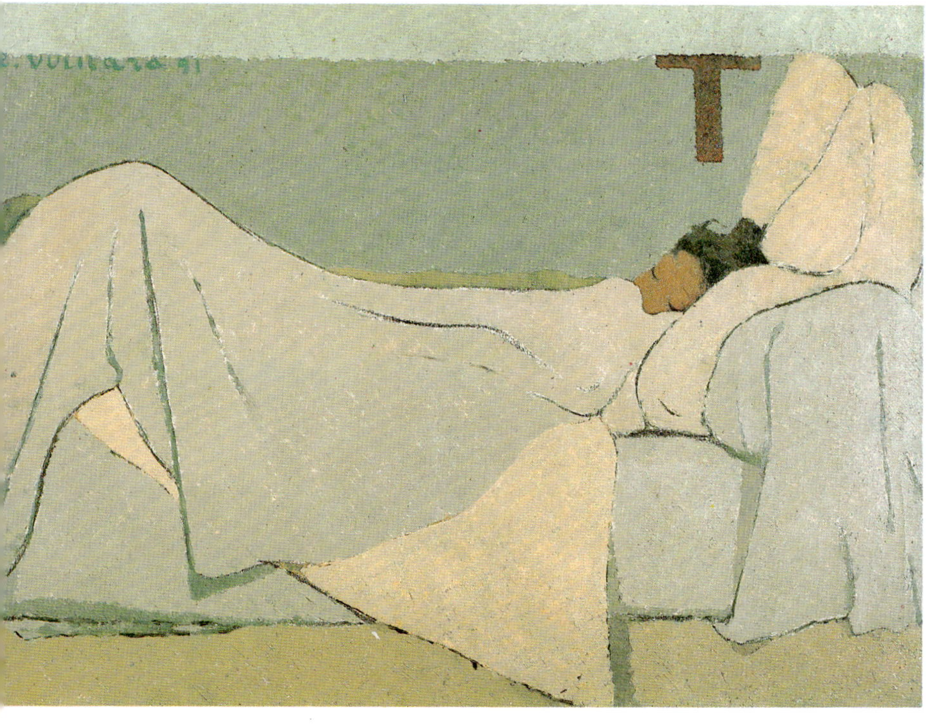

Edouard Vuillard
1868-1940

Au lit
1891
Huile sur toile
74 / 92 cm

III

formes et l'emploi de l'arabesque dans le rendu des feuillages, crée une atmosphère irréelle et poétique, proche des symbolistes ; *Les muses* sont une sorte de reprise nouvelle du *Bois sacré* de Puvis de Chavannes. L'admiration de Denis et de ses condisciples pour Cézanne, Gauguin et Redon, qu'ils considèrent comme leurs « initiateurs » se trouve concrétisée dans *L'hommage à Cézanne*, 1900. Dans la lignée des *Hommages* de Fantin-Latour, Denis regroupe autour d'une nature morte de Cézanne, ayant appartenu à Gauguin, les principaux Nabis (de gauche à droite : Redon, Vuillard, Mellerio, Vollard, Denis, Sérusier, Ranson, Roussel, Bonnard et Marthe Denis). La scène se passe dans la galerie Vollard en présence de leur aîné Redon et du critique André Mellerio ; cette œuvre présente un grand intérêt iconographique puisqu'elle regroupe les portraits de tous les Nabis et affirme la cohésion du groupe jusque vers 1900.

Au tournant du siècle, un changement se fait sentir dans l'œuvre de la plupart des Nabis. Ils s'éloignent des aplats de leur jeunesse, abandonnent leurs simplifications, adoucissent leurs teintes.

Maurice Denis est un des premiers à comprendre Cézanne, bien avant la grande rétrospective dù Salon d'Automne de 1907 qui fait de lui le maître reconnu de la jeune génération. Il cultive aussi, depuis son enfance, ses visites au Louvre et un premier séjour à Fiesole en 1895, une passion pour les primitifs italiens, surtout Fra Angelico ; un second séjour à Florence et Rome en 1897-1898 et sa rencontre avec André Gide, conforte son désir de fondre l'invidual à l'harmonie universelle. Ainsi lorsqu'il peint des bonheurs simples, comme les *Bretonnes sous la treille*, évocation indissociable de son histoire picturale ou *Le paradis*, image du jardin fleuri de sa maison « Silencio » achetée en 1908 à Perros-Guirec, il y suggère aussi un « âge d'or » ouvert à tous. La maquette de la coupole du théâtre des Champs-Elysées, révèle comment Maurice Denis emploie le symbole pour faire naître l'émotion avec une volonté de logique qui réduit au minimum le travail de réflexion du spectateur. Il y évoque en quatre panneaux, la danse, l'opéra, la symphonie, le drame lyrique. Appelé le « Nabi aux belles icônes », Maurice Denis réalise, dans la seconde partie de sa vie, de nombreuses décorations religieuses.

Edouard Vuillard
1868-1910
La chapelle du château de Versailles
Huile sur toile
96 / 66 cm

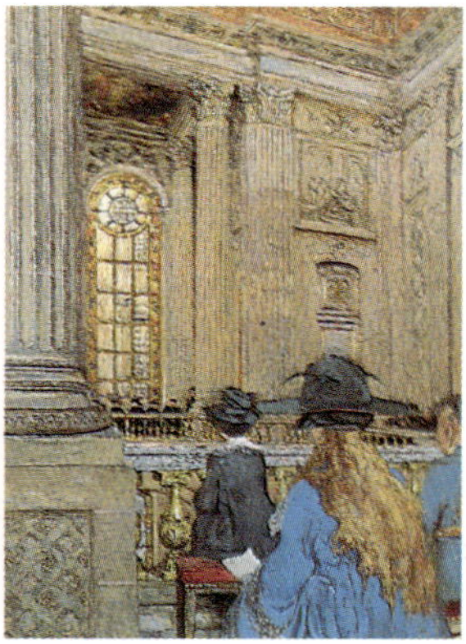

Maurice Denis
1870-1943
Maquette du plafond du théâtre des Champs-Elysées
1911
Détrempe sur plâtre armé
∅ 240 cm

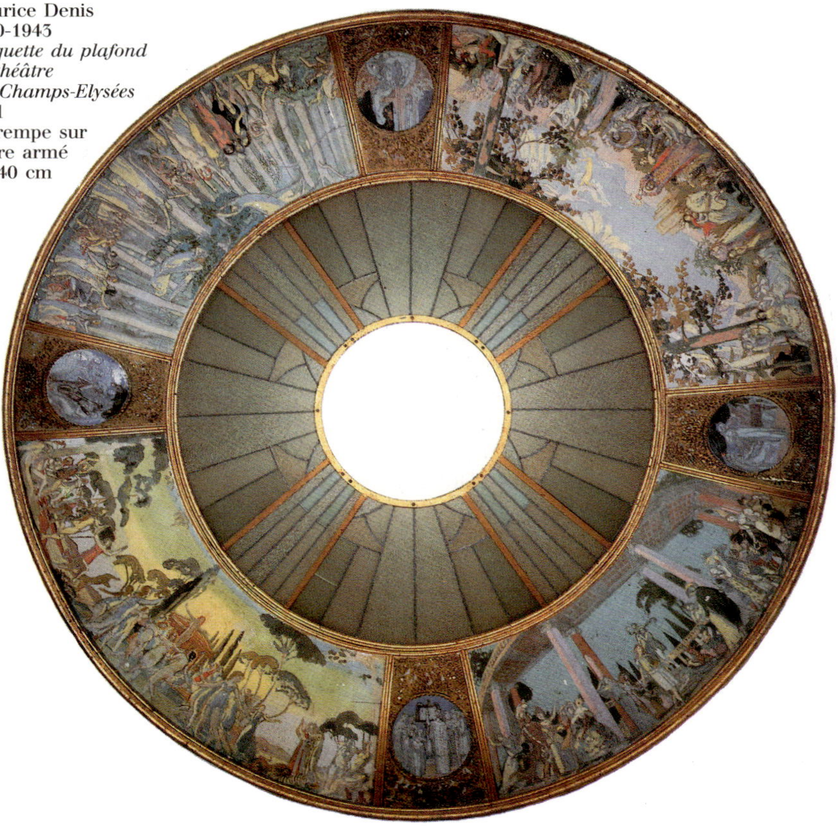

III

Alors que l'Exposition universelle avait, en 1900, consacré les impressionnistes et les symbolistes, en 1903, la disparition de la *Revue Blanche* des frères Natanson, dont les Nabis avaient été les peintres préférés, entraîne l'éclatement du groupe. Bien que de solides liens d'amitié subsistent entre ses membres, dans le domaine pictural, différences et particularités l'emportent. Cependant en 1905 lorsque s'ouvre le Salon d'Automne, la place d'honneur que les organisateurs donnent à Bonnard, Vuillard, Roussel et Vallotton est significative et tous restent marqués par leur première appartenance au groupe Nabi.

Ce sont de petites expositions chez les frères Bernheim, marchands de tableaux, qui, à partir, de 1900 mirent Vuillard en évidence. En 1904, Camille Mauclair le désigne comme « un intimiste d'une rare délicatesse, un de ceux dont on regrette la modestie... en présence de dons admirables ». *La chapelle du château de Versailles*, derrière une apparente application descriptive révèle toute la virtuosité du peintre. Dans une architecture rigoureuse et sobre, éclate l'opulente chevelure d'un personnage vu de dos.
La bibliothèque, grand panneau décoratif que Vuillard a exécuté en 1911 pour la princesse Bassiano, démontre le pouvoir de l'artiste qui crée une « unité tiède et tranquille » avec une grande ingéniosité décorative et dans une tonalité assourdie mais intense. Parmi les portraits mondains, celui de *Mme de Polignac* (1930) montre avec quelle habileté Vuillard saisit l'espace et les jeux de lumière.

Roussel emprunte le plus souvent ses thèmes à la mythologie, en particulier pour les décorations qui lui sont commandées. *L'enlèvement des filles de Leucippe*, illustre l'habileté du peintre à fondre cet épisode mythologique dans un paysage réel.

Œuvre charnière, *L'après-midi bourgeoise*, 1900, consacre l'abandon, par Bonnard, des tendances japonisantes et Art Nouveau de sa première manière ; la mise en scène décorative et les déformations humoristiques y sont encore présentes, mais cette toile de grand format, avec son caractère figé et étrange, est nouvelle dans l'inspiration de l'artiste.

Edouard Vuillard
1868-1940
La bibliothèque
1911
Huile sur toile
400 / 300 cm

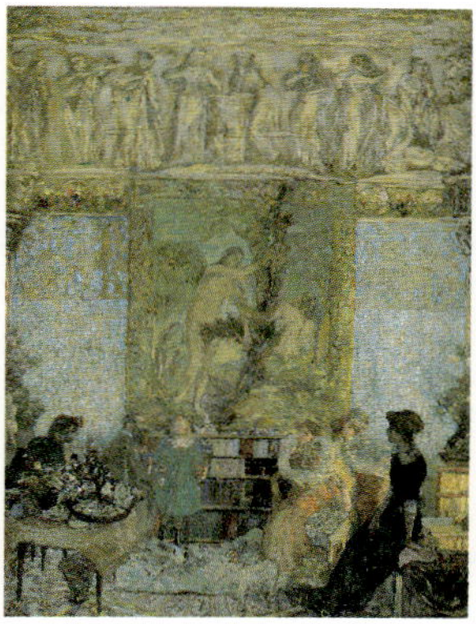

Ker Xavier Roussel
1867-1944
L'enlèvement des filles de Leucippe
Huile sur toile
273 / 165 cm

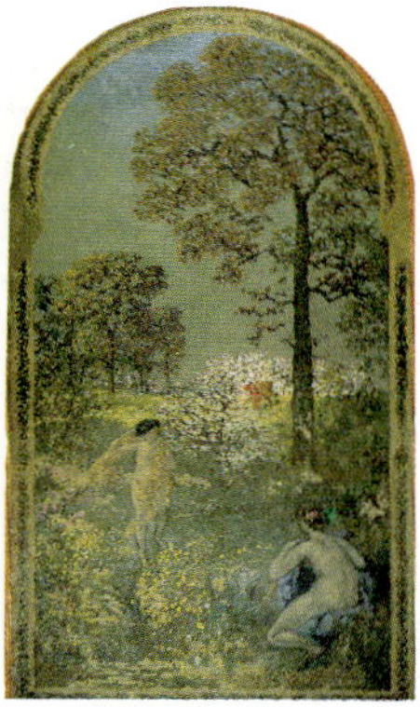

Pierre Bonnard
1867-1947
En barque
Vers 1907
Huile sur toile
278 / 301 cm

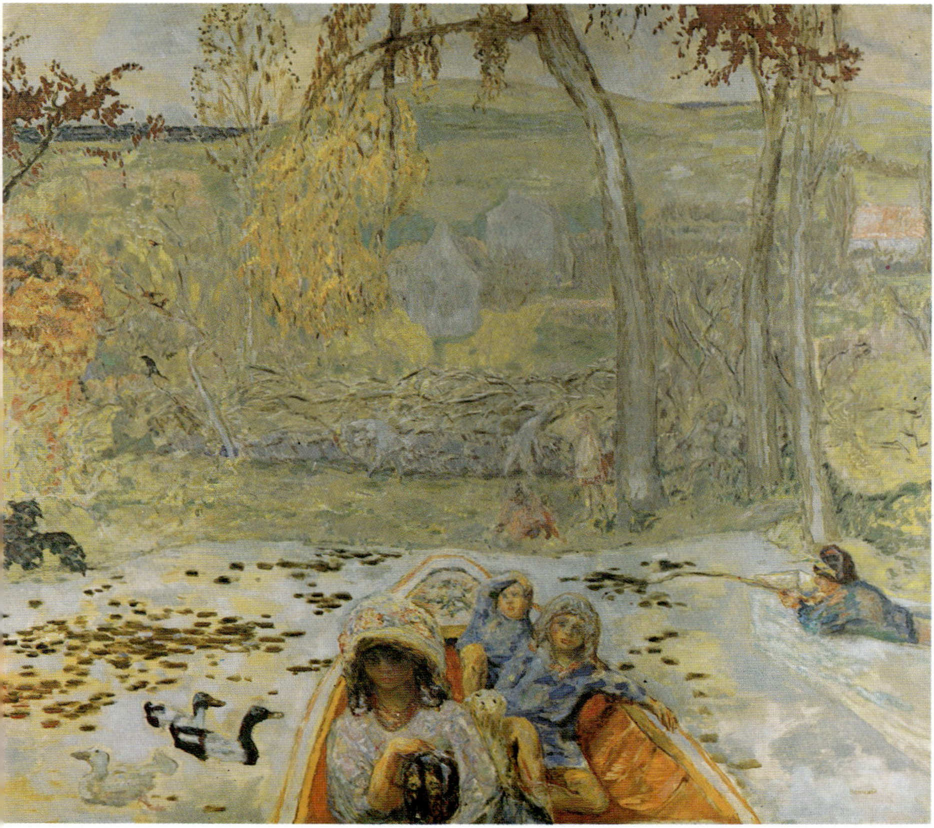

III

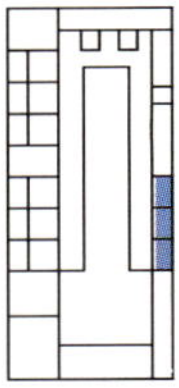

La *femme au chat*, 1912, rassemble trois des sujets favoris de Bonnard : sa compagne Marthe, le chat et la table servie. Mais aux teintes sombres de ses débuts, il préfère les couleurs claires créant une sorte de contre-jour qui plonge Marthe dans une ombre feutrée. Ce qui, dans ce tableau, le rattache à l'époque nabie, c'est la liberté que prend Bonnard avec la perspective, très marquée par le japonisme et qui lui permet, en opposant les courbes (visage, table, assiettes, épaules) aux droites (cheminées, mur, chaise), le chat servant de liaison entre elles, de maîtriser parfaitement les rythmes de la composition.

« Toute ma vie, disait Bonnard à George Besson, j'ai flotté entre l'intimiste et la décoration ». Son œuvre *En barque* illustre parfaitement cette ambivalence en opposant l'intimité de la scène du premier plan à l'effet décoratif très sûr du paysage. Lorsqu'il a commencé à peindre, Bonnard, comme la plupart de ses contemporains, se défiait de l'impressionnisme, mais on en sent ici l'acquis, de même que s'affirme le chemin parcouru. Car Bonnard ne peint pas en plein air, ne se soucie pas de fixer la mobilité de la lumière, cherche à dominer le motif. Et sa perception de l'espace et le flamboiement irisé de ses couleurs justifient les propos d'André Lhote selon lesquels ses œuvres mettent « en évidence, aux dépens de la réalité immédiate les valeurs les plus pures de la peinture ».

Œuvre de commande, *La loge* met en scène les deux frères Bernheim-Jeune, très liés d'amitié avec Bonnard, en compagnie de leurs épouses. Ce thème, déjà traité par Renoir, Mary Cassatt ou Toulouse-Lautrec, permet au peintre une composition très libre, dans laquelle le personnage central n'apparaît qu'en partie, le visage coupé à la hauteur des yeux. Les couleurs flamboyantes ne peuvent dissiper l'atmosphère « d'ennui distingué » qui émane de cette toile.

Les *Frères Bernheim de Villers* sont aussi représentés dans leur galerie du boulevard de la Madeleine ; c'est une œuvre d'une audace novatrice qui lui vient d'un éclairage éclatant, d'une mise en page hardie, de sa composition binaire (deux portes, deux tableaux, deux personnages, deux sources de lumière), rythmée par la rigueur des lignes et des angles droits, que seules rompent les obliques des deux silhouettes sombres et hiératiques.

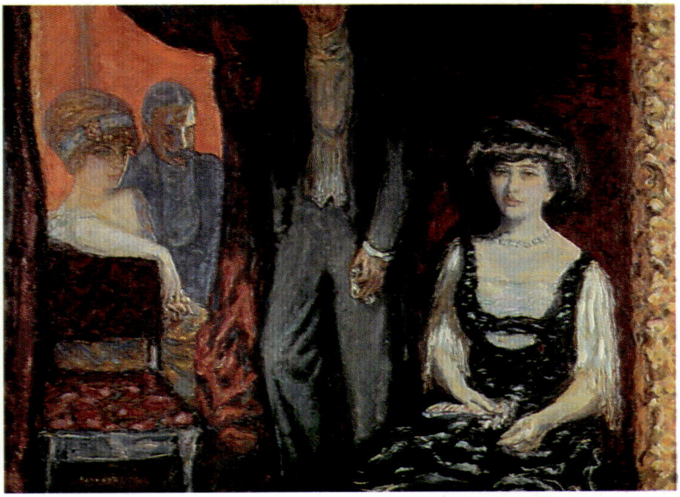

Pierre Bonnard
1867-1947
La loge
1908
Huile sur toile
91 / 120 cm

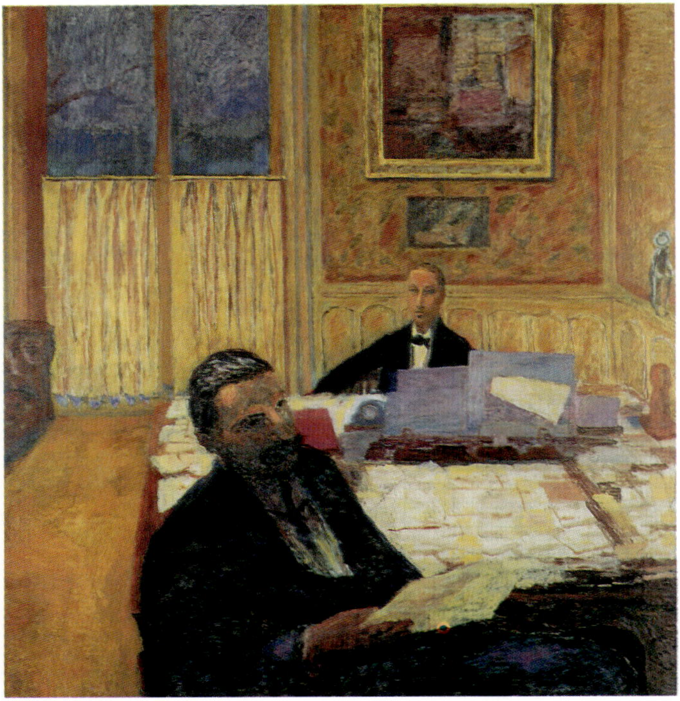

Pierre Bonnard
1867-1947
Portrait des frères Bernheim
1920
Huile sur toile
165,5 / 155,5 cm

III

Naissance du cinématographe
Naissance du phonographe

Dans l'effervescence culturelle de la fin du siècle, le cinéma donne l'impression d'être à la fois une découverte tout à fait fortuite, mais aussi l'invention que tout le monde attendait. Le hasard de la nécessité en quelque sorte. A première vue, l'évolution paraît linéaire, qui porte des rudimentaires spectacles d'optique aux films projetés devant de vastes audiences. Mais en termes de syntaxe expressive, il y a à peu près autant de distance entre une lanterne magique et *La promenade en barque* des frères Lumière qu'entre une boîte de couleurs et un pastel de Degas.

Issu de la recherche spéculative, le cinéma accomplit les noces retardées entre science et art que la photographie avait en partie entreprises ; mais, en tant que spectacle structuré, il dérive d'un faisceau de tensions expressives qui, en ordre dispersé, affectent la culture de la fin du siècle ; autant dire que son cheminement n'est pas isolé.

Les conquêtes de la photographie ont développé une sorte de repérage cadastral du monde, l'envers de la normalisation coloniale que l'Europe impose à la planète. Qu'il s'agisse de portraits, d'exotisme, de monuments, de paysages — auxquels la *stéréoscopie* permet de restituer le relief, donc la profondeur —, la demande de connaissance du monde, de possession du réel passe par la maîtrise de l'ampleur panoramique du regard. S'ajoute à cette donnée la tendance de l'époque vers l'œuvre d'art totale : n'a-t-on pas souvent dit que Wagner avait rêvé le cinéma en proposant un art qui combine sur la scène le chant, la déclamation, la pantomime et la fantasmagorie ? D'ailleurs, le perfectionnement des trucs scéniques et le goût immodéré pour le merveilleux, la féerie sont une autre ficelle qui mène au cinéma, à travers les *pantomimes optiques* de Reynaud et les *ombres animées* du Chat Noir.

N'est-il pas normal, en outre, qu'un langage qui se cherche emprunte aux arts plastiques consacrés ses premières cadences ? Malgré les résistances du public à la nouveauté, la peinture impressionniste et post-impressionniste, sensible aux suggestions de la photographie et de l'art japonais, a accoutumé progressivement l'œil à une appréciation plus mobile de l'espace et de la lumière, à des cadrages plongeants, à des mises en page qui saisissent l'instant, donc à une reproduction plus dynamique du réel ; mais ne peut-on pas prétendre, *a contrario*, que le public des Salons recherchait dans la peinture pompier le même dépaysement exquis qu'il

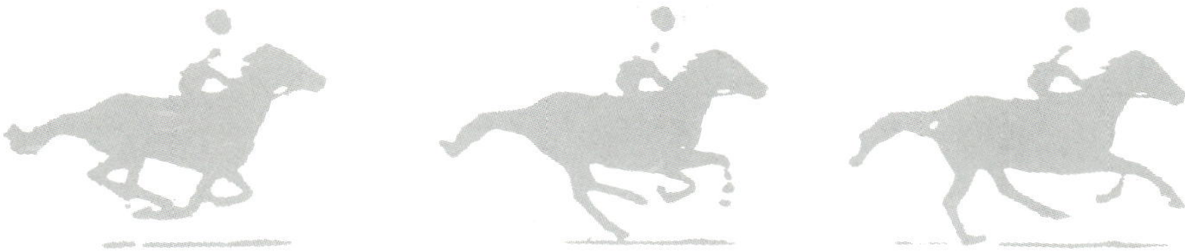

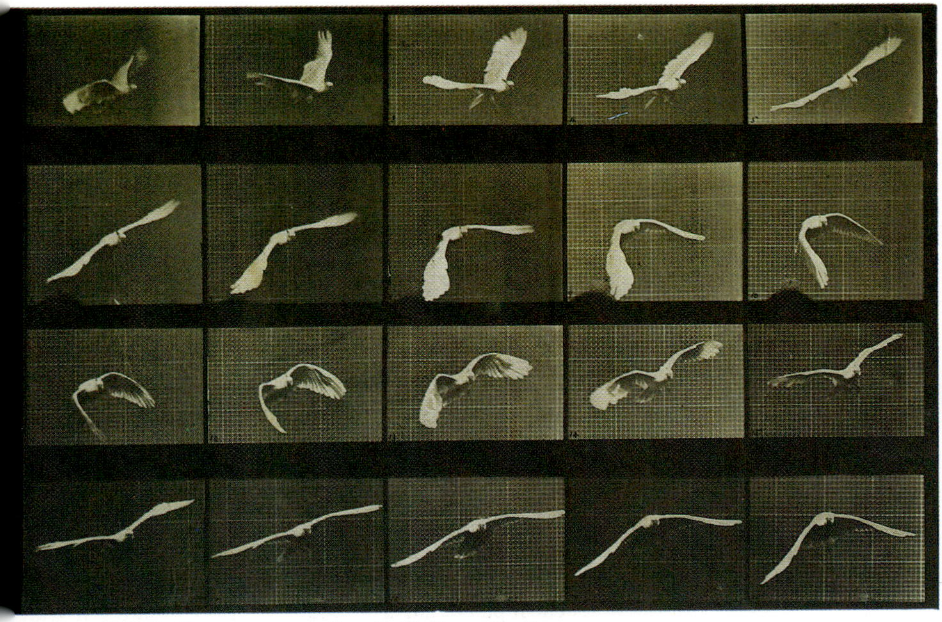

Eadweard Muybridge
1830-1904
Animal locomotion
1872-1885
Publié en 1887

Fac-similé d'une planche
de l'album donné par
la fondation Kodak-Pathé
1983

III

retrouvera, assis devant l'écran, dans les grandes machineries babyloniennes de Pastrone, Griffith ou Cecil B. de Mille?

Pourtant, c'est bien la vérification scientifique du mouvement qui sert de déclencheur. A l'aide d'une batterie d'appareils photographiques situés à intervalles réguliers le long d'une piste, Eadweard Muybridge parvient à saisir les différentes phases du galop d'un cheval (1878), alors que le physicien E.J. Marey, grâce à son *chronophotographe*, dissèque le vol d'un goéland (1882). Dans les deux cas, la photographie est dépendante de la recherche scientifique, et pourtant nous en retenons surtout la naissance des premiers *photogrammes* d'une action « filmée ». Pour restituer le mouvement dans la durée, tous deux ont l'idée de relier ces instantanés en bande à des appareils de projection (*zoopraxinoscope* en particulier). Le cinéma est alors juste derrière la porte. D'autant qu'en 1889, T.A. Edison invente la pellicule perforée, puis filme de petites bandes qui peuvent être visionnées par un spectateur à la fois, dans une grosse boîte munie d'une loupe qui grossit le film en défilement continu : *le kinétoscope*.

Avec les frères Louis et Auguste Lumière, le pas décisif est franchi. Techniquement, par rapport à Edison, les progrès sont minimes. Et pourtant, on peut parler d'un réel écart de civilisation, qui fait passer l'image animée de l'attraction de foire à un art codifié. Non seulement la projection établit le véritable spectacle collectif, mais encore la sensibilité artistique des Lumière et la complicité créatrice qui les unit, leur consentent de filmer d'emblée des chefs-d'œuvres absolus, des incunables du 7e art. Dans *L'arrivée du train en gare de La Ciotat, La sortie des Usines Lumière, La démolition d'un mur*, Lumière explore avec une aisance déconcertante toutes les possibilités de l'instantané, de la profondeur de champ, de la mobilité de la caméra, avec des moyens qui demeurent préhistoriques. Le cinéma impose une nouvelle conception du temps et de l'espace, il fonde une nouvelle dimension expressive.

Dès la première projection au Grand Café à Paris (28 décembre 1895), le succès est foudroyant. Les Lumière, entraînés par le mouvement, ouvrent bientôt de nouvelles salles à Paris, à Lyon et en province. La cohue qui se forme pour voir les « photographies animées » rend nécessaire la présence d'un service d'ordre. Très vite, Georges Méliès se détourne de la sensibilité naturaliste des Lumière, alors seul

Entrée d'une salle
de projection
de cinématographe

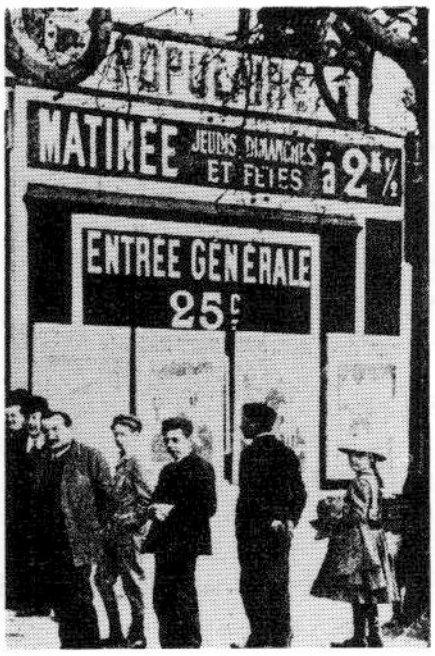

Louis Lumière
1864-1948
Entrée d'un train
en gare de La Ciotat

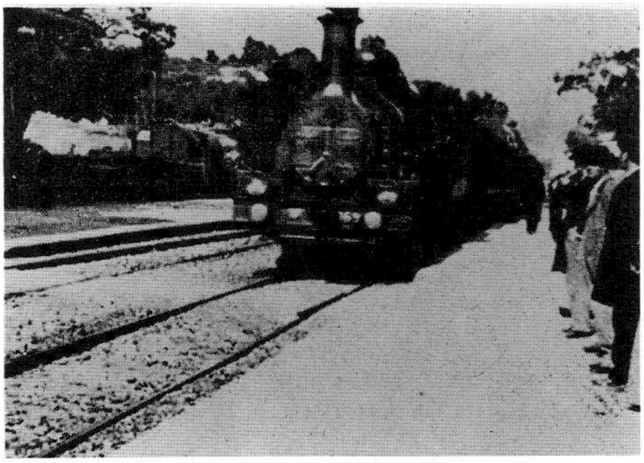

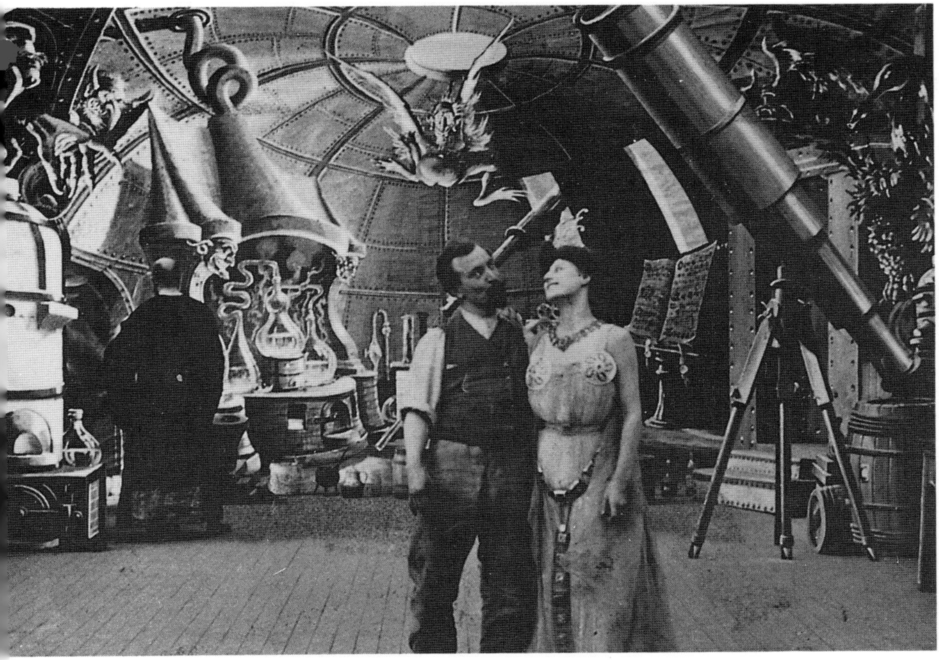

Georges Meliès
(1861-1938)
dans l'un de ses films

III

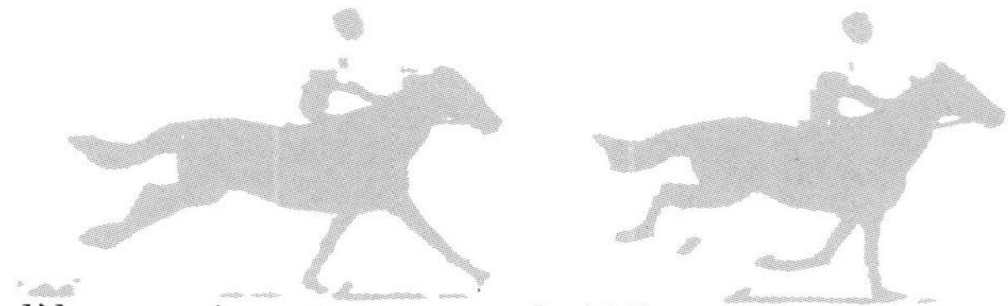

modèle, pour inventer un monde bidimensionnel de l'escamotage hystérique, de la féerie, du merveilleux, de l'humour ravageur, entièrement reconstitué dans son studio vitré de Montreuil. Dès lors, les producteurs comprennent que le public a besoin d'une mise en scène plus sophistiquée, qui suppose, outre le recours à des références culturelles « nobles » — comme *L'assassinat du duc de Guise* des « Films d'Art » (1908) —, une rationalisation de la production, un gigantisme des moyens s'appuyant sur de solides intérêts financiers et bancaires. Abandonnant les plates-formes acrobatiques des gratte-ciel new-yorkais, le cinéma américain émigre durablement vers la Californie, toujours ensoleillée (1908). Alors que s'ébauche le star-system (Max Linder, Sarah Bernhardt) et que s'élèvent irrésistiblement les empires cinématographiques (Pathé et Gaumont), la phase artisanale du cinéma se termine.

Le parcours s'achève par quelques vitrines évoquant la naissance du phonographe : l'une des grandes inventions du siècle qui revient simultanément à Charles Cros dans son principe (avril 1877) et à Thomas Edison dans sa réalisation (décembre 1877).

Divers phonographes, affiches, cyclindres de cire et disques retracent l'évolution de ces « machines parlantes », du modeste appareil à feuille d'étain au grand instrument à pavillon des années 1900, sans oublier les premiers essais d'association du phonographe et du cinématographe : Phono-Cinéma-Théâtre de l'Exposition universelle (1900) ou Chronophone de Léon Gaumont (v. 1910), qui nous ont légué de précieux documents de notre histoire sonore et visuelle, telle la tirade de *Cyrano de Bergerac* dite par Coquelin aîné en 1900.

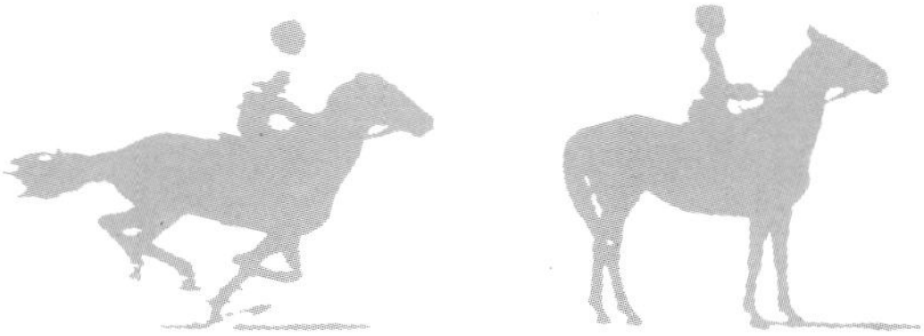

Eadweard Muybridge
1830-1904
Animal locomotion
1872-1875
Publié en 1887
Fac-similé d'une planche
de l'album donné par
la fondation Kodak-Pathé
1983

III

Index

• illustrations

D

L

• illustrations

M

• illustrations

N - O

• illustrations

M

• illustrations

P - Q

R

• illustrations

T - U

• illustrations

V

S

• illustrations

• illustrations

W - Z

• illustrations

Table des matières

I rez-de-chaussée première partie de la visite

pages 28 à 115

II
niveau supérieur deuxième partie de la visite

pages 118 à 183

III
niveau supérieur dernière partie de la visite

pages 186 à 265

Plans et coupes des trois principaux niveaux du musée

I
rez-de-chaussée
première
partie de la visite

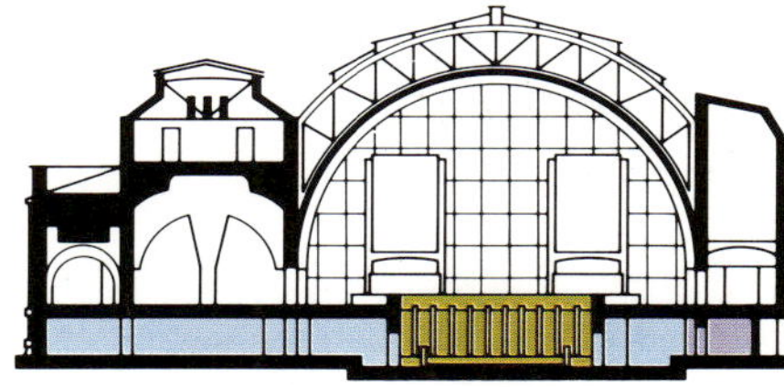

Sculpture 1850-1870

Peinture

A Ingres et l'Ingrisme, Delacroix, Chassériau, Peinture d'Histoire et portrait 1850-1880

B Daumier, Collection Chauchard, Millet, Rousseau, Corot, Daubigny, Réalisme, Courbet

C Puvis de Chavannes, Gustave Moreau, Degas avant 1870

D Manet, Monet, Bazille et Renoir avant 1870, Fantin-Latour, Whistler, Paysage de plein air, Collection Personnaz Collection Eduardo-Mollard, Réalisme, Orientalisme

Arts Décoratifs 1850-1880

Architecture

E Salle de l'Opéra

F Pavillon amont : architecture 1850-1900 Viollet-le-Duc, Pugin, Morris, Webb, Mackmurdo, Jeckyll, Godwin, Sullivan, Dossier 4

Expositions temporaires

G Dossier 1

H Dossier 2

I Dossier 3

J Dossier 3

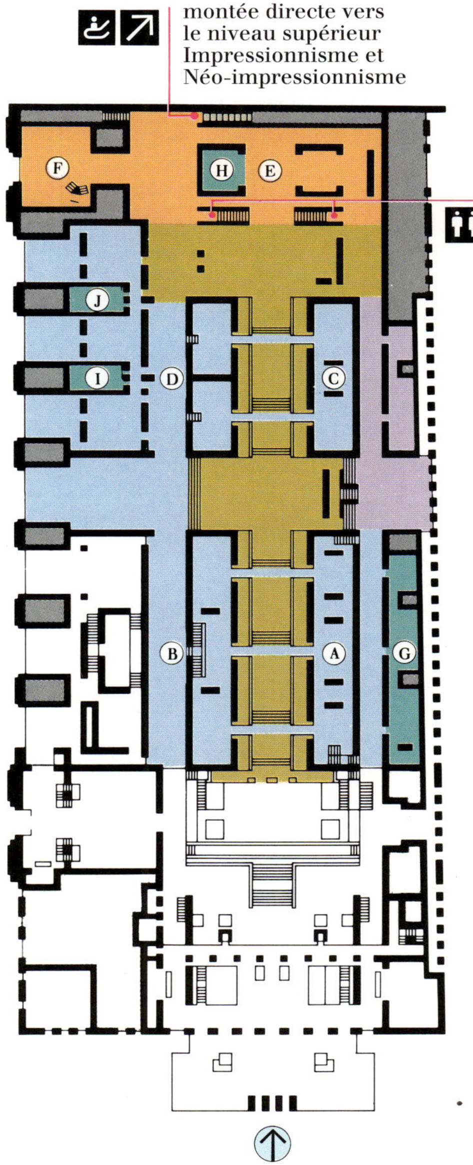

II
niveau supérieur
deuxième
partie de la visite

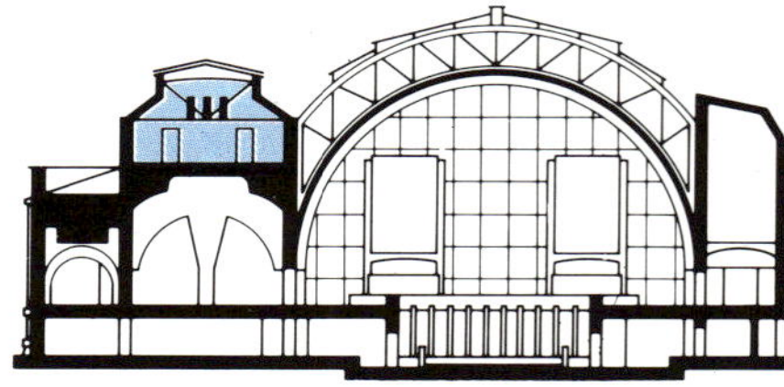

Peinture

K Impressionnisme :
Collection Moreau-Nélaton
Whistler, Morisot, Caillebotte,
Degas, Manet après 1870
Monet, Renoir, Pissarro et
Sisley avant 1880,
Monet après 1880,
Renoir, Pissarro après 1880,
Cézanne
Pastels : Degas

L Van Gogh
Collection Gachet
Redon, pastels

M Douanier Rousseau
École de Pont-Aven :
Gauguin, Bernard, Sérusier.
Néo-impressionnisme :
Seurat, Signac, Cross, Luce,
Toulouse-Lautrec.
Peintures de petit format

Expositions temporaires

N Dossier 4
descente vers le niveau
médian

Café des Hauteurs

O Salle de consultation
au-dessus du café
des hauteurs : vidéothèque,
banque d'images,
catalogues.

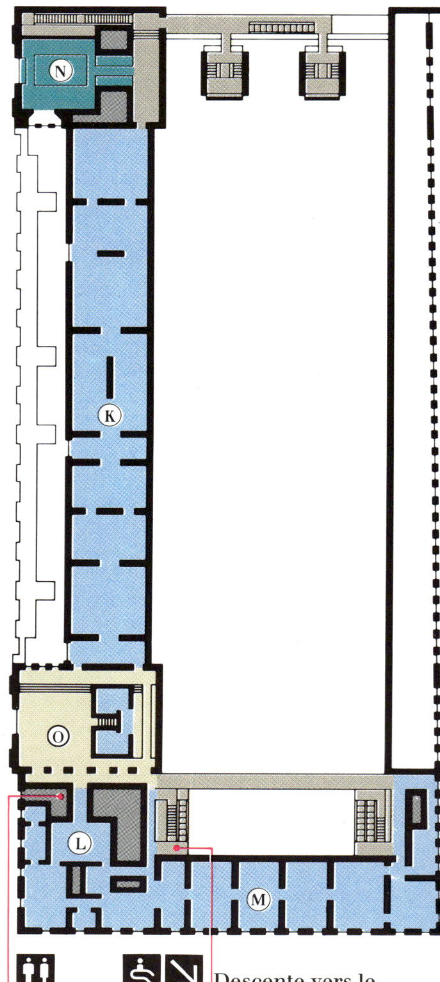

Descente vers le passage de la Presse, le Dossier 5 (Photographie et Arts graphiques), la Collection Kaganovitch et le niveau médian : dernière partie de la visite.

III niveau médian dernière partie de la visite

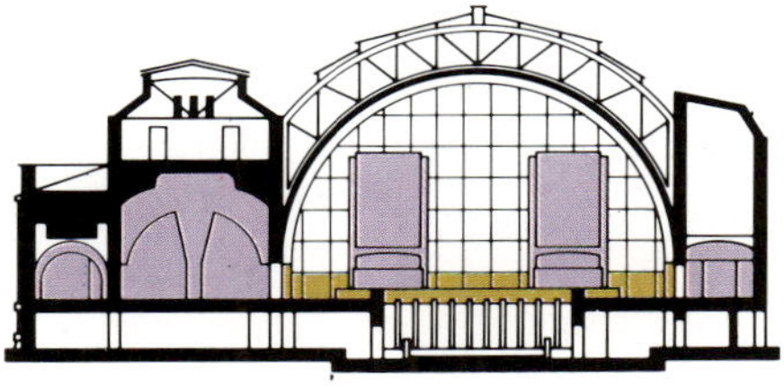

Sculpture

P Arts et décors de la IIIe République

Q Fremiet, Gérôme, Rodin

R Desbois, Rosso, Bartholomé, Bourdelle, Maillol, Joseph Bernard

Peinture

S La peinture du Salon 1880-1900, Naturalisme, Écoles étrangères, Symbolisme.

T Les Nabis : Bonnard, Denis, Vallotton, Vuillard, Roussel.

Art Nouveau

U France, Belgique, Hollande, Allemagne, Scandinavie
Redon
École de Nancy, Gallé
Carabin, Charpentier, Dampt

V Tour amont

W Art Nouveau international

X Vienne, Glasgow, Chicago

Naissance du cinématographe et du phonographe

Expositions temporaires

Y Dossier 6

Z Dossier 7

Restaurant

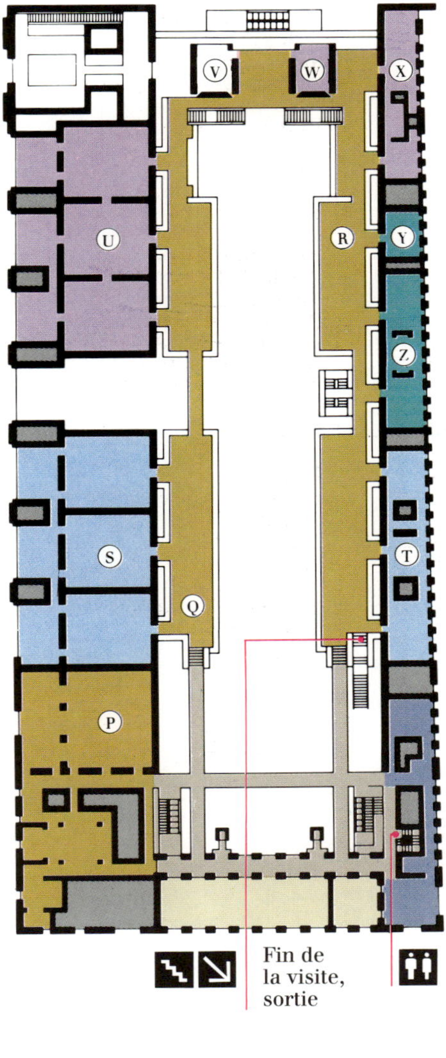

Caroline Mathieu remercie vivement M. Michel Laclotte et Mme Françoise Cachin qui lui ont confié ce travail, et l'équipe du Musée d'Orsay, qui l'a constamment soutenue et aidée dans l'élaboration de ce guide ; et plus particulièrement Marc Bascou, Guy Cogeval, Chantal Georgel, Antoinette Le Normand-Romain, Monique Nonne, Claude Pétry, Anne Roquebert, ainsi que Françoise Fur, Frédéric Lemercier et Marie Lionnard.

Réalisation des modèles d'architecture

La maquette du quartier de l'Opéra exposée dans *la salle de l'Opéra* (p. 103) a été réalisée par Rémy Munier, assisté d'Eric de Leusse.
La maquette de la coupe longitudinale a été réalisée à Rome par L'Atelier sous la direction de Richard Peduzzi.

Mise à l'échelle de l'architecture : Ercole Borsani ; sculpture : Gianni Gianese ; décoration ornementale, architecture : Bruno Fioretti ; peinture : Amedeo Brogli ; moulages : Romolo Felice ; menuiserie : Lorenzo Lodi, avec la collaboration de Epifania Imperiali, Claudia Scodina, Pasquale Gizzi ; ciels peints : Jean-Marc Misiaszek, Alain Tchillinguirian.

Les reliefs de plâtre présentés dans le Pavillon amont (p. 106 à 113) ont été réalisés à Rome par Enzo Bellardelli ; peinture des reliefs et toiles peintes exécutées dans les ateliers de Nanterre-Amandiers, par Alwyne de Dardel, Alexandra Katzeflis, Astrid de Montalembert, Mario Rechtern, Marie Potvin, Xavier Morange, sous la direction de Richard Peduzzi.

Crédits photographiques

Service photographique de la RMN : D. Arnaudet, G. Blot, C. Jean, J.P. Lagiewski, H. Lewandowski, J. Schormans.

Service photographique du musée d'Orsay : Jim Purcell, Jean-Jacques Sauciat, Patrice Schmidt.

Services extérieurs : Pierre Joly, Véra Cardot (p. 11) ; Roger Viollet, Paris (p. 9) ; Bibliothèque Nationale, Paris (p. 28, 50, 86, 142, 180, 183, 185).

Réalisation du guide

Le texte a été composé par la Composition nancéienne en Walbaum C. 8,5/3,75 C. 7/2,75.
Les illustrations gravées par Haudressy à Paris

Cet ouvrage a été achevé d'imprimer en juillet 1997 sur les presses d'Aubin Imprimeur à Poitiers d'après les maquettes de Visuel Design, Jean Widmer, Gérard Plénacoste, Théa Sautter, Frédéric Lemercier.

1er dépôt légal novembre 1986
ISBN : 2.7118.2050.5 (1re édition)
Dépôt légal juillet 1997
ISBN : 2.7118.2714.3
GG. 10. 2714